Schriftenreihe zum Datenschutz- und Informationsrecht

Herausgegeben von

Prof. Dr. Michael Ronellenfitsch
Universität Tübingen

Band 3

ISSN 1867-4976

Verlag Dr. Kovač

Peter Volle

Datenschutz als Drittwirkungsproblem

Die Rechtmäßigkeit der Verarbeitung personenbezogener Daten beim Customer Relationship Management

Verlag Dr. Kovač

Hamburg
2010

Leverkusenstr. 13 · 22761 Hamburg · Tel. 040 - 39 88 80-0 · Fax 040 - 39 88 80-55

E-Mail info@verlagdrkovac.de · Internet www.verlagdrkovac.de

Bibliografische Information der Deutschen Nationalbibliothek
Die Deutsche Nationalbibliothek verzeichnet diese Publikation
in der Deutschen Nationalbibliografie;
detaillierte bibliografische Daten sind im Internet
über http://dnb.d-nb.de abrufbar.

ISSN: 1867-4976

ISBN: 978-3-8300-5297-5

Zugl.: Dissertation, Universität Rostock, 2009

Gedruckt auf holz-, chlor- und säurefreiem, alterungsbeständigem Papier. Archivbeständig nach ANSI 3948 und ISO 9706.

INHALTSVERZEICHNIS:

Vorwort

Die Arbeit wurde bereits im Sommer 2007 an der Juristischen Fakultät der Universität Rostock als Dissertation eingereicht und konnte erst im Winter 2009 verteidigt werden; daher ist nur bis zum Sommer 2007 veröffentliche Literatur und der Stand der Gesetzgebung bis zu diesem Zeitpunkt berücksichtigt. Seither hat, nicht zuletzt wegen der Datenschutzskandale mehrer großer Unternehmen und sozialer Netzwerke, die Diskussion um die Verarbeitung personenbezogener Daten durch nicht-staatliche Stellen deutlich an Schwung gewonnen; das Thema der Arbeit, Verarbeitung personenbezogener Daten im privatwirtschaftlichen Interesse, ist aktueller denn je. Der Gesetzgeber hat sich mit gleich drei Novellen des BDSG um eine normative Reaktion auf die geänderten datenschutzrechtlichen Anforderungen aus der und an die Wirtschaft bemüht. Auch dadurch hat jedoch diese Arbeit nichts von ihrer Aktualität verloren.

Nach wie vor – das gilt auch und insbesondere nach der Novellierung - stellt sich die gesetzliche Regelung in praktischer Hinsicht als realitätsfern dar. Die nach Phasen, Datenarten und Verarbeitungszwecken jetzt noch weiter ausdifferenzierte und in den Normtatbeständen vielfach unbestimmte Regelung erfordert bei fast jedem Erlaubnistatbestand Abwägungen, die im Massengeschäft jedenfalls nicht so individuell erfolgen können, wie es das gesetzliche Schutzkonzept vorsieht. Die Problematik wird verstärkt durch die Komplexität der Regelung. Das Gesetz ist für den Rechtskundigen kaum und für die eigentlichen Adressaten, die Schutz beanspruchenden Bürger und die Daten verarbeitenden Stellen, ohne Hinzuziehung juristischer Expertise nicht mehr nachvollziehbar. Ich habe daher - mit Blick auf die Situation vor der Novellierung des BDSG - eine Deregulierung im Bereich der Erlaubnistatbestände gefordert, die bei einer Stärkung der Eigenverantwortung des Betroffenen für die Durchsetzung seines Ausschlussinteresses zugleich eine Verstärkung und bessere Durchsetzung der Informationspflichten auf Seiten der verantwortlichen Stelle erfordert. Damit ließe sich ein realitätsnäheres und aus schutzrechtlicher Sicht verhältnismäßiges Schutzkonzept errichten.

Gemessen daran sind die seit Einreichung der Arbeit durch die drei Novellen des BDSG vorgenommenen Änderungen als wenig effektiv anzusehen. Zwar wird durch einige Präzisierungen vordergründig der Schutz des Betroffenen weiter gestärkt, indem Informationspflichten verschärft und einige Erlaubnistatbestände konkretisiert und dadurch teilweise – aus Sicht der verarbeitenden Stelle – eingeengt werden (§§ 28 I 1; 28 III, 28 III a, 28 III b, 28 a, 28 b, 29 II 1, 29 V, 29 VI, 30 a BDSG); das geschieht aber nur um den Preis einer nochmaligen Erhöhung des Umfangs und der Komplexität der Gesamtregelung.

Die aus der Richtung der politischen Gesetzgebung als Schließung einer großen Schutzlücke kommunizierte Streichung des Listenprivilegs, die dann während des Gesetzgebungsprozesses im Interesse der Werbetreibenden sogar noch relativiert wurde, erweist sich bei näherer Betrachtung als weniger bedeutungsvoll, da die Liste schon immer inhaltlich auf Adressdaten und ein einziges zusätzliches Gruppenkriterium beschränkt war. Rein praktisch benötigt die Werbewirtschaft für die hier beschriebenen Aktivitäten mit höherer „Eingriffsintensität“ sehr viel differenziertere Informationen, so dass nicht die bis dahin ohne Zustimmung legalen Listendaten, sondern deren Anreicherung mit zusätzlichen Informationen problematisch war und bleibt.

Hinzu kommt, dass die eigentlichen Probleme des datenschutzrechtlichen Schutzkonzepts in der Ausgestaltung durch das BDSG nicht etwa Schutzlücken der normativen Regelung waren. Mit meiner Arbeit erbringe ich mittels der Schutzrechtslehre für die hier betrachtete Datenschutzkonzeption den Nachweis, dass auf Grundlage des zu diesem Zeitpunkt bestehenden BDSG ein ausreichendes Schutzniveau mit Maßnahmen zur Verfügung stand, die dem übergesetzlichen Maßstab schutzrechtlicher Verhältnismäßigkeit genügten. Die jetzt erfolgten gesetzlichen Konkretisierungen beschreiben teilweise eben die Maßnahmen, die hier durch Auslegung und Anwendung des Verhältnismäßigkeitsgrundsatzes bestimmt wurden (ein solcher Fall ist etwa der neue § 28 a BDSG). Tatsächlich dürfte die wesentliche Schutzlücke in einem Bereich existieren, der durch die Novellierung nicht berührt wird, nämlich in der faktischen Durchsetzung der Schutzregelung. Eine Verschärfung von Sanktionen ist sinnlos, wenn sich das Risiko nicht erhöht, von Sanktionen erfasst zu werden.

Die Schutzrechtslehre ermöglicht im besten Fall eine Rückbesinnung des Gesetzgebers auf seine Aufgabe, eine für alle Beteiligten ausgewogene Schutzkonzeption zu schaffen, und kann helfen, den verfassungsrechtlichen Maßstab zu bestimmen, an dem sich eine bessere gesetzliche Regelung messen lassen muss. Insoweit behält das dogmatische Gerüst dieser Arbeit seine Aktualität weit über die Halbwertzeit der aktuellen einfachgesetzlichen datenschutzrechtlichen Schutzumgebung hinaus. Ich würde mich freuen, auch für künftige datschutzrechtliche Gesetzgebungsvorhaben einen Diskussionsbeitrag geleistet zu haben.

Peter Volle
Rostock, im Sommer 2010

Einleitung

Customer Relationship Management – kurz: CRM – ist ein EDV-gestützter Prozess, der von der Anbahnung bis über die Abwicklung des Geschäfts hinaus im Hintergrund einer Geschäftsbeziehung abläuft, der wirtschaftlichen Optimierung der Kundenbeziehung dient und nur wenig öffentliche Aufmerksamkeit erfährt. Nur gelegentlich gelangen einzelne Aspekte des CRM in die öffentliche Diskussion. So hat insbesondere das so genannte Scoring, das vor allem der Bestimmung der Bonität von Kreditnehmern dient, durch eine im Auftrag des (damaligen) Bundesministeriums für Verbraucherschutz, Ernährung und Landwirtschaft vom Unabhängigen Landeszentrum für Datenschutz Schleswig-Holstein (ULD) erstellte Studie[1], die mit größerer Pressebegleitung veröffentlicht wurde, das öffentliche Bewusstsein erreicht, ohne dass dies allerdings zu einer nennenswerten *rechtlichen* Auseinandersetzung mit der Thematik geführt hätte.

Das Schattendasein des CRM in der rechtlichen Diskussion ist unverdient. Die Auswirkungen des CRM prägen längst die Beziehungen zwischen vielen Unternehmen und ihren Kunden, und nicht immer sind die Auswirkungen des CRM so „greifbar" wie beim Scoring in der Geldbranche, das wohl unter allen Erscheinungsformen des CRM die mit den größten praktischen Auswirkungen für den Kunden ist. „Der Spiegel" hat dies in drastischer Formulierung wie folgt beschrieben[2]:

> *„Nur ausgefeilte Computersysteme und schlanke Prozesse bringen auf lange Sicht den Erfolg. Institute wie die Citibank, die Noris- oder die CC-Bank haben (...) einen Erfahrungsvorsprung von drei bis fünf Jahren. Ihre ausgeklügelten Systeme entscheiden über die Kredite immer gleich und immer eindeutig. Es gibt weder Ermessensfragen noch Grenzfälle. Eine Auslese ohne Kompromisse.*
> *Aufgrund unzähliger Kundengeschichten ermitteln die Programmierer ständig das alles entscheidende Raster, das ein gutes von einem schlechten Risiko trennen kann. Beispielsweise mussten die Citibanker Mitte vergangenen Jahres ‚die Entscheidungssysteme signifikant weiterentwickeln', weil die Ausfallquote angezogen hatte. Ursachen waren die konjunkturelle Flaute und die vom Gesetzgeber erleichterte Möglichkeit der Privatinsolvenz.*
> *Die hochgezüchteten Systeme kombinieren die Auskunft der Schufa mit den Kundenangaben und errechnen einen Bonitätswert. So gelten etwa ein langjähriges Anstellungsverhältnis und ein Festnetzanschluss als Indiz für Seriosität und sorgen für entsprechende Punkte.*
> *Je besser die Bonität und je kürzer die Laufzeit, um so billiger der Kredit. (...) Hochrisikogruppen müssen hingegen nicht nur mit zweistelligen Zins-*

---

[1] Kamp / Weichert, Scoringsysteme zur Beurteilung der Kreditwürdigkeit, 2005.

[2] Balzli: Teure Träume, in: Der Spiegel Heft 10/2004 vom 1.3.2004, S. 86 (88).

sätzen leben, sondern bekommen meist noch eine sündhaft teure Restschuldversicherung angedreht. Prämien von 50 Euro pro 1000 Euro Kredit gehören zum Alltag in der Branche – und liefern ein lukratives Zusatzgeschäft.
Doch die Kunden bleiben auch nach der Auszahlung auf dem Radar der Bank. Pausenlos prüft der Computer Girokonten, holt sich bei der Schufa die neuesten Daten und überwacht das Zahlungsverhalten. Tritt nur die kleinste Verschlechterung ein, schlägt das Frühwarnsystem an – selbst wenn die Kreditraten noch pünktlich zurückfließen. Dann bohren spezialisierte Call-Center bei den verdächtigen Kunden nach den Ursachen und versuchen frühzeitig, das Geld der Bank zu retten, beispielsweise indem die Raten gestreckt werden. Bringt die Therapie der Kreditärzte nichts, folgt die harte Tour: kompromissloses Inkasso."

Die mit dem Scoring verbundene Bonitätsbestimmung und die Ableitung von Konsequenzen für die Ausgestaltung der Beziehung zu einem Kreditnehmer ist aber nur ein Aspekt eines sehr viel umfassenderen Konzepts zur Optimierung der Kundenbeziehung, das mit der an der Konsumstärke orientierten, gezielten und individualisierten Werbeansprache potenzieller Kunden beginnt, sich nach Anbahnung der Geschäftsbeziehung mit Maßnahmen zur Bindung des lukrativen und zur Aussonderung des unrentablen Kunden fortsetzt und noch nach dem Ende der Geschäftsbeziehung zu einem lukrativen Kunden dessen Rückgewinnung sucht.

Der Unternehmer muss zur Optimierung seines Unternehmenserfolgs wissen, welcher Kunde hohe Gewinne verspricht, um wen es also zu werben und zu kämpfen gilt, aber auch bei welchen Kunden die Investition in einen hohen Bewerbungs- und Betreuungsaufwand vergeblich wäre oder bei welchem Kunden ihm gar ein Verlust droht. Er will potenzielle Betrüger oder die drohende Insolvenz eines Kunden rechtzeitig erkennen, um sein geschäftliches Risiko zu minimieren. Schließlich will er den Kunden dazu bringen, immer wieder seine Produkte zu erwerben. Was diese Interessenlage betrifft, unterscheidet sich der Verkauf eines Investmentfonds-Anteils, einer Versicherungspolice, eines Mobilfunk-Vertrags oder eines Pay-TV-Abonnements nicht vom Verkauf eines hochwertigen Wirtschaftsguts (wie eines Autos) oder von Versandhauswaren, zumal wenn er auf Kredit erfolgt.

Um all dies zu können, muss der Unternehmer über ein Instrumentarium verfügen, das das Kundenverhalten für ihn vorhersehbar und auswertbar macht. Dazu muss er den Kunden möglichst genau kennen lernen. Er sammelt also Informationen über den Kunden, analysiert diese und richtet sein weiteres Verhalten diesem Kunden gegenüber an den Resultaten aus. Wenn der Unternehmer viele Kunden hat, also der beschriebene Prozess parallel in einer Vielzahl von Kundenbeziehungen abläuft, müssen die Prozesse der Informationsbeschaffung, der

Auswertung und der Bestimmung der Konsequenzen weitgehend automatisiert werden. CRM ist ein umfassendes Informationsmanagement- und Entscheidungsunterstützungssystem mit der gesamten oben beschriebenen Funktionalität; man könnte das Scoring, das nur eine unter mehreren Funktionen des CRM umfasst, als lokale Funktion eines globalen Systems CRM verstehen.

Die Informationen, die in diesem System verarbeitet werden, sind personenbezogene Daten der Kunden. Damit ist das Thema CRM erst einmal von datenschutzrechtlicher Relevanz, doch nicht nur das: Dank der dem CRM inhärenten Möglichkeit der Manipulation des Kundenwillens geht es etwa auch um die Frage des Verbraucherschutzes, oder, noch weiter gefasst, um die Frage, ob, aus welchen Gründen und inwieweit der Kunde eigentlich vor dem CRM zu schützen ist. Die Frage nach der datenschutzrechtlichen Zulässigkeit der mit dem CRM verbundenen Verarbeitung personenbezogener Daten von Kunden soll hier im Vordergrund stehen, ohne dass die weiter gehenden Fragen völlig ausgeblendet werden sollen.

Die mit dem CRM vorgenommene Datenverarbeitung ist die Verarbeitung personenbezogener Daten durch Privatrechtssubjekte. Damit ist ein in der Literatur gern vernachlässigter Aspekt des Datenschutzes angesprochen. Das traditionelle Verständnis von Datenschutz geht von staatlichen Eingriffen in das allgemeine Persönlichkeitsrecht der Bürger in seiner Ausprägung als Recht auf informationelle Selbstbestimmung aus; selbst die momentan wohl umfassendste monographische Darstellung des Rechts auf informationelle Selbstbestimmung, die Arbeit von Marion Albers[3], verzichtet auf eine genauere Betrachtung der Verarbeitung personenbezogener Daten durch Privatrechtssubjekte[4] – was insofern erstaunt, als Albers eine Weiterentwicklung des abwehrrechtlichen Verständnisses hin zu einer stärker schutzrechtlichen Ausrichtung beobachtet[5] und die hinter der Rechtmäßigkeitsfrage stehende Drittwirkungsproblematik deutlich erkennt[6].

Die wirtschaftswissenschaftliche Literatur ignoriert die Tatsache, dass CRM den Datenschutz berührt, geflissentlich, allenfalls findet sich in den einschlägigen Werken zum CRM ein nicht weiter untersetzter Hinweis auf die Notwendigkeit, die Regeln des Datenschutzes zu beachten. Die rechtswissenschaftliche Literatur hat sich nur in wenigen Aufsätzen direkt mit dem CRM und – auf etwas breiterer Basis – den damit zusammenhängenden Fragen des Datenschutzes bei der Verarbeitung personenbezogener Daten für wirtschaftliche Zwecke befasst. Dabei tut sich eine tiefe Kluft zwischen solchen Arbeiten auf, zu denen

---

[3] Albers, Informationelle Selbstbestimmung (2005).

[4] Die einschlägigen Erwägungen finden sich auf einer einzigen Seite (Albers, Informationelle Selbstbestimmung, S. 267).

[5] Albers, Informationelle Selbstbestimmung, S. 262 ff.

[6] Albers, Informationelle Selbstbestimmung, S. 267.

auch Werke von Verbandsjustitiaren der Werbeindustrie oder anderer an Wirtschaftsinteressen orientierten Juristen zählen und die folgerichtig beim CRM und artverwandten betriebswirtschaftlichen Verfahrensweisen keine durchgreifenden datenschutzrechtlichen Probleme ausmachen können, und solchen Arbeiten, die bürgerbewegten Daten- oder Verbraucherschützern zuzuordnen sind, die mit geradezu religiösem Eifer jegliche Form der Verarbeitung personenbezogener Daten als unterbindungswürdig ansehen.

Soweit man überhaupt bei diesem Thema von einer „Diskussion" sprechen kann, zeichnet sich diese dadurch aus, dass beide Seiten sich auf – dasselbe – einfachgesetzliche Recht in Gestalt des BDSG (und die Seite der Datenschützer auf das Volkszählungsurteil des BVerfG) berufen und Interpretationen des einfachen Rechts anbieten, die ihr dogmatisches Fundament nicht erkennen lassen. Wie aber kann es sein, dass auf derselben Rechtsgrundlage divergierende Antworten auf die Frage nach der Zulässigkeit bestimmter betriebswirtschaftlicher Verfahren entstehen? Schon ein oberflächlicher Blick auf die einschlägigen Normen zeigt, dass das Gesetz für viele Fragen keine abschließenden Antworten gibt, sondern mit unbestimmten Rechtsbegriffen arbeitet oder Abwägungen vorsieht, womit die endgültige Klärung der Frage nach der Rechtmäßigkeit der mit dem CRM verbundenen Datenverarbeitung letztlich dem Richter überlassen bleibt. Für viele Fragen gibt es aber bisher keine Präjudizien.

Um die Frage beantworten zu können, ob, weshalb und inwieweit der Kunde vor dem CRM des Unternehmers zu schützen ist oder, um die Frage anders zu stellen, wie die schützenswerten Interessen des Kunden mit denen des Unternehmers rechtskonform in Ausgleich gebracht werden können, wird es daher nicht ausreichen, in das einfachgesetzliche Recht zu schauen und den divergierenden Interpretationen eine weitere hinzuzufügen. Vielmehr muss nach dem dogmatischen Fundament des geforderten Interessenausgleichs gefragt werden. Aus diesem ist ein abstraktes – und damit für vergleichbare Interessenkollisionen universell anwendbares – Lösungskonzept abzuleiten, in das dann der individuelle Tatbestand der Verarbeitung personenbezogener Daten beim CRM „gegossen" werden kann und durch dessen Anwendung in letzter Konsequenz konkret für jede Datenverarbeitung eine Antwort auf die Frage gefunden werden kann, ob eine bestimmte Datenverarbeitung rechtmäßig ist oder nicht.

Das ist das Programm für diese Arbeit: Nach einer umfassenden tatsächlichen, aus der wirtschaftswissenschaftlichen Literatur entnommenen Beschreibung des CRM (Kapitel 1) soll zunächst aus der erweiterten Schutzpflicht-Lehre ein abstraktes, grundrechtsbasiertes Lösungskonzept für den Ausgleich konfligierender Interessen Privater vorgeschlagen werden (Kapitel 2), für das der Schutzpflicht-Tatbestand, bezogen auf die Betrachtung der Datenverarbeitung beim CRM, durch eine Beschreibung der Schutzrechte des Kunden konkretisiert wird (Kapitel 3). Auf der schutzrechtlichen Rechtsfolgenseite sind zunächst die mit den geschützten Interessen des Kunden konfligierenden grundrechtlich geschützten Rechte des Unternehmers und weiterer Beteiligter (Kapitel 4) und die de lege lata vorhandene einfachgesetzliche Schutzumgebung (Kapitel 5) zu beschreiben. Eine abschließende schutzrechtliche Verhältnismäßigkeitsprüfung, die zunächst abstrakt zu beschreiben ist (Kapitel 6), liefert dann den Schlüssel für den konkreten Interessenausgleich (Kapitel 7).

Kapitel 1: Was ist CRM?

A. Einleitung

Customer Relationship Management (CRM) ist ein aktuelles betriebswirtschaftliches Konzept des Managements von Kundenbeziehungen. In der betriebswirtschaftlichen Fachterminologie wird bei Umsetzung des CRM-Konzepts im E-Commerce, also beim Handel mittels elektronischer Medien, vor allem des Internets, auch die Abkürzung eCRM verwendet. CRM gehört in eine Reihe betriebswirtschaftlicher Konzepte, die u.a. durch die Begriffe

- Kundenorientierte Unternehmensführung
- Strategisches Beziehungsmanagement
- Geschäftsbeziehungsmanagement
- Beziehungsmarketing
- Management des Customer Lifetime Value
- Customer Integration
- Kundenbindungsmanagement
- After Sales Marketing
- Relationship Marketing

beschrieben[7] werden und die verschiedene Ansätze zur Kundenbindung bezeichnen. Eine scharfe Abgrenzung dieser Konzepte gegenüber CRM ist schwierig, denn eine einheitliche Definition für CRM hat sich bisher nicht durchgesetzt. CRM lässt sich als „informationstechnologisch gestützte Herstellung, Aufrechterhaltung und Nutzung von Kundenbeziehungen" definieren[8]; nach einer anderen Definition ist CRM ein „ganzheitlicher Ansatz der Unternehmensführung, der abteilungsübergreifend alle kundenbezogenen Prozesse in den Bereichen Beschaffung, Produktion, Logistik, Marketing sowie Forschung und Entwicklung integriert und optimiert mit dem Ziel, nachhaltig gute Geschäftsbeziehungen mit ausgewählten Kunden aufzubauen und zu pflegen"[9]. Weiter kann CRM als „die Planung, Durchführung, Kontrolle sowie Anpassung aller Unternehmensaktivitäten, die zu einer Erhöhung der Profitabilität der Kundenbeziehung und damit zu einer Optimierung des Kundenportfolios beitragen" definiert werden[10]. Eine weitere Begriffsbestimmung lautet: „CRM ist eine kundenorientierte Unternehmensphilosophie, die mit Hilfe moderner Informations- und Kommunikationstechnologien versucht, auf lange Sicht profitable Kunden-

---

[7] Nachw. bei Ahlert / Hesse, Relationship Management im Beziehungsnetz, S. 4.
[8] Link, Grundlagen ... S. 3.
[9] Ahlert, / Hesse, Relationship Management im Beziehungsnetz, S. 5.
[10] Homburg / Sieben, zitiert bei Ahlert / Hesse, Relationship Management im Beziehungsnetz, S. 5.

beziehungen durch ganzheitliche und differenzierte Marketing-, Vertriebs- und Servicekonzepte aufzubauen und zu festigen.“[11]

Kundenorientierung ist selbstverständlich kein neues Konzept des Marketings[12]. Neu ist allerdings die strategische Ausrichtung dieses Konzepts, dazu sogleich mehr. Neu – und über die Betonung des informationstechnischen Instrumentariums in einigen der o.g. Definitionen auch mit begriffsbestimmend für CRM – sind auch die angewandten Methoden, die heutigen und zukünftigen IT-basierten „tools“, mit denen das Ziel der Kundenbindung effektiver als bisher erreicht werden kann. Dies sind vor allem die auf kundenorientierten Informationssystemen beruhenden Methoden, also Database Marketing (DBM)[13], Computer Aided Selling (CAS)[14], Online Marketing[15], aber auch Call Center[16].

B. Strategische Ziele des CRM

Wie bereits aus dem größeren Teil der oben angeführten Definitionen deutlich wird, liegt eine zentrale Zielsetzung des CRM-Konzepts in der strikten Fokussierung auf Kunden, die dem Unternehmen langfristig profitabel erscheinen. Das unterscheidet CRM von einigen der oben genannten anderen kundenorientierten Strategien, bei denen beispielsweise auch eine Erhöhung des Marktanteils eines Unternehmens strategisches Ziel sein kann. CRM zielt auf die Maximierung des „Share of Wallet“[17] des Kunden, des Anteils am Gesamtbedarf des einzelnen Kunden in einer bestimmten Produktgruppe, der beim Unternehmen verbleibt[18]. Dahinter steht die Überlegung, dass die meisten Unternehmen mit nur wenigen Kunden einen großen Teil ihres Gewinns erwirtschaften[19], wohingegen eine große Kundengruppe einen nur geringen oder sogar negativen Gewinnbeitrag leistet. Aus der strikten Profitorientierung folgt der Wunsch nach einer Selektierung der Kunden, der letztendlich durch den Abbau aus unternehmerischer Sicht nicht gewinnbringender Kundenbeziehungen zu einer Verklei-

---

[11] Hippner / Wilde: Customer Relationship Management, S. 6.

[12] Ahlert / Hesse, Relationship Management im Beziehungsnetz, S. 8 bemühen hierfür das Beispiel des Tante-Emma-Ladens als Prototyp für praktiziertes CRM.

[13] Marketing auf der Basis kundenindividueller, in einer Datenbank gespeicherter Informationen. Aus: Link, Grundlagen ..., S. 8 m. w. N.

[14] Computergestütztes Verkaufen unter Verwendung von sowohl mobilen als auch stationären Stand-Alone-Lösungen zur Unterstützung des Verkaufspersonals. Aus: Ahlert / Becker / Knackstedt / Wunderlich S. 425 (Glossar).

[15] Interaktives Marketing über elektronische Netzwerke, d.h. vor allem das Internet. Aus: Link, Grundlagen ... S. 12 m. w. N.

[16] Link, Grundlagen ... S. 3.

[17] Alternative Begriffe: Grad der Potenzialausschöpfung, Share of Customer, eigener Lieferanteil.

[18] Gerth, Zur Bedeutung.... S. 111.

[19] In der Literatur ist z. B. die Rede davon, dass viele Unternehmen mit ca. 20 % ihrer Kunden 80 % ihres Umsatzes erwirtschaften; Nachw. Bei Wittkötter / Steffen, Customer Value... S. 73.

nerung der Kundenzahl führen kann[20]: In die Beziehung zum einzelnen Kunden darf nur so viel investiert werden, wie es das ökonomische Potenzial des Kunden rechtfertigt. Die „Investitionswürdigkeit" des einzelnen Kunden ist durch die Methoden des CRM so genau wie möglich zu ermitteln; die explizite Ungleichbehandlung der Kunden – die feine Differenzierung der Kundenbeziehung[21] – ist maßgeblich für den Erfolg des CRM-Konzepts[22].

C. Komponenten des CRM

CRM besteht funktionell – wie auch in der IT-technischen Umsetzung – aus drei Komponenten, die im Verhältnis zueinander als Regelkreis („closed loop"[23]) funktionieren. Es wird unterschieden zwischen operativem CRM, kommunikativem CRM und analytischem CRM[24].

- Das operative CRM umfasst alle Applikationen, die im direkten Kontakt mit dem Kunden stehen („Front Office"). Der Dialog mit dem Kunden findet mittels der verschiedensten Vertriebswege statt, also Außendienst, Filialen, Call Center, Fax, Mailings, Internet etc.; Lösungen zur Marketing-, Sales- und Service-Automation unterstützen dabei den Dialog mit dem Kunden. Das operative CRM ist mit „Back Office"-Applikationen verknüpft; dabei handelt es sich um automatisierte Systeme, die es u.a. ermöglichen, gegenüber dem Kunden verlässliche Aussagen über Verfügbarkeit oder Liefertermin eines nachgefragten oder bestellten Produkts zu treffen[25].

- Das kommunikative CRM umfasst die gesamte Steuerung und Unterstützung sowie die Synchronisation aller Kommunikationskanäle zum Kunden[26]. Eine besondere Rolle dabei spielt das „Multi-Channel-Manage-

---

[20] Hippner / Wilde: Customer Relationship Management, S.7.

[21] Hippner / Wilde: Customer Relationship Management, S.9.

[22] Link, Grundlagen ... S. 3.

[23] vgl. Zipser, Business Intelligence.... S. 38.

[24] Die hier verwendete Beschreibung der Komponenten ist bei Hippner / Wilde: Customer Relationship Management, S. 9 entnommen; die Komponenten – und somit auch der resultierende Regelkreis, der in allen Beschreibungen des CRM-Konzepts vorgefunden wird – werden bei anderen Autoren auch geringfügig anders beschrieben (vgl. z. B. Zipser, Business Intelligence…,. S. 38); für die Zwecke dieser Arbeit kommt es auf die Unterschiede nicht an, denn die beschriebenen und später z.T. genauer zu untersuchenden einzelnen Elemente dieser Komponenten finden sich, wenngleich bei unterschiedlicher Zuordnung, in allen Modellen.

[25] Beispiele für solche Applikationen sind Enterprise Resource Planning (ERP), Supply Chain Management (SCM), Computer Integrated Manufactoring (CIM).

[26] Vgl. Hippner / Wilde: Customer Relationship Management, S. 14 f.

ment"[27]; darunter wird der integrierte, koordinierte Einsatz verschiedener Vertriebskanäle durch eine Unternehmung verstanden[28].

- Beim analytischen CRM werden die im Rahmen des operativen und kommunikativen CRM entstandenen Kundenkontakte und Kundenreaktionen systematisch in einem „Customer Data Warehouse" aufgezeichnet und zur kontinuierlichen Optimierung der kundenbezogenen Geschäftsprozesse ausgewertet[29]. Die Auswertung erfolgt unter Verwendung zweier Verfahren, die als „Online Analytical Processing" (OLAP) und „Data Mining" bezeichnet werden.

Durch den Rückfluss der beim analytischen CRM erzielten Erkenntnisse in die Komponenten des operativen und kommunikativen CRM wird CRM zum lernenden System, in dem die Kundenreaktionen systematisch genutzt werden, um die Abstimmung von Kundenkommunikation, Produkten und Dienstleistungen auf fein differenzierte Kundenbedürfnisse kontinuierlich zu verbessern[30]; dies macht den Regelkreis-Charakter der Beziehungen der einzelnen CRM-Komponenten untereinander aus. Die nachfolgende Graphik verdeutlicht den Aufbau eines vollständigen CRM-Systems.

---

[27] Auch als „Multi-Channel-Retailing" oder „Multi-Kanal-Management" bezeichnet.

[28] Aus: Ahlert / Becker / Knackstedt / Wunderlich, Customer Relationship Management im Handel – S. 431 (Glossar).

[29] Vgl. Hippner / Wilde: Customer Relationship Management, S. 15.

[30] Hippner / Wilde: Customer Relationship Management, S. 15.

Mögliche Komponenten einer CRM-Lösung:

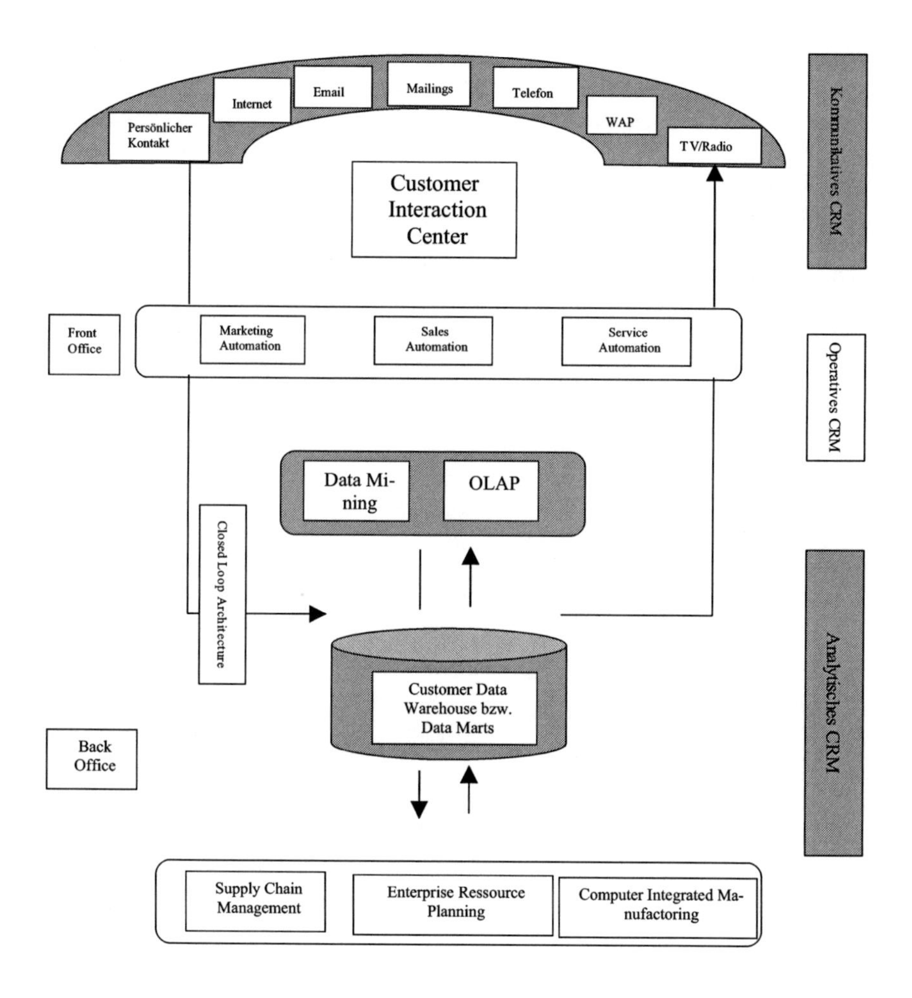

Grafik nach: Hippner, Hajo / Wilde, Klaus: Customer Relationship Management S. 14

Der Regelkreis-Charakter („Closed Loop Architecture") wird mit den Pfeilen sichtbar gemacht, die den Informationsfluss innerhalb des CRM darstellen.

D. Erhebung und Verarbeitung von Kundendaten in den einzelnen Komponenten des CRM

Wie aus der vorangegangenen Darstellung deutlich geworden ist, stellt sich CRM als System von Prozessen dar, bei dem in allen Komponenten Kundendaten verarbeitet werden. Nachfolgend ist im Rahmen der genaueren Beschreibung der einzelnen Komponenten des CRM-Konzepts darzustellen, welche Daten jeweils in den einzelnen Komponenten erhoben oder verarbeitet werden, wie dies geschieht und wie sich das jeweils erzielte Ergebnis dieser Datenverarbeitung im Sinne des oben beschriebenen Regelkreis-Modells auf die anderen Komponenten des CRM und das Verhältnis des Unternehmens zu seinen Kunden auswirkt. Für das Verständnis dieses Teils der Untersuchung ist wichtig festzuhalten, dass die verwendeten Begriffe wie Kunden, Kundendaten, Datenerhebung und Datenverarbeitung etc. zunächst, was den juristischen, insbesondere datenschutzrechtlichen Kontext betrifft, untechnisch gemeint sind; hier geht es zunächst um eine aus Sicht der juristischen Begriffswelt möglichst neutrale Darstellung der einzelnen Komponenten des CRM unter besonderer Berücksichtigung derjenigen Prozesse, die prima facie von (datenschutz-) rechtlicher Relevanz sein können. Die Subsumtion dieser Prozesse unter die einschlägigen rechtlichen Begriffe und Normen erfolgt an anderer Stelle. Da die anderen Komponenten des CRM auf Erkenntnissen aus dem analytischen CRM aufbauen, soll diese Darstellung mit dem analytischen CRM beginnen.

E. Analytisches CRM

I. Aufgaben des analytischen CRM

Ziel des analytischen CRM ist die Schaffung einer Informationsgrundlage, um die Attraktivität einzelner Kunden zu beurteilen und die Kunden nach ihrer Bedeutung für das Unternehmen zu klassifizieren. Aus dieser Klassifizierung folgt eine differenzierte Kundenbehandlung[31]. Das analytische CRM geht dabei in den meisten CRM-Modellen von einer Zielgröße des „Kundenwerts" („Customer Lifetime Value [CLV]"[32]) aus, die den ökonomischen Erfolgsbeitrag einer konkreten Geschäftsbeziehung über deren gesamten Lebenszyklus („Customer Life Cycle") quantifiziert[33]. Dieser Lebenszyklus besteht aus den Phasen der Kundengewinnung, der Kundenbindung und der Rückgewinnung „abtrünniger" attraktiver Kunden. Für jede dieser Phasen gibt es spezifische Aufgabenstellungen für das analytische CRM[34].

---

31 Vgl. Gerth, Zur Bedeutung.... S. 110.

32 Vgl. Gerth, Zur Bedeutung.... S. 110.

33 Vgl. Bensberg, CRM und Data Mining, S. 201.

34 Die nachfolgende Darstellung der einzelnen Phasen beruht auf der entsprechenden Darstellung bei Bensberg, CRM und Data Mining, S. 201 ff. m. w. N.

1. Kundengewinnung

In der Phase der Kundengewinnung stellt sich für das analytische CRM zunächst die Aufgabe, nach Aufteilung des Gesamtmarktes in kleinere Marktsegmente die für das Unternehmen relevanten Marktsegmente zu identifizieren; dahinter steht die Erkenntnis, dass auf vielen Märkten ein undifferenziertes Massenmarketing zu Effizienzverlusten führt. Nach Durchführung von Marketingmaßnahmen und Aufzeichnung der Reaktion potenzieller Kunden auf operativer Ebene wird im analytischen Bereich die Wirkung der Marketingmaßnahmen beurteilt; auf diesem Wege kann durch Kampagnencontrolling die Effizienz von Marketingmaßnahmen bewertet und im Ergebnis optimiert werden. Durch die Reaktion des (potenziellen oder aktiven) Kunden erweitert sich zudem die Menge der über diesen Kunden vorhandenen Daten (z. B. kontaktbezogene oder demographische Daten). Dies dient z. B. dazu, durch Vergleich des Profils eines potenziellen Neukunden mit dem empirisch gewonnenen Profil eines attraktiven Kundentyps solche potenziellen Käufer zu identifizieren, die eine hohe Kaufneigung aufweisen und durch einer Kampagne nachgehende Marketingmaßnahmen gezielt angesprochen werden sollen.

Das analytische CRM hat somit auch die Funktion, typische Eigenschaften im Profil besonders attraktiver Kunden zu identifizieren. Soweit CRM darauf gerichtet ist, einen Kundenwert zu ermitteln, dient der Vergleich der im operativen Bereich gewonnenen Daten potenzieller Neukunden mit solchen typischen Daten aus dem Profil besonders attraktiver „Bestandskunden“ dazu, eine Prognose des potenziellen Kundenwerts von Neukunden zu erstellen (Kundenwertanalyse). Die Kundenwertanalyse führt in der Phase der Kundengewinnung zu einer Kategorisierung potenzieller Neukunden, die im Ergebnis zu einer differenzierten Weiterbehandlung im Marketingprozess führt; ein potenzieller Neukunde mit einem niedrigen prognostizierten Kundenwert wird dann nicht weiter beworben, ein hoher prognostizierter Kundenwert rechtfertigt dagegen mit Blick auf den gesamten Lebenszyklus einen hohen Marketingaufwand.

2. Kundenbindung

In der Phase der Kundenbindung steht wieder die Frage nach dem Kundenwert im Vordergrund. Die wirtschaftlich besonders attraktiven Kunden, also die Kunden mit einem besonders hohen Kundenwert, sind zu identifizieren, die Geschäftsbeziehung zu diesen Kunden ist zu stabilisieren bzw. auszuweiten. Dabei kann der Kundenwert aus dem bereits realisierten Kaufverhalten ermittelt werden; die Daten hierzu werden auf der operativen Ebene gewonnen. Die Ermittlung des Kundenwerts dient hier auch dazu, Kunden mit niedrigem Kundenwert zu identifizieren – mit diesen steht dann die Geschäftsbeziehung zur Disposition. Für Kunden mit hohem Kundenwert besteht seitens des Unternehmens dagegen ein Interesse an der Pflege und Ausweitung der Geschäftsbeziehung. Komplexe Leistungsangebote bieten dann die Chance, mit komplementären Produkten Sekundärumsätze zu erzielen, die den Kundenwert weiter erhöhen („Cross Selling"[35]). Aufgabe des analytischen CRM ist hier die Analyse von Verbundsbeziehungen zwischen einzelnen Produkten bzw. Produktgruppen (Warenkorbanalyse). Ferner kann aus der Kaufhistorie von Bestandskunden der künftige Bedarf dieser Kunden ermittelt werden, so dass der Kunde zeitgerecht zum Wechsel auf ein höherwertiges Produkt motiviert werden kann („Up-Selling")[36]. Schließlich dient das analytische CRM dazu, anhand bestimmter Datenprofile typische Risiken wie das Insolvenz- oder Betrugsrisiko bei Kunden zu identifizieren[37].

3. Kundenrückgewinnung

Ziel der Kundenrückgewinnung ist, ehemalige Bestandskunden mit einem hohen Kundenwert zur Wiederaufnahme der Geschäftsbeziehung zu bewegen. Aufgabe des analytischen CRM ist hier, typische Eigenschaften der abgewanderten Kunden zu identifizieren. Auf Grundlage dieser Analyse bestimmt sich die inhaltliche Ausgestaltung der für die Rückgewinnung anzuwendenden Mittel. Zudem erlaubt die Identifikation der Eigenschaften abgewanderter Kunden durch Vergleich mit dem Profil von Bestandskunden Prognosen hinsichtlich der Abwanderungsgefahr von Bestandskunden („Migrationsanalyse"), der dann mit geeigneten Maßnahmen entgegengewirkt werden kann.

II. Methoden des analytischen CRM

Die Differenzierung der Kundenbeziehungen erfordert eine Informationsquelle, in der alle kundenbezogenen Informationen verfügbar sind. Da die oben dargestellten Analysen nur mit informationstechnischen Mitteln sinnvoll durchgeführt werden können, muss diese Informationsquelle eine Datenbank sein. Kundenbezogene Informationen entstehen bei jedem Kundenkontakt, aber auch aus unternehmensexternen Quellen. Sie stammen somit aus unterschiedlichen Quellen – typischerweise aus dem betrieblichen Rechnungswesen, dem Vertrieb, dem Service und dem Marketing[38], also aus dem Bereich, der hier dem operativen CRM zugeordnet ist, aber auch aus der Aufzeichnung der seitens des Kunden genutzten Kommunikationskanäle und damit aus dem kommunikativen CRM. Da die Daten aus sehr heterogenen Datenquellen stammen und daher

---

[35] Cross Selling = Realisierung weiterer Verkäufe aus anderen Sortimentsbereichen im Anschluss an einen Ursprungskauf. Vgl. Ahlert / Becker / Knackstedt, Wunderlich, Customer Relationship Management im Handel, S. 426 (Glossar).

[36] Up-Selling = Generierung von Folgekäufen besser ausgestatteter, höherwertigerer, teurerer Produktvarianten. Vgl. Ahlert, / Becker / Knackstedt / Wunderlich, Customer Relationship Management im Handel – S. 434 (Glossar).

[37] Vgl. Zipser, Business Intelligence…., S. 46.

[38] Genauer: aus den dort verwendeten IT-Anwendungen.

nicht in einer einheitlichen, zur Analyse geeigneten Form vorliegen, sind sie zunächst in einer einheitlichen Systemumgebung zu integrieren. Eine solche Datenbank, die die relevanten Informationsinhalte selektiert, aufbereitet und für die entscheidungsunterstützenden Analysen bereithält, wird als „Customer Data Warehouse“ bezeichnet[39].

Die in diesem Customer Data Warehouse enthaltenen Kundendaten können wie folgt klassifiziert werden[40]:

- Grunddaten bzw. Stammdaten von Kunden und Interessenten; das sind Adressdaten, demographische Daten u.ä.
- Potenzialdaten; das sind produkt- und zeitpunktbezogene Daten, die das konsumentenspezifische Nachfragevolumen charakterisieren, also z. B. Kaufhistorien (Wann und wie oft hat der Kunde was gekauft?)
- Aktionsdaten; diese beschreiben die realisierten, konsumentenspezifischen Marketingaktionen (Wer wurde wann und wie kontaktiert?)
- Reaktionsdaten; diese dokumentieren die Reaktion des Kunden auf die realisierten Marketingmaßnahmen (Wer hat wie auf einen Kontakt reagiert? Hat sich der Kunde beschwert?).

Für die im CRM-Prozess besonders relevanten Potenzialdaten sollen zur Veranschaulichung einige branchentypische Beispiele genannt werden[41]:

- Bei Versicherungsunternehmen, Kreditinstituten und Anbietern von EDV-Anlagen, Kopiergeräten etc. können z. B. die beim Einzelkunden vorhandenen Konkurrenzprodukte mit ihren Vertragslaufzeiten abgespeichert werden.
- Bei Maschinen- und Anlagenbauern, PKW- und Nutzfahrzeugherstellern können z. B. je Einzelkunde die derzeitige Ausstattung mit der voraussichtlichen Restnutzungsdauer abgespeichert werden.
- Für Hersteller von Babynahrung, Kinderkleidung, Spielzeug, Sportartikeln etc. kann eine routinemäßige Abspeicherung der demographischen Einzeldaten aller Geburten erfolgen, die dann einen Rückschluss auf zukünftigen altersstufenbedingten Bedarf bei diesen „Kunden“ erlauben.

Soweit die Kundendaten als Daten über aktuelle oder ehemalige Bestandskunden aus dem Geschäftsprozess des Unternehmens selbst stammen, kann davon ausgegangen werden, dass die Daten beim Umgang mit dem Kunden – mit oder ohne Kenntnis des Kunden – vom Unternehmen selbst erhoben wurden; auf die Einzelheiten der Datenerhebung im operativen und kommunikativen CRM ist

[39] Hippner / Wilde: Customer Relationship Management, S. 15 m. w. N.

[40] Vgl. Bensberg, CRM und Data Mining, S. 203 ff. m. w. N.; Hippner / Wilde: Customer Relationship Management, S. 15 m. w. N.

[41] Beispiele sind bei Link, Grundlagen … S. 9 entnommen.

noch einzugehen. In der Phase der Kundengewinnung gibt es außer den Aktions- und Reaktionsdaten von Interessenten, falls überhaupt solche existieren, keine ausreichende Informationsbasis für die Analysen, aus denen im Rahmen des CRM die Differenzierung nach mehr oder weniger attraktiven potenziellen Neukunden und damit die Differenzierung in der Auswahl der Marketing-Maßnahmen vorzunehmen ist. In solchen Fällen kann eine – zumindest rudimentäre – Datenbasis über potenzielle Kunden auch aus unternehmensexternen Quellen gewonnen werden. Dies sind z. B.[42]:

- Telefon- und Adressverzeichnisse, die auf CD-ROM oder zum Download im Internet zur Verfügung stehen und aus denen etwa Berufsbezeichnungen oder Wohnverhältnisse von Privathaushalten gewonnen werden können.
- Firmendatenbanken für das B2B-Marketing[43], die käuflich erworben werden können; darin enthalten sind Jahresabschlussdaten, Angaben über Führungskräfte, Produkte, Werke etc., die aus Fach- und Firmenpublikationen, Selbstauskünften der dargestellten Firmen sowie gesonderten Recherchen gewonnen werden.
- sogenannte „Listbroker“, die (im Idealfall unter Beachtung des Datenschutzes) qualifizierte Adressenlisten zwischen Unternehmen vermitteln; dabei handelt es sich z. B. um Kundenlisten, Adressen mit bestimmten demographischen Merkmalen und Produktinteressen etc.
- Datenaustausch mit kooperierenden Unternehmen, z. B. auch innerhalb desselben Konzerns.
- Daten aus kommerziellen Haushaltsbefragungen („Lifestyledaten“). Dabei werden seit mehreren Jahren durch spezialisierte Unternehmen neben grundlegenden demographischen Haushaltsdaten Konsumprofile und Konsuminteressen der privaten Haushalte erstellt und dann an interessierte Unternehmen verkauft; dabei werden diese Daten von den Befragten ausdrücklich für werbliche Zwecke „freigegeben“. Solche Lifestyle-Daten gibt es mittlerweile für mehrere Millionen Haushalte[44].
- Daten aus Wohngebäudedatenbanken; private Firmen bemühen sich um eine flächendeckende Bild- oder Videodokumentation der Straßenansichten von Wohngebäuden; auf dieser Grundlage können aussagekräftige kundenindividuelle Daten über die Wohnverhältnisse gewonnen werden.
- Kundendaten können mit mikrogeographischen Segmentierungen und Marktforschungsergebnissen angereichert werden – dies sind zunächst

[42] Beispiele entnommen bei Hippner / Wilde, Data Mining im CRM, S. 226 f.

[43] B2B oder B-to-B: Kurzform für Business-to-Business, also der Geschäftskontakt von Unternehmen untereinander; der Geschäftskontakt der Unternehmen zum Endkunden wird als Business-to-Customer bezeichnet (=B2C oder B-to-C).

[44] Diese Behauptung wird ungeprüft von Hippner / Wilde: Data Mining im CRM, S. 227, übernommen; sie erscheint aber plausibel.

zwar keine individuellen Kundendaten, sie können diesen aber mit geeigneten Verfahren zugeordnet werden und werden dadurch Teil der individuellen Kundendaten im Customer Data Warehouse.

III. Auswertung der Daten im analytischen CRM

Für die Analyse der in dem Customer Data Warehouse vorgehaltenen Daten werden verschiedene Analysewerkzeuge zur Anwendung gebracht. Die wichtigsten sind „Online Analytical Processing“ (OLAP) und Data Mining.

Bei OLAP handelt es sich um mehr oder weniger differenzierte, intuitiv durchzuführende Datenbankabfragen, bei denen betriebswirtschaftlich relevante Maßgrößen (z. B. Absatz, Umsatz, Kosten, Deckungsbeiträge, Marktanteile) in Form eines multidimensionalen Datenwürfels abgebildet werden, dessen Dimensionen betriebswirtschaftlich relevante Gliederungskriterien sind (z. B. Produktgruppen, Kundengruppen, Verkaufsgebiete, Vertriebskanäle). Ein Anwender kann mit OLAP z. B. analysieren, in welcher Region welches Produkt in welcher Preisklasse von welchem Kundentyp wie oft gekauft wurde.[45]

Für die Zwecke des analytischen CRM sind bei OLAP jedoch wichtige Einschränkungen zu beachten: OLAP liefert eine rein deskriptive Darstellung der Daten, die Aufdeckung interessanter Zusammenhänge in den Daten erfordert seitens des Anwenders „scharf“ ausformulierte a priori-Hypothesen über die relevanten Merkmale und die Art des Zusammenhangs. Wegen dieser Eigenschaft wird OLAP als nutzergesteuertes „Top-Down“- Analyseverfahren bezeichnet[46]. Für eine konsequente Erfassung der in den Daten „verborgenen“ Geschäftserfahrung ist aber darüber hinaus die automatische Abarbeitung „unscharfer“ a priori-Hypothesen erforderlich, bei denen lediglich ein zu erklärendes Zielmerkmal (z. B. Kundenwert oder Kundengruppenzugehörigkeit) vorgegeben ist, während die Bestimmung der Art des Zusammenhangs und der erklärungsrelevanten Merkmale aus mehreren tausend Möglichkeiten der eigentliche Kern der Datenanalyse beim CRM ist. Diese automatisierte Bestimmung ist mit OLAP nicht möglich. Zudem wird angesichts der Komplexität der multidimensionalen Ergebnisdarstellung selbst bei „scharf“ formulierten komplexen a priori-Hypothesen die Erkenntnisfähigkeit des Anwenders überstrapaziert.[47] OLAP eignet sich daher insbesondere zur einfachen Distribution von wichtigen Einzelinformationen an Analytiker und Vorbereiter von Entscheidungen; die Verfügbarkeit von Informationen im Vergleich zur früheren Auswertung von Listen bzw. zur Erstellung von Programmen ist um ein vielfaches höher.[48]

---

[45] Eine genauere Beschreibung findet sich bei Hippner / Wilde: CRM – Ein Überblick, S. 16 ff. sowie Hippner, / Wilde: Data Mining im CRM, S. 214 ff. m. w. N.

[46] Zipser, Business Intelligence S. 42 f.

[47] Vgl. Hippner / Wilde: Data Mining im CRM, S. 215 f.

[48] Vgl. Nitsche, Einsatz des Customer Relationship Management... S. 143.

Für die systematische Analyse großer und komplexer Datenbestände werden dagegen zunehmend Data Mining-Technologien verwendet. Beim Data Mining werden große Datenvolumina mit komplexen und anspruchsvollen automatisierten Methoden (der Statistik, der künstlichen Intelligenz, des maschinellem Lernens, der Mustererkennung etc.) nach neuen, gesicherten und handlungsrelevanten Geschäftserfahrungen durchsucht[49]. Dabei entspricht diese Methodik nicht dem in der Wissenschaft üblichen empirisch-analytischen Vorgehen, das ausgehend von einer Theorie ihres Gegenstandes hypothesengeleitet verfährt – wie dies auch bei solchen „Top-Down"-Verfahren wie OLAP der Fall ist -, sondern a-theoretisch und datengeleitet[50]; aus diesem Grunde handelt es sich – im Gegensatz zu OLAP – um ein „Bottom-Up"-Verfahren. Data Mining ist eine Kombination verschiedener Methoden und Arbeitsschritte, mit deren Hilfe das Kundenverhalten in einem statistischen Modell abgebildet wird. Diese Modellbildung ist das eigentliche Ziel des Data Mining: Sie erlaubt, bezogen auf bestimmte Zielgrößen[51], sowohl eine Auswertung des Kundenverhaltens in der Vergangenheit („erklärende" Modelle) als auch eine Prognose für künftiges Kundenverhalten („vorhersagende" Modelle)[52], im Ergebnis also den effizienten Gewinn von empirischen Regeln und Prognosen für die eigene unternehmerische Entscheidungsfindung. Zielgrößen können dabei z. B. sein:

- Kontrakt- bzw. Kaufwahrscheinlichkeit eines Kunden;
- Faktoren der Kundenloyalität bzw. das Risiko der Kundenfluktuation;
- gegenwärtige oder zukünftige Rentabilität der Kundenbeziehung (Kundenwert);
- Potenziale für Cross-Selling;
- Betrugs- oder Insolvenzrisiko des Kunden.

Der Data Mining-Prozess lässt sich – etwas vereinfachend dargestellt[53] – in drei Phasen teilen:

- Zunächst werden auf Grundlage von Informationen aus der Vergangenheit (Ex-Post-Betrachtung) mehrere auf unterschiedlichen Data Mining-Methoden basierende Modelle aufgestellt und deren Parameter berechnet.

---

49 Hippner / Wilde: Data Mining im CRM, S. 216 m. w. N.

50 Zipser, Business Intelligence S. 44.

51 Diese Zielgrößen werden, weil sie in der Modellanwendung im Gegensatz zu den anderen bei der Modellbildung verwendeten Informationen als Variablen auftreten, als „Target-Variblen" bezeichnet, dazu sogleich mehr. Vgl. Zipser, Business Intelligence, S. 45.

52 Vgl. hierzu auch Hippner / Wilde: Data Mining im CRM, S. 218 m. w. N.

53 Die hier gewählte Darstellung wurde bei Zipser, Business Intelligence S. 44 f. entnommen; wegen ihrer Anschaulichkeit ist sie für die Zwecke dieser Arbeit besser geeignet als die sehr viel genaueren Darstellungen, die sich an anderer Stelle in der einschlägigen betriebswirtschaftlichen Literatur finden; so z. B. bei Hippner / Wilde: Data Mining im CRM, S. 216 mit zahlr. w. N.

Auf diese Weise werden eine oder mehrere Zielgrößen aus der Realisation einer Vielzahl von Informationen aus dem Customer Data Warehouse erklärt und berechnet.

- Danach wird die Prognosegenauigkeit dieser Modelle getestet. Dazu werden Informationen aus der Vergangenheit benutzt, die noch nicht für den Modellbildungsprozess verwendet worden sind. Anhand des Vergleichs der prognostizierten Größe mit ihrem tatsächlich realisierten Wert lässt sich das Modell mit der größten Prognoseeffizienz, d.h. mit dem minimalen Prognosefehler ermitteln.
- Sodann wird dieses Modell anhand von Informationen über potenzielle Kunden simuliert (Ex-Ante-Betrachtung). Abgesehen von den unbekannten, zu prognostizierenden Zielgrößen müssen sämtliche für die Modellbildung verwandten Informationen als Parameter des Modells vorhanden sein; dies sind neben den in dem Modell selbst abgebildeten Zusammenhängen die Parameter, die aus den vorhandenen Informationen über die potenziellen Kunden ermittelt werden. Resultat in dieser dritten Phase des Data Mining-Prozesses sind die quantitativen Prognosen für ein gesetztes Unternehmensziel[54].

Mit Hilfe dieses Data Mining-Prozesses lassen sich z. B. die folgenden, für CRM relevanten Fragestellungen angehen[55]:

- Assoziationen[56]: Welche Produktkombinationen kaufen die Kunden?
- Durch die Beantwortung dieser Frage lassen sich Angebote im Bereich des Marketings gezielt kombinieren und damit die Effizienz des Marketings (und damit in letzter Konsequenz die Rentabilität) steigern.
- Segmentierung und Profilierung[57]: Welche Attribute teilen die Kunden?
- Welche Eigenschaften haben die Kunden, die zur Konkurrenz abwandern? Welche Kundeneigenschaften stehen in welchem Zusammenhang mit dem Kundenwert? Durch welche Kauf- und Kontakthistorie zeichnen sich Kunden aus, die positiv auf bestimmte Marketingaktionen reagiert haben?[58] Kundengruppen mit ähnlichen Eigenschaften können z. B. durch Marketingmaßnahmen angesprochen werden, die speziell auf die Bedürfnisse dieser konkret abgegrenzten Kundengruppe abgestimmt sind.
- Verhaltensweisen[59]: Was tun die Kunden, wie reagieren sie?

---

[54] Diese werden auch als „Scores“ bezeichnet; vgl. Zipser, Business Intelligence S. 45.

[55] Die im Folgenden aufgeführten Fragestellungen sind Zipser, Business Intelligence S. 48 entnommen.

[56] Vgl. hierzu auch die wesentlich genauere Darstellung bei Bensberg, CRM und Data Mining, S. 213.

[57] Vgl. hierzu auch die wesentlich genauere Darstellung bei Bensberg, CRM und Data Mining, S. 209 ff. sowie S. 218 ff.

[58] Vgl. hierzu Hippner / Wilde, Komponenten..., S. 23.

[59] Hierzu auch Bensberg, CRM und Data Mining, S. 218 ff.

- Welche Verhaltensänderungen der Kunden ergeben sich bei Änderung ihrer Verhältnisse, z. B. wie reagiert der Bankkunde, wenn der Kontostand steigt? Wie verhält sich der Kunde, wenn er mehrmals hintereinander in Zahlungsrückstand gerät? Wie äußert sich eine Änderung im familiären Umfeld (Kinder, Scheidung etc.), was geschieht, wenn der Kunde ein Haus kauft? Ist ein Unternehmen in der Lage, das wahrscheinliche Kundenverhalten unter bestimmten, bekannten Voraussetzungen vorherzusehen, kann es rechtzeitig darauf reagieren, z. B. mit bestimmten Marketingaktionen, aber ggf. auch mit Vorsichtsmaßnahmen.
- Ausnahmen: Was passt nicht in die Norm?
- Mit Data Mining-Techniken können Auffälligkeiten aufgedeckt werden, z. B. wenn bestimmte Dienste plötzlich weniger in Anspruch genommen werden, verdächtige Kreditkartengeschäfte vorgenommen werden oder andere Abweichungen vom sonst typischen Kundenverhalten entstehen. Wenn das Unternehmen in der Lage ist, solche Unregelmäßigkeiten schnell festzustellen, gelingt es mit höherer Wahrscheinlichkeit, schnell zu reagieren und Schäden noch zu verhindern oder sie zumindest zu minimieren.

F. Operatives CRM

Das operative CRM umfasst IT-Lösungen zur Automation in den Bereichen Marketing, Vertrieb und Service, die den Dialog zwischen Kunden und Unternehmen sowie die dazu erforderlichen Geschäftsprozesse unterstützen[60]. Mit Rücksicht auf das Thema dieser Arbeit soll die Darstellung dieser Komponenten auf eine Darstellung der in den jeweiligen Komponenten stattfindenden Prozesse der Kundendatenerhebung und Kundendatenverarbeitung fokussiert werden.

I. Marketing

Im Mittelpunkt der Marketing-Automation steht die ganzheitliche und logisch abgestimmte Gestaltung der Kundenkontakte, vor allem also das Kampagnenmanagement, dessen Ziel es ist, dem richtigen Kunden das richtige Informations- und Leistungsangebot im richtigen Kommunikationsstil über den richtigen Kommunikationskanal zum richtigen Zeitpunkt zu vermitteln[61]. Das Kampagnenmanagement besteht dabei aus den Phasen der Kampagnenplanung, der Kampagnensteuerung sowie der abschließenden Wirkungsanalyse.

Der erste Schritt des Kampagnenmanagements ist die Kampagnenplanung, also die genauere Definition der Kampagne anhand der verfolgten Zielsetzung

---

[60] Vgl. Hippner / Wilde, Komponenten..., S. 20; die nachfolgende Darstellung beruht im Wesentlichen auf Kapitel 3.3. des genannten Beitrags.

[61] Hippner / Wilde, Komponenten..., S. 20.

(Kundengewinnung, Kundenbindung, Kundenrückgewinnung – s.o.). Dabei werden aus den im analytischen CRM gewonnenen Kundenanalysen konkrete Marketingaktionen oder Aktionsfolgen – die Kampagnen – abgeleitet. Wegen der beim CRM gewünschten kontinuierlichen Kundeninteraktion werden Kampagnen in der Regel mehrstufig gestaltet, d.h. in Abhängigkeit von der jeweiligen Kundenreaktion auf die vorangegangene Aktion werden weitere, aufeinander aufbauende Aktionen geschaltet[62]. Es ist dann Aufgabe der Kampagnensteuerung, die jeweilige Kundenreaktion in die Marketingdatenbank einzuspeisen und mit vordefinierten Werten für das Auslösen einer Folgeaktion abzugleichen. Die richtige Reaktion auf ein bestimmtes Kundenverhalten im Rahmen komplexer Kampagnen ist dabei nur auf Grundlage vorher festgelegter Kommunikationsregeln[63] möglich; auch diese Kommunikationsregeln, die auch die Wechselwirkungen zwischen den einzelnen Aktionen berücksichtigen[64], beruhen auf den Erkenntnissen des analytischen CRM. Im Rahmen der nachfolgenden Wirkungsanalyse werden die in den vorangegangenen Phasen in das Customer Data Warehouse eingespeisten Kundenreaktionen ausgewertet und daraus mit den bereits beim analytischen CRM beschriebenen Methoden handlungsrelevante Informationen für den weiteren Kampagnenverlauf oder für weitere Kampagnen gewonnen; tatsächlich stellt sich somit – ganz im Sinne des Regelkreismodells – diese Phase des Marketingprozesses, der als solcher dem operativen CRM zugeordnet wurde, schon wieder als Teil des analytischen CRM dar. Es gehört zum ganzheitlichen Ansatz des CRM, dass sämtliche im Rahmen der Kundeninteraktion gewonnenen Kundeninformationen in das Customer Data Warheouse eingebracht werden.

II. Vertrieb

Im Bereich des Vertriebs lässt sich die intensivste Beziehung zum Kunden aufbauen; durch den oft persönlichen Kundenkontakt kennt der Vertrieb die Bedürfnisse, Anforderungen und Erwartungen des Kunden am genauesten; er gelangt so z. B. auch zu Erkenntnissen über Wettbewerber und deren Vorgehen. Die den Vertrieb unterstützenden IT-Anwendungen[65] beinhalten z. B. eine Besuchsberichtserfassung, Verkaufsübersichten und eine Kundendatenverwaltung[66]. Die Wechselwirkung der Datenverarbeitung im Vertrieb mit der im analytischen CRM entspricht der bereits für das Marketing dargestellten Wechsel-

---

[62] Hippner / Wilde, Komponenten..., S. 21.

[63] Z. B.: „Wenn Kunde nicht auf Mailing reagiert, telefonisch nachfassen!" Vgl. Hippner / Wilde, Komponenten…, S. 23 – dort wird dieses Verfahren als "eventgetriggertes Marketing" bezeichnet.

[64] Z. B.: Kunden sollen nicht zu häufig bzw. nicht zu konkurrierenden Themen angesprochen werden.

[65] Der Fachbegriff hierzu lautet „Sales Automation"; eine vertriebsunterstützende IT-Lösung außerhalb des CRM-Kontextes wird als CAS („Computer Aided Selling") bezeichnet.

[66] Eine genauere Beschreibung der Funktionalitäten einer Sales Automation-Lösung findet sich bei Hippner / Wilde, Komponenten…, S. 25.

wirkung, allerdings mit vertriebstypischen Fragestellungen. Die im Vertrieb erhobenen Kundendaten werden dem Customer Data Warehouse zugeführt; eine Analyse dieser Daten erfolgt für den Vertrieb mit dem Ziel, die Potenziale der einzelnen Kunden zu erkennen und entsprechende Akquisitionsziele zu setzen. Aus dem Bereich des Vertriebs gelangen somit beispielsweise die folgenden Analyseaufgaben in den Bereich des analytischen CRM und die Rückkoppelung der Ergebnisse in den Vertrieb[67]:

- Lost Order Analyse: Alle Angebote, die nicht zu einem Auftrag geführt haben, werden darauf hin analysiert, weshalb dieser Erfolg nicht eingetreten ist.
- Sales Cycle Analyse: Diese dient der Vormerkung vorhersehbarer Wiederbeschaffungszeitpunkte[68] – der Kunde soll vor einer Wiederbeschaffung angesprochen werden, bevor er sich selbständig auf die Suche nach Alternativangeboten macht.
- Opportunity Management: Hierunter ist die mehrstufige Erfassung, Pflege und Qualifizierung jedes Kundenkontakts zu verstehen; jederzeit kann der aktuelle Status eines Kontakts oder Angebots abgefragt werden, um einen Gesamtüberblick über bestehende Verkaufschancen (Betrag, Abschlusswahrscheinlichkeit, Abschlusstermin) pro Kontaktstufe zu erhalten.

III. Service

Als Service wird die Bearbeitung der vom (Bestands-)Kunden initiierten Kontakte bezeichnet. Die hierfür zu verwendenden IT-Lösungen[69] ähneln den im Vertrieb gebrauchten Lösungen; auf die dortigen Ausführungen zur Erhebung und Verarbeitung der Kundendaten und die Wechselwirkung mit dem analytischen CRM kann daher verwiesen werden.

Von besonderer Bedeutung im Service-Bereich ist das Beschwerdemanagement[70]; hier werden die beim Service eingehenden Kundenbeschwerden dem analytischen CRM für Zwecke der Analyse mit dem Ziel der Qualitätsverbesserung zugeführt; die Ergebnisse der Analyse haben dann aber keinen unmittelbaren Kundenbezug mehr und sind daher für diese Betrachtung irrelevant. Das ganzheitliche CRM-Konzept verlangt allerdings beim Beschwerdemanagement, dass alle Beschwerdeinformationen in einer zentralen Beschwerdedatenbank aufgenommen werden, damit ein Bericht gegenüber dem Kunden über den Bearbeitungsstand der Beschwerde unabhängig davon möglich ist, über welchen Kommunikationskanal sich der Kunde an das Unternehmen wendet[71]; wichtig

[67] Vgl. Hippner / Wilde, Komponenten…, S. 26.
[68] Beispiel: Telefonkartenverträge o.ä.
[69] Der Fachbegriff hierzu lautet „Service Automation".
[70] Ausführlich hierzu Pepels, Grundzüge des Beschwerdemanagement, S. 117 ff.
[71] Vgl. Hippner / Wilde, Komponenten…, S. 28 f.

ist hier die Feststellung, dass auch die Beschwerdedaten Kundendaten sind, die in das Customer Data Warehouse eingehen und somit für Analysen zur Verfügung stehen.

G. Kommunikatives CRM

Kernbestandteil des kommunikativen CRM ist das Customer Interaction Center (CIC), eine Weiterentwicklung des Call Centers, die in das CRM-Konzept eingebunden ist. Während bei herkömmlichen Call Centern vor allem die Kommunikation über Telefon betrieben wird, unterstützen CICs zusätzlich weitere Kommunikationskanäle wie Internet, e-Mail, Fax, Post, SMS etc. Wesentliches Merkmal dieses Konzepts ist die Integration und Synchronisation aller Kommunikationskanäle; das damit verfolgte Ziel wird mit dem Satz „One Face to the Customer“ beschrieben[72]. Unabhängig davon, welche Kommunikationskanäle der Kunde für seinen Kontakt zum Unternehmen wählt, kann ihm eine schnelle, verlässliche und kompetente Reaktion gewährleistet werden. Das erfordert, dass die innerhalb des Unternehmens vorhandenen Informationen, also z. B. Produktinformationen, aber auch individuelle und aktuelle kunden- bzw. auftragsbezogene Informationen an allen Kommunikationsschnittstellen zum Kunden zur Verfügung stehen und umgekehrt die aus dem Kundenkontakt gewonnenen Informationen in den CRM-Prozess einfließen. Dies wird gewährleistet durch Workflow-Systeme, denen die Aufgabe zukommt, dass die vom Kunden angestoßenen Geschäftsprozesse möglichst automatisiert und kontrolliert abgearbeitet werden können[73].

Auf eine umfassende Darstellung der CRM-bezogenen Kommunikationsmöglichkeiten speziell im Internet und das weite Feld des E-Commerce und die speziell dort relevanten CRM-Maßnahmen soll hier im Interesse einer thematischen Begrenzung dieser Arbeit verzichtet werden; es ist jedoch festzuhalten, dass im Rahmen der erweiterten technischen Möglichkeiten der Kommunikation über das Internet vielfältige Möglichkeiten bestehen, kunden- bzw. nutzerbezogene Informationen für das CRM zu gewinnen. In den Log Files der Web Server werden alle Kunden(inter-)aktionen – z. B. Kaufpräferenzen, bevorzugte Zahlungsweisen, individuelle Interessengebiete etc. – automatisch erfasst; in diesem Zusammenhang sind auch die sogenannten „Cookies“ zu nennen, die ebenfalls eine große Informationsvielfalt bieten können. Mittels „Web Mining“, also Data Mining in den bei der Internet-Nutzung hinterlassenen Informationen, lassen sich Informations- und Kundenprofile erstellen, die gezielte, individuell auf diese Profile abgestimmte Aktionen erlauben.

---

[72] Vgl. Hippner / Wilde, Komponenten..., S. 30 f. m. w. N.
[73] Vgl. Hippner / Wilde, Komponenten..., S. 31 f. m. w. N.

H. Praktische Relevanz von CRM-Konzepten

Bisher wurde lediglich das theoretische Konzept des CRM erläutert; es handelt sich um ein relativ neues Konzept, das seine Wurzeln in den USA hat. Dort bestehen völlig andere rechtliche Rahmenbedingungen für die Realisierung solcher Konzepte, insbesondere ist davon auszugehen, dass gesetzlicher Datenschutz, wie er sich im europäischen Rechtsaum spätestens mit der Richtlinie 95/46/EG des Europäischen Parlaments und des Rates vom 24. Oktober 1995 zum Schutz natürlicher Personen bei der Verarbeitung personenbezogener Daten und zum freien Datenverkehr[74] etabliert hat (oder haben sollte), dort nicht oder zumindest nicht auf europäischem Niveau besteht. Es stellt sich daher die Frage, ob CRM in der oben beschriebenen Form in Deutschland gelebte Realität ist bzw. ob erkennbar ist, dass CRM künftig eine signifikante Rolle in der deutschen Wirtschaft spielen wird.

Es ist davon auszugehen, dass viele der oben beschriebenen Komponenten des CRM in Gestalt von IT-Lösungen der einzelnen Unternehmensbereiche längst in den Unternehmen vorhanden sind; CRM ist, wie dargelegt, vor allem dadurch gekennzeichnet, dass es diese meist bereits vorhandenen Elemente um das Customer Data Warehouse und die IT-Anwendungen des analytischen CRM ergänzt und in ein ganzheitliches Konzept integriert. Es ist also bei Unternehmen, die für die einzelnen Unternehmensbereiche IT-Lösungen verwenden, kein großer Schritt mehr, diese in einem CRM-Konzept zu integrieren. Eine Reihe von Studien, die in der betriebswirtschaftlichen Literatur veröffentlicht sind[75], lassen erwarten, dass eine große Zahl von Unternehmen auf dem deutschen Markt diesen Schritt entweder schon vollzogen hat oder zumindest plant, dies in der näheren Zukunft zu tun. Dabei ist davon auszugehen, dass die Integration der bestehenden IT-Systeme schrittweise vollzogen wird, so dass eine Reihe von Unternehmen CRM nicht bzw. noch nicht in der „Reinform" betreibt. Bei der Einführung des CRM in den Unternehmen wird jedoch – logischerweise – der Schaffung des Customer Data Warehouse eine hohe Priorität gegenüber der Integration der sonstigen IT-Anwendungen eingeräumt. So wurde festgestellt, dass ca. 80 % der in den bei Schröder / Feller / Schuck ausgewerteten Studien befragten Unternehmen bereits über ein Customer Data Warehouse verfügen, jedoch „nur" ca. 65 % der Unternehmen Data Mining betreiben und beinahe ein Viertel der befragten Unternehmen nicht das „One Face to the

---

[74] Amtsbl. der Europäischen Gemeinschaften Nr. L 281 vom 23. November 1995, S. 31.

[75] Vgl. hierzu die aktuelle Übersicht bei Schröder / Feller / Schuck, Wie erfolgreich ist CRM tatsächlich?, S. 399 m. w. N. Der Beitrag ist eine empirische Auswertung der im Zeitraum zwischen 1999 und 2001 erstellten Studien zu CRM in Unternehmen. Da es hier darum geht, eine Tendenz aufzuzeigen, ist es für die Zwecke dieser Arbeit nicht erforderlich, die einzelnen Studien exakt auszuwerten. Eine Durchsicht einiger der zitierten Studien durch den Verf. hat ergeben, dass ein großer Teil der in den Studien befragten Unternehmen deutsche Unternehmen oder zumindest auf dem deutschen Markt agierende Unternehmen sind, so dass die bei Schröder / Feller / Schuck erfolgte Auswertung in für die Zwecke dieser Arbeit hinreichender Annäherung für den deutschen Markt repräsentativ ist.

Customer“-Prinzip verwirklichen kann[76]. Als Fazit aus den ausgewerteten Studien gehen Schröder / Feller / Schuck davon aus, dass „CRM Bestandteil des Unternehmensalltags und aller Unternehmensfunktionen wird“[77].

Die genannten Studien belegen, dass CRM zumindest in einzelnen Komponenten auch in deutschen Unternehmen verbreitet ist und dass mit einer erheblichen Ausweitung von CRM-Konzepten im Unternehmenssektor zu rechnen ist. Aus Veröffentlichungen zu den CRM-Konzepten einzelner Unternehmen[78] wird auch deutlich, dass die oben beschriebenen Konzepte in jeweils branchentypischer individueller Ausgestaltung[79] tatsächlich „gelebt“ werden.

---

[76] Schröder / Feller / Schuck, Wie erfolgreich ist CRM tatsächlich? S. 410.

[77] Schröder / Feller / Schuck, Wie erfolgreich ist CRM tatsächlich? S. 419.

[78] z. B. statt vieler Nitsche, Einsatz des Customer Relationship Management in einer Bank, S. 113 ff. für das Beispiel der Deutschen Bank 24, Blum, CRM im Bekleidungseinzelhandel… S. 251 ff. für die E. Breuninger GmbH & Co.; Brosius et al., CRM im Medien-Versandhandel…. S. 263 ff. für den Club Bertelsmann; Brexendorf / Engberding, Bedeutung, Philosophie…. S. 295 für die OBI@OTTO GmbH & Co. KG

[79] Vgl. dazu Schröder et al.in: Schröder / Feller / Schuck, Wie erfolgreich ist CRM tatsächlich? S. 408.

Kapitel 2: Grundrechtlicher Schutz

A. Einführung in die rechtliche Problematik

Im vorangegangenen Teil der Arbeit wurde im Zusammenhang mit der Darstellung von Sinn und Zweck des CRM vorrangig auf das tatsächliche Interesse des Unternehmers am CRM eingegangen. Neben dem Unternehmer sind jedoch weitere Beteiligte des CRM zu betrachten, die eigene tatsächliche Interessen haben. Vor allem sind das die (potenziellen, aktuellen oder ehemaligen) Kunden, deren (zumindest zu einem erheblichen Teil personenbezogene) Daten die Informationsbasis für das CRM bilden, aber auch Dritte, die dem CRM Daten zuliefern oder aus dem CRM Daten erhalten. Soweit die Interessen der Beteiligten konfligieren, muss ein Interessenausgleich vorgenommen werden. Damit ist das rechtliche Problem bereits umrissen: Es geht darum, auf einer ersten, abstrakten Betrachtungsebene die rechtlichen Regeln für den geforderten Interessenausgleich aufzustellen und dann auf einer zweiten, konkreten Betrachtungsebene die Individualinteressen zu identifizieren und den Ausgleich auf Grundlage dieser Regeln durchzuführen. Zuvor ist aber festzustellen, wessen Interessen überhaupt betroffen sind.

I. Die Beteiligten im CRM-Prozess

Sämtliche nachfolgend beschriebenen Beteiligten des CRM können – als Privatrechtssubjekte – inländische oder ausländische natürliche oder juristische Personen sein. Beim CRM gibt es einen Unternehmer, der die Datenverarbeitung betreibt; dieser wird in der Terminologie des § 3Abs. 7 BDSG als „verantwortliche Stelle“ bezeichnet; soweit er auf Daten Dritter zurückgreift, kann er auch „Empfänger“ i. S. d. § 3 Abs. 8 BDSG sein. Die Person, deren Daten genutzt werden, wird im CRM-Prozess als „Kunde“, also als potenzieller, ehemaliger oder Bestandskunde bezeichnet, sie ist „Betroffener“ i. S. d. § 3 Abs. 1 BDSG, soweit es sich um eine natürliche Person handelt. Werden Kundendaten nicht vom Unternehmer selbst, sondern von einer anderen Stelle erhoben, oder werden Erkenntnisse und Daten aus dem CRM an andere Stellen weitergegeben, kann auch ein Dritter im Sinne des § 3 Abs. 8 S. 2 BDSG in den Prozess einzubeziehen sein. Auf die einzelnen Begriffe im Sinne der Begriffsbestimmungen des § 3 BDSG wird an anderer Stelle[80] noch genauer eingegangen.

Auch der Staat ist insoweit als Beteiligter in diesem Geschehen anzusehen, als er – jedenfalls mit dem dritten Abschnitt des BDSG – regulierend in das CRM eingreift. Der Staat soll dagegen – auch wenn er sich selbst Mitteln des CRM bedient – hier nicht als verantwortliche Stelle im datenschutzrechtlichen Sinne betrachtet werden, das würde mit Blick auf die spezifischen grund- und daten-

---

[80] Kap. 5 C. I.

schutzrechtlichen Maßgaben zur Datenverarbeitung öffentlicher Stellen das Thema der Arbeit sprengen.

II. Voraussetzung für einen rechtlichen Interessenausgleich

Ein Interessenausgleich mit rechtlichen Mitteln erfordert, dass die individuellen Interessen der Betroffenen als Rechtspositionen verstanden werden, die grundsätzlich geeignet sind, den Schutz der Rechtsordnung zu genießen. Hierzu soll die Arbeitshypothese aufgestellt werden, dass die Rechtsordnung die hier berührten individuellen Interessen jedenfalls nach Maßgabe der Grundrechte aus dem Grundgesetz schützt und die Feststellung der Rechtmäßigkeit oder Rechtswidrigkeit der Datenverarbeitung, die sich als Konkretisierung dieser Individualinteressen darstellt, einen Ausgleich der jeweils betroffenen und (grund-) rechtlich geschützten Individualinteressen im Kollisionsfalle voraussetzt. Gestützt wird diese Hypothese – in erster Annäherung an das Problem – durch die ständige Rechtsprechung des BVerfG zur auch die Gesetzgebung und die Auslegung einfachen Rechts prägenden objektiven Wertordnung, die den Grundrechten des Grundgesetzes zugrunde liegen soll: „Nach der ständigen Rechtsprechung des Bundesverfassungsgerichts enthalten die Grundrechtsnormen nicht nur subjektive Abwehrrechte des Einzelnen gegen den Staat, sondern sie verkörpern zugleich eine objektive Wertordnung, die als verfassungsrechtliche Grundentscheidung für alle Bereiche des Rechts gilt und Richtlinien und Impulse für Gesetzgebung, Verwaltung und Rechtsprechung gibt.“[81]

Für die abstrakte Betrachtung auf der ersten Betrachtungsebene, auf der die Regeln für den Interessenausgleich aufgestellt werden, reicht es, davon auszugehen, dass die tatsächlichen Interessen der Betroffenen grundrechtlich geschützt sind. Erst für den konkreten Interessenausgleich auf der zweiten Betrachtungsebene ist es erforderlich, die hinter den einzelnen tatsächlichen Interessen der Betroffenen stehenden grundrechtlichen Rechtsgüter zu identifizieren.

III. Grundrechtlicher Schutz der Interessen der am CRM Beteiligten

Die oben aufgestellte Annahme, dass ein am CRM Beteiligter in seinem tatsächlichen Interesse grundrechtlichen Schutz beanspruchen kann, erfordert, dass ein subjektives (Grund-) Recht zugunsten des Betroffenen besteht. Bei Grundrechten handelt es sich um unmittelbar wirksame Rechtsnormen[82]. Nach der heute allgemein anerkannten „Schutznormlehre“[83] lässt sich ein subjektives

---

[81] BVerfG 39, 1 (41). Zu bemerken ist freilich, dass diese „Werttehorie der Grundrechte“ nur eine unter mehreren gängigen Grundrechtstheorien ist, die bei der Auslegung von Grundrechten zur Anwendung gebracht werden können, so dass an dieser Stelle tatsächlich nur eine Hypothese aufgestellt werden kann.

[82] Vgl. Böckenförde NJW 1974, 1529 ff. m. w. N.

[83] Vgl. BVerfGE 27, 297 (307).

Grundrecht einer Person annehmen, wenn eine Grundrechtsbestimmung für diese Person objektiv günstige Rechtswirkungen gezielt und mit der Intention ihrer Durchsetzbarkeit begründet[84]. Im Bereich der Grundrechte werden diese Kriterien unter anderem durch Abwehrrechte und Leistungsrechte ohne weiteres erfüllt[85]. Unter Abwehrrechten sollen hier Rechtspositionen verstanden werden, die gegenüber störenden Einwirkungen seitens der grundrechtlich Verpflichteten Schutz gewähren, indem sie im Störungsfalle Ansprüche auf Beseitigung der Störung oder Unterlassung der störenden Einwirkung begründen[86], also „Rechte auf negative Handlungen der Grundrechtsadressaten“[87]. Den Leistungsrechten sind die so genannten Schutzrechte zuzuordnen; sie korrespondieren mit den Schutzpflichten, die sich darin äußern, dass der Grundrechtsverpflichtete den Grundrechtsberechtigten davor schützen muss, dass seine grundrechtlichen Schutzgüter von dritter Seite beeinträchtigt werden[88]. So geht das BVerfG[89] davon aus, dass die Freiheitsgrundrechte den Staat auch verpflichten, die jeweilige Freiheitssphäre des Individuums zu schützen und zu sichern. Auf die Einzelheiten dieser Problematik wird später noch genauer einzugehen sein.

Im Rahmen einer vollständigen Grundrechtsprüfung, die für die einschlägigen Grundrechte im weiteren Verlaufe dieser Arbeit ebenfalls vorzunehmen sein wird, ist die Tatbestands- von der Eingriffs-, Schranken- und der Rechtsfolgenebene zu unterscheiden. Für die hier zunächst aufgeworfene Frage, ob ein bestimmtes tatsächliches Interesse überhaupt Gegenstand eines grundrechtlichen Abwehr- oder Leistungsrechts ist, ist nur die Tatbestandsebene von Interesse. Als Grundrechtstatbestand soll hier der Inbegriff der notwendigen Voraussetzungen der grundrechtlichen Rechtsfolge verstanden werden[90]. Wesentliche Komponente des Grundrechtstatbestands ist der Schutzgegenstand. Soweit bei der Bestimmung des Begriffs des grundrechtlichen Tatbestandes bei einem Abwehrrecht die Auffassung vertreten wird, dass der Begriff des Eingriffs in den Tatbestandsbegriff zu inkorporieren und für die Bestimmung des Schutzbereichs heranzuziehen ist[91]; wird zwischen einem ausschließlich schutzgegenstandsbezogenen Schutzbereich im engeren Sinne, der den Eingriff nicht be-

---

84 Sachs, Verfassungsrecht II, – Grundrechte A4 Rz. 6 (S. 36).

85 Sachs, Verfassungsrecht II, – Grundrechte A4 Rz. 12 (S. 37).

86 Begriffsbestimmung wie bei Sachs, Verfassungsrecht II – Grundrechte A4 Rz. 13 ff. (S. 37).

87 Alexy, Theorie der Grundrechte, S. 174 u. 274.

88 Sachs, Verfassungsrecht II, – Grundrechte A4 Rz. 27 ff. (S. 40 f.).

89 BVerfGE 92, 26 (46).

90 Nach Sachs, Verfassungsrecht II – Grundrechte A7 Rz. 3 (S. 90); dies in Abgrenzung von einem weiter gefassten Tatbestandsbegriff, der die Gesamtheit der Bedingungen einer definitiven grundrechtlichen Rechtsfolge umfasst und somit die Grundrechtsschranken mit berücksichtigt; vgl. hierzu Alexy, Theorie der Grundrechte, S. 278.

91 Zu Recht weist Alexy unter Verweis auf BVerfGE 32, 54 (68 ff.) darauf hin, dass der Schutzumfang eines Grundrechts ebenso von der Weite des Begriffs abhängt, der sich auf das Schutzgut bezieht, wie von der Weite des Begriffs des Eingriffs, in: Theorie der Grundrechte, S. 276.

rücksichtigt, und einem Schutzbereich im weiteren Sinne unterschieden, der den Eingriff in den Tatbestand einbezieht. Es ist hier lediglich die Frage zu beantworten, ob das jeweils betrachtete tatsächliche Interesse in den Schutzbereich im engeren Sinne fällt. Insofern soll auch vorerst unbeachtet bleiben, wie der Begriff des Eingriffs bestimmt wird und ob nicht-staatliche Eingriffe den Schutzbereich berühren.

Der Schutzbereich wird in der Formulierung der einzelnen Grundrechtsbestimmungen im Grundgesetz zumeist nur sehr knapp und in unscharfen Begriffen umschrieben; andererseits erfordert die Anwendung der Grundrechte als Rechtsnormen notwendigerweise eine genaue Bestimmbarkeit des Schutzbereichs, die nur durch Auslegung der betreffenden Grundrechtsbestimmungen gewonnen werden kann. Das hierfür zur Verfügung stehende Instrumentarium, die Basis jeglicher grundrechtlichen Argumentation, kann knapp mit den Stichworten „Gesetz“, „Präjudiz“ und „Dogmatik“ umschrieben werden, wobei mit „Gesetz“ die Bindung der Argumentation an den Gesetzeswortlaut und den Willen des Verfassungsgebers[92], mit „Präjudiz“ die präjudizielle Kraft der Entscheidungen des BVerfG und mit „Dogmatik“ die normativen grundrechtsdogmatischen Theorien angesprochen sein sollen[93]. Angesichts der Dynamik in der Entwicklung des Verfassungsverständnisses und den unscharfen Formulierungen der Grundrechtsbestimmungen hilft die klassische Auslegung zumeist nicht weit; statt dessen wird es maßgeblich auf die Präjudizien und die (hinter diesen stehende) Dogmatik ankommen.

Wie bereits gesagt, soll bei der Bestimmung des Schutzbereiches der betroffenen Grundrechte der Eingriff noch nicht betrachtet werden. Was aber bei der Schutzbereichsbestimmung nicht unberücksichtigt bleiben darf, sind die jeweiligen normierten Grundrechtsschranken, die ja ihre eigentliche Bedeutung erst bei der Frage nach der Rechtfertigung eines Eingriffs erlangen. Generell soll hier die Regel gelten, dass bei schrankenlos gewährten Grundrechten eine engere und präzisere Bestimmung des Schutzbereichs vorzunehmen ist als bei Grundrechten, die einem normierten Schrankenvorbehalt unterliegen. Hintergrund dieser Überlegung ist, dass auch schrankenlos gewährte Grundrechte unter dem Gesichtspunkt der praktischen Konkordanz zumindest der Schranke kollidierenden Verfassungsrechts unterliegen; je weiter die Schutzbereiche schrankenlos gewährter Grundrechte gefasst werden, desto größer wird die Gefahr von Konflikten mit anderen Grundrechten[94]. Das aber wäre mit dem Gedanken eines schrankenlos gewährten Grundrechts kaum vereinbar. Umgekehrt hat das BVerfG im Zusammenhang mit der Herleitung der allgemeinen Hand-

---

[92] Vor allem dies ist den "klassischen‘ Auslegungsmethoden, der sprachlich-grammatischen, der historischen, der systematischen und der teleologischen Auslegung, zugänglich; siehe hierzu Horn, Einführung in die Rechtswissenschaft, Rz. 176 ff. (S. 111 ff.).

[93] Alexy, Theorie der Grundrechte, S. 501 ff.

[94] Grundlegend Müller, Die Positivität der Grundrechte (2. Aufl.) S. 98 ff.

lungsfreiheit aus Art. 2 Abs. 1 GG[95], also in einem Fall, in dem ein weit reichender Schrankenvorbehalt existiert, den Schutzbereich extrem weit gefasst, um einen lückenlosen Grundrechtsschutz zu gewährleisten. Es ist nochmals darauf hinzuweisen, dass die genannte Regel, bei schrankenlos gewährten Grundrechten den Schutzbereich eng zu fassen, nicht dogmatisch zwingend ist; aber diese Sichtweise ist in Vorschau auf die auch hier noch vorzunehmenden Prüfungen der Alternative vorzuziehen, die Prüfung der Rechtfertigung von Eingriffen mit Konkordanzfragen zu überfrachten.

IV. Zusammenfassung: Arbeitshypothese für die weitere Prüfung

Die bisher aufgestellten Annahmen, die noch durch entsprechende Nachweise im Rahmen der konkreten Prüfung zu verifizieren sind, können als Grundlage für die nachfolgende Erörterung wie folgt zusammengefasst werden:

- In Bezug auf die Verarbeitung personenbezogener Daten für Zwecke des CRM existieren kollidierende tatsächliche Interessen aller beim CRM Beteiligten, die bei rechtlicher Betrachtung in den Schutzbereich von Grundrechten fallen.
- Ein Ausgleich dieser kollidierenden Interessen ist auf grundrechtlicher Ebene vorzunehmen, das einfache Recht folgt dem.

Nachfolgend gilt es, ein dogmatisch schlüssiges Konzept für den geforderten Interessenausgleich auf grundrechtlicher Ebene zu beschreiben.

B. Konzeptionelle Grundlagen für einen Interessenausgleich auf grundrechtlicher Ebene

Beim CRM kollidieren, soweit die Arbeitshypothese, grundrechtlich geschützte Interessen von Privatrechtssubjekten. Ferner ist zu berücksichtigen, dass der Staat ein davon unabhängiges Regelungsinteresse haben könnte, das zwar diese Interessen nicht schützt, sie aber faktisch berührt. Nachfolgend ist eine Methode zu bestimmten, mittels derer aus grundrechtlicher Sicht ein Ausgleich dieser Interessen vorzunehmen ist. Soweit es um den Interessenausgleich zwischen den beteiligten Privatrechtssubjekten geht, der ja im Vordergrund dieser Erörterung steht, wird damit vor allem die Frage nach der Dritt- oder Ausstrahlungswirkung der berührten Grundrechte angesprochen.

[95] Statt vieler sei hier nur die Elfes-Entscheidung genannt, BVerfGE 6, 32 (35).

I. Dritt- oder Ausstrahlungswirkung der Grundrechte

1. Grundrechtlicher Schutz unter Privaten?

Auf den ersten Blick stellt sich die Frage nach einem Interessenausgleich unter Privaten als rein zivilrechtliche Problematik dar. Wie gerade auch bei Betrachtung der hier dargestellten Interessenlage der betroffenen Privatrechtssubjekte beim CRM deutlich wird, ist das Zivilrecht dadurch gekennzeichnet, dass zwischen widerstreitenden Interessen von Privatrechtssubjekten, die zumeist auf Grundrechte zurückgeführt werden können, ein Ausgleich vorzunehmen ist, bei dem das Interesse einer Seite gegen das der anderen zurücktreten muss. Die Grundrechtskollision kann somit für das Zivilrecht als typisch angesehen werden[96]. Eine durch ein Privatrechtssubjekt vorgenommene Verarbeitung personenbezogener Daten kann allerdings aus Sicht des Betroffenen nicht ohne weiteres als staatlicher Eingriff qualifiziert werden, gegen den das klassische abwehrrechtliche Instrumentarium in Ansatz gebracht werden könnte. Könnten die Grundrechte nur als Abwehrrechte gegen den Staat verstanden werden, so wäre ein „Eingriff" durch Personen des Privatrechts irrelevant[97]. Es ist also zu fragen, wie und wieweit die Grundrechte auch gegen Eingriffe von Privatrechtssubjekten schützen; das ist natürlich auch die Frage nach der Dritt- oder Ausstrahlungswirkung der Grundrechte.

2. Werttheorie des BVerfG und objektive Grundrechtsgehalte

Das Grundgesetz wirkt in einigen Grundrechten unmittelbar auf Rechtsverhältnisse zwischen Privatrechtssubjekten ein; als Beispiel kann hier die unmittelbare Bindung Privater durch Art. 9 Abs. 3 S. 2 GG genannt werden, der ohne Dazwischentreten eines Gesetzes private Abreden für nichtig erklärt, die gegen das Recht zur Bildung von Vereinigungen zur Wahrung und Förderung der Arbeits- und Wirtschaftsbedingungen gerichtet sind[98]. An anderer Stelle lassen sich dem Grundgesetz Schutz- oder Gleichberechtigungsaufträge entnehmen, die unmittelbar in das Zivilrecht wirken, so etwa in Art. 3 Abs. 2 S. 1, Art. 4 Abs. 2 GG oder Art. 6 Abs. 1 u. 4 GG[99]. Darüber hinaus wird speziell für den Schutz der Menschenwürde gem. Art. 1 Abs. 1 GG in der Literatur eine unmittelbare Drittwirkung wohl akzeptiert[100]; dasBVerfG hat sich dazu allerdings bisher nicht geäußert[101].

---

[96] Rüfner: Grundrechtsadressaten, in: HStR Bd. V § 117 Rz. 66 m. w. N.

[97] Vgl. Rüfner: Grundrechtsadressaten, in: HStR Bd. V § 117 Rz. 65.

[98] Scholz, Koalitionsfreiheit, in: HStR Bd. VI § 151 Rz. 79.

[99] BVerfGE 3, 225 (242 ff.); 25, 167 (196 ff.); vgl. v.Mangoldt/Klein (Starck), GG, Art. 1 Abs. 3 Rz. 312 m. w. N.

[100] Stern Staatsrecht III/1, S. 29 f.; BK (Zippelius) GG Art. 1 Zz. 35; Jarass/Pieroth GG Art.1 Rz. 3a; so auch BAGE 38, 69 (80 f.).

[101] Epping, Grundrechte, Rz. 548.

In dogmatischer Hinsicht ist aber – über die oben beschriebenen Einzelfälle hinaus – trotz der seit Jahrzehnten andauernden Drittwirkungsdiskussion nicht endgültig und in befriedigender Weise geklärt, wie Grundrechte in das Privatrecht wirken[102]. Einigkeit besteht heute jedenfalls darin, dass das Privatrecht von den Grundrechten nicht unbeeinflusst bleibt[103]. Grundlage dafür ist nach der Rechtsprechung des BVerfG die bereits erwähnte, durch den Grundrechtsabschnitt des GG aufgerichtete „objektive Wertordnung", zu der sich das BVerfG seit dem Lüth-Urteil[104] immer wieder[105] bekannt hat. Obwohl das BVerfG bis heute keine belastbare und dogmatisch einwandfreie Begründung für die grundrechtliche Wertfunktion geliefert hat, ist die Qualifikation der Grundrechte als „Werte" trotz aller Kritik[106] heute weitgehend unumstritten[107]. Zudem wurden in der Literatur immer wieder Versuche unternommen, das dogmatische Fundament nachzuliefern[108]; die wissenschaftliche Auseinandersetzung mit diesem Thema ist aber bisher wohl noch nicht abgeschlossen. Es würde zu weit vom eigentlichen Thema dieser Arbeit wegführen, die Frage nach der „objektiven Wertordnung" und den objektiven Grundrechtsgehalten weiter zu vertiefen; nachfolgend wird ohne tiefer gehende Reflexion von ihrer Existenz ausgegangen.

In der Konsequenz der Theorie von der objektiven Wertordnung werden den Grundrechten – neben den originär staatsbezogenen subjektiv-rechtlichen Dimensionen der Abwehr, der Leistung und der Gleichbehandlung – weitere Normgehalte zugeordnet („Erweiterungsbedeutung" oder „Entfaltungsbedeutung")[109], die in das gesamte Recht „ausstrahlen".

---

102 Vgl. v.Mangoldt/Klein (Starck) Art. 1 Abs. 3 Rz. 303 ff.; Rüfner: Grundrechtsadressaten, in: HStR Bd. V § 117 Rz. 58; Schnapp / Kaltenborn: Grundrechtsbindung nichtstaatlicher Institutionen, JuS 2000, 937 (939 f.), jeweils m. w. N.

103 Vgl. v.Mangoldt/Klein (Starck) Art. 1 Abs. 3 Rz. 303; Alexy, Theorie der Grundrechte, S. 480; jeweils m. w. N.

104 BVerfGE 7, 198 (205): „Dieses Wertsystem, das seinen Mittelpunkt in der innerhalb der sozialen Gemeinschaft sich frei entfaltenden menschlichen Persönlichkeit und ihrer Würde findet, muss als verfassungsrechtliche Grundentscheidung für alle Bereiche des Rechts gelten; Gesetzgebung, Verwaltung und Rechtsprechung empfangen von ihm Richtlinien und Impulse. So beeinflusst es selbstverständlich auch das bürgerliche Recht; keine bürgerlichrechtliche Vorschrift darf in Widerspruch zu ihm stehen, jede muss in seinem Geist ausgelegt werden." Zur rechtshistorischen Bedeutung der Lüth-Entscheidung vgl. insbes. Wahl, Handbuch der Grundrechte, § 19 Rz. 2 ff.

105 Vgl. z. B. BVerfGE 10, 59 (81) (Stichentscheid); BVerfGE 12, 205 (259) (Fernsehen); BVerfGE 20, 162 (175) (Spiegel); BVerfGE 30, 173 (188) (Mephisto); BVerfGE 39, 1 (41 f., 47) (Abtreibung).

106 Übersicht m. w. N. bei Dolderer, Objektive Grundrechtsgehalte, S. 129 ff.

107 Näher dazu Cremer, Freiheitsgrundrechte, S. 191; Dolderer, Objektive Grundrechtsgehalte, S. 122 ff.; jeweils m. w. N.

108 Vgl. Cremer, Freiheitsgrundrechte, S. 220 ff.; Alexy, Theorie der Grundrechte, S. 125 ff.

109 Dreier (Dreier) GG Vorb. Rz. 94 m. w. N.

3. Unmittelbare oder mittelbare Drittwirkung?

Nach wie vor nicht endgültig ausdiskutiert ist die Frage, ob die demnach anzunehmende Drittwirkung der Grundrechte eine mittelbare oder unmittelbare ist[110].

Als Begründer und Hauptvertreter der Lehre von der unmittelbaren Drittwirkung der Grundrechte wird Nipperdey angesehen[111], der die Auffassung vertrat, die grundrechtliche Wirkung werde nicht erst aufgrund von Gesetzen vermittelt, die Bindung der Rechtsgenossen an die Grundrechte sei vielmehr unmittelbar[112]. Zwar gebe es das subjektive Grundrecht nur gegenüber dem Staat, die Grundrechte enthielten jedoch eine über das „reine" Freiheitsrecht hinausgehende Grundrechtskomponente[113]. Inwieweit andere Autoren diesem Ansatz in jeder Hinsicht gefolgt sind ist insofern nicht ganz klar, als sich hinter den von anderen Autoren verwendeten Begriffen einer „unmittelbaren" oder „absoluten" Geltung der Grundrechte im Privatrecht ein ganz unterschiedliches Verständnis der „Bindungswirkung" verbirgt[114]. Das soll an dieser Stelle nicht vertieft werden, denn ohnehin wird eine uneingeschränkt „unmittelbare" Drittwirkung aller Grundrechte wohl nicht einmal von den Vertretern der Lehre von der unmittelbaren Drittwirkung angenommen. So lassen Äußerungen Nipperdeys[115] darauf schließen, dass er auch bei Annahme einer unmittelbaren Drittwirkung von Grundrechtsnormen auf das Privatrecht die besondere Bedeutung der Grundrechte für die Ausgestaltung der Privatrechtsnormen und die Auslegung von Generalklauseln sieht, was seine Lehre von der unmittelbaren Drittwirkung inhaltlich an die vom BVerfG vertretene Lehre von der Ausstrahlungswirkung annähert[116].

Die Gegenposition zur Lehre von der unmittelbaren Drittwirkung wurde vor allem von Dürig[117] eingenommen, der die absolute Wirkung der Grundrechte in der Drittrichtung zugunsten der ebenfalls grundrechtlich geschützten Individualautonomie relativiert sah. Das BVerfG – und mit ihm die wohl h. M. in der Literatur[118] – hat sich in seiner Rechtsprechung, nach der sich der Rechtsgehalt der Grundrechte erst durch eine privatrechtliche Norm als „Medium" entfalten

---

[110] Nachw. zu den vertretenen Ansichten bei v.Mangoldt/Klein (Starck) GG Art. 1 Abs. 3 Rz. 304 ff.

[111] Vgl. Überblick m. w. N. bei Floren, Grundrechtsdogmatik, S. 20.

[112] z. B. Grundrechte und Privatrecht S. 14.

[113] Floren, Grundrechtsdogmatik, S. 28 m. w. N.

[114] Nachw. bei Floren, Grundrechtsdogmatik, S. 22.

[115] In: Bettermann / Nipperdey, Die Grundrechte Bd. VI/2 S. 747 f.

[116] Vgl. Floren, Grundrechtsdogmatik, S. 28; v.Mangoldt/Klein (Starck) GG Art. 1 Abs. 3 Rz. 307; Dreier (Dreier) GG Vorb. Rz. 98 (Fn. 404), jeweils m. w. N.

[117] In: FS Nawiasky S. 157 ff.; Maunz/Dürig/Herzog GG Art. 1 Abs. 3 Rz. 133; weitere Nachw. bei Floren, Grundrechtsdogmatik, S. 20 f.

[118] Nachw. bei Stern, Staatsrecht III/1 S. 1509 ff. (1543 ff., 1561 ff.); Jarass/Pieroth (Jarass) Art. 1 Rz. 35; Dreier (Dreier) GG Vorb. Rz. 98.

müsse[119], an der Auffassung Dürigs orientiert. Die Nipperdey'sche Lehre von der unmittelbaren Drittwirkung wurde vom 1. Senat des BAG (unter der Präsidentschaft Nipperdeys) für das Arbeitsrecht zunächst angenommen[120]. Mit dem Beschluss des Großen Senats des BAG vom 27.02.1985 zum Beschäftigungsanspruch des Arbeitnehmers[121] ist aber mit der Feststellung, dass § 242 BGB durch die „Wertentscheidung der Art. 1 und 2 GG" ausgefüllt werde, auch das BAG auf die Linie des BVerfG eingeschwenkt[122]. Für das hier besonders interessierende Recht auf informationelle Selbstbestimmung gilt nichts anderes: Das BVerfG hat in der Begründung des Volkszählungsurteils zu erkennen gegeben, dass das Recht auf informationelle Selbstbestimmung Geltung über das Verhältnis des Staates zu den Bürgern hinaus beansprucht[123]. Eine ungenaue und damit missverständliche Formulierung in einer Kommentierung dieses Urteils durch Simitis[124] veranlasste Wente[125] zu der Klarstellung, dass das BVerfG keinen Anlass zu der Annahme gegeben habe, dass es in der Frage der Drittwirkung des Rechts auf informationelle Selbstbestimmung von der bisherigen Haltung in der Drittwirkungsfrage, der Annahme einer lediglich mittelbaren „Ausstrahlungswirkung", abgewichen sei.

Die dogmatische Diskussion um die Frage nach einer unmittelbaren oder mittelbaren Drittwirkung der Grundrechte wird heute nicht mehr mit derselben Energie fortgesetzt wie anfangs, was einerseits daran liegen dürfte, dass angesichts

[119] "Lüth"-Entscheidung BVerfGE 7, 198 (204).

[120] Vgl. BAGE 1, 185 (193 ff.); 1, 258 (262); 4, 274 (276); 13, 168 (174).

[121] BAG(GS)E 48, 122 (134 f.).

[122] Vgl. Floren, Grundrechtsdogmatik, S. 25.

[123] BVerfGE 65, 1 (43): „Wer nicht mit hinreichender Sicherheit überschauen kann, welche ihn betreffenden Informationen in bestimmten Bereichen seiner sozialen Umwelt bekannt sind, und wer das Wissen möglicher Kommunikationspartner nicht einigermaßen abzuschätzen vermag, kann in seiner Freiheit wesentlich gehemmt werden, aus eigener Selbstbestimmung zu planen oder zu entscheiden. Mit dem Recht auf informationelle Selbstbestimmung wären eine Gesellschaftsordnung und eine diese ermöglichende Rechtsordnung nicht vereinbar, in der Bürger nicht mehr wissen können, wer was wann und bei welcher Gelegenheit über sie weiß." – Jedenfalls diese Feststellung gilt über das Staat-Bürger-Verhältnis hinaus, wenngleich das Gericht an anderer Stelle der Entscheidung (S. 44 f.) ausdrücklich darauf hinweist, dass keine erschöpfende Erörterung des Rechts auf informationelle Selbstbestimmung vorgenommen werden solle.

[124] NJW 1984, 398 (401) m. w. N. Wörtlich führt Simitis aus: „Gerade der Zusammenhang, in den das BVerfG das Recht auf informationelle Selbstbestimmung stellt, verbietet es, seinen Geltungsbereich auf die staatliche Verarbeitung zu beschränken. Art. 2 I i. V. m. Art. 1 1 I GG ist einer der gleichsam klassischen Anknüpfungspunkte für die Drittwirkung der Grundrechte. Hier hat sich die Notwendigkeit, die enge, ausschließlich auf die staatliche Aktivität ausgerichtete Interpretation der Grundrechtswirkung aufzugeben, immer wieder bestätigt, hier sind deshalb auch deutliche Konsequenzen aus der Forderung gezogen worden, die Grundrechte als elementare Voraussetzung individueller Freiheit in Staat und Gesellschaft zu verstehen."

[125] Informationelles Selbstbestimmungsrecht und absolute Drittwirkung der Grundrechte, NJW 1984, 1446 f.

der weit gehenden Kongruenz von Grundrechten und Privatrecht in allen entscheidenden Wertungsfragen vor dem Hintergrund der Einheit der Rechtsordnung die Drittwirkungsproblematik als Problem ohne allzu große praktische Relevanz angesehen wird[126], andererseits daran, dass, wie u.a. Alexy zutreffend festgestellt hat, die hierzu vertretenen Auffassungen ergebnisäquivalent sind[127].

In Anbetracht der Unschärfe in der Abgrenzung der Drittwirkungslehren voneinander bei gleichzeitiger weitestgehender Ergebnisäquivalenz erscheint es nicht sinnvoll, einen eigenen Versuch der dogmatischen Klärung dieser Frage anzubieten. Da diese Arbeit aber einen praktikablen Ansatz für die Lösung eines bestimmten Interessenkonflikts liefern möchte, soll hier der Weg beschritten werden, den die Rechtsprechung des BVerfG gewählt hat und den die Instanzgerichtsbarkeit bei der praktischen Rechtsanwendung nach derzeitigem Stand der Rechtswissenschaft ebenfalls beschreiten wird. Das „Medium“ des einfachen Rechts ist ja vorhanden; soweit einschlägige einfachrechtliche Regelungen existieren, durch deren Anwendung der effektive Schutz aller der Verfassung wesentlich erscheinenden Individualinteressen gegen andere Privatrechtssubjekte gewährleistet werden kann, bedarf es der unmittelbaren Anwendung von Grundrechtsnormen schon deshalb nicht[128]. Hier kann angenommen werden, dass alle Datenverarbeitungstatbestände des CRM in den Regelungsbereich einer Norm des einfachen Rechts fallen; soweit dies nicht andere spezialgesetzliche Regelungen sind, kommen zumindest subsidiär die Normen des BDSG oder die Generalklauseln des Zivilrechts in Betracht.

II. Abwehrrechtliche oder schutzrechtliche Lösung des Interessenkonflikts?

Die Lösung eines Interessenkonflikts zwischen Privatrechtssubjekten kann bei Annahme einer solchen mittelbaren Grundrechtswirkung auf die Anwendung privatrechtlicher Normen entweder abwehrrechtlich oder schutzrechtlich konstruiert werden[129]. Beide Konstruktionen gehen von einem Dreiecksverhältnis, bestehend aus dem Staat und den beiden „Konfliktparteien“, aus.

1. Die abwehrrechtliche Konstruktion

Nach der abwehrrechtlichen Konstruktion[130] müssen aus der Perspektive des Eingriffs solche Dreiecksverhältnisse immer durch staatliche Grundrechtsein-

---

[126] Vgl. Rüfner: Grundrechtsadressaten, in: HStR Bd. V § 117 Rz. 62.

[127] Alexy, Theorie der Grundrechte, S. 481 ff., weitere Nachw. dort Fn. 48; i.E. wohl ebenso v.Mangoldt/Klein (Starck) GG Art. 1 Abs. 3 Rz. 307, wo allerdings auch die endgültige Klärung der Frage gefordert wird: mit dem Hinweis auf die Ergebnisgleichheit dürfe man sich dem Theorienstreit nicht entziehen (Rz. 308). Vgl. auch Dreier (Dreier) GG Vorb. Rz. 100 m. w. N.

[128] Vgl. Rüfner: Grundrechtsadressaten, in: HStR Bd. V § 117 Rz. 72.

[129] Dreier (Dreier) GG Vorb. Rz. 100 m. w. N.

griffe geregelt werden: Bei der Koordinierung konfligierender grundrechtlicher Interessen muss der Staat mindestens die Interessen eines Grundrechtsträgers beschränken[131]; diese Beschränkung ist dann einer konventionellen Eingriffsprüfung zugänglich.

Die abwehrrechtliche Konstruktion ist auf der einen Seite dogmatisch gut zu begründen, weil sie keine über die klassische Abwehrfunktion der Grundrechte hinausgehende Grundrechtswirkung erfordert, also in der Grundkonstruktion nicht auf das dogmatisch noch nicht zweifelsfrei geklärte Gebilde objektiver Grundrechtsgehalte und daraus resultierender Schutzpflichten zurückgreifen muss[132]. Auf der anderen Seite wird damit das dogmatische Problem auf die Ebene des Eingriffs verlagert[133]. Die tatsächliche Begünstigung des einen Privatrechtssubjekts – etwa durch eine gesetzliche Regelung – muss in der beschriebenen Dreiecksbeziehung als staatlicher Eingriff in die Rechte des anderen, dadurch belasteten Privatrechtssubjekts interpretiert werden, ohne dass der Staat gegenüber dem belasteten Privatrechtssubjekt überhaupt aktiv geworden ist. Auch ist es ohne Rückgriff auf objektive Grundrechtsgehalte schwer als staatlicher Eingriff zu qualifizieren, wenn der Staat sich gänzlich passiv verhält und keine Partei begünstigt, sondern die Entscheidung des Interessenkonflikts dem Wechselspiel der Kräfte unter dem Mantel der Privatautonomie überlässt, faktisch also die Partei mit der besseren Durchsetzungsfähigkeit, der stärkeren Vertragsmacht begünstigt.

So gilt heute die vor allem von Schwabe[134] und Murswiek[135] vertretene Ansicht, bei Eingriffen von Privatrechtssubjekten in grundrechtlich geschützte Rechte anderer Privatrechtssubjekte liege ein staatlicher Eingriff „durch Unterlassen“[136] oder aktives Tun[137] vor, gegen den das Grundrecht als Abwehrrecht wirkt, als Irrweg[138]. Das bedeutet aber nicht, das der abwehrrechtliche Ansatz grundsätzlich abzulehnen wäre; mit den in der neueren Literatur vorgenommenen Korrekturen würde auch er sicher zu einem überzeugenden Ergebnis führen.

---

[130] Vgl. Poscher, Grundrechte als Abwehrrechte, S. 317 ff; Koch, Der Grundrechtsschutz des Drittbetroffenen, S. 304 ff.

[131] Poscher, Grundrechte als Abwehrrechte, S. 319.

[132] Vgl. Dolderer, Objektive Grundrechtsgehalte, S. 72.

[133] Dolderer, Objektive Grundrechtsgehalte, S. 75; Poscher, Grundrechte als Abwehrrechte, mit Hinweis auf BVerfGE 35, 263 (267) zur Illustration des Problems, dass der Eingriff eines Grundrechtsträgers zu sehr in die Nähe eines staatlichen Eingriffs gerückt wird.

[134] Grundrechtsdogmatik S. 211 ff.

[135] Die staatliche Verantwortung für die Risiken der Technik S. 107.

[136] So Murswiek, Die staatliche Verantwortung für die Risiken der Technik S. 107.

[137] Schwabe, Grundrechtsdogmatik, S. 213 f.: Gemeint ist der Richterspruch oder das ihm zugrunde liegende, den Bürger nicht schützende Gesetz, wenn der Staat dem Bürger sein Recht nicht auf dem Zivilrechtsweg gewährt.

[138] Vgl. Holoubek, Grundrechtliche Gewährleistungen, S. 250.

In methodischer Hinsicht ist allerdings noch zu beachten: Bezogen auf die hier datenschutzrechtlich orientierte Erörterung der CRM-Problematik sind als staatliche Eingriffe nach dem oben beschriebenen Muster vor allem die einfachgesetzlichen Regelungen zur Datenverarbeitung durch Private, also vor allem die des Dritten Abschnitts des BDSG, einer abwehrrechtlichen Prüfung zugänglich. Mit dem generellen, einem Erlaubnisvorbehalt unterliegenden Verbot der Datenverarbeitung liegt es nahe, eine abwehrrechtliche Prüfung in der gegebenen Dreieckskonstellation aus der Perspektive dessen vorzunehmen, in dessen Rechte durch die staatliche Maßnahme, also das Verbot der Datenverarbeitung primär eingegriffen wird. Das ist der Unternehmer. Dabei würde aber die eigentlich interessante, hier spiegelbildliche Frage nach den Eingriffen in Rechte des Betroffenen durch die Datenverarbeitung des Unternehmers auf die abwehrrechtliche Prüfung der gesetzlichen Erlaubnisnormen verkürzt und die an sich datenschutzrechtliche Prüfung „auf den Kopf gestellt".

2. Die schutzrechtliche Konstruktion

Die schutzrechtliche Konstruktion[139] geht dagegen von dem Gedanken aus, dass den Staat – unter besonderer Berücksichtigung der Privatautonomie[140] – eine Pflicht treffe, die in der „objektiven Wertordnung" enthaltenen grundrechtlichen Wertentscheidungen aktiv zu verwirklichen. Daraus hat vor allem das BVerfG[141] diverse Schutzpflichten des Staates hergeleitet, die auf den objektivrechtlichen Grundrechtsgehalten beruhen. Danach sei der Staat verpflichtet, (beispielsweise auch durch die Zivilrechtsgesetzgebung) für hinreichenden rechtlichen Schutz der Grundrechtsträger vor Übergriffen anderer zu sorgen. Es reiche nicht, wenn die Grundrechte ihre Wirkung im Sinne der Ausstrahlungswirkung „passiv überformend" auf die Zivilrechtsordnung entfalteten, weil eine solche mittelbare Wirkung stets eines Mittlers in Gestalt eines gesetzlichen Anknüpfungspunktes bedürfe, ohne den die Grundrechtswirkung ins Leere ginge. Vielmehr müsse der zum Grundrechtsschutz verpflichtete Staat der Gefährdung durch „soziale Mächte" auch dort aktiv entgegentreten, wo noch keine gesetzlichen Anknüpfungspunkte in der Privatrechtsordnung vorhanden sind[142] – das ist zugleich das wesentliche qualitative „Mehr" gegenüber der abwehrrechtlichen Konstruktion; soweit sich der Schutz auf die Anwendung existierenden Rechts beschränkt, beziehen sich die abwehrrechtliche und die schutzrechtliche

139 Vgl. Dolderer, Objektive Grundrechtsgehalte, S. 205 ff.; Holoubek, Grundrechtliche Gewährleistungspflichten, S. 243 ff.; Ruffert, Vorrang der Verfassung und Eigenständigkeit des Privatrechts, S. 141 ff.

140 Klein, Grundrechtliche Schutzpflicht des Staates, in: NJW 1989, S. 1633 (1640).

141 BVerfGE 39, 1 (41 ff.); 88, 203 (251 ff.); BVerfG NJW 1751 (1754); vgl. Isensee: Das Grundrecht als Abwehrrecht und staatliche Schutzpflicht, in: HStR Bd. V § 111 Rz. 77 ff., zur Drittwirkungsproblematik insbes. Rz. 103; Dreier (Dreier) GG Vorb. Rz. 101 m. w. N.

142 Dolderer, Objektive Grundrechtsgehalte, S. 205; so wohl auch Badura, Persönlichkeitsrechtliche Schutzpflichten des Staates im Arbeitsrecht, in: FS Karl Molitor, S. 9.

Konstruktion auf denselben Gegenstand, wenn auch aus unterschiedlicher Perspektive.

Das im Grundrecht verkörperte Gut sei so wichtig, dass den Gesetzgeber die vor dem Verfassungsgericht einklagbare Pflicht treffe, schützende Regelungen zu treffen[143].

Die Schutzpflicht konkretisiert sich somit in erster Linie als Auftrag an den Gesetzgeber. Aus schutzrechtlicher Perspektive sollen somit die Rechtsnormen des einfachen Rechts wie etwa des BDSG, soweit sie sich in ihren Tatbeständen ausdrücklich auf die Datenverarbeitung von Privatrechtssubjekten beziehen, diesen Schutzauftrag erfüllen; wenn die Regelung lückenlos ist, bietet sie zugleich hinreichenden Schutz vor Übergriffen Dritter, ergänzend ist erforderlichenfalls subsidiär auf das übrige Instrumentarium der Zivilrechtsordnung zurückzugreifen.

Es ist zu bemerken, dass auch die Schutzpflichtkonstruktion einen abwehrrechtlichen Aspekt enthält: Die infolge der Schutzpflicht ergriffene Maßnahme stellt sich in dem eingangs beschriebenen Dreiecksverhältnis immer zugleich als staatlicher Eingriff in Rechte des seinerseits grundrechtsberechtigten „Störers" dar. Poscher[144] unterscheidet mit Blick auf die Rechtsprechung des BVerfG zwischen einer asymmetrischen und einer symmetrischen Bestimmung des grundrechtlichen Status des Betroffenen, je nachdem, ob das BVerfG schutz- oder abwehrrechtlich argumentiert; er stellt darüber hinaus – sinngemäß – fest, dass das BVerfG staatliche Schutzpflichten vor allem herangezogen hat, um eine gegenüber der anderen Partei sozial schwächere Position – des Mieters gegenüber dem Eigentümer, des Arbeitnehmers gegenüber dem Arbeitgeber – grundrechtlich zu beschreiben[145]. Der sozial stärkeren Partei bleibt damit „nur" das Abwehrrecht. Was Poscher jedoch als sozial unausgewogene, an sozialen Hierarchien und Machtpositionen orientierte Zuordnung unterschiedlicher grundrechtlicher Status beschreibt[146], erhält unter Berücksichtigung der Privatautonomie einen eigenen Sinn: Eine staatliche Schutzpflicht kann es da nicht geben, wo beide Parteien des Rechtsverhältnisses die uneingeschränkte Freiheit der Entscheidung darüber haben, ob und welche Bindung sie eingehen wollen. Bei einer Störung der Privatautonomie durch das Ungleichgewicht bei ungleich starken Parteien dagegen besteht eine – aus dem Sozialstaatsprinzip folgende – Schutzpflicht[147], und zwar zwangsläufig zugunsten der sozial schwächeren Partei. Das von Poscher beobachtete Phänomen stellt sich somit gerade als typischer Wirkmechanismus der Schutzpflicht-Lehre dar, der sich – insoweit –

---

[143] Wahl, Handbuch der Grundrechte § 19 Rz. 6.
[144] Grundrechte als Abwehrrechte, S. 285 ff. m. w. N.
[145] Grundrechte als Abwehrrechte, S. 287.
[146] Grundrechte als Abwehrrechte,S. 288 f.
[147] Vgl. Klein: Grundrechtliche Schutzpflicht des Staates, in: NJW 1989, 1633 (1640).

auf das Sozialstaatsprinzip zurückführen lassen kann[148]; die auf die Privatautonomie bezogenen staatlichen Schutzpflichten werden an anderer Stelle noch vertieft erörtert.

Poscher kann im Übrigen entgegengehalten werden, dass der abwehrrechtliche Schutz, der der „stärkeren" Partei bleibt, kein minderwertiger Schutz ist; es gibt keinen Anlass, hier irgendwelche Schutzlücken zu vermuten.

3. Entscheidung für den schutzrechtlichen Ansatz

Gerade die Möglichkeit, über die Schutzpflicht-Lehre einen gewissen Ausgleich eines tatsächlichen Ungleichgewichts in einem privatrechtlichen Rechtsverhältnis zwischen rechtlich gleichgeordneten Privatrechtssubjekten zu erreichen, macht den schutzrechtlichen Ansatz für die hier zu diskutierende Problematik interessant. Wo das Verhältnis zwischen Kunden und Unternehmer im Hinblick auf die Datenverarbeitung beim Einsatz eines CRM ausgewogen ist, kann eine Schutzpflicht mit Rücksicht auf die Privatautonomie nicht bestehen, dann spielt auch die Schutzpflicht-Lehre für die Lösung dieses Interessenkonflikts keine Rolle. Wo jedoch – gerade im rechtsgeschäftlichen Verkehr – im Hinblick auf diese Datenverarbeitung ein beachtliches, also hinreichend schwerwiegendes, soziales oder andersartiges Ungleichgewicht, also eine Störung der Vertragsparität besteht, wird über die Konstruktion staatlicher Schutzpflichten ein Schutz der schutzbedürftigeren Partei gewährleistet, den eine rein abwehrrechtliche Lösung nicht bieten könnte. Die Feststellung, dass der Staat seiner Schutzpflicht nicht genügt hat, kann nur aufgrund der Schutzpflicht-Lehre Gegenstand einer Verfassungsklage sein; auf rein abwehrrechtlichem Wege wird die schwächere Partei bei Untätigkeit des Gesetzgebers eine Verletzung der Privatautonomie durch Störung der Parität nicht – oder jedenfalls nicht ohne größere dogmatische Klimmzüge – rügen können. Die sozial stärkere Partei hat durch ihren Status keinen rechtlichen Nachteil, denn auf abwehrrechtlichem Wege kann sie die Wahrung ihrer Rechte sichern. Dies ist ein Grund, der schutzrechtlichen Konstruktion hier der Vorrang zu geben.

Ein weiterer, hier bereits mehrfach angedeuteter Gesichtspunkt legt es nahe, die Problematik der Datenverarbeitung beim bzw. für das CRM schutzrechtlich anzugehen: Mit der Entscheidung, das Thema datenschutzrechtlich, also aus der Schutzbedarfsperspektive des Kunden anzugehen, ist aus den oben bereits erörterten Gründen zugleich die Entscheidung für die dogmatisch schutzrechtliche Herangehensweise gefallen.

Die hier nur angerissenen Einzelprobleme der schutzrechtlichen Konstruktion werden in der nachfolgenden Erörterung konkretisiert und genauer beschrieben.

---

[148] Näher Floren, Grundrechtsdogmatik im Vertragsrecht, S. 41 ff. m. w. N.

C. Interessenausgleich im Rahmen der staatlichen Schutzpflichten

Da mit den grundgesetzlichen Abwehrrechten umfassender und lückenloser Schutz des Bürgers im Verhältnis zum Staat gewährt wird, besteht nur dann eine Notwendigkeit, über die Abwehrrechte hinaus reichende staatliche Schutzpflichten zu begründen, wenn ein nichtstaatlicher Störer existiert, von dem eine Gefährdung der Grundrechte ausgeht[149]. Der Störer seinerseits ist selbst Grundrechtsträger, der einen Anspruch auf schonenden Umgang mit seinen eigenen Grundrechten hat.

Dem entsprechend ist die staatliche Schutzpflicht in ihrem „dogmatischen Bauplan" durch zwei Ebenen gekennzeichnet: (1) den Tatbestand der Grundrechtsgefährdung durch ein Privatrechtssubjekt, (2) die Staatsaufgabe der Schutzgewährung als Rechtsfolge[150].

Im Falle der Datenverarbeitung für das CRM wurde angenommen, dass vom der Datenverarbeitung des Unternehmers beim CRM eine Gefährdung der beim Kunden betroffenen Grundrechte ausgehen kann. Insoweit soll der Tatbestand der Grundrechtsgefährdung als gegeben vorausgesetzt werden; für die einzelnen betroffenen Grundrechte wird dies nachfolgend zu konkretisieren sein. Es sind allerdings noch einzelne Probleme der Tatbestandsebene (1. Ebene der Schutzpflichtkonstruktion) genauer zu beleuchten, insbesondere die Frage nach dem Einfluss der Privatautonomie auf die Tatbestandserfüllung.

Mit Blick auf die Staatsaufgabe der Schutzgewährung und ihre Ausführung (2. Ebene der Schutzpflichtkonstruktion) ist festzustellen, dass die nach Art. 1 Abs. 3 GG grundrechtsgebundene Staatsgewalt in allen Erscheinungsformen Adressat der Schutzpflicht ist. Schutz wird daher im vorliegenden Fall einerseits durch die einfachgesetzlichen Normen geboten, die die Datenverarbeitung beim CRM reglementieren, andererseits durch die richterliche Norminterpretation und deren Umsetzung in der Rechtsprechung, soweit sich aus den einfachgesetzlichen Normen der Schutz nicht unmittelbar ergibt. Die Anforderungen an die Schutzgewährung ergeben sich dabei aus dem objektiven Schutzbedarf der Grundrechte wie aus dem subjektiven Schutzbedürfnis des einzelnen Grundrechtsträgers[151]. Diese Anforderungen sind genauer zu betrachten. Bei Prüfung der Voraussetzungen für den Einsatz des Mittels ist zum Schutz des Störers im Hinblick auf seinen Status als Grundrechtsberechtigtem der Grundsatz der Ver-

---

[149] Lindner, Theorie der Grundrechtsdogmatik, S. 363 m. w. N.

[150] Lindner, Theorie der Grundrechtsdogmatik, S. 363; Isensee (Das Grundrecht als Abwehrrecht und staatliche Schutzpflicht, in: HStR Bd. V § 111 Rz. 88) differenziert die Rechtsfolgenseite weiter aus und sieht die Voraussetzungen für den Einsatz des Mittels (insbesondere für den Schutzeingriff gegen den Störer) und den Status des Opfers (insbesondere sein subjektives Recht auf Schutz) als eigenständige Ebenen der Schutzpflichtkonstruktion.

[151] Isensee: Das Grundrecht als Abwehrrecht und staatliche Schutzpflicht, in: HStR Bd. V § 111 Rz. 90.

hältnismäßigkeit zu beachten. Mit Blick auf den Status des Opfers als Grundrechtsberechtigtem ist die Wirksamkeit der staatlichen Schutzmaßnahme dahingehend zu sichern, dass sie den Schutzbedarf angemessen befriedigt, zudem stellt sich die Frage, ob ein subjektives Schutzrecht besteht, also nach der Durchsetzbarkeit des Schutzanspruchs. Auch dies wird nachfolgend erörtert.

I. Die Tatbestandsebene der staatlichen Schutzpflichten

1. Rechtswidrige Grundrechtsgefährdung

Der die Schutzpflicht auslösende Tatbestand ist der rechtswidrige Eingriff eines Privatrechtssubjekts in ein grundrechtliches Schutzgut eines anderen Privatrechtssubjekts oder die Gefahr eines solchen Eingriffs. Eine grundrechtliche Schutzpflicht lässt sich nur im Hinblick auf solche Interessen begründen, die auch gegenüber staatlichen Maßnahmen abwehrfähig sind[152].

Zudem muss das geltend gemachte Interesse auch gegenüber demjenigen, der das Interesse beeinträchtigt, grundrechtlich geschützt sein, was nicht der Fall ist, wenn die Realisierbarkeit des als beeinträchtigt geltend gemachten Interesses gerade vom seinerseits grundrechtlich geschützten Willen dessen abhängt, gegen den die Schutzpflicht aktiviert werden soll[153]; das bedeutet, dass kein Anspruch gegen ein anderes Privatrechtssubjekt auf Herstellung von Grundrechtsrealisierungsvoraussetzungen besteht[154]. So lässt sich, um ein Beispiel mit CRM-Bezug zu bilden, bei der Ablehnung eines Vertragsschlusses durch den Unternehmer aufgrund einer in das CRM eingegangenen unzutreffenden negativen Bonitätsmitteilung über einen Kunden kein Anspruch des Kunden gegenüber dem Unternehmer zum Vertragsschluss mittels einer grundrechtlichen Schutzpflicht konstruieren[155].

Der „Eingriff" kann als von einem Dritten verursachte Einwirkung auf ein grundrechtliches Schutzgut gegen den Willen des Grundrechtsträgers definiert werden[156]. Für den Gefahrbegriff kann dabei der polizeirechtliche Gefahrbegriff zugrunde gelegt werden[157].

---

[152] Lindner, Theorie der Grundrechtsdogmatik, S. 364.

[153] Lindner, Theorie der Grundrechtsdogmatik, S. 365.

[154] Lindner, Theorie der Grundrechtsdogmatik, S. 366.

[155] Abwandlung eines Beispiels von Lindner, Theorie der Grundrechtsdogmatik, S. 368.

[156] Cremer, Freiheitsgrundrechte, S. 268. Vgl. auch Isensee, Das Grundrecht als Abwehrrecht und staatliche Schutzpflicht, in: HStR Bd. V § 111 Rz. 97 ff.: Dort ist allerdings von einer „nicht unerheblichen" Einwirkung die Rede. Dem liegt der Gedanke zugrunde, dass Bagatelleingriffe den Schutzpflichttatbestand nicht erfüllen; dieser Ansicht wird hier nicht gefolgt, dazu unten mehr (Kap. 2 C. I. 4.).

[157] Dazu Pieroth / Schlink/ Kniesel PolR S. 63 ff.

In der Literatur umstritten ist noch, welche grundrechtlichen Schutzgüter Gegenstand staatlicher Schutzpflichten sein können[158]. Da jedoch hinsichtlich des sachlichen Schutzbereichs – auch normabhängiger und normgeprägter Grundrechte sowie der allgemeinen Handlungsfreiheit – keine Unterschiede zwischen Abwehr- und Schutzrechten bestehen, müssen sämtliche Grundrechtsgüter der Schutzpflicht unterfallen[159].

Die Rechtswidrigkeit ist aus einem rechtlichen Unwerturteil abzuleiten, das unmittelbar aus verfassungsrechtlichen Kriterien hervorgeht[160]: Da sich die Frage nach der einfachrechtlichen Rechtswidrigkeit eines bestimmten Eingriffs erst aus der einfachrechtlichen Ausgestaltung ergibt, die ihrerseits möglicherweise eine Maßnahme in Erfüllung staatlicher Schutzpflichten ist, könnte die Feststellung der Rechtswidrigkeit anhand der Kriterien des einfachen Rechts zum Zirkelschluss führen; dies führt zu der Notwendigkeit, einen Maßstab für die Rechtswidrigkeit anzulegen, der oberhalb des einfachen Rechts liegt, das muss also notwendigerweise ein verfassungsrechtlicher Maßstab sein. Maßgebliches verfassungsrechtliches Kriterium für die hier zu betrachtenden Fallkonstellationen ist das Neminem-laedere-Gebot[161] als formales, apriorisches Gerechtigkeitsprinzip[162], das dem verfassungsgemäßen Freiheitsgebrauch zugrunde liegt. Das BVerfG hat daneben auch das Sozialstaatprinzip als verfassungsrechtliches Kriterium herangezogen[163].

Bezogen auf die Datenverarbeitung im CRM kann daher zunächst festgehalten werden: Die für den Schutzpflicht-Tatbestand charakteristische Ausgangskonstellation Täter-Opfer-Staat ist gegeben. Der Unternehmer greift durch seine Datenverarbeitung in die grundrechtlich geschützten Rechte des Betroffenen ein; wo der Betroffene nicht eingewilligt hat, geschieht dies gegen dessen Willen (auf das Problem der Verarbeitung personenbezogener Daten im rechtsgeschäftlichen Kontext wird im nächsten Abschnitt näher eingegangen). Für die Frage nach der Rechtswidrigkeit des Eingriffs kommt es nicht auf die – hier in Gestalt des BDSG oder des BGB vorhandene – einfachgesetzliche Regelung an, sondern darauf, dass der Unternehmer durch die gegen den Willen des Betroffenen vorgenommene Datenverarbeitung überhaupt in Rechte des Betroffenen

---

158 Nachweise zum Meinungsstand in der Literatur bei Cremer, Freiheitsgrundrechte, S. 265, dort Fn.483.

159 Cremer, Freiheitsgrundrechte, S. 266 m. w. N.

160 Isensee, Das Grundrecht als Abwehrrecht und staatliche Schutzpflicht, in: HStR Bd. V § 111 Rz. 89, Rz. 100 ff.

161 Isensee: Das Grundrecht als Abwehrrecht und staatliche Schutzpflicht, in: HStR Bd. V § 111 Rz. 103. Zu den römisch-rechtlichen Wurzeln vgl. Schiemann, Das allgemeine Schädigungsverbot „alterum non laedere“, in: JuS 1989, 345 ff.

162 Lindner (Theorie der Grundrechtsdogmatik, S. 235 ff.) qualifiziert das Neminem-laedere-Verbot als „mitgesetztes Verfassungsrecht“; vgl. auch Isensee, Das Grundrecht als Abwehrrecht und staatliche Schutzpflicht, in: HStR Bd. V § 111 Rz. 103 m. w. N. (Fn. 223).

163 S.u., Kap. 2 C. I. 2. b.

eingreift. Der für die Annahme der Rechtswidrigkeit erforderliche Unwertgehalt des Eingriffs folgt für alle Eingriffe aus dem Neminem-laedere-Grundsatz, nicht aus einer etwaigen Verletzung einfachen Rechts; der Schutzpflicht-Tatbestand wird daher auch nicht dadurch ausgeschlossen, dass ein Eingriff durch einfaches Recht gerechtfertigt wird[164]. Auf die Eingriffsintensität kommt es an dieser Stelle nicht an[165].

2. Besonderheiten der Schutzpflichten im Bereich des rechtsgeschäftlichen Handelns

a) Staatliche Zurückhaltung infolge der Privatautonomie

Für die in dieser Arbeit aufgeworfene Fragestellung geht es oft um das rechtsgeschäftlich ausgestaltete Rechtsverhältnis von Privatrechtssubjekten zueinander, während die Rechtsprechung des BVerfG zu den staatlichen Schutzpflichten in ganz anderem Kontext entstanden ist, nämlich beispielsweise bei der Frage nach den Anforderungen an die strafrechtliche Sanktionierung der Abtreibung zum Schutz des ungeborenen Lebens oder den Anforderungen an eine gesetzliche Regulierung des Betriebs von Kernkraftwerken zum Schutz der körperlichen Unversehrtheit der Bürger[166] – dies sind Fragen, die nicht vorrangig das Verhältnis gleichrangiger Privatrechtssubjekte zueinander betreffen. Allerdings ist der dahinter stehende Grundgedanke im Hinblick auf die Schutzgüter der Grundrechte verallgemeinerungsfähig[167].

Zwar sind die Anforderungen an den staatlichen Schutz in ihrer Abstraktheit ohne weiteres auf die Drittwirkungsproblematik im rechtsgeschäftlichen Verkehr übertragbar[168], allerdings ist für die hier zu betrachtenden Fälle auch zu beachten, dass der Grundsatz der Privatautonomie dem Gesetzgeber für das Verhältnis der Privatrechtssubjekte zueinander eine sehr weit gehende Neutralitätspflicht auferlegt[169], bedeutet doch die Privatautonomie „Selbstbestimmung des Einzelnen im Rechtsleben“[170] und damit abwehrfähige Freiheitsausübung. Aus der Privatautonomie und der staatlichen Neutralitätspflicht folgt daher auch

---

[164] Allerdings dürfte in solchen Fällen die Schutzpflicht wegen der überwiegenden, gerechtfertigten Interessen des Dritten entfallen, die zu der einfachrechtlichen Rechtszuweisung geführt haben – diese Prüfung erfolgt aber auf einer anderen Schutzpflicht-Ebene.

[165] Vgl. Kap. 2 C. I. 4.

[166] Weitere Beispiele bei Isensee, Das Grundrecht als Abwehrrecht und staatliche Schutzpflicht, in: HStR Bd. V § 111 Rz. 77 ff. sowie Rz. 86.

[167] Badura, FS Herschel, S. 21 (35); Isensee, Das Grundrecht als Abwehrrecht und staatliche Schutzpflicht, in: HStR Bd. V § 111 Rz. 86.

[168] Isensee, Das Grundrecht als Abwehrrecht und staatliche Schutzpflicht, in: HStR Bd. V § 111 Rz. 103.

[169] Isensee, Das Grundrecht als Abwehrrecht und staatliche Schutzpflicht, in: HStR Bd. V § 111 Rz. 97 ff.

[170] Erichsen: Allgemeine Handlungsfreiheit, in: HStR Bd. VI § 152 Rz. 58 m. w. N.; BVerfGE 72, 155 (170 ff.).

eine Begrenzung der staatlichen Schutzpflichten; eine weiter gehende staatliche Regulierung wäre ein Eingriff in die Privatautonomie. Solange Privatrechtssubjekte in Ausübung ihrer Privatautonomie im rechtsgeschäftlichen Verkehr ihr Rechtsverhältnis zueinander selbst ausgestalten, darf sich der Staat grundsätzlich nur dann einmischen, wenn die Privatautonomie selbst in rechtlich missbilligter Weise – also „rechtswidrig“ nach dem oben beschriebenen Maßstab eines verfassungsrechtlich verankerten Unwerturteils – durch das Verhalten des einen Privatrechtssubjekts gegenüber dem anderen gestört wird; dies folgt zumindest aus dem Neminem-laedere-Gebot, das eine staatliche Schutzpflicht erfordert, wo ein privater Eingriff illegitim ist.

b) Schutzpflicht bei Störung der Vertragsparität

Durch das BVerfG wurde bereits früh festgestellt, dass die deliktsrechtlichen Normen des BGB die aus dem Neminem-laedere-Gebot folgenden grundrechtlichen Schutzpflichten im System des Privatrechts umsetzen[171]; auf Grundlage dieser Rechtsprechung ist ein Umgang mit den Fällen möglich, in denen die Datenverarbeitung im CRM auf nicht-rechtsgeschäftlicher Basis erfolgt, also beispielsweise bei der Verarbeitung personenbezogener Daten von potenziellen oder ehemaligen Kunden.

Darüber hinaus ist durch die ursprünglich nur in der Literatur[172] vertretene rechtsgeschäftliche oder erweiterte Schutzpflichtenlehre, die an die Stelle der Lehre von der Ausstrahlungswirkung der Grundrechte treten kann[173], eine Ausdehnung der staatlichen Schutzpflichten auf das rechtsgeschäftliche Handeln von Privatrechtssubjekten anerkannt. Umstritten ist, ob das BVerfG der Schutzpflichtenlehre bereits in der Handelsvertreter-Entscheidung[174] gefolgt ist[175]. Das BVerfG hatte dort festgestellt, dass sich ein Schutzauftrag der Verfassung an den Richter richte, der den objektiven Grundentscheidungen der Grundrechte in Fällen gestörter Vertragsparität mit den Mitteln des Zivilrechts Geltung zu verschaffen habe[176]. Das BVerfG leitete hier die Schutzpflicht aus dem Sozialstaatsprinzip – und nicht aus dem Neminem-laedere-Grundsatz – ab[177]; Isensee weist darauf hin, dass aus diesem Grunde die Handelsvertreterentscheidung –

---

[171] Zum Beispiel: BVerfGE 25, 256 (263 ff.); 49, 304 (316 ff.).

[172] Höfling, Vertragsfreiheit, S. 53; Canaris, Grundrechtswirkungen und Verhältnismäßigkeitsprinzip in der richterlichen Anwendung und Fortbildung des Privatrechts, in: JuS 1989, 161 (163).

[173] Vgl. Canaris, Grundrechte und Privatrecht, AcP 184 (1984), S. 201 (226).

[174] BVerfGE 81, 242 (252ff.).

[175] So Canaris Anm. zu BVerfGE 81, 242, in: AP 1990, Art. 12 GG Nr. 65 Bl. 458 (459 f.); Hermes, Grundrechtsschutz durch Privatrecht auf neuer Grundlage? In: NJW 1990, 1764 (1765 ff.); a. A. Isensee, Das Grundrecht als Abwehrrecht und staatliche Schutzpflicht, in: HStR Bd. V § 111 Rz. 131. Überblick über die unterschiedlichen Interpretationen der Entscheidung bei Cremer, Freiheitsgrundrechte, S. 472

[176] BVerfGE 81, 242 (256).

wie auch die nachfolgende Nachtarbeitsverbots-Entscheidung[178] – nicht die grundrechtlichen Schutzpflichten, sondern die „Schutzvorkehrungen des Sozialstaats" zum Gegenstand habe[179].

Allerdings hat das BVerfG im Urteil zum Nachtarbeitsverbot ausdrücklich auf die Schutzpflicht-Lehre und die bis dahin ergangenen Entscheidungen zu staatlichen Schutzpflichten Bezug genommen, geht demnach also wohl selbst davon aus, dass dies ein Problem staatlicher Schutzpflichten ist. Wörtlich heißt es in dem Urteil zum Nachtarbeitsverbot: „Das dem Vertragsrecht zugrunde liegende Prinzip der Privatautonomie kann hinreichenden Schutz nur gewährleisten, soweit die Bedingungen freier Selbstbestimmung gegeben sind. Wo es an einem annähernden Kräftegleichgewicht der Beteiligten fehlt, ist mit den Mitteln des Vertragsrechts allein kein sachgerechter Ausgleich der Interessen zu gewährleisten."[180] Es kann somit davon ausgegangen werden, dass auch das BVerfG inzwischen eine Erstreckung der staatlichen Schutzpflichten in den rechtsgeschäftlichen Verkehr unter Privatrechtssubjekten anerkennt[181].

Damit können hier auch diejenigen Fälle der Datenverarbeitung beim CRM erfasst werden, bei denen der Datenverarbeitung beim CRM eine vertragliche Beziehung zwischen Kunde und Unternehmer zugrunde liegt. Isensees oben beschriebener Einwand deutet zwar möglicherweise auf dogmatische Schwächen der vom BVerfG gewählten Herleitung; vorliegend geht es aber um die Frage der konkreten Anwendung der Schutzpflichtenlehre, und dafür kann mit für die Zwecke dieser Arbeit ausreichender Sicherheit von der Akzeptanz der auf den rechtsgeschäftlichen Verkehr erweiterten Schutzpflichtenlehre durch das BVerfG und die Literatur[182] ausgegangen werden.

Eine Störung der Vertragsparität, die staatliche Schutzpflichten begründet, kann danach einerseits durch ein erhebliches soziales Übergewicht der einen Seite gegenüber der anderen entstehen, das zu einem so großen Übermaß an Verhandlungsmacht führt, dass die schwächere Seite gegenüber der stärkeren eben nicht mehr frei ist in der Gestaltung des Rechtsverhältnisses[183]. In extremen Fäl-

[177] BVerfGE 81, 242 (255). Klassisches Beispiel hierfür ist das Rechtsverhältnis zwischen Arbeitgeber und Arbeitnehmer, wo aufgrund des offensichtlichen sozialen Ungleichgewichts von einer staatlichen Schutzpflicht zugunsten des Arbeitnehmers auszugehen ist; vgl. BVerfG NJW 1992, 964 (966) sowie Badura, Arbeit als Beruf, in: FS Herschel, S. 21 (34).

[178] BVerfG NJW 1992, 964.

[179] Isensee, Das Grundrecht als Abwehrrecht und staatliche Schutzpflicht, in: HStR Bd. V § 111 Rz. 131 a. E.; vermittelnd Cremer (Freiheitsgrundrechte S. 491 ff.), der eine „qualitative Anreicherung" der grundrechtlichen Schutzfunktion durch das Sozialstaatsprinzip erkennt.

[180] BVerfG NJW 1992, 964 (966).

[181] Zu diesem Schluss kommt wohl auch Cremer, Freiheitsgrundrechte, S. 481 f.

[182] Nachw. bei Cremer, Freiheitsgrundrechte, S. 487.

[183] Vgl. Höfling, Vertragsfreiheit, S. 45.

len mag sogar ein erheblicher Informationsvorsprung der einen Seite vor der anderen reichen, um eine relevante Störung der Vertragsparität zu verursachen. Dieser Ansatz geht in die Richtung der Begründung von Schutzpflichten aus der Perspektive des Sozialstaatsgebots, geht also insoweit mit den oben genannten BVerfG-Entscheidungen konform.

Eine vergleichbare Störung der Vertragsparität – und damit der Privatautonomie – tritt aber auch ein, wenn sich ein Privatrechtssubjekt im Verhältnis zu einem anderen in einer rechtlich nicht gebilligten Art und Weise einen Vorteil verschafft. Dies sind die Fälle, in denen eine Seite die Entscheidungsfreiheit der anderen Seite etwa durch Manipulation, Täuschung oder Drohung beschneidet[184], was freilich auch deliktsrechtlich relevant wäre und daher im Hinblick auf die Schutzpflichten keine spezielle, auf den rechtsgeschäftlichen Verkehr bezogene Handhabung erfordern würde[185]. Dieser Begründungsansatz stellt nicht, wie der oben genannte, auf die Durchsetzung des Sozialstaatsprinzips ab, sondern auf die Abwehr einer Verletzung des Neminem-laedere-Prinzips und ist daher enger an den Grundsätzen der erweiterten Schutzpflicht-Lehre orientiert.

Solange aber die Vertragsparität nicht gestört ist, wird jeder auf rechtsgeschäftlicher Grundlage erfolgte „Eingriff" von privater Seite im Hinblick auf die Privatautonomie von der Rechtsordnung zumindest soweit gebilligt, wie die betroffenen Rechte überhaupt durch den Berechtigten disponierbar sind[186]; die ungestörte Funktionsfähigkeit der Privatautonomie vorausgesetzt, haben ansonsten die Vertragsparteien die Möglichkeit selbst zu bestimmen, „wie ihre gegenläufigen Interessen angemessen auszugleichen sind" und können dabei „zugleich über ihre grundrechtlich geschützten Positionen ohne staatlichen Zwang verfügen"[187]. Ein Unwerturteil aus verfassungsmäßiger Sicht ist dann also nicht möglich, der Eingriff wäre also nicht rechtswidrig und der Schutzpflicht-Tatbestand somit nicht erfüllt. Eine dennoch erfolgte Regelung könnte daher unverhältnismäßig sein.

c) Konsequenzen für die Datenverarbeitung auf rechtsgeschäftlicher Grundlage

Daraus folgt für die Datenverarbeitung im CRM: Soweit die Verarbeitung personenbezogener (oder im Falle juristischer Personen: unternehmensbezogener) Daten beim CRM auf rechtsgeschäftlicher Grundlage, also aufgrund einer Ver-

[184] Lindner, Theorie der Grundrechtsdogmatik, S. 506; vgl. auch Ruffert, Vorrang der Verfassung und Eigenständigkeit des Privatrechts, S. 341.

[185] Dies gilt jedenfalls unter der Annahme, dass das Opfer nicht im Rahmen der rechtsgeschäftlichen Verbindung in die Verletzung des Störers in irgendeiner Weise eingewilligt hat.

[186] Dazu sogleich mehr bei der Erörterung der Einwilligung (s.u.).

[187] BVerfGE 81, 242 (254).

tragsbeziehung des Kunden zum Unternehmer erfolgt, sind die oben bereits ausführlich beschriebenen Besonderheiten der Schutzpflicht-Lehre im Hinblick auf solche Beziehungen zu beachten. Ohne erhebliche Störung der Vertragsparität wird bei Datenverarbeitung auf rechtsgeschäftlicher Grundlage der Schutzpflicht-Tatbestand nicht erfüllt.

Da CRM erst bei großen Datenbeständen sinnvoll eingesetzt werden kann und erheblichen administrativen Aufwand verursacht, ist davon auszugehen, dass es in erster Linie sehr große Unternehmen mit erheblicher wirtschaftlicher – und gesellschaftlicher – Macht und großem Kundenbestand sind, die überhaupt CRM einsetzen. Darunter werden sich viele Unternehmen befinden, die im weiteren Sinne Leistungen der Daseinsvorsorge für Menschen erbringen, also Banken, Versicherungsunternehmen, Verkehrsunternehmen, Energieversorger und vergleichbare Unternehmen. Dass bei solchen Unternehmen oft ein erhebliches soziales Ungleichgewicht im Verhältnis zu ihren Kunden besteht, kann ohne weiteres angenommen werden[188]; wie sich dieses auf die Kundenbeziehung auswirkt, wird an Beispielen wie dem des chronisch Kranken deutlich, der versucht, seinen Krankenversicherer zu wechseln, oder dem des verschuldeten Sozialgeldempfängers, der versucht, ein Girokonto für den bargeldlosen Erhalt seiner Sozialbezüge zu eröffnen. Banken etwa bestimmen die Bedingungen für die Kreditaufnahme einseitig auf Grundlage einer Klassifizierung ihrer Kunden, die – womit diese Ausführungen wieder zum Thema zurückkommen – Ergebnis des analytischen CRM ist[189].

Die hier gewählten Beispiele beziehen sich zwar auf die gesamte Kundenbeziehung, aber die Verarbeitung personenbezogener Daten im CRM ist in der Regel notwendiger Bestandteil dieser Kundenbeziehung – das wird auch und gerade an den gewählten Beispielen deutlich. Will ein Kunde ein Konto eröffnen, einen Kredit nehmen, einen Versicherungsvertrag abschließen, einen Flug buchen oder eine Ware bestellen, so muss er in aller Regel personenbezogene Daten preisgeben und sich zumindest konkludent mit ihrer Verarbeitung durch den Unternehmer einverstanden erklären, sonst kommt das Geschäft nicht zustande. Im Hinblick auf die Art und Weise der Datenverarbeitung hat der Kunde in der Regel überhaupt keine Verhandlungsmacht; er hat – günstigstenfalls – noch die Möglichkeit, von dem Geschäft insgesamt Abstand zu nehmen, wenn er mit der Datenverarbeitung nicht einverstanden ist. Selbst wenn der Kunde weiß, wie der Unternehmer mit seinen personenbezogenen Daten weiter verfährt, hat er ohne weiteres keine Möglichkeit, darauf Einfluss zu nehmen – oft genug wird

---

[188] Im Übrigen gilt aus diesem Grunde in solchen Situationen auch das Argument des BVerfG, wonach sich die Schutzpflicht hier auch aus dem Sozialstaatsprinzip herleiten lässt – diese Herleitung hat aber den Nachteil, dass sie nicht für eine generelle Erstreckung der Schutzpflichten in rechtsgeschäftliche Beziehungen verallgemeinerungsfähig ist.

[189] Kamp / Weichert: Scoringsysteme…, S. 15 ff.

er es zudem nicht wissen, weil der Unternehmer ihm dies nicht mitteilen will oder kann.

In solchen – durchaus typischen – Fällen kann von einem sozialen Ungleichgewicht der Vertragsparteien und infolge dessen von einer Störung der Vertragsparität ausgegangen werden, so dass im Hinblick auf die Datenverarbeitung beim CRM auch im rechtsgeschäftlichen Verkehr – grundsätzlich – davon ausgegangen werden kann, dass der Schutzpflicht-Tatbestand erfüllt ist, soweit durch die Datenverarbeitung in Rechte des Betroffenen eingegriffen wird.

In der Literatur[190] wird angezweifelt, dass ein lediglich soziales Ungleichgewicht ausreicht, im Hinblick auf die Privatautonomie eine staatliche Schutzpflicht anzuerkennen. Dem ist entgegenzuhalten, dass es keine verfassungsrechtliche Rechtfertigung dafür gibt, Grundrechtsbeeinträchtigungen – hier: die oben beschriebene, aufgrund des sozialen Ungleichgewichts realiter entstehende Freiheitsbeeinträchtigung – auf der tatbestandlichen Ebene nach ihrer „Eingriffsintensität“ zu differenzieren. Vielmehr ist eine etwaige geringe „Eingriffsintensität“ im Rahmen der Verhältnismäßigkeitsprüfung auf der Rechtsfolgenseite zu berücksichtigen, wo die Frage beantwortet werden kann, ob sich das Schutzbedürfnis des Betroffenen gegen das geschützte Interesse der in diesem Gefüge „überlegenen“ Partei durchsetzt. Wenn Ruffert[191] die Ansicht vertritt, die Schutzpflicht greife erst, „wenn die typisiert-strukturelle Ungleichheit in konkrete Unfreiheit umschlägt“, kann dem entgegnet werden, dass dieser Unterscheidung ein quantitatives, kein qualitatives Differenzierungskriterium zugrunde gelegt wird; damit ist es in letzter Konsequenz wertungsabhängig, wo man die Schwelle zur konkreten Unfreiheit sehen möchte; eine solche Wertung ist aber in einer Interessenabwägung besser aufgehoben als bei der Bestimmung des Schutzpflicht-Tatbestandes.

3. Schutz des Privatrechtssubjekts vor sich selbst? Die Problematik der Einwilligung

a) Staatliche Schutzpflicht zum Schutz des Privatrechtssubjekts vor sich selbst?

Wenn die Datenverarbeitung im oder für das CRM auf rechtsgeschäftlicher Grundlage beruht, folgt die Rechtfertigung der mit der Datenverarbeitung verbundenen Eingriffe in grundrechtlich geschützte Rechtspositionen aufgrund einer Einwilligung in die Datenverarbeitung, die Teil der vom Betroffenen abgegebenen Erklärungen in dem betreffenden rechtsgeschäftlichen Kontext ist. Auch außerhalb einer bestehenden Vertragsbeziehung kann der Betroffene in Ausübung seines Freiheitsrechts gegenüber dem CRM-betreibenden Unterneh-

[190] Lindner, Theorie der Grundrechtsdogmatik, S.506 m. w. N.

[191] Vorrang der Verfassung und Eigenständigkeit des Privatrechts, S. 341.

mer oder einem Daten erhebenden Dritten seine Einwilligung zur Erhebung und Verarbeitung seiner personenbezogenen Daten erklären. Nach den obigen Ausführungen zu staatlichen Schutzpflichten im rechtsgeschäftlichen Kontext würde dies dazu führen, dass der Schutzpflicht-Tatbestand nicht erfüllt wird, also keine staatlichen Schutzpflichten bestehen können.

Wie bereits dargestellt, liegt es im Wesen der Freiheitsrechte, insbesondere der Privatautonomie, dass der Bürger im Privatrechtsverkehr seine grundrechtlich geschützten Rechtsgüter grundsätzlich eigenverantwortlich und frei von staatlicher Einflussnahme zur Disposition stellen kann, wobei die Freiheitsrechte „dem guten wie dem bösen, dem klugen wie dem törichten Gebrauch“[192] offen stehen sollen. Mit Blick auf die staatlichen Schutzpflichten und die hinter dieser Erörterung stehende Frage der Grundrechtsbeeinträchtigung durch die Preisgabe personenbezogener Daten für die Datenverarbeitung im CRM und die Einwilligung in die Datenverarbeitung durch den Betroffenen stellt sich aber die Frage, ob den Staat eine Pflicht trifft, den Bürger dabei vor einer Selbstschädigung zu schützen.

Es besteht wohl Einigkeit darüber, dass jegliches Recht auf Schutz grundsätzlich der Verfügungsmacht des Grundrechtsträgers untersteht[193], umstritten ist dabei aber, wie weit diese Verfügungsmacht reicht. Ein Teil der Literatur bejaht – jedenfalls für bestimmte Fälle[194] – ein Recht auf Schutz gegen Selbstgefährdung und, daraus resultierend, eine entsprechende staatliche Schutzpflicht, soweit ein solcher Schutz nicht aufgedrängt wird[195]; ein solcher Schutz sei vor allem in Fällen geboten, in denen „objektive Voraussetzungen verantwortlicher Entscheidung besonders wegen der Unübersichtlichkeit der Lebensverhältnisse nicht vorliegen“[196]. Das Schutzrecht soll dabei nicht auf ein generelles Verbot des selbstgefährdenden Verhaltens, sondern eher auf „Warnung und Aufklärung oder auf Entschärfung der Gefahrenquelle und Bereitstellung von Rettungsmitteln“ gerichtet sein; davon sei z. B. auch die Möglichkeit umfasst, im Rahmen der Irrtumsanfechtung gem. §§ 119, 123 BGB die rechtliche Möglichkeit nochmaliger Überprüfung des eigenen Handelns einzuräumen[197].

Dieser Ansicht kann nicht gefolgt werden. Wie Isensee[198] zutreffend ausführt, fehlt es bereits an den tatbestandlichen Voraussetzungen für die Entstehung ei-

---

[192] Isensee, Grundrechtsvoraussetzungen und Verfassungserwartungen, in: HStR Bd. V § 115 Rz. 183.

[193] Robbers, Sicherheit als Menschenrecht, S. 220.

[194] So wohl auch v. Münch für den Fall der Selbsttötung; in: Grundrechtsschutz gegen sich selbst?, FS Ipsen, S. 125.

[195] Robbers, Sicherheit als Menschenrecht, S. 221.

[196] Robbers, Sicherheit als Menschenrecht, S. 222.

[197] Robbers, Sicherheit als Menschenrecht, S. 222.

[198] Isensee, Das Grundrecht als Abwehrrecht und staatliche Schutzpflicht, in: HStR Bd. V § 111 Rz. 113 f.

ner Schutzpflicht, weil hier nicht die typische Konstellation Staat-Störer-Opfer vorliegt, die Schutzpflichten erforderlich machen kann; vielmehr steht in diesem Fall der Grundrechtsberechtigte ausschließlich dem Staat gegenüber, einen dritten Störer gibt es nicht[199]. Das aber ist die klassische abwehrrechtliche Konstellation, die nach den üblichen Regeln der Rechtfertigung staatlicher Eingriffe zu handhaben ist, mit staatlichen Schutzpflichten hat das nichts zu tun. Aber natürlich ist auch diese Abwehrkonstellation einer genaueren Betrachtung zugänglich.

b) Beschränkung der Dispositionsbefugnis: Reichweite der Einwilligung?

Zu klären ist noch die Frage, ob der Staat, wenn ihn auch keine Schutzpflicht gegenüber dem Betroffenen trifft, aus anderen Gründen zumindest berechtigt ist, das Freiheitsrecht des Betroffenen dahingehend einzuschränken, dass dieser über bestimmte Grundrechte nicht frei disponieren darf. Eine solcher Ausschluss der Dispositionsbefugnis wird – wohl zu Recht – anerkannt in Fällen, in denen eine Grundrechtsgewährleistung zugleich übergeordnete Gemeinschaftszwecke verfolgt, also etwa im Falle der grundrechtsgleichen Gewährleistung der freien und geheimen Wahl[200]. Sind – wie bei der Datenverarbeitung für Zwecke des CRM – solche echten Gemeinschaftsgüter nicht betroffen, ließe sich ein aufgedrängter Grundrechtsschutz „vor sich selbst" mit dem liberalen Konzept der Grundrechte nicht vereinbaren[201]. Es mag für die Zwecke dieser Arbeit noch dahingestellt bleiben, ob vom BVerfG das als fundamental angesehene Recht am eigenen Leben[202], um das es beim CRM sicher nicht geht, angesichts seiner besonderen Bedeutung zu Recht der eigenen Disposition des Berechtigten entzogen wird[203]; der Begründungsansatz des BVerfG[204], eine Verhinderung erheblicher Selbstschädigung liege im Allgemeininteresse, überzeugt jedenfalls aus der Perspektive eines liberalen Grundrechtsverständnisses, das auch diese Arbeit prägt, nicht.

Keinesfalls kann aber mehr der Rechtsprechung des BVerwG gefolgt werden, die im Falle so genannter „Peep-Shows" eine Verletzung der Menschenwürde

---

[199] Lindner, Theorie der Grundrechtsdogmatik, S. 371.

[200] Vgl. Sachs, Verfassungsrecht II, S. 110 Rz. 37.

[201] v. Münch, Grundrechtsschutz gegen sich selbst?, FS Ipsen S. 113 ff.

[202] BVerfGE 39, 1 (42): Das Leben stelle einen „Höchstwert" innerhalb der grundgesetzlichen Ordnung dar und sei „die vitale Basis der Menschenwürde und die Voraussetzung aller anderen Grundrechte".

[203] Billigend z. B. die Organspende-Entscheidung des BVerfG (NJW 1999, 3399 [3401]).

[204] BVerfGE NJW 1999, 3399 (3401): Zwar bedürfe der Schutz des Menschen vor sich selbst als Rechtfertigungsgrund staatlicher Maßnahmen in Ansehung der durch Art. 2 I GG verbürgten allgemeinen Handlungsfreiheit grundsätzlich seinerseits einer verfassungsrechtlichen Rechtfertigung. Auch selbstgefährdendes Verhalten sei Ausübung grundrechtlicher Freiheit. Das ändere aber nichts daran, daß es ein legitimes Gemeinwohlanliegen sei, Menschen davor zu bewahren, sich selbst einen größeren persönlichen Schaden zuzufügen. Vgl. auch BVerfGE 60, 123 (132).

auch dann angenommen hat, wenn die Darstellerinnen selbst keine Verletzung ihrer grundrechtlich geschützten Interessen beanstanden[205]. Die berechtigte Kritik[206] an dieser Rechtsprechung greift zwei Probleme auf: Zum einen wird die „obrigkeitliche Anordnung seitens der Behörden und Gerichte, was der Einzelne für sich als ‚menschenwürdig' zu verstehen habe", also die materielle Inhaltsbestimmung der Menschenwürde durch das Gericht, kritisiert. Weiter wird aber auch die freiheitswidrige Bevormundung des Bürgers durch aufgedrängten Schutz beanstandet: Das BVerwG habe verkannt, dass nach der ständigen Rechtsprechung des BVerfG der Schutz der Menschenwürde in erster Linie gebiete, die freie Selbstentscheidung über die eigene Lebensgestaltung zu respektieren, und dass es dem Staat – also auch den Gerichten – verwehrt sei, dem Einzelnen die „richtige" oder „würdige" Lebensgestaltung vorzuschreiben[207]. Bei einer weltanschaulich so sensiblen Norm wie Art. 1 Abs. 1 GG müsse der Staat jedenfalls größte Zurückhaltung üben, um nicht über seine Aufgabe, den Bürger vor Gefahren zu schützen, hinauszugehen; der Staat dürfe nicht die Grundentscheidung der Verfassung für die Freiheit mißachten, er dürfe nicht als „besserwissender Vormund" seine Bürger zu „Untertanen" machen[208]. Erst bei Überschreitung der Grenze der Sozialschädlichkeit sei ein staatlicher Eingriff gerechtfertigt[209].

Ebenso wenig wie die Rechtsprechung des BVerwG zu den Peep-Shows vermag die Entscheidung des BVerfG zum Lügendetektor-Test im Strafverfahren[210] zu überzeugen. Das BVerfG hatte erkannt, die Verwendung eines „Lügendetektors" (Polygraphen) im Strafverfahren mit dem Ziel, aus den körperlichen Reaktionen des Angeklagten Schlüsse auf die subjektive Billigkeit der Aussage zu ziehen, greife in unzulässiger Weise in das durch Art. 2 Abs. 1 i. V. mit Art. 1 Abs. 1 GG geschützte Persönlichkeitsrecht des Betroffenen ein. Das gelte auch dann, wenn der Betroffene mit einer derartigen Beweiserhebung einverstanden sei. In der – in materieller Hinsicht wegen der Parallelen zu einigen Aspekten des CRM durchaus interessanten – Entscheidung geht das BVerfG auf die Frage der Dispositionsbefugnis des Betroffenen im Hinblick auf sein Freiheitsrecht nur höchst oberflächlich und mit nicht tragfähiger Begründung dafür, weshalb eine Dispositionsbefugnis nicht bestehen soll, ein. Auch hier ist der zutreffenden Kritik[211] zu folgen und die Folgerung auf eine Beschränkung der Dispositionsbefugnis im Hinblick auf das allgemeine Persönlichkeitsrecht abzulehnen.

---

[205] BVerwGE 64, 274 (280).
[206] v. Olshausen, Menschenwürde im Grundgesetz, in: NJW 1982, 2221; Höfling, Menschenwürde und gute Sitten, in: NJW 1983, 1582.
[207] v. Olshausen, Menschenwürde im Grundgesetz, NJW 1982, S. 2222.
[208] v. Olshausen, Menschenwürde im Grundgesetz, NJW 1982, S. 2223.
[209] v. Olshausen, Menschenwürde im Grundgesetz, NJW 1982, S. 2223 f.
[210] BVerfG (Vorprüfungsausschuss) NJW 1982, 375.
[211] Schwabe, Der „Lügendetektor" vor dem Bundesverfassungsgericht, in: NJW 1982, 367

Für das hier diskutierte Problem der Datenverarbeitung für Zwecke des CRM ist die angesprochene Fragestellung von einiger Relevanz, denn in diesem Zusammenhang geht es um die Reichweite der Einwilligung des Betroffenen. Wenn davon ausgegangen wird, dass neben anderen grundrechtlich geschützten Rechtspositionen das allgemeine grundrechtliche Persönlichkeitsrecht und möglicherweise und in letzter Konsequenz auch seine Menschenwürde, also sehr hochwertige Rechtsgüter, auf Grundlage einer Einwilligung zur Disposition gestellt werden könnten, ist zu fragen, ob der Gesetzgeber aus Gründen des Allgemeinwohls Eingriffe in solche besonders hochwertige Rechtsgüter, die bei der Datenverarbeitung für Zwecke des CRM in Gefahr geraten könnten, generell verbieten könnte und wie sich dazu eine Einwilligung des Betroffenen verhielte.

Bei der Datenverarbeitung im CRM im Einverständnis mit dem Betroffenen kann keine Sozialschädlichkeit erkannt werden, die eine Sanktionierung der Datenverarbeitung erfordern könnte. Nach dem oben Gesagten würde eine Regelung, die eine grundrechtsgefährdende Datenverarbeitung generell verbietet, daher gegen Freiheitsrechte des Betroffenen verstoßen, wenn sie die Möglichkeit einer Rechtfertigung durch die Einwilligung des Betroffenen nicht vorsieht.

Jeder Eingriff durch den Unternehmer / Dritten kann ohne weiteres als gerechtfertigt angesehen werden, wenn angenommen werden kann, dass der Betroffene in den Eingriff eingewilligt hat. Die Möglichkeit, im Wege der – ggf. auch konkludent erklärten – Einwilligung, insbesondere aber durch Vertragsschluss oder die Ausgestaltung eines Rechtsverhältnisses mit einem anderen Privatrechtssubjekt über die individuellen Interessen zu disponieren, ist unmittelbarer Ausfluss der Privatautonomie und damit – wie oben bereits gesehen – durch die allgemeine Handlungsfreiheit gem. Art. 2 Abs. 1 GG gesichert[212]. Wenn der Betroffene keinen Schutz beansprucht, darf ihm der Staat auch keinen Schutz aufdrängen. Eine dennoch ergriffene staatliche Schutzmaßnahme würde nicht nur in Rechte des Betroffenen eingreifen – mindestens in seine allgemeine Handlungsfreiheit –, sie wäre zudem möglicherweise ein Verstoß gegen die Privatautonomie in ihrer abwehrrechtlichen Funktion zulasten des Unternehmers / Dritten, weil der Betroffene nicht schutzbedürftig ist.

Abzugrenzen ist dies freilich von den Fällen, in denen sich bei genauerer Betrachtung der Unternehmer / Dritte im Zusammenhang mit der Datenverarbeitung beim CRM doch als Störer herausstellt: In Fällen, in denen die Preisgabe eigener Rechtspositionen auf den Einfluss von Dritten zurückzuführen ist, etwa wenn die eigene – freiwillige – Willensbetätigung, etwa die Einwilligung in die Datenverarbeitung, durch Täuschung oder Manipulation herbeigeführt wird, liegt eine Störung der Freiwilligkeit vor. Dabei stellt sich diese Störung der Freiwilligkeit aber nicht als bewusste und gewollte Selbstgefährdung und damit

---

[212] Vgl. Epping, Grundrechte, Rz. 519 m.w.N

als Freiheitsgebrauch, sondern möglicherweise als Beschränkung des Freiheitsrechts durch Dritte dar, die ihrerseits eine Schutzpflicht erzeugen kann. Dann allerdings handelt es sich wieder um den oben bereits beschriebenen Fall, in dem der Tatbestand der Grundrechtsgefährdung durch Privatrechtssubjekte als Voraussetzung der Entstehung einer Schutzpflicht anzunehmen ist und in dem der Neminem-laedere-Grundsatz zur Anwendung gelangt.

c) Anforderungen an die Wirksamkeit der Einwilligung

Eine staatliche Pflicht zum Schutz des Betroffenen vor den mit der Datenverarbeitung beim / für das CRM einhergehenden Grundrechtsbeeinträchtigungen besteht also nur, wo der Betroffene nicht – und sei es im Zusammenhang einer rechtsgeschäftlichen Beziehung – in solche Eingriffe eingewilligt hat. Da der Betroffene auf Grundlage seiner Einwilligung auch auf den Schutz hochwertiger Rechtsgüter wirksam verzichten und den Unternehmer zu beliebiger Datenverarbeitung ermächtigen kann, sind – quasi zum Ausgleich der weit gefassten Dispositionsbefugnis hinsichtlich der eigenen Grundrechte – an die Wirksamkeit der Einwilligung hohe Anforderungen zu stellen, deren Sicherstellung selbst Gegenstand einer staatlichen Schutzpflicht zugunsten des Betroffenen ist:

- Die Einwilligung setzt das natürliche Bewusstsein voraus, durch die Einwilligungserklärung auf einen sonst bestehenden grundrechtlichen Schutz konstitutiv zu verzichten[213]. Darüber hinaus ist zu fordern, dass der Betroffene weiß, worin er einwilligt; das wiederum erfordert, bezogen auf die Datenverarbeitung für Zwecke des CRM, dass der Betroffene die Information erhalten muss, zu welchem Zweck seine Daten gespeichert werden und welche Verarbeitung mit seinen Daten geschieht[214].
- Die Einwilligung muss erklärt werden[215]; das nicht zum Ausdruck gelangte „innere Einverständnis" des Betroffenen, das sich nicht einmal in einer konkludenten Erklärung äußert, genügt nicht für die Wirksamkeit der Einwilligung. Es reicht also nicht, dass dem Betroffenen die Datenverarbeitung im CRM schlicht egal ist, er muss dies auch erkennbar (und mit ausreichender Bestimmtheit, s.u.) zum Ausdruck bringen. Aus Gründen der Rechtssicherheit und für Zwecke der Beweisbarkeit der Willenserklärung würde es die Effektivität der staatlichen Schutzgewährung verbessern, zudem die Schriftform für die Erklärung zu fordern.
- Die Einwilligungserklärung muss grundsätzlich persönlich[216] erfolgen.

---

[213] Sachs, Verfassungsrecht II, S. 111 Rz. 40.

[214] Gola / Schomerus, BDSG § 4a Rz. 11 m. w. N.

[215] Sachs, Verfassungsrecht II, S. 111 Rz. 40.

[216] Wie hier Sachs, Verfassungsrecht II, S. 111 Rz. 40., Auernhammer BDSG 90 § 4 Rz. 11; Simitis (Simitis), BDSG § 4a Rz. 30; a.A. Gola / Schomerus, BDSG § 4a Rz. 10, die Vertretung zulassen möchten, wobei sich allerdings die Vollmacht ausdrücklich auf die Erteilung der Einwilligung erstrecken soll.

- Die Erklärung muss in jeder Hinsicht freiwillig erfolgen. Dies bedeutet, dass die Erklärung nicht auf Täuschung oder irgendwelchem, auch mittelbarem Zwang beruht[217]. Dies ist wieder im Zusammenhang mit dem Schutz der Privatautonomie zu sehen: Der bei einer Störung der Vertragsparität zu Lasten des Betroffenen bestehende faktische Zwang zur Abgabe einer Einwilligungserklärung – etwa als Voraussetzung der Abschlussbereitschaft des Unternehmers – wird die Freiwilligkeit der Einwilligungserklärung beseitigen; eine staatliche Schutzpflicht zum Schutz der Vertragsfreiheit des Betroffenen konkretisiert sich hier als Gebot an den Staat, nur wirklich freiwillig abgegebene Einwilligungen als wirksam anzusehen.
- Die Einwilligungserklärung muss sich auf den konkreten Erhebungszweck und die konkrete Datenverarbeitung beziehen, also ausreichend bestimmt sein. Eine allgemein gehaltene Einwilligungserklärung, mit der der Betroffene in jegliche Datenverarbeitung einwilligt, genügt dem Bestimmtheitserfordernis ebenso wenig wie die pauschale Einwilligung in die Weitergabe der Daten an andere Firmen[218].
- Die Einwilligung ist grundsätzlich widerruflich; eine Bindung an die Einwilligung erfolgt nur im Rahmen des Selbstbestimmungsrechts.

Konsequenz der fehlenden oder unwirksamen Einwilligung ist aber nicht ohne weiteres die Rechtswidrigkeit der Datenverarbeitung; vielmehr führen solche Defizite dazu, dass der Schutzpflicht-Tatbestand nicht aufgrund der Privatautonomie oder des allgemeinen Freiheitsrechts ausgeschlossen ist. In diesen Fällen besteht also bei Vorliegen der übrigen – nachfolgend noch darzulegenden – Voraussetzungen eine staatliche Schutzpflicht. Dies bedeutet aber auch, dass der mit der Datenverarbeitung verbundene Eingriff immer noch aus anderen Gründen gerechtfertigt sein kann, etwa bei Vorliegen eines überwiegenden entsprechend begründeten Interesses des Unternehmers oder Dritten an der mit dem CRM verbundenen Datenverarbeitung.

4. Ausgrenzung von Bagatellfällen auf der Tatbestandsebene?

Nicht eindeutig geklärt ist die Frage, ob die staatlichen Schutzpflichten durch die Ausgrenzung von „Bagatellfällen" eine Begrenzung erfahren.

Nach einer verbreiteten Auffassung[219] begründen Eingriffe unterhalb einer bestimmten Erheblichkeits- oder Gefahrenschwelle keine staatlichen Schutz-

[217] Sachs, Verfassungsrecht II, S. 111 Rz. 41.

[218] Gola / Schomerus, BDSG § 4a Rz. 10 m. w. N.

[219] Dietlein, Die Lehre von den grundrechtlichen Schutzpflichten, S. 111 ff.; Di Fabio, Risikoentscheidungen im Rechtsstaat, S. 49 f.; Isensee, Das Grundrecht als Abwehrrecht und staatliche Schutzpflicht, in: HStR Bd. V § 111 Rz. 107; weitere Nachw. bei Cremer, Freiheitsgrundrechte, S. 286.

pflichten. Solche „Belästigungen“ fallen danach in „eine Art Niemandsland zwischen dem Bereich des grundrechtlich illegitimen Handelns (...) und dem Bereich grundrechtstypischer Freiheitsbetätigung“; hinzunehmen hat der Bürger solche Einwirkungen auf seine Grundrechte, die „im mitmenschlichen Verkehr unvermeidbar, üblich, sozialadäquat, oder zumindest als zumutbar hinzunehmen sind: rechtliche quantité négligeable“[220]. Die Frage aber, wo die Erheblichkeitsschwelle überschritten ist, ist unter dieser Annahme wertungsabhängig und damit einer Verallgemeinerung kaum zugänglich[221].

Begründet wird die Notwendigkeit einer solchen Schwelle mit den verfassungsrechtlich nicht überprüfbaren Gestaltungsspielräumen der Legislative, die auch das „Ob“ des Tätigwerdens umfassten. Die Bestimmung des schutzpflichtenaktivierenden Gefahrenniveaus legislativen Schutzhandelns werde daher erst dort relevant, wo sich die legislativen Gestaltungsspielräume zumindest hinsichtlich des „Ob“ normativen Schutzes zu unabdingbaren Gesetzgebungspflichten „auf Null“ reduziert hätten[222]. Dem kann freilich entgegengehalten werden, dass Adressat der Schutzpflichten nicht nur der Gesetzgeber, sondern auch der Richter ist, der bei der Urteilsfindung die Schutzpflichten im Rahmen der Anwendung einfachen Rechts zu beachten hat; ihm zumindest stellt sich die Frage nach dem „Ob“ des Tätigwerdens nicht.

Die oben dargestellte Auffassung trifft in der neueren Literatur auf Kritik[223], die oft an die Alexy'sche Prinzipientheorie[224] bzw. die abwehrrechtlichen Maßstäbe anknüpft. Der grundrechtliche Schutzanspruch des Einzelnen sei, egal ob abwehrrechtlich oder schutzrechtlich begründet, grundsätzlich umfassend angelegt[225]. Eine Differenzierung von Eingriffen nach der Eingriffsintensität sei erst auf der Ebene der Verhältnismäßigkeit von Bedeutung[226].

Der Kritik ist zu folgen. Es ist kein verfassungsimmanenter Grund erkennbar, Eingriffe unterhalb einer bestimmten Schwelle a priori aus dem grundrechtlichen Schutzanspruch auszunehmen, wenn an anderer Stelle der Überprüfung – spätestens bei der Frage nach der Verhältnismäßigkeit des Eingriffs – eine rechtliche Würdigung der Eingriffsintensität erfolgt. Auch die Wertungsabhän-

---

[220] Isensee, Das Grundrecht als Abwehrrecht und staatliche Schutzpflicht, in: HStR Bd. V § 111 Rz. 107.

[221] Isensee, Das Grundrecht als Abwehrrecht und staatliche Schutzpflicht, in: HStR Bd. V § 111 Rz. 107.

[222] Dietlein, Die Lehre von den grundrechtlichen Schutzpflichten, S. 112.

[223] Cremer, Freiheitsgrundrechte, S. 287 f.; Hermes, Das Grundrecht auf Schutz von Leben und Gesundheit S. 236 ff.; Unruh, Zur Dogmatik der grundrechtlichen Schutzpflichten, S. 76 ff., jeweils m. w. N.

[224] Vgl. Alexy, Theorie der Grundrechte, S. 414, 420 ff.; Unruh, Zur Dogmatik der grundrechtlichen Schutzpflichten, S. 76 ff.

[225] Cremer, Freiheitsgrundrechte, S. 288 m. w. N.

[226] Sinngemäß ebenso Cremer, Freiheitsgrundrechte, S. 288 m. w. N.

gigkeit bei der Feststellung der Erheblichkeitsschwelle ist, jedenfalls bezogen auf die Thematik dieser Arbeit, ein weiterer Ansatzpunkt der Kritik. Die von den Befürwortern eines Ausschlusses von Bagatelleingriffen verwendeten Kriterien – Unvermeidbarkeit, Üblichkeit, Sozialadäquanz, sonstige Gründe[227] – sind für die Identifikation tatbestandsausschließender Bagatelleingriffe in den hier beschriebenen Fällen weitgehend unbrauchbar, weil sie – vielleicht mit Ausnahme der „Unvermeidbarkeit" – nicht objektivierbar, sondern vollständig wertungsabhängig sind, aber eine verfestigte „Wertung" zu den hier aufgeworfenen Fragen bisher nicht erkennbar ist. So könnte das gesamte CRM mit jeder nur denkbaren Form der Verarbeitung personenbezogener Daten schon deshalb als „sozialadäquat" angesehen werden, weil sie faktisch geschieht, sich die Kunden in der Regel nicht dagegen wehren (wogegen auch – sie wissen meistens nicht einmal, was mit ihren Daten tatsächlich geschieht!) und es als „üblich" ansehen, mit individualisierter Werbung bedacht zu werden; vielleicht deutet das beharrliche Ausblenden datenschutzrechtlicher Fragen aus der wirtschaftswissenschaftlichen Literatur zum CRM darauf hin, dass aus Sicht eines von der Wirksamkeit des CRM zur Verbesserung des wirtschaftlichen Erfolgs überzeugter Wirtschaftswissenschaftlers kaum Zweifel an der Sozialadäquanz des gesamten CRM bestehen! Ein überzeugter Datenschützer dagegen wird jegliche Datenverarbeitung im CRM kontrollieren wollen und daher nichts davon als tatbestandausschließend-sozialadäquat ansehen. Von solch wertungsabhängiger Meinungsvielfalt wird die datenschutzrechtliche Literatur geprägt; darauf aber kann die Feststellung des Schutzpflicht-Tatbestandes nicht gestützt werden. Die Anwendung so stark wertungsabhängiger Kriterien birgt die Gefahr größerer Schutzlücken, die wegen der Anforderungen an einen grundsätzlich lückenlosen Schutz durch die Grundrechte nicht hinnehmbar wären. Nochmals ist allerdings darauf hinzuweisen, dass ja die Eingriffsintensität auch bei Nichtannahme von Beschränkungen der Schutzpflicht bei Bagatelleingriffen sehr wohl – im Rahmen der Verhältnismäßigkeitsprüfung – Gegenstand einer Wertungsentscheidung wird, allerdings wird dann die Eingriffsintensität in Relation zum konkreten Aufwand einer Gegenmaßnahme und zum Gewicht der durch die Gegenmaßnahme betroffenen Rechte Dritter betrachtet, die damit gleichermaßen zum Gegenstand der Wertungsentscheidung werden, und der Eingriff nicht a priori als unerheblich „aussortiert". So kann jedenfalls keine Schutzlücke entstehen.

Es ist also festzuhalten, dass nach der hier vertretenen Ansicht keine Beschränkung der Schutzpflichten bei Bagatelleingriffen zu akzeptieren ist.

---

[227] Isensee, Das Grundrecht als Abwehrrecht und staatliche Schutzpflicht, in: HStR Bd. V § 111 Rz. 107.

II. Die Rechtsfolgenebene: Die aus der Schutzpflicht entstehende Staatsaufgabe und ihre Erfüllung

Auf der Rechtsfolgenebene findet der Interessenausgleich statt, der zwischen den auf Schutz grundrechtlicher Schutzgüter gerichteten Interessen des Betroffenen und die Abwehr staatlicher Beschränkungen grundrechtlicher Schutzgüter gerichteten Interessen des Störers vorzunehmen ist. Aus Sicht des Betroffenen geht es also um die Frage nach dem Schutzbedarf, der die staatliche Schutzpflicht und damit die Frage nach den Anforderungen an die Erfüllung der Schutzpflicht maßgeblich prägt. Daneben stellt sich die Frage nach den Modalitäten der Erfüllung der Schutzpflicht. Aus der Sicht des Störers geht es darum, inwieweit seine grundrechtlich geschützten Interessen gegenüber dem Schutzinteresse des Betroffenen nachgeben müssen. Ein angemessener Interessenausgleich erfordert, dass der Staat eine Regelung trifft, die sowohl aus der Sicht des Betroffenen als auch aus der Sicht des Störers verfassungskonform ist.

1. Schutzbedarf, Anforderungen aus staatlichen Schutzpflichten und Ermessen bei der Erfüllung

Ausgangspunkt der schutzrechtlichen Betrachtung ist die Frage, ob, ausgehend vom de lege lata gegebenen Schutzniveau, aufgrund eines staatlichen Unterlassens ein bestimmtes, auf ein bestimmtes Schutzgut bezogenes gefordertes Schutzniveau unterschritten wird. Im Ergebnis ist zu bestimmen, welche Anforderungen an den Staat zu stellen sind, um dieses Niveau zu erreichen[228]. Da es für die hier betroffenen Interessenkollisionen in Gestalt des BDSG (sowie in Form einiger spezieller einfachrechtlicher Normen[229] und subsidiär der Generalklauseln des BGB) einfachgesetzliche Regelungen zum Schutz der Rechte des von der Datenverarbeitung Betroffenen gibt, ist vor allem Gegenstand der Überprüfung, ob mit der vom Gesetzgeber gewählten Ausgestaltung bereits ein angemessenes Schutzniveau erreicht wird.

Zur Ermittlung des definitiven Umfangs der Rechte auf Schutz, also des Schutzbedarfs und der Anforderungen an den Staat bei der Schutzgewährung, ist – strukturell parallel zur abwehrrechtlichen Dogmatik – die Anwendung des Grundsatzes der Verhältnismäßigkeit geboten.[230] Die Bestimmung des Umfangs des Rechts auf Schutz soll im Wege der Abwägung von Gründen und Gegengründen erfolgen[231]. Der Schutzbedarf richtet sich demnach nach der Art des gefährdeten Schutzguts und der Art der Gefahr, die ihm droht. Dabei weitet sich

---

[228] Vgl. Cremer, Freiheitsgrundrechte, S. 272 ff.

[229] Hier kann etwa an die datenschutzrechtlichen Regelungen des Telekommunikationssektors gedacht werden.

[230] Cremer, Freiheitsgrundrechte, S. 268.

[231] Dietlein, Die Lehre von den grundrechtlichen Schutzpflichten, S. 116; Hermes, Das Grundrecht auf Schutz von Leben und Gesundheit, S. 116; Klein, Grundrechtliche Schutzpflicht des Staates, in: NJW 1989, 1633 (1638); Cremer, Freiheitsgrundrechte, S. 269 f. m. w. N.

der Bereich der Schutzpflicht mit der Sensibilität des Schutzgutes und mit der Größe der Gefahr[232]. Es ist also bei der später folgenden konkreten Schutzbedarfsfeststellung für die beim CRM betroffenen Schutzgüter des Kunden im Rahmen einer Verhältnismäßigkeitsprüfung eine Bestimmung der Sensibilität des jeweils betroffenen Schutzguts und eine Abschätzung der Gefahr vorzunehmen.

2. Die Abwehrperspektive des Störers

Der Schutzpflicht-Tatbestand ist durch die Konstellation Störer-Opfer-Staat gekennzeichnet. Bisher wurde lediglich die Schutzperspektive des Betroffenen betrachtet. Aus der Perspektive des selbst grundrechtsberechtigten Störers stellt sich die staatliche Schutzmaßnahme zugunsten des Betroffenen als staatlicher Eingriff in seine grundrechtlich geschützten Rechtspositionen dar; dies ist aus Sicht des Störers die „normale" Abwehrkonstellation, da er einem unmittelbaren staatlichen Eingriff, nicht einem Eingriff des Betroffenen ausgesetzt wird[233]. Es gelten also die bei Eingriffen in Abwehrrechte üblichen Voraussetzungen:

- Soweit die Schutzpflicht über einen Eingriff des Staates in den Rechtskreis des Störers erfüllt wird, greift der allgemeine Gesetzesvorbehalt in seiner klassischen Funktion als Eingriffsvorbehalt ein[234].
- Der mit der Maßnahme verfolgte Zweck muss als solcher verfassungsrechtlich unbedenklich sein[235]. Das kann hier ohne weiteres angenommen werden, denn der ausschließlich in Betracht kommende Regelungszweck ist die Durchsetzung der objektiven Grundrechtsgehalte zum Schutz des Betroffenen, der Zweck ist also unmittelbar aus der Verfassung abgeleitet.
- Nach dem Wesentlichkeitsgrundsatz muss der Gesetzgeber festlegen, mit welchen Mitteln die Schutzpflicht zu erfüllen ist[236]. Es ist zu verlangen, dass sich der parlamentarische Gesetzgeber mit den für den Grundrechtsbereich wesentlichen[237] Fragen selbst befassen muss.[238] Richterrecht ist keine Rechtsquelle, die richterliche Rechtsfortbildung allein kann daher

---

[232] Isensee, Das Grundrecht als Abwehrrecht und staatliche Schutzpflicht, in: HStR Bd. V § 111 Rz. 106 und Rz. 141.

[233] Vgl. Poscher, Grundrechte als Abwehrrechte, S. 285 ff (insbes. S. 287 f.).

[234] Isensee, Das Grundrecht als Abwehrrecht und staatliche Schutzpflicht, in: HStR Bd. V § 111 Rz. 151.

[235] Sachs, Verfassungsrecht II, S. 148 Rz. 33 f.

[236] Isensee, Das Grundrecht als Abwehrrecht und staatliche Schutzpflicht, in: HStR Bd. V § 111 Rz. 152.

[237] Als „wesentlich" beschreibt das BVerfG den „grundrechtsrelevanten" Bereich, dieser sei das für die Verwirklichung der Grundrechte Wesentliche; vgl. BVerfGE 34, 165 (192); 40, 237 (248 f.); 41, 251 (260 f.); kritisch Ossenbühl, Der Vorbehalt des Gesetzes..., S. 27 ff.

[238] Stern, Idee und Elemente eines Systems der Grundrechte, in: HStR § 109 Rz. 84 m. w. N.; Sachs, Verfassungsrecht II, S. 116 Rz. 9 u. S. 118 Rz. 13.

keinen Grundrechtseingriff rechtfertigen[239]. Zu Abgrenzungsschwierigkeiten (und Problemen mit dem Bestimmtheitsgrundsatz[240]) wird es daher führen, wenn der Gesetzgeber dem Richter im Rahmen von Generalklauseln und unbestimmten Rechtsbegriffen die Möglichkeit einräumt, über die Eingriffsrechtfertigung letztlich selbst zu entscheiden; verfassungsrechtlich unbedenklich sind Generalklauseln und unbestimmte Rechtsbegriffe nur, „wenn die Norm mit Hilfe der üblichen Auslegungsmethoden eine zuverlässige Grundlage für ihre Auslegung und Anwendung bietet oder sie eine gefestigte Rechtsprechung übernimmt und damit aus dieser Rechtsprechung hinreichende Bestimmtheit gewinnt“[241].

- Der staatliche Eingriff zulasten des Störers muss auch aus seiner abwehrrechtlichen Sicht verhältnismäßig sein. Im Rahmen der abwehrrechtlichen Verhältnismäßigkeitsprüfung geht es dabei – wie in jeder abwehrrechtlichen Verhältnismäßigkeitsprüfung – nicht ausschließlich um eine Abwägung der Interessen des Störers gegen die Schutzinteressen des Betroffenen, vielmehr sind sämtliche den staatlichen Eingriff rechtfertigenden Gründe zu beachten, damit also auch hinter dem Eingriff stehende staatliche Regelungszwecke, die mit der Schutzpflicht und damit mit den Interessen des Betroffenen nicht zusammenhängen.

3. Subsidiarität der staatlichen Maßnahme

Nach dem Grundsatz der Subsidiarität ergibt sich für den Staat nur eine Schutzpflicht, soweit der Bürger sein Recht nicht in eigener Verantwortung verteidigen kann[242]. Dabei kann es hier nicht um die Frage gehen, ob der Staat bei Beachtung der Subsidiarität überhaupt verpflichtet ist, einfachgesetzliche Vorgaben für die private Datenverarbeitung zu schaffen; diese Frage stellt sich hier schon deshalb nicht, weil der Staat dies – in Gestalt des BDSG lückenlos[243] – getan hat. Für das hier betroffene Problem der Verarbeitung personenbezogener Daten durch Privatrechtssubjekte stellt sich aus dem Blickwinkel des Grundsatzes der Subsidiarität vor allem die Frage, ob eine staatliche Schutzpflicht so weit reichen kann, dass die staatlichen Aufsichtsorgane (etwa die Datenschutzbehörden) von sich aus die Rechtmäßigkeit der privaten Datenverarbeitung prüfen dürfen oder ob der Betroffene darauf verwiesen werden muss, seine Interessen auf dem Gerichtswege durchzusetzen. Für die Beantwortung dieser Frage wird es auf die Effektivität des gerichtlichen Rechtsschutzes ankommen.

---

[239] Sachs, Verfassungsrecht II, S. 116 Rz. 9 mit Beispielen für Abgrenzungsprobleme bei der Bestimmung der Reichweite rechtmäßiger richterlicher Rechtsfortbildung.

[240] Sachs, Verfassungsrecht II, S. 152 Rz. 48.

[241] BVerfGE 96, 68 (97 f.).

[242] Isensee, Das Grundrecht als Abwehrrecht und staatliche Schutzpflicht, in: HStR Bd. V § 111 Rz. 142.

[243] Vgl. § 4 Abs. 1 BDSG: Das Verbot mit Erlaubnisvorbehalt erfasst die gesamte Datenverarbeitung, solange sie nur der Definition einer Datenverarbeitung nach dem BDSG entspricht; dazu später mehr.

III. Subjektive Schutzrechte?

Ob aus der objektiven Schutzpflicht des Staates auch ein subjektives Schutzrecht des Opfers erwächst („Resubjektivierung" der objektiv-rechtlichen Grundrechtsgehalte), ist nach wie vor umstritten[244]. Eine Mindermeinung in der Literatur lehnt dies unter Verweis auf die mangelnde Vereinbarkeit mit der politischen Verantwortung des Gesetzgebers ab[245]; die wohl herrschende Meinung bejaht dagegen subjektive Schutzrechte sowohl gegenüber dem Gesetzgeber wie auch gegenüber der Verwaltung[246]. Das BVerfG läßt zumindest in obiter dicta erkennen, dass es insoweit mit der herrschende Literaturmeinung geht[247], was nur konsequent ist vor dem Hintergrund, dass es die Schutzpflichten zuvor selbst über die objektive Wertordnung und objektive Grundrechtsgehalte aus subjektiven Abwehrrechten entwickelt hatte. Auch hier soll, falls es darauf ankommen sollte, der herrschenden Meinung gefolgt werden und ein subjektives Schutzrecht akzeptiert werden.

Infolge der Subsidiarität der Schutzpflichten konkretisiert sich die Frage nach subjektiven Schutzrechten in dem hier diskutierten Zusammenhang erst, wenn festgestellt wird, dass der staatlicherseits – etwa durch das BDSG – tatsächlich gewährte Schutz den grundgesetzlichen Anforderungen nicht genügt.

D. Zwischenergebnis

Ausgangspunkt der Erörterung war die Frage, welches dogmatische Gerüst für den grundrechtlichen Ausgleich der bei der Datenverarbeitung für Zwecke des CRM konfligierenden grundrechtlich geschützten Interessen zugrunde gelegt werden kann. Die Entscheidung zugunsten einer schutzrechtlichen Herangehensweise bestimmt die „Spielregeln" für den Interessenausgleich:

- Zunächst ist festzustellen, ob und bezogen auf welche grundrechtlichen Schutzgüter durch die Verarbeitung personenbezogener Daten für Zwecke des CRM der Schutzpflicht-Tatbestand erfüllt wird.
- Auf der Rechtsfolgenseite sind dann die von staatlicher Seite ergriffenen Maßnahmen daraufhin zu prüfen, ob sie verfassungsgemäß sind. Dazu muss einerseits aus der Perspektive des Betroffenen die Bedingung erfüllt sein, dass ein dem Schutzbedürfnis angemessener staatlicher Schutz gewährt wird, andererseits müssen die staatlichen Maßnahmen aus der Ab-

[244] Übersicht über den Meinungsstand bei Dreier (Dreier) GG Vorb. Rz. 93.

[245] Nachweise bei Isensee, Das Grundrecht als Abwehrrecht und staatliche Schutzpflicht, in: HStR Bd. V § 111 Rz. 183, dort Fn.462.

[246] Nachweise bei Dreier (Dreier) GG Vorb. Rz. 95, dort Fn. 390 f.) sowie bei Isensee, Das Grundrecht als Abwehrrecht und staatliche Schutzpflicht, in: HStR Bd. V § 111 Rz. 183, dort Fn.463.

[247] z. B. BVerfGE 77, 381 (402 f.); 79, 174 (201 f.).

wehrperspektive des Störers verfassungsgemäß, also insbesondere verhältnismäßig sein. Ein angemessener Interessenausgleich ist dann gefunden, wenn beide Bedingungen erfüllt sind.

Nachfolgend geht es darum, das bisher abstrakt dargestellte schutzrechtliche Konzept auf die Datenverarbeitung beim und für das CRM anzuwenden.

- Dazu sind zunächst – auf der Ebene der Prüfung des *Schutzpflicht-Tatbestandes* – die beim Betroffenen durch die Datenverarbeitung des Unternehmers berührten grundrechtlichen Schutzgüter zu identifizieren und nach Maßgabe der oben beschriebenen Kriterien festzustellen, ob hinsichtlich dieser Schutzgüter – zunächst ohne Berücksichtigung etwa bereits bestehender Maßnahmen zu ihrem Schutz – den Schutzpflicht-Tatbestand erfüllt ist.
- Sodann ist auf der *Rechtsfolgenseite* zu klären, ob und wie der Staat seine Schutzpflicht erfüllt. Dazu sind die auf die zuvor beschriebenen Schutzgegenstände bezogenen staatlichen Schutzkonzepte – soweit existent – zu betrachten und festzustellen, ob sie ein angemessenes Schutzniveau bieten. Da der Schutz nur angemessen ist, wenn er auch die geschützten Interessen des Störers nicht unangemessen beeinträchtigt, sind auf der Rechtsfolgenseite vor einer Verhältnismäßigkeitsprüfung, bei der die gegenläufigen Interessen miteinander in Ausgleich zu bringen sind, die Abwehrrechte des Störers zu identifizieren.

Damit ist die weitere Prüfung wie folgt vorgezeichnet: Zuerst werden die Schutzgüter des Betroffenen bestimmt und festgestellt, ob und inwieweit bezogen auf diese Schutzgüter der Schutzpflicht-Tatbestand erfüllt wird. Danach sind die Abwehrrechte des Störers zu identifizieren. Es folgt eine Darstellung der zur Erfüllung der Schutzpflichten geschaffenen staatlichen Schutzkonzepte und schließlich im Rahmen einer Verhältnismäßigkeitsprüfung die Klärung der Frage, ob die zuvor beschriebenen staatlichen Schutzkonzepte verhältnismäßig sind, also ein ausreichendes und angemessenes Schutzniveau gewähren.

Kapitel 3: Der Schutzpflicht-Tatbestand – Die Schutzgüter des Betroffenen

A. Einführung

Der „Kunde“ in all seinen Erscheinungsformen – als potenzieller, aktueller oder ehemaliger Kunde – steht aus Sicht des CRM im Mittelpunkt des Unternehmerinteresses. Während in der bisher vorgenommenen betriebswirtschaftlichen Beschreibung des CRM die vor allem kommerziellen Interessen derjenigen beschrieben wurden, deren Geschäftsausübung das CRM dient, sollen angesichts der grundsätzlich datenschutzrechtlichen Ausrichtung dieser Arbeit die tatsächlichen Interessen des Kunden und der grundrechtliche Schutz, der diesen Interessen zu gewähren ist, an den Anfang der Betrachtung der kollidierenden Interessen gerückt werden.

B. Was sind die tatsächlichen Interessen des Betroffenen?

Die tatsächlichen Interessen des Betroffenen sind sehr viel schwerer zu bestimmen als die Interessen der Unternehmer, die alle aus dem Unternehmenszweck abgeleitet werden können. Eine erste Differenzierung ergibt sich schon aus dem Verhältnis des Betroffenen zum Unternehmer. Der Betroffene kann – aus Sicht des Unternehmers – aktueller, potenzieller oder ehemaliger Kunde sein. Seine tatsächliche Interessenlage, die nachfolgend ohne jeden Anspruch auf Vollständigkeit dargestellt wird, besteht in Abhängigkeit von diesem Verhältnis:

- Der aktuelle Kunde befindet sich – möglicherweise, aber nicht zwingend[248] – in einer konkreten Vertragsbeziehung mit dem Unternehmer; in der Regel wird er diese Vertragsbeziehung freiwillig eingegangen sein (wobei auch dies nicht immer der Fall sein muss, man denke an die Vertragsbeziehungen mit Monopolanbietern wie z. B. Verkehrs- oder Versorgungsunternehmen oder andere Fälle, in denen Kontrahierungszwang besteht). Seine tatsächlichen Interessen, soweit sie das CRM berühren, sind auf die Art und Weise der konkreten Ausgestaltung dieses Vertragsverhältnisses – oder, wenn im Rahmen einer bestehenden „Geschäftsbeziehung“ kein konkretes Vertragsverhältnis besteht, der bestehenden Kundenbeziehung – bezogen. So kann er, neben dem eigentlichen, auf die vertragliche Hauptleistung bezogenen vertraglichen Erfüllungsinteresse, beispielsweise ein Interesse an optimaler Betreuung haben, etwa im Sinne einer schnellen und effektiven Bearbeitung einer Beanstandung.

[248] Im eher wirtschaftswissenschaftlich geprägten Sprachgebrauch des zweiten Kapitels dieser Arbeit wurde für die Bestimmung des Begriffs eines „aktuellen“ Kunden nicht zwischen den Fällen unterschieden, in denen eine konkrete Vertragsbeziehung etwa im Sinne eines noch nicht vollständig erfüllten Leistungsvertrages oder eines Dauer- oder Wiederkehrschuldverhältnisses besteht und den Fällen, in denen die „Kundenbeziehung“ dadurch geprägt wird, dass ohne einen konkreten vertraglichen Rahmen immer wieder Verträge zwischen dem Betroffenen und dem Unternehmen abgeschlossen werden.

Er kann ein eigenes Interesse haben, Produktinformationen des Unternehmers zu erhalten oder, im Gegenteil, nicht zu erhalten. Er hat unter Umständen auch ein Interesse, als „besonderer" Kunde behandelt zu werden, etwa um daraus eine soziale Aufwertung zu erfahren[249] oder schlicht besser bedient zu werden als der Durchschnittskunde. Er will aber möglicherweise auch nicht in seinen Entscheidungen dadurch manipuliert werden, dass er Marketingmaßnahmen ausgesetzt wird, die auf dem im CRM angelegten Kundenprofil beruhen und auf unbewusste psychologische Kaufanreize setzen, die durch das analytische CRM „vorgeschlagen" werden – hier ist an das „Cross Selling" zu erinnern. Er kann ein Interesse daran haben, dass der Unternehmer seine Kundendaten vertraulich behandelt oder ausschließlich diejenigen personenbezogenen Daten erhebt und verarbeitet, die für die Geschäftsabwicklung unbedingt benötigt werden; dieses Interesse kann sowohl psychologisch wie auch geschäftlich oder anderweitig motiviert sein. Er kann aber genauso gut ein Interesse daran haben, dass der Unternehmer seine Kundendaten nach außen kommuniziert, etwa wenn sich aus der Kundenbeziehung positive Bonitätsinformationen ergeben, die der Kunde in anderem Zusammenhang verwenden möchte. Auf jeden Fall wird er ein Interesse daran haben, dass ihm der Unternehmer im Rahmen der bestehenden Kundenbeziehung keinen Schaden zufügt, etwa indem er (möglicherweise sogar unrichtige) negative Bonitätsauskünfte erteilt oder persönliche Geheimnisse verrät, was zu Nachteilen führen könnte[250]. Im Zusammenhang damit wird er in der Regel ein Interesse daran haben, dass – zumindest für ihn aus irgend welchen Gründen günstige – Informationen, die als personenbezogene Daten in das CRM eingehen, richtig sind und will ggf. unrichtige Informationen richtig gestellt wissen, während er vielleicht richtige, aber für ihn ungünstige Informationen unterdrücken möchte. Dazu muss er auch zur Kenntnis nehmen können, welche personenbezogenen Daten eigentlich zu seiner Person vorliegen. Möglicherweise interessiert sich der Kunde für nichts von alledem, ihm ist egal, was über ihn für Informationen vorliegen und was mit seinen personenbezogenen Daten geschieht.

- Der potenzielle Kunde gerät zumeist mit eigenen personenbezogenen Daten in das CRM des Unternehmers, ohne das sogleich zu bemerken. Deshalb könnte er zuerst ein Interesse haben, überhaupt zu erfahren, dass und in welchem Kontext seine personenbezogenen Daten verwendet werden,

[249] Hier kann etwa an das soziale Prestige gedacht werden, dass – jedenfalls nach Auffassung mancher ihrer Benutzer – von der Benutzung von „Gold"- oder „Platin"-Kreditkarten abgeleitet werden kann.

[250] Z. B. könnte die Information über eine Schwangerschaft oder die Gewerkschaftszugehörigkeit für einen potenziellen Arbeitgeber, die Veranlagung zu einer chronischen Erkrankung für einen Krankenversicherer von großem Interesse sein; in beiden Fällen wird deren Kenntnis dieser Tatsachen dem Betroffenen wohl Nachteile bescheren.

welche Daten das sind und was mit ihnen geschieht. Er will möglicherweise aus psychologischen, geschäftlichen oder sonstigen Gründen überhaupt nicht, dass seine personenbezogenen Daten erhoben, anderweitig verarbeitet oder gar an Dritte kommuniziert werden; vielleicht will er schlicht in Ruhe gelassen werden und von den Akquisitionsbemühungen des Unternehmers verschont bleiben. Unter diesen Umständen wird er auch eine Löschung bereits vorhandener Daten wünschen und das kontrollieren wollen. Genauso kann er aber auch großes geschäftliches oder privates Interesse haben, Produktinformationen des Unternehmers, vielleicht auch in der Gestalt eines exakt auf ihn zugeschnittenen Angebots[251], zu erhalten. Vielleicht liefert er aufgrund eines gewissen Anreizes – gern geschieht das im Rahmen von Preisausschreiben – bewusst oder unbewusst selbst seine personenbezogenen Daten beim Unternehmer ab; sein tatsächliches Interesse ist dann wohl am ehesten auf die Chance gerichtet, den ausgelobten Preis oder anderweitigen Vorteil zu erhalten. Falls er nichts dagegen hat, dass seine personenbezogenen Daten beim CRM verarbeitet werden, wird er aber zumindest wie der aktuelle Kunde ein Interesse daran haben, dass ihm aus der Datenverarbeitung kein Schaden entsteht; die daraus resultierenden Interessen gleichen insoweit denen des aktuellen Kunden.

- Die Interessenlage des ehemaligen Kunden ähnelt der des potenziellen Kunden, weist aber gegenüber dieser einige Besonderheiten auf. Die Ausgangslage ist eine andere; über den ehemaligen Kunden wird es im CRM des Unternehmers viel mehr und sehr viel spezifischere Daten geben als über den potenziellen Kunden, und der ehemalige Kunde weiß, dass er sich im Visier des Unternehmers befindet. Es mag seinen guten Grund haben, dass der ehemalige Kunde die Geschäftsbeziehung mit dem Unternehmer beendet hat, etwa dass er mit dessen Leistung unzufrieden war oder sogar eine soziale Konfliktsituation zum Abbruch der Geschäftsbeziehung geführt hat. Unter solchen Umständen könnte er ein Interesse haben, nicht mehr vom Unternehmer angesprochen zu werden; dieses Interesse kann dann auch darauf gerichtet sein, dass der Unternehmer sämtliche beim CRM in der nicht mehr bestehenden Geschäftsbeziehung verwendeten personenbezogenen Daten löscht. Er hat dann auch ein Interesse, das durchsetzen und die Durchsetzung überprüfen zu können. Aber auch der ehemalige Kunde kann durchaus auch ein tatsächliches Interesse daran haben, wieder vom Unternehmer angesprochen zu werden[252].

---

[251] Angebot in diesem umgangssprachlichen Sinne kann – und wird im Regelfalle – im rechtlichen Sinne natürlich auch nur eine invitatio ad offerendum sein.

Der Kunde kann gewerblicher oder privater Kunde sein, er kann natürliche oder juristische Person sein, und vielfach wird die konkrete Interessenlage von diesen Eigenschaften geprägt.

C. Welcher (grund-) rechtliche Schutz besteht zugunsten der Interessen des Betroffenen?

Die Grundrechte sind, wie im vorangegangenen Kapitel beschrieben, aus der schutzrechtlichen Perspektive des Betroffenen nicht als Abwehrrechte, sondern als Schutzrechte berührt. Hier geht es in letzter Konsequenz nicht um die Eingriffsrechtfertigung, sondern um die Frage, ob eine staatliche Schutzpflicht gegenüber Beeinträchtigungen Dritter besteht. Damit kommt es bei der Schutzbereichsbestimmung auf die (in dieser Form bei der abwehrrechtlichen Prüfung irrelevante) Frage an, ob das Grundrecht nicht nur gegen spezifisch staatliche Eingriffe schützt, oder – anders ausgedrückt – ob von privater Seite überhaupt der Schutzrechtstatbestand ausgelöst werden kann. Das ist nur der Fall, wenn die von privater Seite vorgenommene Datenverarbeitung eine Gefahr im oben beschriebenen schutzrechtlichen Sinne für das Schutzrecht des Betroffenen darstellt.

Vorliegend geht es um die Verarbeitung personenbezogener Daten des Betroffenen, somit spielt sicherlich das allgemeine Persönlichkeitsrecht (Art. 2 Abs. 1 GG), insbesondere in seiner besonderen Ausprägung als Recht auf informationelle Selbstbestimmung, eine herausragende Rolle beim rechtlichen Schutz der Interessen des Betroffenen. Da die Grundrechte aus Art. 2 Abs. 1 GG aber gegenüber den spezielleren Freiheitsrechten subsidiär sind[253], sind diese spezielleren Rechte vorrangig zu prüfen. In Anbetracht der oben dargelegten Interessenkonstellationen können beim Betroffenen das Eigentumsrecht, die Berufsfreiheit oder die Kommunikationsgrundrechte betroffen sein. Weiter könnten unter Umständen das Fernmeldegeheimnis und – auch hier – das aus der Vertragsfreiheit abzuleitende Abwehrrecht betroffen sein.

I. Eigentumsschutz aus Art. 14 Abs. 1 GG

Bei oberflächlicher Betrachtung scheint das tatsächliche Interesse des Betroffenen an Unterlassung oder Betrieb des CRM des Unternehmers das Grundrecht auf Eigentum nicht oder jedenfalls nur in atypischen Fällen und nur indirekt zu berühren. Möglicherweise ist das zu kurz gedacht: Die Tatsache, dass die personenbezogenen Daten des Betroffenen Kaufgegenstand im Verhältnis zwischen

[252] Hier ist beispielsweise an den Autokauf zu denken. Wer ohne besondere Markentreue jährlich ein neues Auto kauft, kann daran interessiert sein, von allen Herstellern, deren Autos er in der Vergangenheit gekauft hatte, regelmäßig zu Probefahrten eingeladen zu werden oder Informationsmaterial zu erhalten.

[253] S.o.; vgl. z. B. BVerfGE 95, 173 (188).

dem Unternehmer und einem Dritten sein können, weist darauf hin, dass diese Daten kommerzialisierbar sind und sogar – zumindest im Verhältnis des Unternehmers zu seinem Datenlieferanten – einen konkret bezifferbaren Wert haben[254]. Ein denkbares Argument dagegen könnte sein, dass der tatsächliche kommerzielle Wert, der Vermögenswert dieser Daten erst aus der Wertschöpfung durch denjenigen entsteht, der diese Daten erhebt und zur Weiterverarbeitung aufbereitet. Aber sind die eigenen personenbezogenen Daten deswegen für den Betroffenen in vermögensrechtlicher Hinsicht wertlos? Wohl nicht, wenn man den oben beispielhaft erwähnten Fall betrachtet, dass der Betroffene seine personenbezogenen Daten aufgrund eines Anreizes, etwa eines ausgelobten Preises in einem Preisausschreiben oder irgendeiner anderen Belohnung, preisgibt. Unterstellt man, dass diese Preisgabe ohne einen solchen Anreiz unterbliebe, so kann dieser Vorgang auch als eine Art entgeltliche Veräußerung der eigenen personenbezogenen Daten des Betroffenen verstanden werden; der Betroffene verfügt im Grunde wie der Verkäufer einer Sache über seine eigenen personenbezogenen Daten. Indem der Unternehmer sich die Preisgabe der Daten etwas kosten lässt, verdeutlicht er, dass jedenfalls er einen eigenen kommerziellen Wert auch der unmittelbar beim Betroffenen erhobenen Daten sieht. Simitis formuliert das noch sehr viel pointierter: Die informationelle Selbstbestimmung nehme damit immer deutlicher die Züge eines absoluten Verwertungsrechts an; die Verarbeitung sei nur noch eine Frage des Preises, den es möglichst professionell auszumachen gelte[255]. Auch ein weiterer Gesichtspunkt spricht für diese Sichtweise: Das Zivilrecht gewährt bei Verletzung eines Immaterialgüterrechts wie des allgemeinen Persönlichkeitsrechts gem. § 823 BGB Schadensersatz in Geld[256] und nimmt damit in gewissem Sinne eine Kommerzialisierung solcher Rechte vor, misst ihnen damit auch einen eigenen vermögensrechtlichen Wert zu. Weichert[257] fordert bei der unberechtigten Verwertung personenbezogener Daten sogar die Anerkennung eines Bereicherungsanspruchs.

Nach der oben bereits zitierten Schutzbereichsbestimmung des Eigentums umfasst der Eigentumsbegriff alle vermögenswerten Rechte, die dem Betroffenen ebenso ausschließlich wie Eigentum an einer Sache durch die Rechtsordnung

---

[254] Ebenso Weichert, Die Ökonomisierung des Rechts auf informationelle Selbstbestimmung, in: NJW 2001, 1463.

[255] Simitis, Datenschutz, Rückschritt oder Neubeginn? In: NJW 1998, 2473 (2477).

[256] Das gilt vor allem dann, wenn die schuldhafte Verletzung des allgemeinen Persönlichkeitsrechts und/oder seiner konkreten Ausgestaltung in der unerlaubten Verwertung des Bildes, Namens, der Stimme oder anderer kennzeichnender Persönlichkeitsmerkmale liegt; dann wird Schadensersatz nach einer Linzenzanalogie gewährt. Qualitativ unterscheiden sich davon die denkbaren Eingriffe beim CRM nicht sehr. Vgl. Palandt/Sprau BGB § 823 Rz. 124 f.

[257] Die Ökonomisierung des Rechts auf informationelle Selbstbestimmung, in: NJW 2001, 1463 (1466).

zur privaten Nutzung und zur eigenen Verfügung zugeordnet sind[258]. Wenn die eigenen personenbezogenen Daten so verstanden werden können, muss der Schutzbereich des Art. 14 Abs. 1 GG betroffen sein. Es kommt also, wenn man von der vermögensrechtlichen Werthaltigkeit der eigenen Daten ausgeht, darauf an, ob die eigenen personenbezogenen Daten dem Betroffenen durch die Rechtsordnung zur privaten Nutzung und zur eigenen Verfügung zugeordnet sind.

Bemerkenswert ist in diesem Zusammenhang, dass das BVerfG dies beispielsweise für das Urheberrecht angenommen hat[259]. Das Urheberrecht ist durchaus für einen Vergleich geeignet, denn es hat – zumindest in rechtshistorischer Hinsicht – dieselben persönlichkeitsrechtlichen Wurzeln wie das im weiteren Verlauf dieser Prüfung noch genauer zu betrachtende Recht auf informationelle Selbstbestimmung. Das Urheberrecht als Verfügungsrecht des Urhebers über sein Werk wird nach heutigem Verständnis einerseits als Nutzungs- und Verwertungsrecht, andererseits – konsequent im Hinblick auf die historischen Wurzeln – auch als Urheberpersönlichkeitsrecht verstanden. Angesichts der faktisch feststellbaren Kommerzialisierung des Rechts auf informationelle Selbstbestimmung kann und muss das – mit der gesamten Wertordnung einer dynamischen Anpassung an neue Aspekte der Rechtswirklichkeit ausgesetzte – Recht bei der Schutzbereichsbestimmung des Eigentumsrechts entsprechend reagieren. Wie das Urheberrecht hat auch das Recht der informationellen Selbstbestimmung neben der – viel stärker ausgeprägten – persönlichkeitsrechtlichen Komponente eine nutzungs- bzw. verwertungsrechtliche Komponente. Es gibt nun zwei Denkrichtungen, wie die Rechtsordnung mit der faktisch bestehenden Kommerzialisierung umgehen könnte: Wie Simitis[260] kann man die Kommerzialisierung beklagen und ihre Eindämmung fordern, um gegen das Verwertungsinteresse die Kommunikations- und Partizipationsfähigkeit der Bürger als elementare Funktionsbedingung eines freiheitlich-demokratischen Gemeinwesens[261] abzusichern. Überzeugender ist aber die zweite mögliche Denkrichtung: Bei offensivem Umgang der Rechtsordnung mit der Kommerzialisierung können ihre Auswüchse doch viel besser begrenzt werden; in diese Richtung geht Weichert[262], der als ausgewiesener Datenschützer in dieser Frage ideologisch eher unverdächtig ist, mit seinem Ansatz. Besonderen Charme entfaltet dieser Ansatz gerade bei der Betrachtung des Eigentumsschutzes: Erkennt man die Schutzfähigkeit eines aus der informationellen Selbstbestimmung abgeleiteten Nutzungs- und Verwertungsrechts als dem Sacheigentum gleichrangiges Schutzgut des Art. 14 Abs. 1 GG an, so verstärkt sich der Schutz des Betroffenen gegen Eingriffe. Da der Ei-

258 BVerfGE 78, 58 (71).
259 BVerfGE 31, 229, siehe dort Ls. 1.
260 NJW 1998, 2473 (2477)
261 Nach dem Volkszählungsurteil, BVerfGE 65, 1 (43).
262 Die Ökonomisierung des Rechts auf informationelle Selbstbestimmung, in: NJW 2001, 1463.

gentumsschutz aus Art. 14 Abs. 1 GG „normgeprägt“ ist, unterliegt die Ausgestaltung auch dieser Facette des Eigentumsrechts dem Gesetzgeber, der beispielsweise auch für das Urheberrecht mit dem UrhG eine entsprechende Ausgestaltung vorgenommen hat. Es kann kein Zweifel daran bestehen, dass mit einem Recht der informationellen Selbstbestimmung, das nachfolgend noch genauer zu beschreiben ist, durch die Rechtsordnung zugleich ein Recht der privaten Nutzung und eigenen Verfügung über die eigenen Daten im Sinne einer kommerziellen Verwertung zugeordnet wird. Damit fällt das Recht an der Verfügung über die eigenen personenbezogenen Daten in den Schutzbereich des Art. 14 Abs. 1 GG.

Definitiv nicht in den Schutzbereich des Art. 14 Abs. 1 GG fällt der kommerziell durchaus bedeutende „Wert“ einer positiven Bonitätsinformation, da diese nicht unmittelbar kommerzialisierbar ist, sondern nur die Chancen für günstigere Geschäftsabschlüsse oder Kreditierung zu besseren Bedingungen bestimmt.

II. Berufsfreiheit aus Art. 12 Abs. 1 GG

Da nur der Gesetzgeber Berufsverbote aussprechen und Regelungen zur Berufsausübung treffen kann, stellt sich die Frage nach staatlichen Schutzpflichten, die ja das Verhältnis von Privatrechtssubjekten zueinander betreffen, nur im Hinblick auf faktische Beeinträchtigungen der Berufsausübung des Betroffenen durch das CRM des Unternehmers.

Dabei ist es allenfalls als „Kollateralschaden” vorstellbar, dass durch die Datenverarbeitung im CRM eine Beeinträchtigung der Berufsausübung eines Privatkunden eintritt – negative Bonitätsinformationen, aus dem analytischen CRM ermittelte Betrugsrisikowarnungen oder Gesundheitsinformationen können, wenn sie den „richtigen” Adressaten erreichen, durchaus Auswirkungen auf die Möglichkeiten des Privatkunden in seiner Berufsausübung haben. Das wäre aber ein zufälliger Nebeneffekt und lediglich mittelbare Folge der Datenverarbeitung beim CRM, die im Hinblick auf die Frage nach staatlichen Schutzpflichten hier deshalb vernachlässigt werden darf, weil zumindest der Schutz des Rechts auf informationelle Selbstbestimmung auch bei solchen „Kollateralschäden” wirken muss. Zudem ist sehr fraglich, ob solche vereinzelten Effekte überhaupt als Einschränkung der Berufsausübungsfreiheit verstanden werden können. Ist der Betroffene Privatkunde, so kann seine Berufsfreiheit vom CRM des Unternehmers und der staatlichen Regelung der damit verbundenen Datenverarbeitung somit nur in atypischen Fällen und allenfalls indirekt betroffen sein; diese Fälle sollen hier außer Betracht bleiben.

Anders ist das bei der Verarbeitung personenbezogener Daten von Geschäftskunden, bei denen die Datenverarbeitung im CRM des Unternehmers als Bestandteil der Kundenbeziehung zugleich die Geschäftsführung des Betroffenen betrifft. Die Verarbeitung personenbezogener Daten im CRM kann sich dann unmittelbar auf die Berufsausübung des Betroffenen auswirken, etwa wenn für einen gewerblichen Kunden aus dem CRM ein ungünstiger Kundenwert oder eine Betrugsgefahr-Warnung ausgegeben wird – das Problem verschärft sich, wenn eine solche Information über einen Branchenwarndienst oder ein konzernübergreifendes Informationssystem weiter kommuniziert wird, da kann sich die Datenverarbeitung im CRM, auch soweit sie nicht im Sinne des BDSG personen-, sondern unternehmensbezogen ist, schnell existenzgefährdend auswirken. Auf die Frage, ob ein berechtigtes Interesse des CRM betreibenden Unternehmers an solcherlei Datenverarbeitung besteht, kommt es auf dieser Betrachtungsebene noch nicht an.

In dem beschriebenen Fall einer sehr weit reichenden Außenwirkung der Datenverarbeitung im CRM kann angenommen werden, dass die tatsächliche Beeinträchtigung der Berufsausübung in der Eingriffsintensität mit einer die Berufsausübung beschränkenden staatlichen Regelung vergleichbar ist. Es ist weiter zu berücksichtigen, dass der Schutz der Berufsausübungsfreiheit auch juristischen Personen zukommen kann, die – wie noch genauer darzulegen sein wird – durch das grundrechtliche allgemeine Persönlichkeitsrecht wegen dessen menschenrechtlicher Ausrichtung nicht geschützt werden und die deshalb auch vom Recht auf informationelle Selbstbestimmung und den dieses schützenden Spezialnormen nicht ohne weiteres erfasst werden. Da die staatliche Schutzpflicht lediglich eine Gefahr voraussetzt, nicht aber den vollendeten oder mit Sicherheit zu erwartenden Schadenseintritt, genügt die oben dargestellte hinreichende Schadenswahrscheinlichkeit aus, um eine staatliche Schutzpflicht zu begründen.

Ist also die Kundenbeziehung zum Unternehmer beruflich motiviert, so ist ohne weiteres davon auszugehen, dass die Gesamtheit der Kundenbeziehung zum Unternehmer einschließlich der mit dem CRM verbundenen Verarbeitung personenbezogener Daten als Modus der Berufsausübung verstanden werden kann und dem entsprechend in den Schutzbereich des Art. 12 Abs. 1 GG fällt.

Da bei der vorangegangenen Erörterung des Art. 14 Abs. 1 GG die Überlegung angestellt wurde, dass die eigenen personenbezogenen Daten kommerzialisierbare Vermögensgegenstände sein könnten, muss im Zusammenhang mit Art. 12 Abs. 1 GG noch die damit korrespondierende Frage beantwortet werden, ob die bei der Verwertung der eigenen personenbezogenen Daten bestehende Erwerbschance dann in den Schutzbereich der Berufsfreiheit fällt. Das kann aber ohne weiteres aufgrund tatsächlicher Erwägungen verneint werden, da die Preisgabe der eigenen personenbezogenen Daten sicher in keinem Fall eine auf Dauer angelegte, der Schaffung und Erhaltung einer Lebensgrundlage dienende

Tätigkeit[263] sein wird und somit nicht unter den verfassungsrechtlichen Berufsbegriff fällt.

III. Schutz des Betroffenen aus Art. 10 GG?

Da auch die Datenerhebung ein Aspekt des CRM ist, ist in tatsächlicher Hinsicht nicht auszuschließen, dass personenbezogene Daten des Betroffenen auch durch Auswertung von Kommunikationsvorgängen aus dem Internet gewonnen werden; hier ist etwa an die Auswertung von so genannten „Cookies“, aber auch von Kommunikationsdaten eines Internet-Providers zu denken. Der Gedanke liegt hier nicht völlig fern, dass das Fernmeldegeheimnis aus Art. 10 GG berührt sein könnte. Das Schutzgut des durch Art. 10 GG geschützten Fernmeldegeheimnisses ist die Privatsphäre; unmittelbar geschützt wird hier allerdings die Vertraulichkeit individueller Kommunikation nur gegenüber staatlicher Kenntnisnahme[264]. Im Verhältnis Privater untereinander wird dieser Schutzgegenstand nicht direkt berührt, so dass vorliegend auch der Schutzbereich des Art. 10 GG nicht unmittelbar berührt wird. Allerdings ist davon auszugehen, dass den Staat Schutzpflichten treffen, die Vertraulichkeit privater Kommunikation auch gegenüber privaten Dritten abzusichern. Das muss hier nicht weiter vertieft werden, da die Privatsphäre des Betroffenen auch und insbesondere durch das im Folgenden noch genauer zu beschreibende allgemeine Persönlichkeitsrecht und das Recht auf informationelle Selbstbestimmung geschützt wird und davon ausgegangen werden kann, dass der Staat seine möglicherweise aus Art. 10 GG resultierenden Schutzpflichten auch im Hinblick auf diese Grundrechte zu erfüllen hat; nur aus Gründen der Spezialität bleibt festzuhalten, dass zugunsten des Betroffenen ein Schutz der Privatsphäre unter Umständen auch aus Art. 10 GG bestehen kann, wenn gerade die Vertraulichkeit bestimmter Kommunikationsvorgänge betroffen ist.

IV. Schutz des Betroffenen aus Art. 5 Abs. 1 GG

Der Betroffene kann ein positives oder negatives Interesse haben, vom Unternehmer informiert zu werden. Anders als in der Benetton-Entscheidung[265] geht es aber beim CRM nach der hier zu beachtenden, auf die Verarbeitung personenbezogener Daten bezogenen Fragestellung darum, ob eine gezielte Kundenansprache unter Verwendung der beim Unternehmer vorhandenen Kundendaten zulässig ist. Die Kommunikationsgrundrechte schützen dagegen die Information aus allgemein zugänglichen Quellen.

---

[263] Vgl. BVerfGE 7, 377 (397); 97, 228 (252).
[264] Vgl. BVerfGE 85, 386 (396).
[265] BVerfG NJW 2001, 591.

Es darf zwar nicht verkannt werden, dass das BVerfG aus der Menschenwürde (Art.1 Abs. 1 GG) ein Recht ableitet, „in Ruhe gelassen zu werden“[266]; dies wird in der Literatur auch unter dem Gesichtspunkt der negativen Meinungsfreiheit und bei Art. 5 Abs. 1 GG diskutiert[267]. Im unmittelbaren Zusammenhang mit der Datenverarbeitung beim CRM kann dies allerdings unbeachtet bleiben, weil das Recht, „in Ruhe gelassen zu werden“, auch nichts anderes beschreibt als den Schutzgegenstand des Rechts auf Schutz der Privatsphäre, der üblicherweise dem allgemeinen Persönlichkeitsrecht als Grundrecht aus Art. 2 Abs. 1 i. V. m. Art. 1 Abs. 1 GG zugeordnet wird und in dieser Arbeit auch in dem genannten Zusammenhang erörtert werden soll. Aus Gründen der Spezialität gegenüber dem grundrechtlichen allgemeinen Persönlichkeitsrecht müsste allerdings das Recht, in Ruhe gelassen zu werden, vorrangig an Art. 5 Abs. 1 GG festgemacht werden, falls sich das Interesse des Betroffenen als „negative Informationsfreiheit“ beschreiben lässt. Die einzige hierbei auch im Problemkreis des CRM relevante Frage, ob der Betroffene ein aus dieser „negativen Informationsfreiheit“ resultierendes Recht hat, von Werbung verschont zu werden, betrifft die Datenverarbeitung im CRM aber nur insofern, als Marketingmaßnahmen aus der beim CRM betriebenen Datenverarbeitung folgen können. Hier kann es also nicht um die Frage des Schutzes vor der Datenverarbeitung selbst, sondern nur um den Schutz vor den mit der Datenverarbeitung verfolgten Zwecken gehen, was aber wiederum im Rahmen der datenschutzrechtlichen Rechtmäßigkeitskontrolle eine Rolle spielen kann – deshalb soll dies hier nicht unerwähnt bleiben.

V. Schutz des Betroffenen aus Art. 2 Abs. 1 GG

Aus Sicht des Betroffenen könnte der Schutzbereich des Art. 2 Abs. 1 GG in mehrfacher Hinsicht berührt sein. Neben der allgemeinen Handlungsfreiheit in ihrer speziellen Ausprägung als Privatautonomie kann das allgemeine Persönlichkeitsrecht als Grundrecht aus Art. 2 Abs. 1 in Verbindung mit Art. 1 Abs. 1 GG insbesondere in seiner Ausprägung als Recht auf Schutz der Privatsphäre und dem daraus abgeleiteten Recht auf informationelle Selbstbestimmung betroffen sein. Für die Systematik der Darstellung soll hier davon ausgegangen werden, dass Art. 2 Abs. 1 GG neben dem „Auffanggrundrecht“ der allgemeinen Handlungsfreiheit, aus der hier insbesondere die Privatautonomie abgeleitet wurde, ein neben der allgemeinen Handlungsfreiheit stehendes weiteres Grundrecht enthält, das aus dem Zusammenspiel aus der Menschenwürde und dem allgemeinen Freiheitsrecht, also aus Art. 2 Abs. 1 i. V. m. Art.1 Abs. 1 GG hergeleitet werden und als grundrechtliches „allgemeines Persönlichkeitsrecht“ bezeichnet werden kann. Dieses lässt sich aus verschiedenen Blickwinkeln – aus Sicht der Schutzgegenstände oder aus den unterschiedlichen Abwehrperspekti-

---

266 BVerfGE 27, 1 (6); 44, 197 (203).

267 So z. B. bei Schmidt-Jortzig, Meinungs- und Informationsfreiheit; in: HStR Bd. VI § 141 Rz. 27

ven – in verschiedene Einzelrechte ausdifferenzieren, wobei die Privatsphäre[268] im Folgenden als einer unter mehreren Schutzgegenständen des grundrechtlichen allgemeinen Persönlichkeitsrechts und das Recht auf informationelle Selbstbestimmung als Teilaspekt des Rechts zum Schutz der Privatsphäre angesehen wird; das wird sogleich im Einzelnen weiter ausgeführt. Wie das allgemeine Freiheitsrecht soll im Folgenden das allgemeine Persönlichkeitsrecht als gegenüber den spezielleren Freiheitsrechten subsidiär angesehen werden. Zunächst soll aber der Schutz des Betroffenen aus dem allgemeinen Freiheitsrecht, speziell im Hinblick auf seine Vertragsfreiheit, betrachtet werden.

1. Schutz aufgrund der aus der Vertragsfreiheit abgeleiteten Schutzrechte

Die Vertragsfreiheit besitzt eine abwehrrechtliche und eine schutzrechtliche Komponente:

- Auf seine Vertragsfreiheit kann sich der Betroffene einerseits dann berufen, wenn sein Interesse an vertraglichen Beziehungen mit dem Unternehmer und an deren freier Ausgestaltung mit des Unternehmers eigenem Interesse parallel gelagert ist. Hier könnte dann ein gemeinsames Interesse des Betroffenen und des Unternehmers an möglichst weit gehender Staatsfreiheit der Vertragsbeziehung bestehen. Damit ist die originär abwehrrechtliche Funktion der Vertragsfreiheit angesprochen[269]; sie muss sich auf die Zulässigkeit der Datenverarbeitung für Zwecke des CRM in Form eines Gebots der staatlichen Zurückhaltung bei der Beschränkung der im gegenseitigen Einvernehmen vorgenommenen Datenverarbeitung auswirken, wie bereits erörtert[270].
- Andererseits wird sich der Betroffene auch dann auf den Schutz der Vertragsfreiheit berufen, wenn er wegen eines erheblichen sozialen Übergewichts der anderen Vertragspartei seine eigenen – möglicherweise grundrechtlich geschützten – Interessen in der Vertragsbeziehung nicht durchsetzen kann, weil er nicht über die entsprechende Verhandlungsmacht verfügt. Das ist dann der Fall, wenn er infolge des Übergewichts der anderen Vertragspartei eine Datenverarbeitung dulden muss, die er nicht wünscht. Der Schutzpflicht-Tatbestand wird erfüllt, weil neben der abwehrrechtlichten Funktion der Vertragsfreiheit auch grundrechtlicher Schutz vor „Fremdbestimmung“ der schwächeren Partei infolge einer Störung des Kräftegleichgewichts in der Vertragsbeziehung, also einer Störung der Vertragsparität, ge-

---

[268] “Privatsphäre“ soll hier entsprechend dem Sprachgebrauch bei Schmitt Glaeser (Schutz der Privatsphäre, in: HStR Bd. VI § 129) als Bezeichnung für eines der Schutzgüter des grundrechtlichen allgemeinen Persönlichkeitsrechts und damit als Oberbegriff für die einzelnen Persönlichkeitssphären – wie Intimsphäre und Sozialsphäre -, nicht aber als eigenständige Sphäre zwischen Intim- und Sozialsphäre verstanden werden; zur Verwendung dieser Begriffe vgl. Epping Grundrechte Rz. 594.

[269] Maunz/Dürig (Di Fabio) GG Art. 2 Abs. 1 Rz. 102.

[270] S.o. Kapitel 2 C. I. 2. a).

währt wird[271]. Damit ist also eine weitere, nämlich die schutzrechtliche Dimension der Vertragsfreiheit angesprochen.

Die Vertragsfreiheit bedarf als normgeprägtes Grundrecht der einfachgesetzlichen Ausgestaltung durch eine Privatrechtsordnung[272], die wiederum dem Gedanken der praktischen Konkordanz[273] unterworfen ist. Praktisch bedeutet dies, dass die das Grundrecht ausgestaltende einfachrechtliche Norm so auszugestalten ist, dass ein schonender Ausgleich gegenläufiger Grundrechtspositionen der Beteiligten gewährleistet ist[274]. Damit soll vor allem sichergestellt werden, dass im Vertragsrecht nicht das Recht des Stärkeren gilt und auch die über geringere Verhandlungsmacht verfügende Vertragspartei durch die Staatsfreiheit des Privatrechts keine Schwächung seiner geschützten Rechte erfahren muss[275].

Hier gilt es also zu differenzieren: Der schutzbedürftige Betroffene muss in der einfachgesetzlichen Ausgestaltung der Privatautonomie geschützt werden; ist er nicht schutzbedürftig, besteht kein Anlass für staatliche Beschränkungen der Privatautonomie.

2. Schutz des Betroffenen aus dem allgemeinen Persönlichkeitsrecht insbesondere in Form des Rechts auf informationelle Selbstbestimmung

Durch die beim CRM betriebene Verarbeitung personenbezogener Daten des Betroffenen könnte weiter der Schutzbereich des grundrechtlichen allgemeinen Persönlichkeitsrechts aus Art. 2 Abs. 1 i. V. m. Art. 1 Abs. 1 GG, vor allem in seiner Ausprägung als Recht auf informationelle Selbstbestimmung, betroffen sein. Konkret betrifft dies im Wesentlichen die oben dargestellten tatsächlichen Interessen des beim CRM Betroffenen, die daher rühren, dass der Betroffene

- mit der unbeschränkten Kommerzialisierung seiner personenbezogenen Daten zum Nutzen des Unternehmers nicht einverstanden ist und seine personale Identität nicht auf einen Kundenwert reduziert wissen möchte,
- der durch die Preisgabe seiner personenbezogenen Daten an den Unternehmer und die Verarbeitung seiner personenbezogenen Daten im CRM die Wahrnehmung seiner Person im sozialen Umfeld beeinträchtigt sieht, etwa indem er aufgrund eines schlechten Kundenwerts vom Unternehmer als „Kunde zweiter Klasse“ wahrgenommen (und entsprechend bedient) wird oder indem Informationen, die aus dem CRM herrühren, an Dritte weitergegeben werden;

---

[271] Maunz/Dürig (Di Fabio) GG Art. 2 Abs. 1 Rz. 107.
[272] Vgl. Maunz/Dürig (Di Fabio) GG Art. 2 Abs. 1 Rz. 105.
[273] Nach Hesse, zitiert bei Epping, Grundrechte, Rn. 81 m. w. N.; vgl. z. B. BVerfGE 28, 243 (261).
[274] BVerfGE 89, 214 (231 f.).
[275] Maunz/Dürig (Di Fabio) GG Art. 2 Abs. 1 Rz. 107 f. m. w. N.

Das – grundrechtliche – allgemeine Persönlichkeitsrecht lässt sich mit einfachen Auslegungsmethoden nur schwer aus dem Grundgesetz entnehmen; das daraus abgeleitete Recht auf informationelle Selbstbestimmung, das heute teilweise schon als eine Art eigenständiges Grundrecht wahrgenommen wird, wurde erstmals 1985 mit dem Volkszählungsurteil[276] überhaupt vom BVerfG anerkannt und ist damit in dieser Form erst seit gut 20 Jahren Gegenstand der Rechtsprechung. Viele Fragen, die schon die Bestimmung des Schutzbereichs betreffen, sind – jedenfalls bezogen auf die hier betrachteten Konstellationen, die stets das Verhältnis Privater untereinander betreffen – durch die Rechtsprechung noch gar nicht oder erst in Ansätzen behandelt worden.

Allerdings kommt es auf die Frage nach der schutzrechtlichen Wirkung des Rechts auf informationelle Selbstbestimmung hier ganz unzweifelhaft in besonderem Maße an. Der Schutz der informationellen Selbstbestimmung ist wesentlicher Gegenstand des gesamten Datenschutzrechts; der Begriff prägt jede datenschutzrechtliche Diskussion ganz maßgeblich, wobei bisweilen der Eindruck entsteht, dass es bisher an einer einheitlichen Wahrnehmung dessen, was da eigentlich geschützt werden soll, fehlt[277]. Hier gilt es also, eine möglichst umfassende und genaue Bestimmung des Schutzbereichs vorzunehmen. Dabei rückt vor allem die Frage in den Vordergrund, inwieweit das Recht der informationellen Selbstbestimmung, das in der Rechtsprechung des BVerfG bisher im wesentlichen auf das Bürger-Staat-Verhältnis bezogen wurde, im Verhältnis von Privatrechtssubjekten zueinander überhaupt relevant ist, ob und inwieweit das Recht auf informationelle Selbstbestimmung also – im schutzrechtlich verstandenen Sinne – „Drittwirkung“ entfaltet.

a) Der sachliche Schutzbereich des allgemeinen Persönlichkeitsrechts und des Rechts auf informationelle Selbstbestimmung

Das allgemeine Persönlichkeitsrecht und das daraus abgeleitete Recht auf informationelle Selbstbestimmung ist das Ergebnis einer Entwicklung der verfassungsgerichtlichen Rechtsprechung, die sich durch den bloßen Rückgriff auf die Normen des Grundgesetzes nicht ohne weiteres erschließt. Die Rechtsprechung, in der sich diese Entwicklung vollzogen hat, soll zunächst daraufhin betrachtet werden, ob und wie sie mit der Drittwirkungsfrage umgegangen ist.

Der BGH hat erstmals mit Urteil vom 25.5.1954[278] ein allgemeines Persönlichkeitsrecht als Grundrecht aus Art. 1 u. 2 GG anerkannt. Die Begründung ist äußerst knapp und verweist im Wesentlichen auf die zu dem Zeitpunkt existente

---

[276] BVerfGE 65, 1 ff.

[277] Zu einigen Unschärfen in der Bestimmung des Schutzbereichs siehe Schmitt Glaeser, Schutz der Privatsphäre, in: HStR Bd. VI § 129 Rz. 77 m. w. N. (dort Fn. 254).

[278] BGHZ 13, 334 (337 f.).

zivilrechtliche Literatur, in der die Forderung nach Anerkennung eines solchen Rechts erhoben wird[279], enthält aber keine eigenen dogmatischen Begründungsansätze. Das Urteil scheint von einer unmittelbaren Drittwirkung dieses Grundrechts auszugehen: „Nachdem nunmehr das Grundgesetz das Recht des Menschen auf Achtung seiner Würde (Art. 1 GG) und das Recht auf freie Entfaltung seiner Persönlichkeit auch als privates, von jedermann zu achtendes Recht anerkennt, soweit dieses Recht nicht die Rechte anderer verletzt oder gegen die verfassungsmäßige Ordnung oder das Sittengesetz verstößt (Art. 2 GG), muss das allgemeine Persönlichkeitsrecht als verfassungsmäßig gewährleistetes Grundrecht angesehen werden."

Die zivilgerichtliche Sicht auf das allgemeine Persönlichkeitsrecht ist – zumindest in historischer Hinsicht – auch der Ausgangspunkt der Rechtsprechung des BVerfG zum Schutz der Privatsphäre und damit letztlich auch der Rechtsprechung zum Recht auf informationelle Selbstbestimmung. Die Diskussion um die Anerkennung eines allgemeinen Persönlichkeitsrechts wurde also aus dem Zivilrecht in das Verfassungsrecht hereingetragen – damit betraf bereits die erste Entscheidung zum allgemeinen Persönlichkeitsrecht eine Drittwirkungsproblematik!

Nach wie vor ist allerdings zwischen dem zivilrechtlichen Begriff des allgemeinen Persönlichkeitsrechts und dem grundrechtlichen Begriff zu unterscheiden; dabei kann das verfassungsrechtlich gewährleistete Persönlichkeitsrecht als „Rahmen" verstanden werden, der unter anderem – aber nicht abschließend – durch das zivilrechtliche Persönlichkeitsrecht unter Beachtung der Konkordanz mit anderen Grundrechten einfachrechtlich konkretisiert und ausgefüllt wird, wobei freilich auf der verfassungsrechtlichen Ebene der Vorrang der spezielleren Freiheitsrechte zu beachten ist[280]. Allerdings kann davon ausgegangen werden, dass die Reichweite des Schutzes, bezogen auf die beim CRM zu betrachtende Fallkonstellation, in der es ja gerade um das Verhältnis von Privatrechtssubjekten zueinander geht, identisch ist[281]. Für die Schutzbereichsbestimmung kann also von der ohnehin praktisch oft schwierigen, in dogmatischer Hinsicht an sich gebotenen strengen Unterscheidung des verfassungsrechtlichen und des zivilrechtlichen Begriffs des allgemeinen Persönlichkeitsrechts abgesehen werden und die Entwicklung des Begriffs aus seinen historischen zivilrechtlichen Wurzeln als einheitlicher und kontinuierlicher Vorgang angesehen werden.

---

[279] Das insoweit wegweisende Werk von Hubmann (Das Persönlichkeitsrecht, 1953) wird seltsamerweise nicht einmal erwähnt, obwohl es zu diesem Zeitpunkt bereits erschienen war.

[280] Die Situation ist vergleichbar mit der des verfassungsrechtlichen Eigentumsbegriffs im Verhältnis zum bürgerlich-rechtlichen Eigentumsbegriff. Jarass, Das allgemeine Persönlichkeitsrecht im Grundgesetz, in: NJW 1989, 857 (858).

[281] Jarass, Das allgemeine Persönlichkeitsrecht im Grundgesetz, in: NJW 1989, 857 (858).

Die im „Volkszählungsurteil" aufgeführte Reihe der vorausgehenden Entscheidungen zum Schutz der Privatsphäre zeigt die verfassungsrechtliche Entwicklung des Rechts auf informationelle Selbstbestimmung aus dieser Grundlage auf. Dabei fällt auf, dass es in allen Entscheidungen nicht um die rechtliche Würdigung von Grundrechtsbeeinträchtigungen ging, die von privater Seite ausgingen, und dass die dort – natürlich immer abwehrrechtlich – betrachteten Eingriffe immer spezifisch staatliche Eingriffe waren, die, wenn die Störung nicht von staatlicher, sondern von privater Seite ausgegangen wäre, möglicherweise anders gewertet worden wären:

- In der frühesten im Volkszählungsurteil zitierten Entscheidung, der Mikrozensus-Entscheidung[282], beruft sich das BVerfG zunächst auf die Elfes-Entscheidung[283], wo im Rahmen einer Erörterung des Gesetzesvorbehalts in Art. 2 Abs. 1 GG Kriterien für die Verfassungsmäßigkeit von Gesetzen aufgestellt werden. Ethischer Maßstab sind danach „die obersten Grundwerte der freiheitlichen demokratischen Grundordnung" als „verfassungsrechtliche Wertordnung", aber auch die „ungeschriebenen elementaren Verfassungsgrundsätze". Im Weiteren heißt es: „Vor allem dürfen die Gesetze daher die Würde des Menschen nicht verletzen, die im Grundgesetz der oberste Wert ist, aber auch die geistige, politische und wirtschaftliche Freiheit des Menschen nicht so einschränken, dass sie in ihrem Wesensgehalt angetastet würde (Art. 19 Abs. 2, Art. 1 Abs. 3, Art. 2 Abs. 1 GG). Hieraus ergibt sich, dass dem einzelnen Bürger eine Sphäre privater Lebensgestaltung verfassungskräftig vorbehalten ist, also ein letzter unantastbarer Bereich menschlicher Freiheit besteht, der der Einwirkung der gesamten öffentlichen Gewalt entzogen ist." Aus dieser Begründung wird deutlich, dass der Staat als Gesetzgeber grundrechtlich in die Pflicht genommen wird; das ist eine Funktion, die ein Privatrechtssubjekt nicht haben kann.

- Weiter zitiert die Mikrozensus-Entscheidung die Darlegungen des BVerfG aus der Entscheidung über das KPD-Parteiverbot[284] (über die Unterschiede zwischen kommunistischem System und freiheitlicher Demokratie) sowie die Lüth-Entscheidung[285] zur Erläuterung des sozialen Wert- und Achtungsanspruchs des Menschen in der Gemeinschaft, der nicht „zum bloßen Objekt im Staat" gemacht werden dürfe. Daraus schließt das BVerfG, „mit der Menschenwürde wäre es nicht vereinbar, wenn der Staat das Recht für sich in Anspruch nehmen würde, den Menschen zwangsweise in seiner ganzen Persönlichkeit zu registrieren und zu katalogisieren, sei es auch in der Anonymität einer statistischen Erhebung, und ihn damit wie eine Sache zu be-

---

282 BVerfGE 27, 1 (6).
283 BVerfGE 6, 32 (41).
284 Urt. v. 17.08.1956 – 1 BvB 2/51 = BVerfGE 5, 85 (204 f.).
285 BVerfGE 7, 198 (205).

handeln, die einer Bestandsaufnahme in jeder Beziehung zugänglich ist." In diesem Sinne sei die „umfassende Einsichtnahme in die persönlichen Verhältnisse seiner Bürger" dem Staat versagt[286]. Auch die hier aufscheinende „Objektformel", an der in der verfassungsgerichtlichen Rechtsprechung Verstöße gegen die Menschenwürde festgemacht werden, bezieht sich auf Spezifika des Staat-Bürger-Verhältnisses: Die Aussage, der Bürger dürfe nicht zum bloßen Objekt *im Staat* gemacht werden, ändert ihren Gehalt, wenn der *Staat* durch einen anderen Begriff ersetzt wird, so dass auch hier erst einmal unklar bleibt, ob die „Objektformel" in Drittwirkungsfragen nutzbar gemacht werden kann.

- Die im Volkszählungsurteil nachfolgend zitierte Scheidungsakten-Entscheidung[287] enthält eine in ihren Grundzügen bereits in der Mikrozensus-Entscheidung angelegte Formel der Einschränkung, die in der Arztkartei-Entscheidung[288] (die gegenüber den vorangegangenen Entscheidungen keine Weiterentwicklung des Persönlichkeitsrechts enthält) wieder aufgegriffen wird: „Jedoch steht nicht der gesamte Bereich des privaten Lebens unter dem absoluten Schutz des Grundrechts aus Art. 2 Abs. 1 GG in Verbindung mit Art. 1 Abs. 1 GG (...). Als gemeinschaftsbezogener und gemeinschaftsgebundener Bürger (...) muß vielmehr jedermann *staatliche Maßnahmen* hinnehmen, die im überwiegenden Interesse der Allgemeinheit unter strikter Wahrung des Verhältnismäßigkeitsgebots getroffen werden, soweit sie nicht den unantastbaren Bereich privater Lebensgestaltung beeinträchtigen."[289] Dabei sei von den Grundsätzen auszugehen, die das BVerfG in seiner Rechtsprechung über die verfassungsmäßige Zulässigkeit von Eingriffen in die körperliche Unversehrtheit entwickelt hat. Auch hier findet sich also wieder ein eindeutiger Bezug auf die notwendige Staatsbezogenheit des Eingriffs.

- Die Lebach-Entscheidung[290] bringt eine wesentliche Konkretisierung des Schutzbereichs des Rechts auf freie Entfaltung der Persönlichkeit. Danach wird davon ein Recht am eigenen Bild und gesprochenen Wort umfasst, insbesondere das Verfügungsrecht über „Darstellungen der Person". „Jedermann darf grundsätzlich selbst und allein bestimmen, ob und wieweit andere sein Lebensbild im ganzen oder bestimmte Vorgänge aus seinem Leben öffentlich darstellen dürfen." Neu ist hier, dass sich der Schutz nicht mehr, wie in den vorangegangenen Entscheidungen, ausschließlich gegen den Staat richtet, sondern gegen jedermann. Auch im Bereich der zulässigen Eingriffsmöglichkeiten konkretisiert die Lebach-Entscheidung die bisherige Rechtsprechung des BVerfG: „Dementsprechend ist durch Güterabwägung im

[286] BVerfGE 27, 1 (6).
[287] BVerfGE 27, 344.
[288] BVerfGE 32, 373 (379).
[289] BVerfGE 27, 344 (350) m. w. N. (Hervorhebung durch Verf.).
[290] BVerfGE 35, 202 (220) m. w. N.

konkreten Fall zu ermitteln, ob das verfolgte *öffentliche Interesse* generell und nach der Gestaltung des Einzelfalls den Vorrang verdient, ob der beabsichtigte Eingriff in die Privatsphäre nach Art und Reichweite durch dieses Interesse gefordert wird und im angemessenen Verhältnis zur Bedeutung der Sache steht."[291] Dem gegenüber bringt die nachfolgend im Volkszählungsurteil genannte Suchtberatungsstellen-Entscheidung[292] nichts Neues. Aus dem Verweis auf das öffentliche Interesse wird deutlich, dass hier keine Drittwirkung begründet wird.

- In der Selbstbezichtigungs-Entscheidung[293] stellt das BVerfG fest: „Zum Schutz gegen unzumutbare Eingriffe und Beeinträchtigungen sieht die geltende Rechtsordnung verschiedene Vorkehrungen vor. (...) (Sie) kennt kein ausnahmsloses Gebot, dass niemand zu Auskünften oder zu sonstigen Handlungen gezwungen werden darf, durch die er eine von ihm begangene strafbare Handlung offenbart. Vielmehr unterscheiden sich die Regelungen und die darin vorgesehenen Schutzvorkehrungen je nach der Rolle der Auskunftsperson und der Zweckbestimmung der Auskunft. Diese Differenzierung steht mit Art. 2 Abs. 1 GG jedenfalls insoweit in Einklang, als Art und Umfang des durch dieses Grundrecht gewährleisteten Schutzes auch davon abhängen, ob und inwieweit andere auf die Information der Auskunftsperson angewiesen sind, ob insbesondere die Auskunft Teil eines durch eigenen Willensentschluss übernommenen Pflichtenkreises ist."[294] Zur Begründung bezieht sich das BVerfG erneut auf das Verhältnis Individuum – Gemeinschaft: „Das Grundgesetz hat – wie das Bundesverfassungsgericht wiederholt im Zusammenhang mit dem Grundrecht der allgemeinen Handlungsfreiheit hervorgehoben hat (...) – die Spannung Individuum – Gemeinschaft im Sinne der Gemeinschaftsbezogenheit und Gemeinschaftsgebundenheit der Person entschieden. Der Einzelne muss sich daher diejenigen Schranken seiner Handlungsfreiheit gefallen lassen, die der Gesetzgeber zur Pflege und Förderung des sozialen Zusammenlebens in den Grenzen des allgemein Zumutbaren vorsieht, vorausgesetzt, daß dabei die Eigenständigkeit der Person gewahrt bleibt."[295] Auch hier geht es zwar nicht um das Verhältnis des Bürgers zum Staat, sondern um die des Individuums zur Gemeinschaft, aber als Drittwirkungsfall kann auch dies nicht angesehen werden.

- Die Gegendarstellungs-Entscheidung[296] bezieht sich zunächst auf das Gegendarstellungsrecht als zivilrechtlich anerkanntes[297], den Gegebenheiten

[291] BVerfGE 35, 202 (221) m. w. N.
[292] BVerfGE 44, 353 (372 f.).
[293] BVerfGE 56, 37.
[294] BVerfGE 56, 37 (42).
[295] BVerfGE 56, 37 (49) m. w. N.
[296] BVerfGE 63, 131.
[297] Das BVerfG beruft sich auf BGHZ 66, 182 (195 m. w. N.).

der modernen Massenkommunikationsmittel angepasstes, für das Sondergebiet des Medienrechts näher ausgestaltetes Mittel zum Schutz des Einzelnen gegen Einwirkungen der Medien auf seine Individualsphäre. Das BVerfG betont: „Dieser Anspruch ist zwar selbst nicht unmittelbar verfassungsrechtlich gewährleistet. Jedoch dient er dem Schutz der Selbstbestimmung des Einzelnen über die Darstellung der eigenen Person, die von der verfassungsrechtlichen Gewährleistung des allgemeinen Persönlichkeitsrechts in Art. 2 Abs. 1 GG umfasst wird (...). Der Einzelne soll selbst darüber befinden dürfen, wie er sich gegenüber Dritten oder der Öffentlichkeit darstellen will, was seinen sozialen Geltungsanspruch ausmachen soll und ob oder inwieweit Dritte über seine Persönlichkeit verfügen können, indem sie diese zum Gegenstand öffentlicher Erörterung machen (...). Dem entspricht es, daß der von der Darstellung in den Medien Betroffene die rechtlich gesicherte Möglichkeit haben muss, dieser mit seiner Darstellung entgegenzutreten im anderen Fall wäre er zum bloßen Objekt öffentlicher Erörterung herabgewürdigt. Um seine Wirkungen entfalten zu können, bedarf das Gegendarstellungsrecht einer den sachlichen Anforderungen entsprechenden Ausgestaltung durch Verfahrensrecht. Ebenso wie es selbst der Sicherung des allgemeinen Persönlichkeitsrechts dient, ist auch das Verfahrensrecht für einen effektiven Grundrechtsschutz von Bedeutung es muß deshalb den Geboten eines solchen Schutzes entsprechen (...). Erfüllt das vom Gesetzgeber geschaffene Verfahrensrecht seine Aufgabe nicht oder setzt es der Rechtsausübung so hohe Hindernisse entgegen, daß die Gefahr einer Entwertung der materiellen Grundrechtsposition entsteht, dann ist es mit dem Grundrecht, dessen Schutz es bewirken soll, unvereinbar. Auch die verfassungsrechtliche Ausgestaltung des Gegendarstellungsrechts muss sich mithin an dem in Art. 2 Abs. 1 i. V. m. Art. 1 Abs. 1 gewährleisteten Persönlichkeitsrecht messen lassen.“[298] Der in dieser Entscheidung streitbefangene Eingriff in das Persönlichkeitsrecht wurde auf Grundlage des mit der Vorlage angegriffenen Medienstaatsvertrags durch ein öffentlich-rechtliches Rundfunkunternehmen vorgenommen; so allgemein die Ausführungen in der Entscheidung gehalten sein mögen, eine wie auch immer geartete Drittwirkung wurde mit der Entscheidung nicht festgestellt. Bemerkenswert ist, dass die „Objektformel“ hier in einem weniger staatsbezogenen Sinne verwendet wird: Die Menschenwürde ist also offenbar auch betroffen, wenn der – schutzlose – Bürger zum „bloßen Objekt öffentlicher Erörterung herabgewürdigt“ wird.

Interessant für die hier vorzunehmende Schutzbereichsbestimmung sind die Motive der Rechtsprechung für das – angesichts der bis dahin herrschenden Rechtsprechung und Lehre überraschende – Anerkenntnis eines allgemeinen Persönlichkeitsrechts. Die Gerichte betrieben einerseits „Vergangenheitsbewäl-

[298] BVerfGE 63, 131 (142 f.) m. w. N.

tigung“ und „Wiedergutmachung“, indem sie unter Anerkennung der Nachkriegs-Lehre zum allgemeinen Persönlichkeitsrecht ihren Auftrag darin sahen, „den Schutz der so böse beschädigten Menschenwürde über alle anderen rechtspolitischen Ziele zu stellen“[299], wobei der BGH dabei im Herrenreiter-Fall[300] auch nicht davor zurückschreckte, unter Berufung auf das GG und das allgemeine Persönlichkeitsrecht contra legem (§ 253 BGB) zu entscheiden[301]. Andererseits war die Anerkennung des allgemeinen Persönlichkeitsrechts auch den Bedürfnissen der Weiterentwicklung der Rechtswirklichkeit geschuldet, denn „(...) die für die moderne Gesellschaft charakteristischen Formen der Publizität und Reklame, die immer stärkere Betonung des Rechts (des Einzelnen wie der Gesellschaft) auf Information, die Vervollkommnung der Nachrichtenmittel und anderer technischer Geräte (haben) Möglichkeiten des Einbruchs in den persönlichen Bereich des Einzelnen geschaffen, die für den Gesetzgeber des Bürgerlichen Gesetzbuchs nicht vorstellbar waren.“[302] Die Zivilgerichtsbarkeit begreift bis heute[303] den Tatbestand des allgemeinen Persönlichkeitsrechts infolge der daraus resultierenden Offenheit in der Bestimmung seiner Reichweite als „offenen Tatbestand“, der in seiner „generalklauselartigen Weite und Unbestimmtheit (...) seinem Inhalt nach nicht abschließend bestimmt werden“ könne[304] und daher weiterer Konkretisierung der Rechtsprechung bedarf, wobei es stets auf eine Würdigung aller Umstände im Einzelfall ankomme[305]. Die Rechtsprechung wurde durch das BVerfG ausdrücklich gebilligt[306].

Trotz vieler offener Fragen lassen sich in der auf das allgemeine Persönlichkeitsrecht bezogenen Rechtsprechung des BVerfG zum Schutz der Privatsphäre, aus der sich das Recht auf informationelle Selbstbestimmung entwickelt hat, einige Konstanten ausmachen, die eine etwas genauere Bestimmung des Schutzbereichs ermöglichen. Es lassen sich zwei Fallgruppen herausbilden: Geschützt ist einerseits das Recht auf private Lebensgestaltung, andererseits das Recht der Selbstdarstellung[307]. Diesen Fallgruppen können auch die Interessen des Betroffenen beim CRM, soweit sie aus dem allgemeinen Persönlichkeitsrecht abgeleitet werden können, zugeordnet werden.

---

[299] Hattenhauer, „Person“ – Zur Geschichte eines Begriffs, in: JuS 1982, 405.

[300] BGHZ 26, 349.

[301] Dazu wieder Hattenhauer, „Person“ – Zur Geschichte eines Begriffs, in: JuS 1982, 405: „Den Verstoß gegen das Gesetz nahm das Gericht um des Schutzes des ‚allgemeinen Persönlichkeitsrechtes‘ willen in Kauf. Rechtsprechung und Lehre wetteiferten miteinander im Schutz der ‚Werte‘. Eine Rückkehr zu mehr Rationalität war damit jedoch nicht verbunden. Ein eindeutiger Begriff des Persönlichkeitsrechts blieb so fern wie je.“

[302] BVerfGE 34, 269 (271).

[303] Nachw. bei Schmitt Glaeser, Schutz der Privatsphäre, in: HStR Bd. VI § 129 Rz. 7 (Fn. 22).

[304] BGHZ 24, 72 (78 ff.).

[305] Schmitt Glaeser Schutz der Privatsphäre, in: HStR Bd. VI § 129 Rz. 7 (Fn. 22).

[306] BVerfGE 34, 269 (281 f.).

Bei der ersten Fallgruppe geht es um die private, durch vertraute und vertrauliche Interaktion mit der persönlichen Umgebung geprägte Lebenssphäre als staatsfernen „Rückzugsbereich“, in dem der Mensch seine einmalig-eigengeartete Individualität grundsätzlich autonom gestalten kann; der Schutz ist dabei gegen die Erhebung von Informationen aus diesem Lebensbereich gerichtet[308]. Beispielhaft für diese Fallgruppe kann der oben zitierte Satz aus der Mikrozensus-Entscheidung genannt werden[309].

Die zweite Fallgruppe umfasst das Recht auf Selbstdarstellung des Menschen in der Umwelt im Sinne einer Selbstgestaltung eines sozialen Geltungsanspruchs[310]. Mit „Recht auf informationelle Selbstbestimmung“[311] kann das Persönlichkeitsrecht aus der Abwehrperspektive der zweiten Fallgruppe beschrieben werden[312].

Nach Schmitt Glaeser erfolgt die Differenzierung dieser Fallgruppen nicht nach dem Schutzgegenstand – das sei in beiden Fällen die Privatsphäre –, sondern aus der jeweiligen Abwehrperspektive: Gehe es im einen Fall um die Sicherung der „personalen Identität“, so gehe es im anderen um die Sicherung der „sozialen Identität“[313]. Zu Unterscheiden ist diese Differenzierung von der nach der „Sphärentheorie“ des BVerfG[314] getroffenen Abschichtung verschiedener Persönlichkeitssphären (in der Terminologie des BVerfG: Intimsphäre, Privatsphäre, Sozialsphäre), nach der sich die Eingriffsrechtfertigung bestimmt[315]. Die dogmatische Herleitung des grundrechtlichen allgemeinen Persönlichkeitsrechts einerseits aus der Menschenwürde gem. Art. 1 Abs. 1 GG, andererseits aus dem allgemeinen Freiheitsrecht des Art. 2 Abs. 1 GG legt aber – entgegen der von

---

307 Vgl. Schmitt Glaeser, Schutz der Privatsphäre, in: HStR Bd. VI § 129 Rz. 30; Rohlf, Der grundrechtliche Schutz der Privatsphäre, S. 70 ff.; 122 f.; der hier nach den genannten Quellen gewählte Zuschnitt dieser Fallgruppen ist möglicherweise nicht zwingend, erscheint aber logisch und für das Verständnis der hier diskutierten Fragestellungen förderlich; vgl. hierzu Schmitt Glaeser, Schutz der Privatsphäre, in: HStR Bd. VI § 129 Rz. 77 (dort Fn. 254), wo auf die abweichende, aber nach der dort wie hier vertretenen Ansicht nicht zutreffende Zuordnung der informationellen Selbstbestimmung zur ersten Fallgruppe hingewiesen wird. Vgl. auch Jarass, Das allgemeine Persönlichkeitsrecht im Grundgesetz; in: NJW 1989, 857 (858 f.), der für das grundrechtliche allgemeine Persönlichkeitsrecht wieder andere Zuordnungen der hier diskutierten Fälle vornimmt. Dies kann auch als schönes Beispiel für die Schwierigkeiten einer dogmatisch eindeutigen und befriedigenden Einordnung des Rechts auf informationelle Selbstbestimmung verstanden werden!

308 Schmitt Glaeser Schutz der Privatsphäre, in: HStR Bd. VI § 129 Rz. 30.

309 BVerfGE 27, 1 (6).

310 Schmitt Glaeser, Schutz der Privatsphäre, in: HStR Bd. VI § 129 Rz. 31 m. w. N.

311 Zum Begriff vgl. Denninger, Das Recht auf informationelle Selbstbestimmung und innere Sicherheit, KJ 1985, 218.

312 Schmitt Glaeser, Schutz der Privatsphäre, in: HStR Bd. VI § 129 Rz. 31.

313 Schmitt Glaeser, Schutz der Privatsphäre, in: HStR Bd. VI § 129 Rz. 32 m. w. N.

314 Vgl. Schmitt Glaeser, Schutz der Privatsphäre, in: HStR Bd. VI § 129 Rz. 14 m. w. N.

315 Epping, Grundrechte, Rz. 584.

Schmitt Glaeser vertretenen Ansicht – sehr wohl eine Differenzierung der genannten Fallgruppen auch nach unterschiedlichen Schutzgegenständen nahe, die Schmitt Glaeser in seinem Begriff der Privatsphäre wohl zusammenfasst: So lässt sich das Recht auf eine „personale Identität" am ehesten dem Schutzbereich der Menschenwürde zuordnen, während das Recht der Selbstdarstellung im sozialen Umfeld, also das Recht der „informationellen Selbstbestimmung", als Recht auf Schutz der „sozialen Identität" eher dem Schutzbereich des allgemeinen Freiheitsrechts zugeordnet werden kann. Diese Zuordnung verträgt sich auch gut mit der vom BVerfG entwickelten Sphärentheorie: Der Schutz der Intimsphäre und der Privatsphäre ist deshalb von besonderer Bedeutung, weil in diesen Sphären mit der „personalen Identität" die besonders schutzwürdige und -bedürftige Menschenwürde betroffen ist. Die Sphären außerhalb der Intimsphäre und Privatsphäre beschreiben das (weitere) soziale Umfeld des Betroffenen, so dass insoweit die „soziale Identität" des Betroffenen angesprochen ist und die Freiheit des Betroffenen, sich in diesem Umfeld selbst darzustellen, eher dem Schutzbereich des allgemeinen Freiheitsrechts zugeordnet werden kann. Die Zusammenfassung der beiden Schutzgegenstände im grundrechtlichen allgemeinen Persönlichkeitsrecht kann als Kunstgriff der Rechtsprechung angesehen werden, einer genaueren und aufgrund der tatsächlichen Gegebenheiten oft schwierigen Zuordnung einer Verletzungshandlung zu einem der beiden Schutzgüter zu entgehen; zugleich macht die oben beschriebene Zuordnung zu den Schutzgütern der Menschenwürde und des allgemeinen Freiheitsrechts deutlich, dass es der Konstruktion eines allgemeinen grundrechtlichen Persönlichkeitsrechts an sich nicht bedurft hätte.

Beim CRM können beide genannten Fallgruppen angesprochen sein:

- Bei der Datenverarbeitung im analytischen CRM mit seinem Data Warehouse und den Auswertungsmethoden des Data Mining könnte grundsätzlich die Gefahr der zwangsweisen Registrierung und Katalogisierung der ganzen Persönlichkeit und damit der „Entpersönlichung" bestehen; betroffen wäre dann die „personelle Identität" entsprechend der ersten Fallgruppe. Am Rande ist anzumerken, dass dieser Fall somit nach der hier verwendeten Terminologie[316] das „Recht auf informationelle Selbstbestimmung" unberührt ließe[317].

[316] Schmitt Glaeser, Schutz der Privatsphäre, in: HStR Bd. VI § 129 Rz. 31, 42 u. 77 – Rz. 77 mit Hinweis auf Abgrenzungsprobleme in der datenschutzrechtlichen Literatur; a.A. wohl auch Jarass, Das allgemeine Persönlichkeitsrecht im Grundgesetz, in: NJW 1989, 857 (858 f.), der das Recht auf informationelle Selbstbestimmung ohne überzeugende Begründung von dieser Fallgruppe ausdrücklich abgrenzt und als eigenständige Fallgruppe versteht.

[317] Insofern zu ungenau Gola / Schomerus, BDSG § 1 Rz. 6, wo festgestellt wird, dass kein materieller Unterschied zwischen dem Schutzgut „Persönlichkeitsrecht" in § 1 BDSG und dem Recht auf informationelle Selbstbestimmung bestehe; da aber das Gesetz den weiteren Begriff verwendet, ist klar, dass auch die hier nicht dem Recht auf informationelle Selbstbestimmung zugeordnete Fallkonstellation vom Schutzzweck des BDSG erfasst wird.

- Soweit beim CRM durch die Ergebnisse der beim CRM vorgenommenen Datenverarbeitung das Bild des Betroffenen im sozialen Umfeld beeinflusst wird, wie dies etwa bei der Bildung eines „Kundenwertes“ und seiner Kommunikation geschehen könnte, ist die „informationelle Selbstbestimmung“ berührt.

Angesichts der oben beschriebenen Probleme zur Bestimmbarkeit der Reichweite des Schutzbereichs kann eine sehr viel genauere Feststellung an dieser Stelle nicht erfolgen; aufgrund des Gebots der Abwägung aller Umstände im Einzelfall kann die Reichweite des grundrechtlichen Schutzes vielmehr erst im konkreten Einzelfall festgestellt werden. Es ist daher wieder auf den oben[318] bereits angeführten Grundsatz zurückzugreifen, dass angesichts der vorhandenen und weit reichenden Schranken – das BVerfG wendet im Volkszählungsurteil[319] in Abweichung von früheren Entscheidungen zum allgemeinen Persönlichkeitsrecht[320], in denen die Schranken des Art. 2 Abs. 2 S. 3 zur Anwendung gelangten, die Schrankentrias des Art. 2 Abs. 1 GG an – eine weite Fassung des Schutzbereichs zu wählen ist.

b) Schutzbedarf des grundrechtlichen allgemeinen Persönlichkeitsrechts

Nach dem Versuch einer Bestimmung des Schutzbereichs geht es nun darum, mit Bezug auf die beim CRM vorgenommene Datenverarbeitung festzustellen, wodurch der Schutzbereich des allgemeinen Persönlichkeitsrechts – insbesondere in seiner Ausprägung als Recht auf informationelle Selbstbestimmung – berührt wird und welcher Schutzbedarf daraus resultiert. Dieser Schutzbedarf ist Gegenstand des Schutzpflicht-Tatbestandes, der die staatliche Schutzpflicht auslöst.

Wie bereits festgestellt, stehen hinter dem grundrechtlichen allgemeinen Persönlichkeitsrecht zwei Schutzgüter, nämlich die Menschenwürde und das allgemeine Freiheitsrecht. Aus dem Gebot der Menschenwürde ergibt sich mit der Objekt-Formel für die Datenverarbeitung im CRM das Verbot, den Menschen in seiner personalen Identität als Objekt aufzufassen, ihn zu „entpersönlichen”. Aus dem allgemeinen Freiheitsrecht folgt, dass der Mensch frei ist in der eigenen Bestimmung seiner sozialen Identität, also ein Recht hat, im Hinblick auf die Wahrnehmung dieser Identität im sozialen Umfeld über die Verwendung der ihn betreffenden Daten selbst zu bestimmen (informationelle Selbstbestimmung). Aus der Schutzperspektive dieser beiden Aspekte des grundrechtlichen allgemeinen Persönlichkeitsrechts lassen sich auf der Ebene des Schutzpflicht-Tatbestandes unterschiedliche Gefährdungen bestimmen.

[318] S.o. Kapitel 2 A III. (a.E.).
[319] BVerfGE 65, 1 (44).
[320] BVerfGE 32, 373 (379); 34, 238 (246).

aa) Schutz der personalen Identität

Das BVerfG[321] hat – freilich in anderem tatbestandlichen Zusammenhang[322] – die „Kommerzialisierung elementarer Persönlichkeitsbereiche" als Verletzung der Menschenwürde angesehen. Auch durch die vollständige Erfassung der menschlichen Persönlichkeit zur Schaffung von Persönlichkeitsprofilen kann die Menschenwürde verletzt werden, wenn dadurch in der personalen Identität des Betroffenen eine „Entpersönlichung" eintritt und er damit zum Objekt gemacht wird[323]. Nach der Sphärentheorie des BVerfG ist auch dann eine Verletzung der Menschenwürde anzunehmen, wenn bei der Erfassung der gesamten Persönlichkeit Daten aus der Intimsphäre des Betroffenen erforscht werden und in der weiteren Verarbeitung Verwendung finden. Die beschriebenen Eingriffe können im Sinne der hier verwendeten Terminologie als Gefährdungen der personalen Identität des Betroffenen aufgefasst werden, die als Aspekt des grundrechtlichen allgemeinen Persönlichkeitsrechts schutzbedürftig ist. Angesichts der herausragenden Bedeutung der Menschenwürde sind an ihren Schutz hohe Anforderungen zu stellen.

Durch die automatisierte Auswertung personenbezogener Daten des Betroffenen mit Data Mining-Methoden zur Ermittlung seines Persönlichkeitsprofils und letztlich zur Bestimmung seines Kunden- oder Scoringwerts besteht die Gefahr, dass der Betroffene in der Summe der über ihn erfassten personenbezogenen Daten, also letztlich in seiner personalen Identität, zum kommerziellen Objekt gemacht und zugleich „entpersönlicht" wird: Die personale Identität kann ohne Zweifel als „elementarer Persönlichkeitsbereich" angesehen werden; schon der Begriff „Kundenwert" weist deutlich auf die Kommerzialisierung, noch deutlicher tritt der Aspekt der Kommerzialisierung zutage, wenn diese Persönlichkeitsprofile oder die daraus abgeleiteten Kunden- oder Scoringwerte zur Handelsware werden[324]. Durch die im Massengeschäft vorgenommene automatisierte Auswertung, deren Kriterien die Maschine nach den noch nicht einmal mehr von ihren Bedienern nachvollziehbaren Gesetzmäßigkeiten des Data Mining ohne menschliches Zutun bestimmt, wird deutlich, dass das hinter den Daten stehende Individuum keine Rolle mehr spielt – es wird in einem industriellen Verfahren auf einen kommerziellen Wert, ein Objekt ganz im Sinne der höchstrichterlichen Rechtsprechung, reduziert[325].

---

[321] BVerfGE 96, 375.

[322] In dem entschiedenen Fall ging es um die Frage, ob ein bei fehlgeschlagener Sterilisation gezeugtes Kind als Schaden angesehen werden kann. Das BVerfG hat dabei den Schadensersatzanspruch gegen den Arzt nicht als eine die Menschenwürde verletztende Kommerzialisierung elementarer Persönlichkeitsrechte des Kindes angesehen, aber in dieser Entscheidung wohl erstmals expressis verbis und ohne Verweis auf andere Quellen die Möglichkeit einer Verletzung der Menschenwürde durch eine solche Kommerzialisierung anerkannt.

[323] Vgl. BVerfGE 65, 1 (53).

Der Schutzbedarf besteht allerdings auch in Abhängigkeit von der Eingriffsintensität. Es wird kaum eine Gefahr für die personale Identität bestehen, wenn beim CRM lediglich Adressdaten und Umsätze aus der Geschäftsbeziehung erfasst und ausgewertet werden. Auch eine lediglich aus dem Zahlungsverhalten des Kunden – ohne Hinzukommen weiterer verarbeiteter Persönlichkeitsmerkmale – abgeleitete Betrugs- oder Insolvenzrisikoanalyse wird die Menschenwürde in der Regel unberührt lassen. Je umfassender aber die über den Betroffenen gewonnenen Informationen sind, desto eher wird man davon ausgehen können, dass der Inbegriff der personalen Identität erfasst wird, und je dichter die Daten an die Intimsphäre heranreichen, desto stärker gerät die Menschenwürde in Gefahr. Wenn aus dem Konsumverhalten des Kunden im analytischen CRM ein psychologisches Profil erstellt wird, das für Manipulationen des künftigen Konsumverhaltens verwendet werden kann, dann bewegt sich das CRM sehr dicht am Kern der Persönlichkeit des Betroffenen, inmitten seiner Intimsphäre. Dort gerät die Menschenwürde ohne Zweifel in Gefahr.

Auch eine Differenzierung nach der Art der erfassten Informationen ist geboten. Während etwa einfachere Zahlungs- oder Bonitätsinformationen eher persönlichkeitsfern sind und die personale Identität kaum berühren dürften, sind Gesundheitsdaten – insbesondere, um ein in die datenschutzrechtliche Diskussion passendes Stichwort zu liefern, genetische Profile – oder Daten über die Religion oder Weltanschauung oder das Sexualverhalten des Betroffenen als besonders schutzbedürftig anzusehen.

Dabei wird es stets eine Frage des Einzelfalles sein, ob mit der konkreten Art der Verarbeitung der personenbezogenen Daten die Grenze zur Verletzung der

---

[324] Weichert, Die Ökonomisierung des Rechts auf informationelle Selbstbestimmung, in: NJW 2001, 1463 (1469): „Die Kommerzialisierung personenbezogener Daten verstärkt die Kommerzialisierung der Menschen. Es wird die Tendenz gefördert, diese nur noch als klug auszuwertende, profitable Informationsmuster wahrzunehmen. Diese Informationsmuster sind real und nicht nur ‚Masken'; sie sind potenziell persönlichkeitsumfassend. Diese Muster sind zwar nicht in der Lage, das Wesentliche der Menschen abzubilden. Sie sind aber in der Wahrnehmung der Menschen auf dem Markt maßgeblich und damit auch bestimmend für deren emotionales und soziales Leben." Auch wenn Weichert der Ansicht ist, „das Wesentliche" des Menschen werde nicht abgebildet, kann nicht darüber hinweg gesehen werden, dass die Objekt-Theorie des BVerfG Anwendung finden kann: potenziell persönlichkeitsumfassende Informationsmuster werden vollständig kommerzialisiert und damit der Mensch in seiner personalen Identität zum Objekt gemacht.

[325] Ganz ähnlich die Argumentation des BVerfG in der Lügendetektor-Entscheidung: BVerfG (Vorprüfungsausschuss) NJW 1982, 375: „Die Verwendung eines Lügendetektors zielt darauf ab, mittels einer Apparatur sonst nicht wahrnehmbare, unwillkürliche körperliche Reaktionen zu registrieren, um daraus Schlüsse auf die subjektive Richtigkeit des Ausgesagten zu ziehen. Eine derartige ‚Durchleuchtung' der Person, welche die Aussage als deren ureigenste Leistung entwertet und den Untersuchten zu einem bloßen Anhängsel eines Apparates werden läßt, greift in unzulässiger Weise in das durch Art. 2 Abs. 1 i. V. mit Art. 1 Abs. 1 GG geschützte Persönlichkeitsrecht des Betroffenen ein".

Menschenwürde überschritten wird. Es bleibt freilich das aus dem allgemeinen Freiheitsrecht abzuleitende Recht des Betroffenen, einen solchen Eingriff in seine eigenen Rechte freiwillig hinzunehmen: Als Rechtfertigung dieser Art der Datenverarbeitung kann daher eine Einwilligung des Betroffenen in Betracht kommen. Bei der Frage nach der Freiwilligkeit der Einwilligung greift zusätzlich der oben bereits beschriebene Schutz für den Fall einer Störung der Privatautonomie.

bb) Schutz der sozialen Identität

Die soziale Identität des Betroffenen gerät durch die Datenverarbeitung im CRM dadurch in Gefahr, dass der Betroffene nicht selbst über die Verwendung seiner personenbezogenen Daten entscheidet – etwa darüber, wer welche personenbezogenen Daten in welchem Kontext zur Kenntnis nehmen kann[326]. Eine Person „reguliert mit den Informationen, die sie anderen über sich mitteilt oder die andere über sie, wie sie weiß, immer schon haben, zugleich die ganz unterschiedlichen sozialen Beziehungen, in denen sie lebt."[327] Das BVerfG hat dies im Volkszählungsurteil wie folgt beschrieben: „Wer nicht mit hinreichender Sicherheit überschauen kann, welche ihn betreffenden Informationen in bestimmten Bereichen seiner sozialen Umwelt bekannt sind, und wer das Wissen seiner Kommunikationspartner nicht einigermaßen abzuschätzen vermag, kann in seiner Freiheit wesentlich gehemmt werden, aus eigener Selbstbestimmung zu planen und zu entscheiden."[328] Damit wird zugleich deutlich, dass es auch aus höchstrichterlicher Sicht keinesfalls nur um das Verhältnis des Betroffenen zum Staat im Hinblick auf staatliche Datenverarbeitung gehen kann; dieselbe Freiheitsbeeinträchtigung tritt auch im Verhältnis von Privatrechtssubjekten zueinander auf. Dabei kann für den Betroffenen die Datenverarbeitung eines Privatunternehmens von sehr viel größerer praktischer Relevanz sein als die staatliche Datenverarbeitung – die staatliche Erfassung personenbezogener Daten für statistische Zwecke im Rahmen einer Volkszählung, die Anlass für die zitierte Feststellung des BVerfG war, wird den Bürger sehr viel weniger belasten als ein ungünstiges Scoring beim Finanzierungskauf. Da sich die Auswertung der personenbezogenen Daten auf die Kundenbeziehung und auf die Beziehung zu Dritten, die diese Daten ebenfalls zur Kenntnis erhalten, auswirken kann, kann der Betroffene solche Daten nicht unbefangen bekannt machen und ist damit letztlich nicht mehr frei darin, sich authentisch[329] zu verhalten; er ist vielmehr gezwungen, sich bestimmten Erwartungen anzupassen, um keinen Nach-

[326] Vgl. hierzu Rössler, Der Wert des Privaten, S. 209.

[327] Rössler, Der Wert des Privaten, S. 209 m. w. N.

[328] BVerfGE 65, 1 (43).

[329] Hier werden Authentizität und Autonomie nicht als Gegensätze, sondern Authentizität als Ergebnis autonomen Verhaltens verstanden; zur Klärung des Begriffs der Authentizität und zur Beschreibung der Diskussion um diesen Begriff mit den einschlägigen Nachw. siehe Rössler, Der Wert des Privaten, S. 109.

teil zu erleiden. Die damit verbundene Gefahr eines Autonomieverlusts erfüllt den Schutzpflicht-Tatbestand.

b) Persönlicher Schutzbereich des allgemeinen Persönlichkeitsrechts und des Rechts auf informationelle Selbstbestimmung

Während ohne weiteres davon ausgegangen werden kann, dass in- und ausländische natürliche Personen in den persönlichen Schutzbereich des grundrechtlichen allgemeinen Persönlichkeitsrechts fallen, ist die Frage, ob auch juristische Personen erfasst werden, in der Rechtsprechung des BVerfG bisher ungeklärt[330].

Ein Teil der Literatur geht generell davon aus, dass nach dem Wesen des Schutzgegenstandes, der seinen materiellen Gehalt aus der Menschenwürde gem. Art. 1 Abs. 1 GG ziehe[331], mit Blick auf Art. 19 Abs. 3 GG ausgeschlossen sei[332], den Schutz des allgemeinen Persönlichkeitsrechts auch auf juristische Personen auszudehnen. In der Rechtsprechung des BGH wird allerdings zumindest ein verminderter Schutz des allgemeinen Persönlichkeitsrechts für juristische Personen anerkannt[333]. Auch in der verfassungsrechtlichen Literatur wird stellenweise für möglich gehalten, den aus dem allgemeinen Persönlichkeitsrecht abgeleiteten Schutz des Namens, der Reputation oder der Geschäftsdaten auch juristischen Personen zu gewähren, soweit nicht bereits speziellere Grundrechte wie die aus Art. 12 Abs. 1 oder Art. 14 Abs. 1 GG einschlägig sind; auf die informationelle Selbstbestimmung soll sich dieser Schutz aber nicht erstrecken[334].

Das BVerfG wendet zur Auslegung des Art. 19 Abs. 3 GG die so genannte „Durchgriffsthese“ an, nach der eine Einbeziehung der juristischen Personen in den Schutzbereich der Grundrechte nur gerechtfertigt erscheint, wenn „ihre Bildung und Betätigung Ausdruck freier Entfaltung der natürlichen Personen sind, besonders wenn der ‚Durchgriff‘ auf die hinter den juristischen Personen ste-

---

330 Ausdrücklich offen gelassen in BVerfG NJW 1994, 1784; vgl. Jarass, Das allgemeine Persönlichkeitsrecht im Grundgesetz, in: NJW 1989, 857 (860).

331 v.Mangoldt/Klein/Starck (Huber) Art. 19 Rz. 333; Schmitt Glaeser, Schutz der Privatsphäre, in: HStR Bd. VI § 129 Rz. 26; vgl. BVerfGE 54, 148 (153); 72, 155 (170); 79, 256 (268).

332 Ebenso Hirte, Mitteilung und Publikation von Gerichtsentscheidungen: Zum Spannungsverhältnis von Persönlichkeitsschutz und Interessen der Öffentlichkeit, in: NJW 1988, 1698 (1704); Jarass, Das allgemeine Persönlichkeitsrecht im Grundgesetz NJW 1989, 857 (860) und Jarass/Pieroth, GG Art.2 Rz. 31.

333 BGHZ 81, 75 (78); 98, 94 (97 f.).

334 v.Mangoldt/Klein/Starck (Huber) GG Art. 19 Rz. 333 m. w. N.; dagegen geht Hofmann (Schmidt-Bleibtreu [Hofmann] GG Art. 1 Rz. 10 m. w. N.) ohne weitere Differenzierung von der Einbeziehung juristischer Personen in den Schutzbereich des allgemeinen Persönlichkeitsrechts aus.

henden Menschen dies als sinnvoll und erforderlich erscheinen lässt“[335]. Im Schrifttum ist die Durchgriffsthese kritisch aufgenommen worden; die Gegenansicht[336] stellt nicht wie das BVerfG auf das personelle Substrat, sondern auf die „grundrechtstypische Gefährdungslage“ ab, um vermeintliche Lücken im Grundrechtsschutz zu schließen.

Im Fall der Gefährdung des allgemeinen Persönlichkeitsrechts durch Datenverarbeitung im CRM kann sowohl mit der Durchgriffsthese wie mit der These der Orientierung an einer grundrechtstypischen Gefährdungslage festgestellt werden, dass juristische Personen nicht in den Schutzbereich fallen können: Aus Sicht der Durchgriffsthese kann die Bildung eines Wirtschaftsunternehmens beispielsweise sicher als Ausdruck der Berufs- und Handlungsfreiheit, auch der Eigentumsrechte der hinter dem Unternehmen stehenden natürlichen Personen verstanden werden, mit dem Privatsphärenschutz aus dem grundrechtlichen allgemeinen Persönlichkeitsrecht hat das aber nichts zu tun[337]. Auch aus der grundrechtstypischen Gefährdungslage ergibt sich kein anderes Ergebnis: Es ist kein Grund ersichtlich, weshalb gerade eine juristische Person des Privatrechts etwa eine Verstärkung des grundrechtlichen Schutzes gegen die Datenverarbeitung im CRM bewirken oder eine diesbezügliche Lücke im Grundrechtsschutz schließen könnte. Damit kann sich eine juristische Person als solche, anders als die hinter ihr stehenden natürlichen Personen, gegenüber der Datenverarbeitung im CRM nicht auf den Schutz des grundrechtlichen allgemeinen Persönlichkeitsrechts berufen.

C. Zwischenergebnis: Rechtlicher Schutz der Interessen des Betroffenen

Der Betroffene wird im Hinblick auf den Vermögenswert seiner personenbezogenen Daten durch das Grundrecht Art. 14 Abs. 1 GG geschützt. Soweit der Geschäftskontakt zum Unternehmer, der CRM betreibt, beruflich begründet ist, kann sich der Betroffene auf die Berufsfreiheit gem. Art. 12 Abs. 1 GG berufen. Wird mit dem CRM die Vertraulichkeit bestimmter Kommunikationsvorgänge berührt, greift der grundrechtliche Schutz aus Art. 10 GG. Vor allem aber werden die tatsächlichen Interessen des Betroffenen von den Grundrechten aus Art. 2 Abs. 1 GG, der allgemeinen Handlungsfreiheit in der speziellen Ausprägung der Privatautonomie und dem allgemeinen Persönlichkeitsrecht, geschützt.

---

[335] St. Rspr. des BVerfG, vgl. E 21, 362 (369); v.Mangoldt/Klein/Starck (Huber) GG Art. 19 Rz. 228.

[336] Nachw. bei v.Mangoldt/Klein/Starck (Huber) GG Art. 19 Rz. 230 ff. m. w. N.

[337] Sehr anschaulich hierzu BVerfG NJW 1994, 1784, wo der „soziale Geltungsanspruch als Wirtschaftsunternehmen“, den der BGH aus zivilrechtlicher Sicht dem allgemeinen Persönlichkeitsrecht zugeordnet hatte, aus grundrechtlicher Sicht klar dem aus Art.2 Abs. 1 GG abgeleiteten „Recht auf freie Entfaltung im Sinne der wirtschaftlichen Betätigung“, also der allgemeinen Handlungsfreiheit in Gestalt der Privatautonomie zugeordnet wird.

Kapitel 4: Abwehrrechte des Unternehmers und des Dritten

A. Einführung

An dieser Stelle soll das eingangs nur aus betriebswirtschaftlicher Sicht beleuchtete tatsächliche Interesse des Unternehmers und des Dritten, der den Unternehmer mit personenbezogenen Daten für sein CRM beliefert, jetzt auch in grundrechtlicher Hinsicht genauer betrachtet werden.

Der Unternehmer und Dritte, die ebenfalls ein wirtschaftliches Interesse an der Datenverarbeitung beim CRM haben, sehen sich beim Betrieb des CRM staatlichen Beschränkungen ausgesetzt. Damit nehmen Unternehmer und Dritte hier eine Abwehrperspektive ein: Für sie wirken die ihre Interessen schützenden Grundrechte als Abwehrrechte gegen staatliche Eingriffe.

B. Das Interesse des Unternehmers

I. Was ist das tatsächliche Interesse des Unternehmers an der Datenverarbeitung?

Mit dem Einsatz von CRM und der dabei entstehenden Datenverarbeitung können verschiedene Interessen des Unternehmers verbunden sein. Vorrangiges Ziel ist, wie gesehen, die Optimierung des Kundenportfolios und eine Erhöhung der Profitabilität der Kundenbeziehung, was im Grunde nichts anderes ist als ein Ansatz zur Verbesserung des Unternehmenserfolges. Hierbei gilt es, hinreichend profitable Kundenbeziehungen zu pflegen und auszubauen und unprofitable Kundenbeziehungen zu beenden oder die Profitabilität so weit zu verbessern, bis sich die Kundenpflege, bezogen auf den einzelnen Kunden, wieder lohnt. Hier lassen sich zwei Seiten derselben Medaille unterscheiden: Die Datenverarbeitung schafft ein Instrumentarium zur Identifikation riskanter oder unprofitabler Kundenbeziehungen und eines zur Schaffung und Stärkung der Kundenbindung bei profitablen Kundenbeziehungen. Am Ende dieses Prozesses steht eine unternehmerische Entscheidung zum konkreten Umgang mit einem bestimmten Kunden. Da im vorigen Kapitel eine genauere Beschreibung der mit dem CRM verbundenen Datenverarbeitung und der dahinter stehenden Motivation des Unternehmers erfolgt ist, kann sich an dieser Stelle die Darstellung der aus Sicht des Unternehmers mit der Datenverarbeitung im CRM verbundenen Interessenlage im Übrigen auf die Feststellung beschränken, dass der Unternehmer insgesamt und aus den im vorigen Kapitel genannten Gründen ein tatsächliches Interesse am Betrieb des CRM und der damit verbundenen Datenverarbeitung hat.

Rechtliches Fundament für die oben dargestellte wirtschaftliche Betätigung des Unternehmers ist vor allem das aus Art. 2 Abs. 1 GG herzuleitende Grundrecht der wirtschaftlichen Freiheit in seiner Ausprägung als Privatautonomie[338], das allerdings wegen der Subsidiarität des Art. 2 Abs. 1 GG nur dann unmittelbare Geltung beansprucht, wenn nicht ein spezielleres Grundrecht einschlägig ist. Als speziellere Grundrechte kommen hier insbesondere die Art. 14 Abs. 1 und 12 Abs. 1 GG sowie § 5 Abs. 1 GG in Betracht, die mit Blick auf die erwähnte Subsidiarität der aus Art. 2 Abs. 1 GG hergeleiteten Privatautonomie vorrangig zu erörtern sind.

II. Rechte des Unternehmers aus Art. 14 Abs. 1 S. 1 GG

Zu beantworten ist hier die Frage, ob der beim CRM entstehende oder entstandene Datenbestand und / oder die daraus entstehenden Verwertungschancen als Eigentum i. S. d. Art. 14 Abs. 1 GG geschützt werden.

Bei Art. 14 Abs. 1 S. 1 GG geht der Eigentumsbegriff im Rahmen der grundrechtlich geschützten Eigentumsgarantie weiter als der Sacheigentumsbegriff des § 903 S. 1 BGB, soweit auch alle privaten Vermögensrechte sonstiger Art umfasst sein sollen, wohingegen das Vermögen als solches nicht geschützt wird[339].

Art. 14 Abs. 1 S. 1 GG ist einerseits als Institutsgarantie, andererseits als Abwehrrecht wirksam. Da das Eigentum als Rechtsinstitut im Rahmen der hier auftretenden Fragestellungen unter keinem denkbaren Gesichtspunkt in Frage gestellt werden kann, muss es also für die Bestimmung des Schutzbereichs hier vorrangig um die zweite und wesentliche Funktion des Grundrechts gehen, nämlich die des klassischen Abwehrrechts[340]. Als solches schützt Art. 14 Abs. 1 GG den Einzelnen vor dem Entzug bzw. vor der Beeinträchtigung konkreter, bereits vorhandener Eigentumspositionen. Dieses Verständnis erfordert eine Auslegung über den Wortlaut hinaus, die aber durch historische und systematische Auslegung ohne weiteres abgesichert ist[341]. Soweit die abwehrrechtliche Wirkung angesprochen ist, besteht hier zudem die Besonderheit, dass es sich bei Art. 14 GG um ein „normgeprägtes" Grundrecht[342] handelt. Dies bedeutet, dass das Grundrecht der einfachrechtlichen Ausgestaltung bedarf und in letzter Konsequenz nur nach Maßgabe des einfachen Rechts gilt; dabei ist das ausgestaltende Gesetz aber stets im Lichte des Grundgesetzes und des ausgestalteten Grundrechts auszulegen[343].

---

338 Unter „Privatautonomie" ist das Prinzip der Selbstgestaltung der Rechtsverhältnisse durch den einzelnen nach seinem Willen zu verstehen; damit ist die Privatautonomie als Teil des allgemeinen Prinzips der Selbstbestimmung des Menschen zu verstehen. Vgl. Flume AT BürgR Bd.2 S. 1 ff.

339 Maunz/Dürig (Papier) GG Art. 14 Rz. 160 ff.

340 Vgl. BVerfGE 24, 367 (389).

341 Epping, Grundrechte, Rz. 387.

342 Vgl. Epping, Grundrechte, Rz. 388 ff.

343 Maunz/Dürig (Papier) GG Art. 14 Rz. 38.

Nach der Rechtsprechung des BVerfG orientiert sich der – so bestimmte – verfassungsrechtliche Eigentumsbegriff an Sinn und Zweck der Gewährleistung, dem Einzelnen „einen Freiraum im vermögensrechtlichen Bereich (zu) erhalten und dem Einzelnen damit die Entfaltung und eigenverantwortliche Lebensgestaltung (zu) ermöglichen“[344]. Er umfasst somit alle vermögenswerten Rechte, die dem Berechtigten ebenso ausschließlich wie Eigentum an einer Sache durch die Rechtsordnung zur privaten Nutzung und zur eigenen Verfügung zugeordnet sind[345]. Der beim CRM entstehende Datenbestand und das bei seiner Auswertung zur Anwendung gelangende Know-how können als Teilaspekte des eingerichteten und ausgeübten Gewerbebetriebs[346] oder als eigenständige Vermögensgegenstände des Unternehmens verstanden werden.

Der Schutz des eingerichteten und ausgeübten Gewerbebetriebs wird in der Rechtsprechung der Zivilgerichtsbarkeit zum Deliktsrecht dem Schutz des Sacheigentums gleichgestellt[347]; die Verwaltungsgerichtsbarkeit ist dem gefolgt[348]. Inwieweit jedoch damit zugleich der Schutzbereich der grundrechtlichen Eigentumsgarantie berührt wird, ist nach wie vor umstritten und durch das BVerfG nicht abschließend entschieden[349]. Soweit entgegen der Rechtsprechung des BVerfG und der wohl h. M. in der Literatur ein Recht auf den eingerichteten und ausgeübten Gewerbebetrieb in den Schutzbereich des Art. 14 Abs. 1 S. 1 GG ausdrücklich einbezogen wird, soll der eingerichtete und ausgeübte Gewerbebetrieb als Sach- und Rechtsgesamtheit geschützt werden, die nicht nur den eigentlichen Bestand des Betriebs, sondern auch die geschäftlichen Verbindungen und Beziehungen wie etwa den Kundenstamm, also alles, was in seiner Gesamtheit den wirtschaftlichen Wert des konkreten Betriebs ausmacht[350]. Dem liegt der Gedanke zugrunde, dass ein Gewerbebetrieb als Ganzes einen höheren Wert haben kann als die Summe der Einzelwerte. Allerdings hat das BVerfG im Nassauskiesungsbeschluss ausgeführt, der Schutz des Gewerbebetriebes könne nicht weiter reichen als der Schutz seiner Grundlagen[351].

Dem ist – trotz der eingangs aufgestellten Regel, den Schutzbereich von Schrankenvorbehalten unterliegenden Grundrechten weit zu fassen – hier zu folgen, weil in dieser Auffassung zum Ausdruck kommt, dass auch Erwerbschancen im Rahmen des Gewerbebetriebs – der ja immer zugleich Berufsausübung ist –, die für sich gesehen wegen der Spezialität des Art. 12 Abs. 1 GG nicht in den Schutzbereich des Art. 14 Abs. 1 S. 1 GG fallen, bei der

[344] BVerfGE 51, 193 (218).
[345] BVerfGE 78, 58 (71).
[346] Maunz/Dürig (Papier) GG Art. 14 Rz. 95 ff.
[347] Vgl. BGHZ 111, 349 (355 f.).
[348] Vgl. BVerwGE 67, 93 (96); 81, 49 (54).
[349] Offen gelassen etwa in BVerfGE 51, 193 (221 f.); 96, 375 (397).
[350] Vgl. Maunz / Dürig (Papier) GG Art.14 Rz. 95 m. w. N.
[351] BVerfGE 58, 300 (353).

Bestimmung des Wertes des Gewerbebetriebes berücksichtigt werden und gerade diese Erwerbschancen den Mehrwert ausmachen, den der Gewerbebetrieb in seiner Sach- und Rechtsgesamtheit der Summe seiner Einzelwerte voraus hat. Soweit mit der h. M. der eingerichtete und ausgeübte Gewerbebetrieb somit nicht als Sach- und Rechtsgesamtheit in den Schutzbereich des Art. 14 Abs. 1 S. 1 GG einbezogen wird, ist aber nicht gesagt, dass einzelne dem Gewerbebetrieb zugeordnete Vermögensgegenstände nicht für sich gesehen in den Schutzbereich des Art. 14 Abs. 1 S. 1 GG fallen.

Es kann kein Zweifel bestehen, dass die Datenbanken im physikalischen Sinne als Einheit aus Hard- und Software, die nach der h. M.[352] insgesamt, also einschließlich der in der Hardware „verkörperten" Software, sogar als Sachen i. S. d. § 90 BGB zu verstehen sind, damit dem strengeren Eigentumsbegriff des § 903 S. 1 BGB unterfallen. Dass das Sacheigentum an der EDV-Anlage nebst Software in den Schutzbereich des Art. 14 Abs. 1 S. 1 GG fällt, kann ohne weitere Diskussion angenommen werden. Allerdings ist damit noch nicht gesagt, dass die beim CRM verarbeiteten personenbezogenen Daten selbst bzw. der Wert der mit der Soft- und Hardware erfassten Information im Sinne einer einheitlichen Sache ebenfalls in der Hardware verkörpert ist; richtiger Weise wird es sich dabei vielmehr um einen davon unabhängig zu betrachtenden immateriellen Vermögensgegenstand, ähnlich wie den Kundenstamm (der ja ebenfalls mit Informationstechnik verarbeitet wird) handeln, der jedenfalls mit dem Begriff des Sacheigentums nicht zutreffend beschrieben ist[353]. Beim CRM stellen somit der vorhandene Datenbestand und das „Know-how", das dem CRM zugrunde liegt, ohne weiteres Vermögensgegenstände dar, die auch dann in den Schutzbereich des Art. 14 Abs. 1 S. 1 GG fallen, wenn die Rechtsgesamtheit des Gewerbebetriebs nicht als solche geschützt werden soll. Dies gilt aber nicht für die gewerbliche Tätigkeit, die auf eine Ergänzung oder Verwertung dieses Datenbestandes gerichtet ist[354] und die in den Schutzbereich des Art. 12 GG fallen kann, was sogleich näher zu betrachten ist.

III. Rechte des Unternehmers aus Art. 12 GG

Soweit die Datenverarbeitung im CRM-Prozess als Beruf oder Teil der Berufsausübung des Unternehmers verstanden werden kann, könnte der Schutzbereich des Art. 12 Abs. 1 GG betroffen sein.

Beruf im Sinne des Art. 12 GG ist nach der Rechtsprechung des BVerfG jede selbständige oder unselbständige, freie oder staatlich gebundene, kontinuierliche, auf Dauer angelegte, auch untypische Tätigkeit der individuellen Wahl, in der sich persönliche Leistung und ein Beitrag zur gesellschaftlichen Gesamtlei-

[352] Zum Meinungsstand Palandt/Heinrichs BGB § 90 Rz. 2.
[353] Wie hier LG Konstanz NJW 1996, 2662; Palandt/Heinrichs BGB § 90 Rz. 2.
[354] Vgl. Maunz / Dürig (Papier) GG Art.14 Rz. 100 m. w. N.

stung ausdrückt[355]. Die Ausübung der Unternehmertätigkeit – durch eine natürliche Person – ist danach ohne Zweifel als Beruf im Sinne des Art. 12 Abs. 1 GG zu verstehen[356]; der Schutz kommt juristischen Personen gem. Art. 19 Abs. 3 GG insoweit zugute, als sie eine erwerbswirtschaftliche Tätigkeit ausüben, die ihrem Wesen und ihrer Art nach auch in gleicher Weise von einer natürlichen Person ausgeübt werden könnte[357]. Der Schutz aus Art. 12 GG kommt nach dem Wortlaut der Gesetzesbestimmungen nur Deutschen zu; für ausländische oder staatenlose natürliche Personen ist in der Verfassungsjudikatur allerdings anerkannt, dass sich ein vergleichbarer Schutz aus dem allgemeinen Persönlichkeitsrecht und der allgemeinen Handlungsfreiheit, also aus Art. 2 Abs. 1 GG ergibt[358]. Ausländische juristische Personen werden allerdings in diesen Schutz nicht einbezogen[359]. Weiterer Schutz für Nichtdeutsche kann im Rahmen völkerrechtlicher Verträge, insbesondere aus EU-Gemeinschaftsrecht, bestehen.

Neben der Berufsausübung sind u.a. auch die Berufswahl und die Wahl des Arbeitsplatzes im Sinne der Niederlassungsfreiheit durch Art. 12 Abs. 1 GG geschützt. Für die Bestimmung des Schutzbereichs ist vor dem Hintergrund, dass spätestens seit dem Apotheken-Urteil[360] von einem einheitlichen Schutzbereich der Berufsfreiheit auszugehen ist, keine exakte Differenzierung zwischen diesen einzelnen Schutzgegenständen erforderlich. Da jedoch für die Frage nach der Rechtfertigung von Eingriffen letztendlich doch eine solche Differenzierung gebraucht wird, ist bereits hier und im Vorgriff auf die Eingriffsprüfung festzustellen, dass zumindest in Betracht gezogen werden muss, dass auch die Freiheit der Berufswahl betroffen sein könnte. Das wird nicht der Fall sein, soweit CRM in dem beschriebenen Sinne von einem Unternehmen als Management-Tool verwendet wird, aber nicht selbst alleiniger Unternehmenszweck ist; das Unternehmen könnte in diesen Fällen ohne weiteres auf CRM verzichten und müsste allenfalls einen Rückschritt in seinen Bemühungen hinnehmen, die Kundenbeziehungen in wirtschaftlicher Hinsicht zu optimieren. Es ist auch schwer vorstellbar, dass der Betrieb des CRM als eigenständiger Unternehmensteil verstanden wird, der an Dritte zur selbständigen Ausübung „outgesourct“ werden kann; wie beschrieben, interagiert das CRM im Sinne des Regelkreis-Modells mit allen möglichen Unternehmensbereichen und kann daher nur als integraler Unternehmensbestandteil seine volle Wirkung entfalten. Soweit aber das CRM oder Teile davon doch durch unternehmensexterne Dritte betrieben wird, aus deren Sicht sich das CRM als wesentlicher Bestandteil seiner eigenen unterneh-

---

[355] Vgl. BVerfGE 7, 377 (397); 50, 362; 54, 313; Maunz / Dürig (Scholz) GG Art.12 Rz. 18 m. w. N.

[356] Hierzu vgl. insbes. BVerfGE 50, 363.

[357] Vgl. BVerfGE 21, 266; 22, 383; 30, 321; 50, 363; 53, 13; 65, 210; siehe auch Leibholz/Rinck/Hesselberger GG Art. 12 Rz. 6.

[358] BVerfGE 78, 179 (196 f.); 59, 284 (294); 35, 399; 49, 180.

[359] Jarrass / Pieroth (Jarass) GG Art. 12 Rz. 9 m. w. N.

[360] BVerfGE 7, 377

merischen Tätigkeit erweist, kann auch die Freiheit der Berufswahl betroffen sein. Weitere Schutzgegenstände der Berufsfreiheit dürften vorliegend nicht betroffen sein.

Die Datenverarbeitung beim CRM kann jedenfalls ohne weiteres als Teilaspekt der unternehmerischen Tätigkeit verstanden werden. Freilich ist damit die gesamte dem Schutz der Berufsfreiheit ohne weiteres unterfallende Unternehmertätigkeit nicht in Gänze betroffen – sie könnte ja auch ohne CRM ausgeübt werden – so dass sich die Frage stellt, ob auch eine isoliert betrachtete Teiltätigkeit für sich gesehen in den Schutzbereich der Berufsfreiheit fallen kann. Da der Begriff der im Rahmen der Berufsfreiheit bereits nach dem Wortlaut der Grundrechtsbestimmung mit geschützten Berufsausübung weit zu fassen ist[361], muss auch der Schutzbereich der Berufsfreiheit entsprechend weit gefasst werden, so dass die Datenverarbeitung beim CRM problemlos in den Schutzbereich fällt[362]. Umstritten ist noch, ob bei der Bestimmung des Berufsbegriffs – und damit des Schutzbereichs – auch darauf abzustellen ist, dass es sich um eine erlaubte Tätigkeit handelt.

Hier stellt sich somit die Frage, ob die beim CRM betriebene Datenverarbeitung dann nicht als Aspekt der Berufsausübung in den Schutzbereich des Art. 12 GG fällt, wenn sie – etwa aufgrund einschlägiger Vorschriften des BDSG – verboten ist. In der Rechtsprechung ist dazu angenommen worden, dass eine Tätigkeit, um in den Schutzbereich des Art. 12 GG zu fallen, nicht generell verboten[363] bzw. nicht sozial- oder gemeinschädlich[364] sein darf. In der Literatur wird dies mit Recht angegriffen: Mit einer Verengung des Schutzbereichs nur auf erlaubte Tätigkeiten hätte es der Gesetzgeber in der Hand, bereits den Schutzbereich durch allgemeine Gesetze zu beschränken, mit der Folge, dass die gesetzgeberische Maßnahme nicht mehr am Maßstab des Art. 12 Abs. 1 GG zu messen wäre[365]. Im übrigen muss die Beschränkung des Schutzbereichs durch die Maßgabe, dass die Tätigkeit nicht verboten sein darf, hier zu einem Zirkelschluss führen, wenn die Frage, ob die beim CRM vorgenommene Datenverarbeitung rechtmäßig ist oder nicht, erst im Ergebnis eines Abwägungsvorgangs beantwortet werden kann, bei dem – zumindest unter anderem – die Berufsfreiheit des Unternehmers gegen Rechte des von der Datenverarbeitung Betroffenen abzuwägen ist. Eine solche Einschränkung des Schutzbereichs soll hier daher nicht angenommen werden[366]. Sie ist nicht zuletzt auch im Hinblick auf

---

361 Vgl. die Beispiele bei Sachs, Grundrechte, B 12 Rz. 17.

362 Die in diesem Zusammenhang interessante Frage der Abgrenzung zwischen Berufswahl und Berufsausübung spielt ja bei der Bestimmung des Schutzbereichs noch keine Rolle, so dass darauf ggf. bei der Eingriffsprüfung zurückzukommen ist.

363 BVerwGE 87, 37 (40f.).

364 BVerwGE 22, 286 (289).

365 Epping, Grundrechte Rz. 336 (S. 138).

366 Siehe auch Kimms, Das Grundrecht der Berufsfreiheit..., in: JuS 2001, 664 (665).

die oben aufgestellte Regel, den Schutzbereich bei Grundrechten, die einem Schrankenvorbehalt unterliegen, weit zu fassen, vorliegend nicht geboten.

Als Zwischenergebnis kann festgehalten werden, dass die beim CRM betriebene Datenverarbeitung als Teilaspekt der Berufsausübung in den Schutzbereich des Art. 12 GG fällt.

IV. Rechte des Unternehmers aus Art. 5 Abs. 1 GG

Soweit im CRM-Prozess das Ergebnis der Auswertung des Datenbestandes hinsichtlich eines bestimmten Kunden wertenden Charakter hat – das kann beispielsweise der Fall sein, wenn ein „Kundenwert“ ermittelt wird oder bezogen auf einen Kunden eine Aussage zur Zahlungsmoral, zur Vertragstreue oder zum Betrugsrisiko getroffen wird – kann der Unternehmer sich möglicherweise auf seine Meinungsfreiheit berufen. Als Voraussetzung der Meinungsfreiheit wird die Informationsfreiheit gesehen, die dem Unternehmer bei der Erstellung seines Datenbestandes und beim Erwerb personenbezogener (oder anderer) Daten von Dritten möglicherweise ebenfalls zugute kommen kann. Schließlich kann es sein, dass der Unternehmer subjektive Kundeninformationen, die er mit seinem CRM geschaffen hat, nicht nur selbst für eigene Zwecke des Kundenmanagements verwendet, sondern sie auch an Dritte veräußert, die diese Informationen dann für eigene Zwecke weiter verwenden. In diesem Falle könnte die damit verbundene Meinungsäußerung ebenfalls in den Schutzbereich der Meinungsfreiheit fallen.

Die Informationsfreiheit schützt die ungehinderte Kenntnisnahme von Informationen aus allgemein zugänglichen Quellen, einschließlich aller Bemühungen, sich solche Informationen zu beschaffen[367]. Als allgemein zugängliche Quelle ist eine Quelle anzusehen, die technisch dazu geeignet und von dem berechtigten Inhaber der Quelle dazu bestimmt ist, von der Allgemeinheit wahrgenommen zu werden[368]; dabei ändert ein staatliches Verbot einer solchen Quelle nichts an der allgemeinen Zugänglichkeit, sondern stellt sich als Grundrechtsbeschränkung dar[369]. Grundrechtsträger sind jedenfalls alle natürlichen Personen; für inländische juristische Personen des Privatrechts richtet sich die Anwendbarkeit nach Art. 19 Abs. 3 GG; soweit sie durch die dahinter stehenden natürlichen Personen (Organe oder Mitarbeiter) Informationen zur Kenntnis nehmen können, fallen sie auch in den persönlichen Schutzbereich der Informationsfreiheit[370]. Ausländische juristische Personen werden nicht geschützt. Für das CRM

[367] Vgl. BVerfGE 90, 27 (32 f.): Auch die Beschaffung und Benutzung einer Parabolantenne zum Rundfunkempfang ist als Bestandteil der Selbstunterrichtung aus allgemein zugänglichen Quellen (hier: Satellit) geschützt.

[368] Vgl. auch Maunz / Dürig (Herzog) GG Art.5 Rz. 87, 90 f.; BVerfGE 27, 71 (73).

[369] BVerfGE 90, 27 (32); 27, 71 (83 ff.); 33, 52 (65).

[370] Vgl. Sachs, Verfassungsrecht II, S. 293 Rz. 23.

läßt sich folgern, dass die Erhebung von personenbezogenen Daten aus allgemein zugänglichen Quellen ohne weiteres in den Schutzbereich der Informationsfreiheit fällt.

Schutzgegenstand der Meinungs(äußerungs)freiheit ist die Meinung. Der Begriff der Meinung ist dabei weit zu fassen: Gemeint sind Auffassungen (Überzeugungen, Einschätzungen) des Einzelnen, seine Bewertung von Vorgängen und Gegebenheiten, unabhängig davon, wie fundiert oder plausibel sie sind; damit fällt auch die auf Verunglimpfung zielende Schmähkritik in den Schutzgegenstand. Abzugrenzen sind Meinungsäußerungen als wertende Stellungnahmen von reinen Tatsachenmitteilungen, wobei der Kreis solcher nicht geschützter Tatsachenmitteilungen im Interesse eines effektiven Rechtsschutzes eng zu fassen ist[371]. Die Meinungs(äußerungs)freiheit ist Jedermann-Recht und schützt gem. Art. 19 Abs. 3 GG inländische juristische Personen des Privatrechts, da sie auch in der Lage sind, Meinungen zu äußern. Ausländische juristische Personen werden nicht geschützt. Beim CRM kann nach der oben stehenden Definition ein Kundenwert, ein Persönlichkeitsprofil, eine Bonitätseinschätzung oder etwa eine Betrugsrisikowarnung als Meinung angesehen werden, die damit in den Schutzbereich fällt, weil solche subjektiven Kundendaten immer wertenden Charakter haben und damit niemals reine Tatsachen sind[372].

Die Annahme, dass zumindest einzelne Teile der Datenverarbeitung für das bzw. im CRM in den Schutzbereich der Meinungs- und Informationsfreiheit fallen, erscheint allerdings insofern nicht unproblematisch, als die Meinungs- und Informationsfreiheit in der Rechtsprechung des BVerfG und in der Literatur vorrangig in ihrer „politischen Dimension" wahrgenommen wird[373]. So meint das BVerfG[374]: „Das Grundrecht der Informationsfreiheit ist wie das Grundrecht der freien Meinungsäußerung eine der wichtigsten Voraussetzungen der freiheitlichen Demokratie (...) Erst mit seiner Hilfe wird der Bürger in den Stand gesetzt, sich selbst die notwendigen Voraussetzungen zur Ausübung seiner persönlichen und politischen Aufgaben zu verschaffen, um im demokratischen Sinne verantwortlich handeln zu können. Mit zunehmender Informiertheit erkennt der Bürger Wechselwirkungen in der Politik und ihre Bedeutung für seine Existenz und kann daraus Folgerungen ziehen; seine Freiheit zur Mit-

---

[371] Vgl. Sachs, Verfassungsrecht II, S. 286 Rz. 3.

[372] Das stellt Weichert (Verbraucher-Scoring meets Datenschutz, in: DuD 2006, 399 [403]) für das Scoring in Frage, da es sich „nicht um subjektive persönliche Meinungen, sondern um objektiv mathematisch-statistische Berechnungen zu einer Person" handele, die einer strengen Richtigkeitskontrolle unterzogen werden könnten. Dem soll hier nicht gefolgt werden: Wo der Score-Wert mit Data Mining-Methoden ermittelt wird, lässt er sich praktisch kaum auf seinen – den Grunddaten innewohnenden – objektiven Gehalt zurückführen; das wird durch den Meinungsbegriff besser charakterisiert.

[373] Schmitt Glaeser beklagt dies ausdrücklich (Das Grundrecht auf Informationsfreiheit, in: Jura 1987, 567 (568) m. w. N.).

[374] BVerfGE 27, 71 (81 f.).

verantwortung und zur Kritik wächst. Nicht zuletzt können die Informationen den Einzelnen befähigen, die Meinungen anderer kennen zu lernen, sie gegeneinander abzuwägen, damit Vorurteile zu beseitigen und Verständnis für Andersdenkende zu wecken." Auch in der „Benetton"-Entscheidung[375], die sich mit Fragen der kommerziellen Meinungsäußerung und der Wirtschaftswerbung befasst und die daher den politischen Meinungsbildungsprozess kaum berührt, rückt das BVerfG diese politische Dimension der Meinungsfreiheit – ungeachtet der grundsätzlich eher unpolitischen Ausgangssituation – in den Vordergrund seiner Argumentation.

Es ist unschwer zu erkennen, dass das BVerfG hier die demokratisch-funktionale Grundrechtstheorie in Ansatz bringt. Das Grundrecht aus Art.5 Abs. 1 GG bildet ohne Zweifel den Hauptanwendungsfall dieser Theorie, weil die Informationsfreiheit und ihr Gegenpol, die Meinungsfreiheit, Fundamente eines funktionierenden demokratischen Staatswesens sein müssen. Bemerkenswert an der „Benetton"-Entscheidung ist dabei aber, dass das Gericht diese Theorie weit über den Schutz der nach konservativem Verständnis originär politischen Meinungen hinaus ausdehnt, indem es noch in einer – wenn auch unkonventionellen[376] – Werbeaussage schutzfähige politische Inhalte sieht. Es fällt schwer, eine solche, in der seinerzeit streitbefangenen Benetton-Werbung vielleicht noch erkennbare politische Dimension auch in der Informationsbeschaffung über potenzielle, aktuelle oder ehemalige Kunden oder in der Bewertung von (tatsächlichen oder mutmaßlichen) Kundeneigenschaften zu erblicken; damit stellt sich die Frage, ob diese Art der Informationsbeschaffung und Meinungsbildung im ausschließlich wirtschaftlichen Interesse überhaupt in den Schutzbereich des Art. 5 Abs. 1 GG fällt. Will man die Gedanken der demokratisch-funktionalen Grundrechtstheorie nicht ins Uferlose abgleiten lassen, wird man mit dieser Grundrechtstheorie schwerlich vertreten können, diese Art der Informationsbeschaffung und Meinungsbildung des Unternehmens beim CRM in den Schutzbereich der Grundrechte aus Art. 5 Abs. 1 GG einzuordnen.

Neben der „demokratiestaatlichen Komponente" enthält das Grundrecht der Meinungsfreiheit nach der höchstrichterlichen Rechtsprechung allerdings auch eine „individual-menschenrechtliche" Komponente[377]; hier stellt das BVerfG[378] unter anderem auf die Entfaltung der Persönlichkeit ab: „Es gehört zu den elementaren Bedürfnissen des Menschen, sich aus möglichst vielen Quellen zu unterrichten, sein Wissen zu erweitern und sich so als Persönlichkeit zu entfalten. Zudem ist in der modernen Industriegesellschaft der Besitz von Informationen von wesentlicher Bedeutung für die soziale Stellung des Einzelnen." Dieser Ansatz ist vor allem von der liberalen Grundrechtstheorie geprägt, aber mit der Be-

---

[375] BVerfG NJW 2001, 591.
[376] Hier ging es ja um sogenannte „Schockwerbung"!
[377] BK (Degenhart) GG Art. 5 Abs. 1 u.2 Rz. 319 m. w. N.
[378] BVerfGE 27, 71 (81).

tonung der Notwendigkeit der Teilhabe des Einzelnen an Information im Hinblick auf die soziale Stellung des Einzelnen in der Gesellschaft klingen auch Gedanken der sozialstaatlichen Grundrechtstheorie mit an.

Zweifelhaft erscheint auch hier, ob das Recht, das als individuelles Menschenrecht ähnlich dem allgemeinen Persönlichkeitsrecht auf ein Individuum und seine menschlichen Bedürfnisse zugeschnitten ist, auch auf rein wirtschaftliche Interessenlagen zugunsten eines Unternehmers angewendet werden kann.

Zieht man allerdings in Betracht, dass die Privatautonomie als Aspekt der freien Entfaltung der Persönlichkeit aufzufassen ist[379] und dass das BVerfG, wie gesehen, speziell mit Bezug auf die moderne Industriegesellschaft dem Besitz von Informationen besondere Bedeutung für die soziale Stellung des Einzelnen beimisst, kann es jedenfalls aus Sicht liberaler Grundrechtstheorien keinen Unterschied machen, ob der Unternehmer in Person als „Einzelner“, als menschliches Individuum, oder als juristische Person, hinter der eine beliebig große Gesamtheit natürlicher Personen steht, betrachtet wird. Es muss folgen, dass auch die Informationsbeschaffung – jedenfalls aus allgemein zugänglichen Quellen – für die rein wirtschaftlichen Zwecke des CRM und ohne jeglichen politischen Hintergrund zugunsten des Unternehmers unter den verfassungsmäßigen Schutz der Informationsfreiheit fällt und die Bewertung von Kundeneigenschaften unter den der Meinungsfreiheit. Wird aber die Einbeziehung dieser rein wirtschaftlich motivierten Informations- und Meinungsbildungsinteressen in den Schutzbereich der Meinungs- und Informationsfreiheit anerkannt, verbietet es sich, diesen Schutz a priori als geringwertiger anzusehen als den Schutz, der in Anwendung der demokratisch-funktionalen Grundrechtstheorie aus der „politischen Dimension“ der Meinungs- und der Informationsfreiheit hergeleitet werden kann.

Sicherlich ist diese außerordentlich weite Schutzbereichsbestimmung in dogmatischer Hinsicht mit guten Gründen angreifbar. Von den einzelnen bereits genannten gängigen Grundrechtstheorien wird lediglich die liberale Grundrechtstheorie hier zu dem Ergebnis gelangen können, dass die beim CRM betriebene Datenverarbeitung in den Schutzbereich der Kommunikationsgrundrechte fällt; alle anderen möglicherweise einschlägigen Grundrechtstheorien werden das „politische“ Element der Kommunikationsgrundrechte im Vordergrund sehen und insofern von einem enger begrenzten Schutzbereich ausgehen. Vor dem Hintergrund der Multifunktionalität der Grundrechte jedoch und mit der Annahme, dass mehrere Grundrechtstheorien widerspruchsfrei nebeneinander zur Anwendung gelangen können, ist dies aber ein Befund, der dazu führt, dass davon auszugehen ist, dass der Schutzbereich vorliegend betroffen ist. Die weite Schutzbereichsbestimmung erfolgt im Übrigen auch in Übereinstimmung mit der Regel, dass Grundrechtsschranken bei der Bestimmung des Schutzbereichs

---

[379] Leibholz/Rinck/Hesselberger GG Art.2 Rz. 23 m. w. N.

einen weiten Schutzbereich rechtfertigen, und der Vorbehalt allgemeiner Gesetze in Art. 5 Abs. 2 GG enthält einen sehr weit reichenden Schrankenvorbehalt, der als Korrektiv für den weiten Schutzbereich wirken kann. Zudem ist nicht zu verkennen, dass es auf der Sachverhaltsebene bei einer nicht von dogmatischen Erwägungen geprägten Betrachtung durchaus um Fragen der Informationsbeschaffung wie der Meinungsbildung und -äußerung geht; wird weiter berücksichtigt, dass ansonsten wegen der lückenlosen Grundrechtsgewährleistung die im CRM enthaltene Informationsbeschaffung, die Meinungsbildung und -äußerung jedenfalls durch die allgemeine Handlungsfreiheit geschützt würden, sind die Informationsgrundrechte als speziellere Gewährleistungen eher einschlägig. Die unzweifelhaft gebotene Einschränkung ist bei der Bestimmung und Anwendung der Schranken vorzunehmen.

Zu klären ist noch die Grundrechtskonkurrenz im Verhältnis zur Berufsfreiheit, da sich das CRM insgesamt, wie gesehen, zumindest als Aspekt der Berufsausübung darstellt. Hier ist aber der Unterschied zwischen den betroffenen Schutzgütern so groß, dass die Grundrechte nebeneinander Wirkung beanspruchen können.

V. Rechte des Unternehmers aus Art. 2 Abs. 1 GG

Die allgemeine Handlungs- bzw. Verhaltensfreiheit aus Art. 2 Abs. 1 GG bezieht zunächst einmal jegliches Verhalten in den Schutzbereich ein, so dass jegliches mit dem CRM verbundene Verhalten in den Schutzbereich fällt.

Die in Art. 2 Abs. 1 GG gewährte allgemeine Handlungs- bzw. Verhaltensfreiheit in all ihren Ausprägungen ist gegenüber den spezielleren Freiheitsrechten subsidiär[380]. Es ist also vorliegend zu klären, ob Art. 2 Abs. 1 GG für das CRM Schutz gewährt, der nicht bereits von den Schutzbereichen der bisher geprüften Grundrechte abgedeckt wird. Bisher wurde festgestellt, dass CRM als Modus der Berufsausübung (oder ggf. der Berufswahl) in den Schutzbereich des Art. 12 Abs1 GG fällt, der Vermögenswert der Daten und des Know-hows von Art. 14 Abs. 1 S. 1 GG geschützt wird und die Informationsbeschaffung und die Bewertung von Kundeneigenschaften in den Schutzbereich des Art. 5 Abs. 1 GG fallen. Insoweit besteht also Subsidiarität im Hinblick auf die Anwendung des Art. 2 Abs. 1 GG. Von den bisher angesprochenen Freiheitsrechten zumindest teilweise nicht gedeckt ist die Privatautonomie, die als Ausdruck der Selbstbestimmung des Einzelnen im Rechtsleben eine besondere Ausprägung der allgemeinen Handlungsfreiheit darstellt. Unter den Begriff der Privatautonomie fällt primär das Recht, Verträge grundsätzlich so abzuschließen, wie es der Einzelne wünscht[381]. CRM ist in seiner Ausgestaltung als Closed-Loop-Prozess an sich ein interner Vorgang des Unternehmens, der jedenfalls bei ober-

[380] z. B. BVerfGE 95, 173 (188).
[381] Vgl. z. B. BVerfGE 95, 267 (303 f.).

flächlicher Betrachtung das Vertragsverhältnis mit dem Kunden oder mit Dritten, mit denen Daten ausgetauscht werden oder die im Auftrag Daten des CRM verarbeiten, nur indirekt berührt. Es ist aber nicht zu verkennen, dass im Ergebnis des CRM Entscheidungen zur Auswahl möglicher Vertragspartner oder zur Beendigung oder Veränderung bestehender Vertragsbeziehungen getroffen werden, die möglicherweise durch die Privatautonomie geschützt werden. Weiterhin bedingt CRM an einigen Stellen Vertragsbeziehungen; so mag die Ausgestaltung der AGB mitentscheidend sein, ob die Datenverarbeitung beim CRM rechtmäßig ist oder nicht. Soweit Teile des CRM im Wege der Auftragsdatenverarbeitung durch Dritte wahrgenommen werden oder Daten von Dritten in das CRM einbezogen werden, geschieht dies auf vertraglicher Grundlage; der Abschluss all solcher Verträge berührt somit die Vertragsfreiheit.

Die Privatautonomie ist Institutsgarantie, hat aber zugleich den subjektiven Gehalt eines „Bewirkungsrechts". Darunter soll hier ein Recht verstanden werden, das für den Berechtigten die Möglichkeit schafft, durch rechtlich erhebliches Tun Rechtsfolgen auszulösen.[382] Als Reflex auf dieses Bewirkungsrecht besteht ein Abwehrrecht, das den Grundrechtsberechtigten davor schützt, dass ihm sein jeweiliges Bewirkungsrecht entzogen oder eingeschränkt wird. Es ist festzuhalten, dass das beim CRM betroffene Vertragsgeschehen in den Schutzbereich dieses Abwehrrechts fällt.

Da auch andere Grundrechte als das der allgemeinen Handlungsfreiheit aus Art. 2 Abs. 1 GG Elemente der Vertragsfreiheit enthalten können, muss nochmals auf die Frage eingegangen werden, ob im Hinblick auf die oben dargestellten Grundrechte, in deren Schutzbereich CRM fällt, Subsidiarität der Vertragsfreiheit anzunehmen ist[383]. Die Frage kann ohne genauere Betrachtung konkreter Vertragsverhältnisse, die im Zusammenhang mit dem CRM eine Rolle spielen, kaum beantwortet werden. Es soll daher für die weitere Bearbeitung davon ausgegangen werden, dass jedenfalls nicht alle diejenigen Aspekte des CRM, die zumindest subsidiär durch die Vertragsfreiheit geschützt werden, zugleich in den Schutzbereich anderer Grundrechte fallen. Zudem wird angesichts der weit gefassten Schrankenbestimmung in Art. 2 Abs. 2 GG der durch die Privatautonomie gewährte Schutz nicht weiter reichen als der durch ein spezielleres Grundrecht gewährte Schutz, so dass jedenfalls bei der Frage nach der Rechtmäßigkeit eines Eingriffs kein falsches Ergebnis entsteht, wenn die Subsidiarität der Privatautonomie fälschlich unberücksichtigt bleibt.

Dem Charakter des Art. 2 Abs. 1 GG als Auffanggrundrecht entspricht, dass die Datenverarbeitung im CRM, soweit sie nicht bereits speziellere Grundrechtstatbestände erfüllt, jedenfalls in den Schutzbereich der allgemeinen Handlungsfreiheit, also des Art. 2 Abs. 1 GG, fällt.

---

[382] Sachs, Verfassungsrecht II, Grundrechte A4 Rz. 33 ff. (S. 42).
[383] Vgl. Maunz/Dürig (Di Fabio) GG Art. 2 Abs. 1 Rz. 103.

C. Das Interesse des Dritten

Wie im vorigen Kapitel beschrieben, wird das Data Warehouse beim CRM nicht ausschließlich mit solchen Daten beschickt, die der Unternehmer selbst erhoben hat. Der Unternehmer wird auch auf Daten von dritter Seite zurückgreifen, um die Wissensbasis für das analytische CRM zu erweitern, konkrete Kundendatenbestände – etwa um Bonitätsdaten von Auskunfteien wie Creditreform oder der Schufa – zu vervollständigen oder um an Adressdaten potenzieller Kunden zu gelangen. Die Dritten, die diese Daten liefern, werden ein eigenes wirtschaftliches Interesse an der Veräußerung dieser Daten haben, so dass der rechtliche Schutz dieses Interesses ähnlich ausgestaltet ist wie der des CRM betreibenden Unternehmers selbst.

Weiter ist der Fall denkbar, dass das CRM eines Unternehmens zumindest teilweise von Dritten als Auftragsdatenverarbeitung betrieben wird. Unabhängig davon, dass diese Datenverarbeitung in datenschutzrechtlicher Hinsicht dem Auftrag gebenden Unternehmen zugeordnet werden kann, besteht beim Auftragnehmer ein eigenes wirtschaftliches Interesse an dieser Datenverarbeitung, so dass auch für solche Auftragnehmer die Frage nach dem rechtlichen Schutz solcher Interessen zu stellen ist. Auch hier liegt freilich die Interessenlage parallel zu der des Auftrag gebenden Unternehmers.

Wegen der Ähnlichkeit der betroffenen Interessen kann die Bestimmung des Schutzbereichs hier in knapper Form und durch Verweise auf die bisher getätigten Ausführungen vorgenommen werden.

So fällt die eigene unternehmerische Tätigkeit dieser Dritten ohne weiteres in den Schutzbereich der Berufsfreiheit aus Art. 12 Abs. 1 GG. Mehr als bei dem CRM betreibenden Auftraggeber ist aber bei diesen Dritten die Möglichkeit in Betracht zu ziehen, dass es sich bei der dem CRM dienenden Informationsbeschaffung oder der Auftragsdatenverarbeitung um den alleinigen Geschäftszweck des Drittunternehmens handelt, so dass mit größerer Wahrscheinlichkeit als beim Auftraggeber die Berufsfreiheit auch in Gestalt der Berufswahlfreiheit betroffen sein kann.

Der beim Drittunternehmen vorhandene Datenbestand und das zur Verwirklichung des Geschäftszwecks verwendete vorhandene Know-how fallen ohne weiteres – als einzelne Vermögensgegenstände – in den Schutzbereich des Art. 14 Abs. 1 GG. Auch an dieser Stelle ist darauf zu verweisen, dass die Möglichkeit der kommerziellen Verwertung als bloße Erwerbsaussicht nicht in den Schutzbereich fällt.

Für das Drittunternehmen, das Informationen für das CRM des Auftraggebers liefert, kann nach der oben bereits vertretenen weiten Schutzbereichsbestimmung ebenso wie für den Auftraggeber angenommen werden, dass die in der Kundenwert-Bestimmung vorgenommene Meinungsbildung sowie die Informationsbeschaffung in den Schutzbereich der Kommunikationsgrundrechte aus Art. 5 Abs. 1 GG fallen. Soweit durch das Drittunternehmen solche Informationen wie Kundenwerte oder etwa Angaben zur Bonität potenzieller oder aktueller Kunden zum Auftraggeber kommuniziert werden, ist zusätzlich die Meinungsäußerungsfreiheit berührt, die mit der oben vertretenen weiten Schutzbereichsbestimmung aus den genannten Gründen ebenfalls in den Schutzbereich des Art. 5 Abs. 1 GG fallen muss.

Hinsichtlich der Vertragsfreiheit aus Art. 2 Abs. 1 GG ist das Interesse des Drittunternehmens bezüglich seiner Zuarbeit zum CRM des Auftraggebers auf die vertragliche Beziehung zum Auftraggeber beschränkt. Aus den oben genannten Gründen fallen diese Vertragsbeziehungen in den Schutzbereich des aus der Vertragsfreiheit herzuleitenden Abwehrrechts, soweit nicht bereits der Schutzbereich speziellerer Freiheitsrechte – auch hier kommt wieder vor allem der der Berufsfreiheit in Betracht – betroffen ist. Andere, möglicherweise auch geschützte Vertragsbeziehungen des Drittunternehmens sind für diese Betrachtung ohne Belang.

Kapitel 5: Schutzkonzepte als normative Reaktion

A. Gegenstand der weiteren Prüfung

Es wurde festgestellt, dass bestimmte Schutzpflicht-Tatbestände erfüllt werden, dass somit den Gesetzgeber Schutzpflichten zum Schutz des Betroffenen vor der mit der Datenverarbeitung für Zwecke des CRM verbundenen Grundrechtsbeeinträchtigungen treffen und dass die aufgrund dieser Schutzpflichten zu ergreifenden Maßnahmen einer gesetzlichen Grundlage bedürfen. Die einfachgesetzliche Ausgestaltung normgeprägter Grundrechte und die Schaffung von Gesetzen als Grundlage von staatlichen Schutzmaßnahmen zur Erfüllung der Schutzpflichten können als normative Reaktion auf den eingangs beschriebenen Konflikt der Interessen des Kunden gegenüber den Interessen des Unternehmers / Dritten verstanden werden, also – aus datenschutzrechtlicher Perspektive – als Maßnahmen in Erfüllung der grundrechtlichen Schutzpflicht gegenüber dem Betroffenen. Hier gilt es also nun, die vom Gesetzgeber tatsächlich ergriffenen einschlägigen Schutzmaßnahmen einer genaueren Betrachtung zu unterziehen.

B. einfachgesetzliche Normen zum Schutz des von der Datenverarbeitung für Zwecke des CRM Betroffenen

Hier gerät vor allem das BDSG in den Fokus dieser Arbeit. § 1 Abs. 1 BDSG beschreibt als Gesetzeszweck den Schutz des Einzelnen vor Beeinträchtigungen seines Persönlichkeitsrechts durch den Umgang mit seinen personenbezogenen Daten. Damit hat der Gesetzgeber den Schutzgegenstand des BDSG weiter gefaßt als den vom BVerfG mit dem Volkszählungsurteil geprägten Begriff der „informationellen Selbstbestimmung". Gola / Schomerus sehen offenbar bei dieser Zweckbestimmung keinen materiellen Unterschied zwischen der Beschreibung des Schutzgegenstands als „Persönlichkeitsrecht" und als „Recht auf informationelle Selbstbestimmung"[384]; dem kann angesichts der hier gewählten Begriffsbestimmung nicht gefolgt werden, da festgestellt wurde, dass der Begriff des Persönlichkeitsrechts in dem hier relevanten Kontext insofern weiter reicht als der der informationellen Selbstbestimmung, als auch der Schutz der personalen Identität, der nach der hier vertretenen Ansicht nicht vom Recht auf informationelle Selbstbestimmung erfasst wird, als Aspekt des allgemeinen Persönlichkeitsrechts zu verstehen ist. Der Schutzzweck des BDSG umfasst daher sowohl das Recht auf informationelle Selbstbestimmung als Recht auf Schutz der sozialen Identität des Betroffenen wie auch das Recht zum Schutz seiner personalen Identität. Als spezielleres Gesetz verdrängt das BDSG, soweit einschlägig, die Vorschriften des BGB[385].

---

[384] Gola / Schomerus, BDSG § 1 Rz. 6.

Aus der Schutzzweckbestimmung in § 1 Abs. 1 BDSG wird auch deutlich, dass das Gesetz für den Schutz von Eigentumsinteressen und der Berufsfreiheit nicht einschlägig ist. Soweit das Recht der Verfügung über die eigenen personenbezogenen Daten als vermögenswertes Nutzungs- und Verwertungsrecht begriffen wird und soweit gegenüber der Datenverarbeitung für Zwecke des CRM Schutzbedarf zugunsten der Berufsausübungsfreiheit des Betroffenen besteht, kommt es daher nicht auf das BDSG an. Es ist vielmehr zu prüfen, ob andere einfachgesetzliche Regelungen den angesichts der staatlichen Schutzpflicht gebotenen Schutz gewähren; dafür kommen mangels spezialgesetzlicher Regelungen im Hinblick auf den Eigentumsschutz vor allem die das Eigentum schützenden Normen und im Hinblick auf die Berufsfreiheit das Deliktsrecht des BGB in Betracht.

C. Das BDSG als Schutznorm

Die Rechtmäßigkeit der Erhebung, Verarbeitung und Nutzung personenbezogener Daten richtet sich nach dem BDSG[386]. Da es sich beim CRM zumeist um Datenverarbeitung nichtöffentlicher Stellen handelt, ist gem. § 1 Abs. 2 Nr. 3 BDSG erste Voraussetzung der Anwendbarkeit des BDSG, dass es sich beim CRM um automatisierte Datenverarbeitung handelt. Weil CRM in seinem Kern wegen der verwendeten Analysemethoden – Data Mining und OLAP – auf maschinenlesbare Datenbanken angewiesen ist, kann es ausschließlich als IT-Lösung funktionieren, so dass nachfolgend ohne weiteres davon ausgegangen werden kann, dass es sich bei der Datenverarbeitung im CRM ausschließlich um automatisierte Datenverarbeitung („unter Einsatz von Datenverarbeitungsanlagen") i. S. d. § 1 Abs. 2 Nr. 3 i. V. m. § 3 Abs. 2 S. 1 BDSG handelt.

§ 4 Abs. 1 BDSG enthält den für das deutsche Datenschutzrecht maßgeblichen Grundsatz des „Verbots mit Erlaubnisvorbehalt"[387]. Gem. § 4 Abs. 1 BDSG ist die Erhebung, Verarbeitung und Nutzung personenbezogener Daten grundsätzlich verboten, es sei denn,

- der Betroffene hat eingewilligt,
- eine spezielle Rechtsvorschrift gestattet die Datenverarbeitung
- oder die Datenverarbeitung wird durch das BDSG selbst gestattet.

---

[385] Der Vorrang des „lex specialis" ist Ergebnis der systematischen Auslegung der betreffenden Normen; vgl. Horn, Einführung in die Rechtswissenschaft und Rechtsphilosophie, S. 115 Rz. 180 f. Im Vorgriff auf die Erörterung der in § 4 Abs. 1 BDSG geregelten Subsidiarität des BDSG ist mitzuteilen, dass sich diese auf bereichsspezifische Erlaubnisnormen des BDSG bezieht (vgl. Gola / Schomerus, BDSG § 4 Rz. 7 ff.), eine Subsidiarität gegenüber den hier in Betracht kommenden allgemeinen Regelungen des BGB – das wären vor allem die des Deliktsrechts – ergibt sich nicht aus § 4 Abs. 1 BDSG.

[386] Vgl. § 1 Abs. 2 BDSG.

[387] Gola / Schomerus, BDSG § 4 Rz. 3.

Das BDSG hat den Charakter eines Auffanggesetzes; aus Gründen der Rechtssystematik wäre daher – nach der Feststellung, dass und inwieweit beim CRM personenbezogene Daten i. S. d. BDSG verarbeitet werden – zunächst die Frage nach Vorhandensein und Reichweite einer Einwilligung, dann die nach einer speziellen Ermächtigungsnorm und schließlich die nach einem Erlaubnistatbestand aus dem BDSG zu beantworten. Da in der Praxis erst dann auf eine Einwilligung zurückgegriffen wird, wenn kein anderer Grund für die Erlaubnis besteht[388], wird die Frage nach der Einwilligung hier erst am Ende der Rechtsprüfung aufgeworfen.

Das Vorliegen des erforderlichen Erlaubnistatbestandes ist für jede einzelne Phase der Datenverarbeitung gesondert bzw. erneut zu prüfen[389]. Im Folgenden gilt es also, für das gesamte soeben beschriebene CRM und jede Phase der Datenverarbeitung in diesem Prozess geeignete Erlaubnistatbestände zu suchen und zu prüfen. Zunächst ist jedoch die Feststellung erforderlich, inwieweit es bei der Datenverarbeitung im CRM um „personenbezogene Daten" im Sinne des BDSG geht. Weiterhin sind die einzelnen Phasen der Datenverarbeitung im gesetzlichen Sinne den tatsächlichen Phasen der Datenverarbeitung im CRM zuzuordnen.

Ebenfalls Bestandteil des datenschutzrechtlichen Schutzkonzepts sind Auskunfts- und Berichtigungsansprüche des Betroffenen nach §§ 34 und 35 BDSG und die Einrichtung einer Aufsichtsbehörde gem. § 38 BDSG. Da diese Regeln und ihre Umsetzung zwar mit der Wirksamkeit des Schutzkonzepts, nichts aber mit der Frage nach der Rechtmäßigkeit der Datenverarbeitung des CRM zu tun haben, sind sie an dieser Stelle noch nicht zu betrachten.

I. Begriffsbestimmungen zum BDSG

Zunächst ist jedoch die Feststellung erforderlich, inwieweit es bei der Datenverarbeitung im CRM um „personenbezogene Daten" im Sinne des BDSG geht. Weiterhin sind die einzelnen Phasen der Datenverarbeitung im gesetzlichen Sinne den tatsächlichen Phasen der Datenverarbeitung im CRM zuzuordnen.

1. Personenbezogene Daten

Das BDSG beschreibt in § 3 Abs. 1 personenbezogene Daten als „Einzelangaben über persönliche oder sachliche Verhältnisse einer bestimmten oder bestimmbaren natürlichen Person", des „Betroffenen". Diese Beschreibung wirft hinsichtlich der Behandlung der im CRM stattfindenden Datenverarbeitung eine Reihe von Fragen auf.

---

[388] Gola / Schomerus, BDSG § 4 Rz. 5 u. 14; mehr zu den Gründen hierfür bei der Erörterung der Einwilligungsproblematik (s.u.).

[389] Gola / Schomerus, BDSG § 4 Rz. 5.

a) „Einzelangaben", insbesondere bei aggregierten oder anonymen Daten

Einzelangaben sind Informationen, die sich auf eine bestimmte – einzelne – natürliche Person beziehen oder geeignet sind, einen Bezug zu ihr herzustellen[390]. Soweit Daten individueller, konkret identifizierbarer natürlicher Personen verarbeitet werden – wie etwa Kunden-Stammdaten[391] – handelt es sich ohne Zweifel um personenbezogene Einzelangaben.

Im CRM finden aber auch Daten Verwendung, bei denen nicht davon auszugehen ist, dass es sich im oben beschriebenen Sinne um „Einzelangaben" handelt. Dieses sind insbesondere statistische und auf Durchschnittswerten beruhende Angaben, die entweder im analytischen CRM im Wege der Auswertung von Kundendaten geschaffen werden oder von Dritten – etwa in Form von Life-style-Daten aus Konsumentenbefragungen, mikrogeographischen Segmentierungen oder anderen Marktforschungsergebnissen – erworben und in den CRM-Prozess eingebracht werden, um daraus mittels des Data Mining Zusammenhänge und erklärungsrelevante Merkmale für vorgegebene Zielgrößen wie Kundenwert oder Kundengruppenzugehörigkeit zu ermitteln. Handelt es sich bei diesen Daten selbst auch nicht um Einzelangaben[392] (mit der Folge, dass die Erhebung solcher Daten nicht unter das BDSG fällt!), so folgt jedoch aus der individuellen Zuordnung einzelner Kunden zu Gruppen, die über solche Zielgrößen definiert werden, dass mit der Zurechnung des Gruppenergebnisses zugleich auf individuelle Personen bezogene Einzelangaben i. S. d. § 3 Abs. 1 BDSG geschaffen werden[393].

Dies ist in der datenschutzrechtlichen Literatur keineswegs unumstritten. Ausgangspunkt der Diskussion ist die Frage, ob Rating- und Scorewerte[394], wie sie etwa die SCHUFA für Aussagen über die Bonität von Kreditnehmern bildet, personenbezogene Daten im Sinne des § 3 Abs. 1 BDSG sind. In der Diskussion wird teilweise nicht sauber getrennt, ob das Problem nun darin liegt, dass die Eigenschaft dieser Daten als Einzelangaben oder der Personenbezug bezweifelt wird[395]; da bei der Zuordnung solcher Werte zu individuellen Personen der Personenbezug kaum in Frage gestellt werden kann, ist die Diskussion richtiger Weise der Frage nach der Eigenschaft dieser Daten als Einzelangaben zuzuord-

---

390 Gola / Schomerus, BDSG § 4 Rz. 3 m. w. N.

391 Natürlicher Personen; zu den juristischen Personen unter den Kunden s.u.

392 Vgl. z. B. BFH NJW 1994, 2246.

393 Vgl. BAG NZA 1995, 185.

394 Hierzu vgl. Petri, Sind Scorewerte rechtswidrig? In: DuD 2003, 631 m. w. N. Danach wird z. B. beim „Kreditscoring" von einem Instrument gesprochen, das mittels eines standardisierten mathematisch-statistischen Verfahrens eingesetzt wird, um ein künftiges Zahlungsverhalten eines bestimmten potenziellen oder tatsächlichen Kunden vorherzusagen. Scoring wird hier als Unterfall des CRM angesehen.

395 Bei Petri, Sind Scorewerte rechtswidrig? In: DuD 2003, 631 (633) wird dieses Problem als eines des Personenbezugs diskutiert, während bei Gola / Schomerus (BDSG § 6 a Rz. 15) auf die Anmerkungen zu den Einzelangaben (§ 3 Rz. 3) verwiesen wird.

nen. Jedenfalls wird die Auffassung vertreten, Scorewerte bezögen sich ausschließlich auf eine statistische Vergleichsgruppe, der nicht mehr ermittelbare Dritte angehörten, weshalb der Scorewert nicht persönliche oder sachliche Verhältnisse einer Person beschreibe, sondern die einer statistischen Vergleichsgruppe, daher sei der Scorewert kein personenbezogenes Datum[396]. Es verwundert nicht, dass der Justitiar der SCHUFA diese Ansicht teilt[397], ließe sich doch so eine heikle datenschutzrechtliche Problematik, die womöglich bei Anwendbarkeit des BDSG in dem Fall, dass es doch um personenbezogene Daten geht, (etwa mit Blick auf § 6 a BDSG) zur Rechtswidrigkeit des Scorings führen könnte, mit einem Federstrich aus der Welt schaffen. Hier wird wieder das Grundproblem des Datenschutzrechts sichtbar: In seiner Ausgestaltung als generelles Verbot mit Erlaubnisvorbehalt ist das BDSG (ebenso wie die nach deutschem Vorbild geschaffene EU-DatSchRL[398]) außerordentlich restriktiv und insofern nicht wirtschaftsfreundlich, als es in seinen letzten Aktualisierungen längst eingeführte und bewährte Instrumente der Wirtschaft reglementiert, die diese für unverzichtbar hält. Wirtschaftsnahe Juristen werden deshalb stets bemüht sein, Auslegungen zu finden, die die Restriktion mildern. Die Datenschützer dagegen, die in ihrer Rechtsfindung auch nicht unbedingt ideologiefrei zu Werke gehen, beherrschen die jeweilige – restriktive – Gegenmeinung in der Literatur. Die Lager bleiben zumeist unversöhnlich, die vermittelnde Auffassung findet sich im Datenschutzrecht nur selten, wo solcherlei Interessengegensätze aufeinander stoßen. Der nationale Gesetzgeber hat sich (in Übereinstimmung mit dem europäischen Gesetzgeber) bei der letzten Novellierung des BDSG weiter auf die Seite der Datenschützer geschlagen. Auf deren Seite befindet er sich auch beim hier angesprochenen Problem der Qualifikation von Scorewerten; Petri[399] – als Referatsleiter im Landeszentrum für Datenschutz Schleswig-Holstein ein schon kraft seines Amtes dem Lager der Datenschützer zugehöriger Autor – weist zu Recht darauf hin, dass der Scorewert nichts über eine statistische Vergleichsgruppe besagt, sondern umgekehrt aus Vergleichsgruppen eine Aussage über eine konkrete Person in einer konkreten Situation und mit konkreten Eigenschaften getroffen wird. Das führt zwangsläufig nach der gesetzlichen Begriffsbestimmung in § 3 Abs. 1 BDSG zur Qualifikation der Scorewerte als personenbezogene Daten. Ausdrücklich enthält auch die Begründung des Regierungsentwurfs zu § 6 a BDSG[400] einen wörtlichen Verweis

---

396 So z. B. Wuermeling, Scoring von Kreditrisiken, in: NJW 2002, 3508 (3609).

397 Kamlah, Das Scoring-Verfahren der SCHUFA, in: MMR 2003 Heft 2 V, VI

398 Richtlinie 95/46/EG des Europäischen Parlaments und des Rates vom 24. Oktober 1995 zum Schutz natürlicher Personen bei der Verarbeitung personenbezogener Daten und zum freien Datenverkehr (Amtsbl. der Europäischen Gemeinschaften Nr. L 281 v. 23.11.1994 S. 31 ff.).

399 Sind Scorewerte rechtswidrig? In: DuD 2003, 631 (634) m. w. N.

400 BT-Drs. 14/4329: „Allerdings fallen Scoring-Verfahren nur dann unter die Regelung, wenn sowohl das Scoring-Verfahren als auch die anschließende Entscheidung in einer Hand liegen“.

auf das Scoring, was von Petri[401] als zusätzlicher Beleg für die Qualifikation der Scorewerte als personenbezogene Daten herangezogen wird. Im Ergebnis muss dasselbe für die im CRM vorgenommene Zuordnung solcher Größen wie der Kundengruppenzugehörigkeit oder des Kundenwertes zu individuellen Kunden gelten, da sich dies – wenn überhaupt – so doch lediglich in der Methodik der Analyse vom Scoring unterscheidet.

Geschieht diese Zuordnung akkumulierter statistischer Daten zu individuellen Personen aber erst im Zusammenhang des CRM, so wird es sich beim Erwerb solcher Datenbestände von Dritten nicht um die Übermittlung personenbezogener Daten handeln, was für die Betrachtung der einzelnen Phasen der Datenverarbeitung im CRM von Bedeutung ist; darauf wird noch einzugehen sein.

Bei Wohngebäudedatenbanken, aus denen kundenindividuelle Daten über die Wohnverhältnisse gewonnen werden können, dürfte es sich dagegen ohne weiteres um Einzelangaben handeln, soweit individuelle Gebäude unter Bezeichnung des Ortes und des Straßennamens enthalten sind, weil sicherlich über die Wohnanschrift ein individueller Bezug zu einzelnen Personen hergestellt werden *kann*[402]. Die Frage bei diesen Datenbanken ist, ob es sich auch um „personenbezogene" Daten handelt, bevor eine Verknüpfung der Bild- und Ortsinformationen mit konkreten Wohnanschriften individueller Personen tatsächlich hergestellt wird.

b) „Personenbezogene" Daten

Personenbezogen sind solche Daten, die sich auf eine bestimmte oder bestimmbare[403] natürliche Person beziehen. Für die Frage der Bestimmbarkeit ist auf die individuellen Möglichkeiten der speichernden Stelle abzustellen. Personenbezug ist anzunehmen, wenn die speichernde Stelle den Bezug mit den ihr normalerweise vorliegenden Hilfsmitteln und ohne unverhältnismäßigen Aufwand herstellen kann[404]. Eine Bilddatenbank mit Bildern von Häusern, die auch die jeweilige Anschrift zu den abgebildeten Häusern, nicht aber die Namen der Bewohner enthält, hat jedenfalls keinen unmittelbaren Personenbezug. Auch aus diesem Grunde hat die Rechtsprechung (z. B. in Entscheidungen des LG

---

[401] Sind Scorewerte rechtswidrig? In: DuD 2003, 631 (634) m. w. N.

[402] Vgl. Gola / Schomerus, BDSG § 3 Rz. 3.

[403] Vgl. hierzu z. B. BGH NJW 1991, 568; in dieser Entscheidung geht es um die Massenkartei zur Erfassung von Einnahmen und Ausgaben eines Notars im Zusammenhang mit Verwahrungsgeschäften, in der zu einer großen Vielzahl natürlicher Personen Angaben gesammelt werden und nach unterschiedlichen Kriterien automatisiert abgerufen und sortiert werden können. Das Problem der Bestimmbarkeit bestand hier darin, dass erst im Wege der Datenbankrecherche aus der Vielzahl von Daten unterschiedlicher Personen eine Zuordnung zu individuellen Personen erfolgen konnte.

[404] Vgl. Gola / Schomerus, BDSG § 3 Rz. 9.

Waldshut-Tiengen[405] oder des VG Karlsruhe[406] zur Zulässigkeit digitaler Abbildungen von Straßenverlauf und Gebäudeansichten) gelegentlich angenommen, dass solche Bilddatenbanken keine personenbezogenen Daten enthalten. Bei den zitierten Entscheidungen wurde allerdings zu Unrecht angenommen, dass diese Daten nur mit erheblichem Aufwand mit Adressdaten verknüpft werden können. Diese Annahme beruht wohl auf einer unrichtigen Einschätzung der technischen Möglichkeiten der modernen Datenverarbeitung. Schon die Retrieval-Software handelsüblicher Telefonbuch-CD-ROMs enthält Funktionen, die es ermöglichen, jeder beliebigen Anschrift sämtliche Bewohner mühelos zuzuordnen. Tatsächlich können so Anschriftenbezeichnungen zu Wohngebäudeansichten problemlos Adressdaten – beispielsweise Kundendaten – zugeordnet werden, ohne dass nennenswerte technische Hürden überwunden werden müssten. Hinzu kommt, dass im CRM, wie oben bereits beschrieben, tatsächlich eine Auswertung solcher Wohngebäudedatenbanken zur Gewinnung kundenindividueller Daten über Wohnverhältnisse vorgenommen wird. Es darf auch nicht verkannt werden, dass solcherlei Gebäudedatenbanken kommerzielle Erzeugnisse sind, bei denen die Wertschöpfung für viele der Abnehmer erst in der Verknüpfung mit anderen Datenbeständen liegt. Bereits bei der Erhebung der Gebäudedaten kann ein solcher Erhebungszweck als bekannt und gewollt angesehen werden. Würde die Qualifikation der Gebäudedaten als „personenbezogen“ davon abhängig gemacht, dass nicht nur die reine Möglichkeit besteht, mit einfachen technischen Mitteln den Bezug zu konkreten individuellen natürlichen Personen herzustellen, sondern dass von dieser Möglichkeit auch tatsächlich Gebrauch gemacht wird, hätte dies die Wirkung, dass die Erhebung dieser Daten und die Weitergabe an Dritte keiner datenschutzrechtlichen Kontrolle unterläge; das widerspräche im übrigen auch dem Wortlaut des § 3 Abs. 1 BDSG, da die „Bestimmbarkeit“ den konkreten Vollzug der Zuordnung zur Person eben nicht fordert. Offenbar wollte auch das VG Karlsruhe sich in der oben zitierten Entscheidung nicht allein auf das Argument verlassen, es handele sich nicht um personenbezogene Daten, und hat zusätzlich eine Rechtmäßigkeitsprüfung nach den einschlägigen Regeln des BDSG vorgenommen. Das – wenn auch nicht unbedingt das dabei vom VG Karlsruhe erreichte Ergebnis – verdient Zustimmung. Angesichts der Weite der Auslegungsmöglichkeiten bei den genauen Anforderungen, die an die Bestimmbarkeit natürlicher Personen im datenschutzrechtlichen Sinne zu stellen sind, ist (wie bei der zugrunde liegenden Grundrechten der Betroffenen) zunächst von einem weit gefassten Schutzbereich auszugehen, der dann durch entsprechend weit gefasste Schranken begrenzt wird, soll heißen: Dem Interesse des Betroffenen wird dadurch am besten Rechnung getragen, dass mit einer weiten Auslegung des Begriffs der Bestimmbarkeit auch diejenigen Datenverarbeitungsschritte in die datenschutzrechtliche Rechtmäßigkeitsprüfung einbezogen werden, bei denen die Verknüp-

---

[405] Urt. v. 28. 10. 1999 – NZM 1999, 1166.

[406] Beschl. v. 1. 12. 1999 – NJW 2000, 2222.

fung von Daten ohne unmittelbaren Personenbezug mit den Daten des Betroffenen noch nicht vollzogen ist.

Dass diese Überlegung richtig ist, verdeutlicht auch der folgende Gedanke: Würde der Unternehmer zum Aufbau einer Datenbank mit potenziellen Kunden, die auch Angaben über Wohnverhältnisse enthalten soll, zunächst Adressdaten bestimmter natürlicher Personen in einem bestimmten Ort erheben, dann selbst eine Datei mit sämtlichen Gebäudeansichten des Ortes erstellen und dann beides in einer Kundendatenbank vereinigen, würde die gesamte Datenerhebung zweifelsohne als Erfassung personenbezogener Daten i. S. d. § 3 BDSG aufzufassen sein; ein sachlicher Grund zur Differenzierung dieses Falles gegenüber einer teilweisen Erhebung solcher Daten durch Dritte ist nicht erkennbar, wenn der Erhebungszweck derselbe ist.

Die hier vertretene weite Auslegung des Begriffs der Bestimmbarkeit führt dazu, dass in der nachfolgenden Erörterung auch die Erhebung solcher Daten in die Rechtmäßigkeitsprüfung einbezogen wird, die nur mittelbaren Personenbezug haben. Um diese Auslegung nicht uferlos werden zu lassen, soll aber zumindest verlangt werden, dass die Daten – jedenfalls auch – zu dem Zweck erhoben werden, durch Verknüpfung mit anderen Daten in unmittelbar personenbezogene Daten „umgewandelt“ zu werden. Mit umfasst sind somit auch die von dritter Seite in das CRM eingebrachten Daten mit nur mittelbarem Personenbezug, wenn sie sich jedenfalls als Einzelangaben darstellen.

c) Persönliche oder sachliche Verhältnisse

Daten über persönliche oder sachliche Verhältnisse sind solche Daten, die Informationen über den Betroffenen selbst oder über einen auf ihn beziehbaren Sachverhalt enthalten[407]; die Unterscheidung zwischen persönlichen und sachlichen Verhältnissen ist nicht geboten, da das BDSG keine unterschiedlichen Rechtsfolgen an die jeweilige rechtliche Qualifikation knüpft. Angesichts der Weite dieser Begriffsbestimmung kann davon ausgegangen werden, dass sämtliche kundenbezogenen Daten, die beim CRM verarbeitet werden, Daten über persönliche oder sachliche Verhältnisse der Kunden sind. Insbesondere zählen auch Werturteile zu den Angaben über persönliche Verhältnisse[408], also im CRM vor allem der Kundenwert, aber selbstverständlich auch solche Angaben wie die Kundengruppenzuordnung u.ä. Gleiches gilt für Fotografien[409]. Zu den sachlichen Verhältnissen zählen auch vertragliche oder sonstige Beziehungen zu Dritten[410]; das BAG[411] hat in diesem Zusammenhang etwa auch die Aufzeichnung der Zieldaten beim Führen eines Telefongesprächs (Telefonnummer

---

[407] Vgl. Gola / Schomerus, BDSG § 3 Rz. 4.
[408] Gola / Schomerus, BDSG § 3 Rz. 5 m. w. N.
[409] VG Hamburg DuD 1981, 57
[410] Vgl. Gola / Schomerus, BDSG § 3 Rz. 6.

des Angerufenen) als Beschreibung sachlicher Verhältnisse angesehen, was für die rechtliche Qualifikation der im Call-Center-Betrieb anfallenden Daten relevant ist. Für die Zwecke dieser Arbeit können die im CRM verarbeiteten Daten, die bereits als Einzelangaben mit Personenbezug qualifiziert wurden, jedenfalls ohne weiteres auch als Daten über persönliche oder sachliche Verhältnisse angesehen werden.

d) Natürliche und juristische Personen als „Kunden" im CRM

„Betroffener" im Sinne des § 3 Abs. 1 BDSG kann nach dem Gesetzeswortlaut nur eine natürliche Person sein. Unproblematisch ist es daher, die im CRM angelegten Daten von natürlichen Personen, die als „Kunden" geführt werden, als personenbezogene Daten in diesem Sinne aufzufassen, soweit sie die übrigen Qualifikationsmerkmale personenbezogener Daten haben. „Kunde" im Sinne des CRM wird aber oft keine natürliche, sondern eine juristische Person sein. Da der gesetzliche Datenschutz nach dem BDSG nur natürliche Personen schützt, fällt die juristische Person als solche aus dem Schutzbereich des BDSG heraus[412]. Angaben über eine juristische Person, etwa eine GmbH, können aber auf solche natürlichen Personen „durchschlagen", die – etwa bei der GmbH als Geschäftsführer oder Gesellschafter – durch eine enge finanzielle, personelle oder wirtschaftliche Verflechtung an die juristische Person gebunden sind[413]; besonders deutlich wird dies bei der Einzelfirma und der „Ein-Mann-GmbH"[414] . Soweit in den Stammdaten einer juristischen Person im CRM eine natürliche Person als Ansprechpartner genannt ist, ergibt sich der Bezug auf „persönliche oder sachliche Verhältnisse" bereits aus der Zuordnung dieser natürlichen Person zu der juristischen Person, für die er auftritt. Dann ist er selbst „Betroffener", nicht die juristische Person.

[411] NJW 1987, 674 (676 ff.); das BAG ist dabei noch davon ausgegangen, dass es nicht ohne weiteres möglich ist, aus der gespeicherten Zielnummer auf die Person des Angerufenen zu schließen. Hier ist die Technik inzwischen weiter: Ist der Telefonkunde im Telefonbuch der Telekom verzeichnet, so kann mit handelsüblichen Telefonverzeichnis-CD-ROMs auch der Anschlussinhaber über die Telefonnummer ermittelt werden. Es kommt dann – so das BAG in anderem Zusammenhang in derselben Entscheidung (S. 676) – für die Qualifikation als Angabe über sachliche Verhältnisse nicht auf die Tatsache an, ob tatsächlich der Anschlussinhaber angerufen wurde, weil es nicht darauf ankommt, dass das personenbezogene Datum auch sachlich richtig ist.

[412] Vgl. auch OLG Karlsruhe DuD 1983, 229.

[413] Vgl. LG Bonn ZIP 1984, 181.

[414] Vgl. BGH NJW 1986, 2505; KG DB 1980, 1062; a.A. von Lewinski, Kaufleute im Schutzbereich des BDSG, in: DuD 2000, 39, der aus Wettbewerbsgründen Einzelkaufleute aus dem Wirkungsbereich des BDSG ausnehmen möchte; diese Ansicht ist abzulehnen, da sie sich mit dem im BDSG weit gefassten Begriff der personenbezogenen Daten nicht vereinbaren lässt, weil die Zuordnung des Betriebs zur natürlichen Person in solchen Fällen zwingend ist und wettbewerbsrechtliche Gesichtspunkte daran nichts ändern können.

Dass juristische Personen nicht als mögliche „Betroffene“ in den Schutzbereich des BDSG fallen, ist eine Eigenart des deutschen Datenschutzrechts[415] und insofern nicht selbstverständlich, als sich gem. Art. 19 Abs. 3 GG auch inländische juristische Personen auf Grundrechte berufen können, soweit sie ihrem Wesen nach auf sie anwendbar sind. Allerdings stimmt das BDSG in der Bestimmung des persönlichen Schutzbereichs mit Art.2 lit.a der EU-DatSchRL überein, so dass sich aus europäischem Recht auch keine Erweiterung des Schutzbereiches ergibt. Die Frage, ob die Regeln des Datenschutzes auch für juristische Personen gelten können, hängt daher von der Frage ab, ob das Datenschutzrecht solche Grundrechte schützt, die ihrem Wesen nach für juristische Personen anwendbar sind. Wird das Datenschutzrecht lediglich als Recht zum Schutz eines bestimmten Aspektes der individuellen Persönlichkeit und Menschenwürde verstanden, geht es nur um solche Grundrechte, die ihrem Wesen nach auf juristische Personen keine Anwendung finden könnten. Bei dieser Beschränkung des Schutzbereichs, die der seit dem Volkszählungsurteil[416] traditionellen Herleitung des Schutzbereichs des BDSG aus Art. 2 Abs. 1 i. V. m. Art. 1 Abs. 1 GG entspricht und die ihren Niederschlag auch in einer Art Legaldefinition des Datenschutzes in § 1 Abs. 1 BDSG gefunden hat, ist somit kein Raum für eine entsprechende Anwendung des BDSG auf juristische Personen.

Es erscheint allerdings heute gerechtfertigt, den Schutzbereich des BDSG weiter zu fassen. Zu beachten ist in diesem Zusammenhang zunächst, dass Art. 1 Abs. 2 der EU-DatSchRL das Schutzziel weiter fasst als das BDSG, indem es, über den speziell erwähnten Schutz der Privatsphäre hinaus, den Schutzbereich generell auf die „Grundrechte und Grundfreiheiten“ ausweitet. Soweit also solche Grundrechte und Grundfreiheiten gem. Art. 19 Abs. 3 GG auch juristischen Personen zustehen, gibt es eine Rechtfertigung dafür, die zu ihrem Schutz bestehenden Regelungen auch für juristische Personen zur Anwendung zu bringen. Der für natürliche Personen sehr weit gefasste Begriff der personenbezogenen Daten umfasst nach h. M.[417] auch Wirtschaftsdaten wie z. B. Erwerbs- und Konsumverhalten, Einkommen, Vermögen und weitere wirtschaftliche Angaben; durch diese Ausweitung des Schutzbereiches über den die Menschenwürde schützenden Kern hinaus wird ein Schutzbereich beschrieben, der seinem Wesen nach auch Grundrechtspositionen juristischer Personen enthalten kann. Es ist da nur konsequent, wenn der Zweite Senat des BVerfG juristischen Personen unter Bezugnahme auf das Volkszählungsurteil aus Art. 14 Abs. 1 GG einen „Schutz gegen unbegrenzte Erhebung, Speicherung, Verwendung oder Weitergabe der auf sie bezogenen individualisierten oder individualisierbaren Daten“ zuerkennt[418].

---

[415] Anders z. B. in Österreich.

[416] BVerfGE 65,1

[417] Gola / Schomerus, BDSG § 3 Rz. 6 ff. m. w. N.

[418] BVerfGE 67, 100 (142 f.); 77, 1 (46 f.).

2. Phasen des CRM aus datenschutzrechtlicher Sicht

Da für jede Phase der beim CRM vorgenommen Datenverarbeitung ein Erlaubnistatbestand identifiziert (oder das Fehlen eines solchen) festgestellt werden muss, ist es sinnvoll, die einzelnen Datenverarbeitungsschritte beim CRM den Phasen der Datenverarbeitung nach § 4 Abs. 1 BDSG zuzuordnen.

§ 4 Abs. 1 BDSG unterscheidet zwischen den Phasen der Erhebung, Verarbeitung und Nutzung personenbezogener Daten. Diese Begriffe werden in § 3 Abs. 3 bis Abs. 5 BDSG definiert und der Begriff der Verarbeitung weiter untersetzt, so dass insgesamt sieben Phasen der Datenverarbeitung unterschieden werden können: Erheben, Speichern, Verändern, Übermitteln, Sperren, Löschen und Nutzen. Hier ist auf ein sprachliches Problem hinzuweisen: Gem. § 1 Abs. 1 BDSG regelt das BDSG den „Umgang" mit personenbezogenen Daten; „Umgang" ist der gesetzliche Oberbegriff für das, was hier entsprechend der umgangssprachlichen Begriffsbildung als „Datenverarbeitung" bezeichnet wird[419]. In der Terminologie des BDSG ist „Verarbeitung" nur eine in weitere Phasen untersetzte Phase neben den Phasen der Erhebung und der Nutzung der Daten, also nur ein Unterbegriff. Anders die Begriffsbestimmung in Art. 2 lit. a der EU-DatSchRL, wo ein weiterer Verarbeitungsbegriff verwendet wird, der der umgangssprachlichen Verwendung des Verarbeitungsbegriffs besser entspricht und alle Phasen des „Umgangs" im Sinne des BDSG umfasst. Vor diesem Hintergrund ist es gerechtfertigt, im Sinne einer besseren Textverständlichkeit hier, soweit es auf die genaue Unterscheidung der Phasen nicht ankommt, den Begriff der Datenverarbeitung als Oberbegriff zu verwenden.

Hier ist noch auf einen Unterschied des rechtlichen Denkmodells gegenüber dem wirtschaftswissenschaftlichen Modell hinzuweisen: CRM versteht sich aus wirtschaftswissenschaftlicher Sicht als ganzheitlicher Ansatz, dessen einzelne Komponenten – und mit ihnen die IT-basierten „tools", mit denen die Datenverarbeitung betrieben wird – nicht unabhängig voneinander bestehen; für die BDSG-konforme Rechtmäßigkeitsprüfung ist es aber erforderlich, dieses ganzheitliche Konzept wieder in seine Einzelteile zu zerlegen, um diese überhaupt den jeweiligen Datenverarbeitungsphasen zuordnen und einer individuellen Rechtmäßigkeitsprüfung unterziehen zu können. Wegen des Regelkreischarakters des CRM („closed loop") führt dies u.U. zu Zuordnungs- oder Darstellungsproblemen.

a) Erhebung

Beim CRM kommt der Gewinnung von Daten eine besondere Bedeutung zu. Es ist also hier zu fragen, welche Datenquellen beim CRM verwendet werden und inwieweit die Gewinnung von Informationen, die in die Datenverarbeitung

---

[419] Zur Kritik an der „unglücklichen" Begriffswahl siehe Gola / Schomerus, BDSG § 1 Rz. 22.

beim CRM eingespeist werden, als Datenerhebung i. S. d. § 4 Abs. 1 BDSG dem datenschutzrechtlichen Erlaubnisvorbehalt unterliegt.

aa) Begriff der Datenerhebung

§ 3 Abs. 3 BDSG definiert die Datenerhebung knapp als „Beschaffen von Daten über den Betroffenen". Das BDSG unterscheidet nicht zwischen unterschiedlichen Methoden der Datenerhebung; es ist für die Subsumtion unter den Erhebungsbegriff daher gleichgültig, ob die Daten vom Betroffenen oder von einem Dritten, oder in welcher Form die Daten beschafft werden. Erforderlich ist allerdings ein zielgerichtetes Beschaffen, so dass bei zufälligen Beobachtungen gewonnene Daten oder unaufgefordert zugeleitete Informationen nicht erhoben werden[420]. Dammann[421] verneint daher beim Ausfüllen eines „Datenfeldes" im Internet durch den Betroffenen bei Bestellungen u.ä. das „zielgerichtete Beschaffen" von Daten; dies hätte die Konsequenz, dass diese Form der Abfrage personenbezogener Daten noch nicht dem Erlaubnisvorbehalt (und somit der Rechtmäßigkeitskontrolle) nach dem BDSG unterläge. Jedenfalls aus Sicht des CRM hat jedweder Kontakt, auch der vom Betroffenen selbst initiierte Kontakt, zugleich die Funktion, Daten in den CRM einzugeben; das Unternehmen, das CRM verwendet, stellt seine Formulare auch und insbesondere zu dem Zweck in das Internet, um Daten aktueller oder potenzieller Kunden zu gewinnen. Daraus folgt, dass beim CRM auch die ohne unmittelbare Aufforderung des Unternehmens vom Betroffenen in Internet-Formulare eingegebenen Daten zielgerichtet beschafft und somit im Sinne des § 3 Abs. 3 BDSG „erhoben" werden.

Die Erhebung solcher Daten wird nicht von § 3 Abs. 3 BDSG erfasst, die für sich gesehen keine personenbezogenen Daten sind, aber durch die Verknüpfung mit Kundendaten zu solchen werden können; dies können z. B. die Daten aus (von dritter Seite erstellten) mikrogeographischen Segmentierungen und Marktforschungsergebnissen sein, die die Zuordnung des Kunden zu einem bestimmten Kundensegment mitbestimmen können[422]. Hier wird es allerdings erforderlich sein, genauer zu betrachten, inwieweit solche Daten tatsächlich für sich gesehen nicht personenbezogen sind; ein Grenzfall ist hier beispielsweise die Wohngebäudedatenbank, die – ggf. nach Abgleich mit einer Adressdatenbank – einen Rückschluss auf die Wohnumgebung und damit den sozialen Status eines Kunden ermöglicht. Handelt es sich um personenbezogene Daten, so wird die Erhebung von § 3 Abs. 3 BDSG erfasst. Handelt es sich nicht um personenbezogene Daten, so fällt jedenfalls die Verbindung solcher Daten mit Kundendaten, die dazu führt, dass personenbezogene Daten mit zusätzlichem Informationsgehalt entstehen, als Veränderung personenbezogener Daten unter

---

[420] Gola / Schomerus, BDSG § 3 Rz. 24 m. w. N.

[421] Internationaler Datenschutz: zur Auslegung des § 1 Abs. 5 BDSG, in: RDV 2002, 71.

[422] Vgl. Gola / Schomerus, BDSG § 3 Rz. 3 m. w. N.

§ 3 Abs. 4 Nr. 2 BDSG, so dass der datenschutzrechtliche Erlaubnisvorbehalt an anderer Stelle greift.

Ein Irrtum wäre die Annahme, personenbezogene Daten aus allgemein zugänglichen Datenquellen seien datenschutzrechtlich irrelevant. Bei der zweckgerichteten Übernahme von allgemein zugänglichen personenbezogenen Daten, z. B. Namen aus dem Telefonbuch oder einem Internet-Adressverzeichnis (etwa als Ausgangspunkt einer Neukundenakquise im operativen CRM) handelt es sich begrifflich ebenfalls um einen Vorgang der Datenerhebung i. S. d. § 3 Abs. 3 BDSG – mit der Konsequenz, dass er dem Erlaubnisvorbehalt aus § 4 Abs. 1 BDSG unterliegt[423]. Hiervon zu unterscheiden ist die Frage, inwieweit die Verarbeitung solcher allgemein zugänglichen personenbezogenen Daten privilegiert wird, wie etwa in § 28 Abs. 1 S. 1 Nr. 3 BDSG.

bb) Erhebungstatbestände beim CRM

Beim CRM sind unterschiedliche Methoden der Datenerhebung anzutreffen. Dabei bestehen Unterschiede danach, ob es um Daten von aktuellen Bestandskunden, ehemaligen Bestandskunden oder Dritten geht.

aaa) Erhebung von Bestandskundendaten

Daten von aktuellen Bestandskunden können vom Unternehmen selbst z. B. bei konkreten Geschäftsvorfällen und direkt beim Betroffenen erhoben werden; hier kann die Datenerhebung dem operativen CRM in allen Funktionen – also Marketing, Vertrieb und Service – und dem kommunikativen CRM zugeordnet werden. Quelle für die Datenerhebung kann dabei der gesamte Prozess der Kommunikation mit dem Kunden sein; so können dem Datensatz des Bestandskunden ständig Daten etwa aus dem Marketing (z. B. wie hat der Kunde auf eine bestimmte Marketingmaßnahme reagiert?), dem Vertrieb (z. B. Kauf- und Zahlungsverhalten des Kunden) oder dem Service (z. B. Reklamationen) hinzugefügt werden. Es ist auch denkbar, dass Daten von Bestandskunden auf anderem Wege erhoben werden. So ist z. B. auf die Erhebung von Bonitätsdaten zu verweisen, die von der Schufa oder Auskunfteien wie Creditreform erworben werden können.

bbb) Erhebung von Daten ehemaliger Bestandskunden

Daten von ehemaligen Bestandskunden sind in erster Linie bei den Geschäftsvorfällen entstanden, die in der Vergangenheit mit diesen Kunden abgewickelt wurden. Für die Erhebung dieser Daten gilt also zunächst dasselbe wie für die aktuellen Bestandskunden, wenn auch mit dem Unterschied, dass keine aktualisierten Daten aus neuen Geschäftsvorfällen erhoben werden können. Soweit das

---

[423] Vgl. Gola / Schomerus, BDSG § 4 Rz. 24

Unternehmen sich um die Rückgewinnung des Kunden bemüht, werden neue Daten aus dem operativen CRM, nämlich aus dem Marketing beschafft (z. B. Reaktion auf eine bestimmte Marketingmaßnahme). Auch hier mag es – z. B. zur Steuerung des Marketingeinsatzes – sinnvoll sein, die vorhandenen Daten um weitere Daten zu ergänzen, die von dritter Seite beschafft werden (z. B. Auskünfte zur Bonität), um den potenziellen Kundenwert und damit das Interesse des Unternehmens an einer Wiederaufnahme des Geschäftskontakts zu quantifizieren.

ccc) Erhebung von Daten Dritter

Daten Dritter werden einerseits erhoben, um Neukunden zu gewinnen, andererseits um die Genauigkeit der im Rahmen des Data Mining zu gewinnenden Erkenntnisse zu verbessern; zu letzterem Zweck dienen beispielsweise auch die Daten aus Haushaltsbefragungen. Eine eigene Datengewinnung durch den Unternehmer selbst kann dabei nur im operativen CRM erfolgen, dort im Bereich Marketing. Daneben kommt nur die Datenbeschaffung von Dritten in Betracht. Grundsätzlich lassen sich demnach hier zwei Wege der Datenerhebung unterscheiden: Entweder es werden personenbezogene Daten Dritter unternehmensintern aus Marketingaktionen gewonnen (z. B. Teilnahme an einem Wettbewerb, Katalogbestellung oder Anforderung von Infomaterial als Ergebnis einer bestimmten Marketingmaßnahme; Ausfüllen eines „Teilnahmeformulars" im Internet, s.o.), oder es wird auf eine unternehmensexterne Datenquelle zurückgegriffen. Dabei kann unterschieden werden zwischen allgemein zugänglichen Datenquellen wie Telefonbüchern, Telefon-CD-ROMs, öffentlichen Registern oder veröffentlichten Adressverzeichnissen, und nicht allgemein zugänglichen Datenquellen wie Datenbanken mit den Ergebnissen kommerzieller Haushaltsbefragungen. Relevant im Zusammenhang mit § 3 Abs. 3 BDSG sind diese Daten freilich nur, soweit es sich überhaupt um personenbezogene Daten handelt; auf die hierbei entstehenden Abgrenzungsprobleme wurde oben bereits verwiesen. Ferner ist darauf hinzuweisen, dass der Erwerb von Daten von Dritten, der sich aus Sicht des Unternehmers als Datenerhebung darstellt, zugleich aus Sicht des Dritten eine Datenübermittlung i. S. d. § 3 Abs. 4 Nr. 3 BDSG sein kann, dazu sogleich mehr.

b) Verarbeitung von Daten

§ 3 Abs. 4 BDSG definiert den Begriff der Verarbeitung; danach fällt das Speichern, Verändern, Sperren und Löschen personenbezogener Daten unter den Verarbeitungsbegriff. Wie bereits festgestellt, kann zugleich davon ausgegangen werden, dass es sich um eine automatisierte Verarbeitung i. S. d. § 3 Abs. 2 S. 1 BDSG handelt, so dass für die Zwecke dieser Arbeit der Umgang mit nicht automatisierten Dateien außer Betracht bleiben kann. Wichtig ist die Feststellung, dass es sich um automatisierte Verarbeitung handelt, außer zur Erfüllung der Voraussetzung zur Anwendbarkeit des BDSG aus § 1 Abs. 2 Nr. 3 BDSG vor allem im Hinblick auf die Anwendbarkeit des § 6 a BDSG, dazu an anderer Stelle mehr.

aa) Datenspeicherung beim CRM

Als Speichern definiert § 3 Abs. 4 Nr. 1 BDSG das Erfassen, Aufnehmen oder Aufbewahren personenbezogener Daten auf einem Datenträger zum Zwecke ihrer weiteren Verarbeitung oder Nutzung. Hierunter fällt also beim CRM jegliche Form der Eingabe personenbezogener Daten. Das Vorhandensein eines Datenträgers kann bei einer Datenbank, wie sie Kernbestandteil des CRM ist ohne weiteres vorausgesetzt werden, alle Daten potenzieller, aktueller oder ehemaliger Kunden werden also im CRM bis zu ihrer endgültigen Löschung gespeichert. Speicherung ist auch die Übernahme bereits von Dritter Seite gespeicherter Daten durch die verantwortliche Stelle[424] auf eigene Datenträger, also ist bei Daten, die von Dritten erworben und in das CRM eingebracht werden, zwischen der Speicherung durch den Dritten und der eigenen Speicherung beim Unternehmer im Rahmen des CRM zu unterscheiden; beide Speicherungen sind dann einer eigenen datenschutzrechtlichen Rechtmäßigkeitsprüfung zu unterziehen. Da beim CRM die Datenverarbeitung stets zweckgerichtet erfolgt, besteht kein Zweifel an der Zweckrichtung auch der Speicherung.

bb) Verändern von Daten beim CRM

§ 3 Abs. 4 S. 2 Nr. 2 BDSG beschreibt die Datenveränderung als inhaltliche Umgestaltung gespeicherter personenbezogener Daten. Darunter fällt insbesondere auch die Verknüpfung von Daten aus verschiedenen Dateien[425]. Sämtliche Verarbeitungsprozesse des analytischen CRM, die an personenbezogenen Daten vorgenommen werden, unterfallen daher dann dem Begriff der Datenveränderung, wenn die Zielgröße der Analyse kundenbezogen ist, also zu einer Änderung oder Ergänzung von (personenbezogenen) Kundendaten führt. Auch in den anderen Phasen des CRM kommt es zu Datenveränderungen, etwa im operativen CRM beim Abgleich verschiedener Adressbestände[426] oder beim Service bei der Registrierung von Kundenaktionen wie z. B. Beschwerden oder Reklamationen. Es ist daran zu denken, dass der Unternehmer, der CRM verwendet, einzelne Maßnahmen des CRM nicht selbst durchführt, sondern Dritte damit beauftragt, beispielsweise einen „Letter-Shop" mit der Durchführung einer Marketingmaßnahme. In diesem Fall erfüllt möglicherweise auch der Dritte den Tatbestand der Datenveränderung, allerdings ist von diesem Fall derjenige der Auftragsdatenverarbeitung abzugrenzen, bei dem der Auftraggeber verantwortliche Stelle bleibt, vgl. § 3 Abs. 7 BDSG.

---

[424] Gola / Schomerus, BDSG § 3 Rz. 27.
[425] Gola / Schomerus, BDSG § 3 Rz. 30.
[426] Gola / Schomerus, BDSG § 29 Rz. 18.

cc) Übermitteln von Daten beim CRM

Die gesetzliche Begriffsbestimmung in § 3 Abs. 4 Nr. 3 BDSG fasst unter den Begriff der Übermittlung sowohl die (aktive) Weitergabe an Dritte als auch die (passive) Vorhaltung von Daten zum Zwecke der Einsicht oder des Abrufs. Hinzuweisen ist an dieser Stelle bereits darauf, dass die Weitergabe an den Betroffenen, einen Auftragnehmer oder Personen oder Stellen innerhalb der speichernden Stelle nicht als Übermittlung im Sinne des § 3 Abs. 4 Nr. 3 BDSG zu qualifizieren ist (vgl. § 3 Abs. 7 u.8 BDSG, dazu sogleich mehr).

Im Rahmen des CRM kann der Unternehmer Empfänger sein, wenn er Daten von Dritten erhält oder von Dritten vorgehaltene Daten einsieht oder abruft. In diesem Falle ist der Dritte derjenige, der die Daten übermittelt und der als verantwortliche Stelle für die Rechtmäßigkeit der Übermittlung einzustehen hat. Der Unternehmer dagegen „erhebt" die Daten und steht für die Rechtmäßigkeit der Erhebung ein.

Es kann sein, dass im analytischen CRM gewonnene personenbezogene Daten wie etwa der Kundenwert, das Betrugs- oder Insolvenzrisiko eines Kunden, aber möglicherweise auch die im operativen CRM erhobenen Adressen für Dritte von Interesse sind; hier wäre beispielsweise auch an die Kooperation zweier Unternehmen im „cross-selling"-Bereich zu denken, wenn sich die Produktangebote zweier Unternehmen insoweit ergänzen. Die im CRM gewonnenen Datenbestände und Erkenntnisse stellen immerhin einen nicht unerheblichen Teil des Unternehmenswertes dar. Dieser Wert ist durch Veräußerung der Daten kommerzialisierbar. Die mit der Veräußerung an Dritte verbundene Datenübermittlung fällt selbstverständlich unter § 3 Abs. 4 Nr. 3 BDSG, unabhängig davon, ob individuelle Daten oder die gesamte Datei bzw. Datenbank übermittelt werden[427]. Dasselbe gilt im Falle der Veräußerung des gesamten Unternehmens an Dritte.

dd) Sperren von Daten im CRM

Unter Sperren i. S. d. § 3 Abs. 4 Nr. 4 BDSG ist eine Beschränkung der Verarbeitung und Nutzung personenbezogener Daten zu verstehen, die durch entsprechenden Sperrvermerk kenntlich zu machen ist. Im CRM ist die Sperrung von Daten insoweit relevant, als sie gem. § 35 Abs. 3 u.4 BDSG bei Vorliegen der einschlägigen Tatbestände erforderlich werden kann. In der Praxis des CRM spielt die Sperrung personenbezogener Daten vor allem dort eine Rolle, wo der Kunde durch über ihn gespeicherte Daten – etwa ungünstige Bonitätsdaten – Nachteile im Geschäftsverkehr befürchten muss. Die Sperrung der Daten erfolgt in der Regel auf Veranlassung des Betroffenen; der Unternehmer als ver-

---

[427] Gola / Schomerus, BDSG § 3 Rz. 35.

antwortliche Stelle wird dagegen stets ein Interesse daran haben, seinen Datenbestand uneingeschränkt nutzen zu können, so dass die Frage nach der Rechtmäßigkeit des Sperrens als Phase der Datenverarbeitung sehr viel weniger relevant sein dürfte als die, ob die Sperrung verlangt werden kann.

ee) Löschen von Daten im CRM

Unter Löschen versteht § 3 Abs. 4 Nr. 5 BDSG das vollständige Unnkenntlichmachen der Daten, so dass sie nicht mehr lesbar sind. Ähnlich wie beim Sperren wird auch hier eher der Betroffene als die verantwortliche Stelle ein originäres Interesse an der Löschung der Daten haben; die Frage nach der datenschutzrechtlichen Rechtmäßigkeit der Datenverarbeitung in Gestalt der Löschung spielt daher im Verhältnis des Kunden bzw. Betroffenen zum Unternehmer als verantwortlicher Stelle nur da eine Rolle, wo der Kunde durch die Löschung in eigenen Rechten verletzt werden könnte. Hier wäre allenfalls an die kreditschädigende Löschung günstiger Bonitätsdaten o.ä. zu denken, allerdings wird dieser Fall kaum von allzu viel praktischer Bedeutung sein. Im Übrigen spielt die Löschung im CRM insoweit eine Rolle, als der Betroffene (oder die zuständige Ordnungsbehörde gem. § 38 BDSG) sie bei vorliegen der einschlägigen Tatbestandsmerkmale verlangen kann, vgl. § 35 Abs. 2 S. 2 BDSG. Inwieweit beim CRM Daten gelöscht werden, hängt von der konkreten Ausgestaltung der IT-Lösung ab, mit der das CRM betrieben wird; zwar wird das Unternehmen ein Interesse daran haben, nur aktuelle Daten zu verwenden, so dass nicht mehr aktuelle Daten u.U. gelöscht werden. Es darf aber nicht übersehen werden, dass im CRM auch ehemalige Kunden weiter gepflegt und umworben werden, so dass mit der Beendigung einer Geschäftsbeziehung keineswegs automatisch eine Löschung der dazugehörigen Kundendaten einhergeht. Zudem dient die Speicherung vergangener Geschäftsvorfälle als Informationsquelle im analytischen CRM, so dass auch deshalb ein Interesse des Unternehmers bestehen kann, nicht mehr aktuelle Daten weiter zu verwenden.

c) Nutzung von Daten

Die Phase der „Nutzung" als eigenständige Phase des „Umgangs" mit personenbezogenen Daten ist gem. § 3 Abs. 5 BDSG als Auffangtatbestand ausgestaltet, der dann greift, wenn ein zweckbestimmter Gebrauch der Daten vorgenommen wird, der sich keiner anderen Phase der Datenverarbeitung zuordnen lässt[428]. Die oben vorgenommene Zuordnung der Datenverarbeitung im CRM zu den bisher erörterten gesetzlich beschriebenen Phasen des „Umgangs" mit personenbezogenen Daten hat deutlich gemacht, dass sich jegliche Datenverarbeitung im CRM einer der oben beschriebenen Phasen der Erhebung und Verarbeitung personenbezogener Daten zuordnen lässt, so dass für eine Subsumtion

[428] Gola / Schomerus, BDSG § 3 Rz. 41.

einzelner Datenverarbeitungsvorgänge unter die Phase der „Nutzung" kein Raum ist.

3. Verantwortliche Stelle und Dritter beim CRM

Die einzelnen Beteiligten beim CRM wurden im vorangegangenen Kapitel bereits identifiziert. Es bleiben noch einige Abgrenzungsfragen zu klären.

Gem. § 3 Abs. 7 BDSG ist „verantwortliche Stelle" jede Person oder Stelle, die personenbezogene Daten für sich selbst erhebt, verarbeitet oder nutzt oder dies durch andere im Auftrag vornehmen lässt. „Dritte" sind gem. § 3 Abs. 8 S. 2 BDSG alle Personen oder Stellen außerhalb der speichernden Stelle. § 3 Abs. 8 S. 3 BDSG stellt klar, dass außer dem Betroffenen auch diejenigen Stellen und Personen (innerhalb des europäischen Wirtschaftsraumes) keine Dritten im Sinne des BDSG sind, die personenbezogene Daten im Auftrag erheben, verarbeiten oder nutzen, weil insoweit – wie zuvor in § 3 Abs. 7 BDSG entsprechend vorgesehen – der Auftraggeber als verantwortliche Stelle die datenschutzrechtliche Verantwortung für die Datenverarbeitung behält. Verantwortliche Stelle ist jeweils nicht allein die Organisationseinheit, die die Daten speichert – beim CRM die für den Betrieb der EDV verantwortliche Organisationseinheit – sondern die gesamte juristische Person einschließlich aller Untergliederungen[429]. Da sich der mit CRM verbundene technische und organisatorische Aufwand vor allem für größere Unternehmen und Konzerne lohnt, ist hier die Frage zu beantworten, ob einzelne Unternehmen eines Konzerns jeweils selbst verantwortliche Stelle oder aus Sicht der Konzernmutter oder eines anderen Konzernunternehmens als Dritte im datenschutzrechtlichen Sinne anzusehen sind. Abgrenzungskriterium ist hier die rechtliche Selbständigkeit der Daten verarbeitenden Stelle, d.h. auch verbundene Unternehmen bleiben unabhängig vom Grad der Verbindung zueinander Dritte, solange sie rechtlich selbständig bleiben[430].

Innerhalb der EU ist die unselbständige Zweigstelle nicht Dritter. Dagegen ist die unselbständige Zweigstelle außerhalb der EU Dritter im datenschutzrechtlichen Sinne, soweit sie dem Recht des Gastlandes unterliegt[431].

Beim CRM sind hier bei international agierenden Unternehmen verschiedene Konstellationen denkbar. Befindet sich der Betriebsteil bzw. die unselbständige Zweigstelle, in dem etwa das analytische CRM betrieben wird und wo die Kundendatenbank gespeichert ist, im Ausland außerhalb der EU, so ist aus Sicht des BDSG die Weitergabe von innerhalb Deutschlands (bzw. der EU) erhobenen personenbezogenen Daten – etwa aus dem operativen CRM – an den außerhalb der EU befindlichen Unternehmenszweig datenschutzrechtlich als Übermittlung

---

[429] Gola / Schomerus, BDSG § 3 Rz. 48.
[430] Simitis / Dammann BDSG § 3 Rz. 232 m. w. N.
[431] Streitig; vgl. Gola / Schomerus, BDSG § 3 Rz. 53 m. w. N.

an einen Dritten i. S. d. § 3 Abs. 4 Nr. 3 BDSG anzusehen. Umgekehrt wird sich die Übernahme von personenbezogenen Daten von einem unselbständigen Unternehmensteil außerhalb der EU als Datenerhebung i. S. d. § 3 Abs. 3 BDSG darstellen.

Eine weitere Abgrenzungsfrage ergibt sich bei der Unterscheidung zwischen Dritten und den Stellen, die Datenverarbeitung im Auftrag der verantwortlichen Stelle betreiben; dies gilt insbesondere für die Phase der Erhebung personenbezogener Daten. Beim CRM wird dann keine Auftragsdatenverarbeitung erfolgen, wenn ein gegenüber dem Unternehmer, der CRM betreibt, selbständiger Dritter personenbezogene Daten für eine Mehrzahl von Abnehmern „zum Zwecke der Übermittlung" erhebt (vgl. § 29 BDSG, dazu später mehr). Dies ist der Fall, in dem der Unternehmer bereits erhobene Adressdaten, Daten aus Haushaltsbefragungen o.ä. von Dritten erwirbt. Hiervon abzugrenzen ist der Fall, dass – etwa im Rahmen des operativen CRM – eine Maßnahme wie z. B. eine Marketingaktion nicht vom Unternehmen selbst, sondern von einem Drittunternehmen im Auftrag des Unternehmens durchgeführt wird. In diesem Fall wird das auftraggebende Unternehmen verantwortliche Stelle im datenschutzrechtlichen Sinne sein.

II. Subsidiarität des BDSG

Gem. § 4 Abs. 1 BDSG kann sich die Zulässigkeit der Datenverarbeitung aus einer (gegenüber dem BDSG) „anderen Rechtsvorschrift" ergeben.

Hier ist die Frage zu stellen, ob aus solchen Normen des Privatrechts, die für das Verhältnis der Privatrechtssubjekte untereinander der speichernden Stelle die Verwendung bestimmter Informationen vorschreiben, wie dies beispielsweise im Arbeits- und Versicherungsvertragsrecht der Fall ist, zugleich die Erlaubnis zur Datenverarbeitung im Rahmen von Vertragsverhältnissen hergeleitet werden kann. Im weiteren Sinne ist zu fragen, ob sich etwa aus der im Grundrecht aus Art. 2 Abs. 1 GG verwurzelten und im Schuldrecht des BGB konkretisierten Garantie der Privatautonomie mittelbar oder unmittelbar eine Erlaubnis i. S. d. § 4 Abs. 1 BDSG herleiten läßt. So könnte beispielsweise im Rahmen der Vertragsfreiheit jegliche Verarbeitung personenbezogener Daten als mindestens konkludent vereinbart und in der Folge als zulässig gelten, wenn sie typischerweise oder gar zwangsläufig mit dem betroffenen Vertragsverhältnis einhergeht. Bei Vorrang der Privatautonomie als „Erlaubnistatbestand" gegenüber datenschutzrechtlichen Regelungen könnte sie möglicherweise solche Regelungen verdrängen; die Regelungen des dritten Abschnitts des BDSG würden dann möglicherweise subsidiär nur in den Fällen gelten, in denen die oben beschriebenen Voraussetzungen nicht vorliegen, etwa weil kein Vertragsverhältnis besteht, das die Verarbeitung personenbezogener Daten stets voraussetzt.

§ 4 Abs. 1 BDSG verlangt nach der h. M.[432] als „andere Rechtsvorschrift" eine Norm, die die Verarbeitung personenbezogener Daten eindeutig, d.h. unter konkreter Benennung zumindest der Art der Daten und des Verarbeitungszwecks für zulässig erklärt. Es soll deshalb nicht ausreichen, wenn in einer Norm eine Aufgabe – das kann ja auch eine durch Privatrechtssubjekte zu erfüllende Aufgabe sein, man denke etwa an das Versicherungsvertragsrecht – beschrieben ist, für die eine bestimmte Informationsverarbeitung erforderlich ist. Begründet wird diese Auffassung damit, dass eine lediglich als „indirekte" Befugnis ausgestaltete Informationsbefugnis angesichts der Ausführungen des BVerfG im Volkszählungsurteil[433] zur Verfassungsmäßigkeit von Normen, die das Recht des Einzelnen auf informationelle Selbstbestimmung einschränken, nicht als verfassungsgemäß angesehen werden könne.

Dies lässt sich anhand der bisher auf Grundlage der Schutzpflicht-Theorie erlangten Erkenntnisse noch vertiefen: Wenn die Art und Weise der Datenverarbeitung und ihr Zweck aufgrund einer einfachrechtlichen Rechtsvorschrift durch den Adressaten dieser Rechtsvorschrift konkretisiert werden könnte, wäre die geforderte nach der Schwere des Eingriffs differenzierte und angemessene staatliche Schutzmaßnahme schlicht nicht möglich, und zumindest bei schwerwiegenden Eingriffen – für die auch ein Privater als Störer in Betracht kommt – wäre der staatliche Schutz ineffektiv. Auch aus der Privatautonomie ergibt sich nichts anderes: Der mit der – auch konkludent erteilten – rechtsgeschäftlichen Einwilligungserklärung im vertraglichen Kontext verbundene Verzicht auf staatlichen Schutz gegen die Datenvereinbarung müsste, wie gesehen, den hohen Anforderungen des Grundrechtsverzichts genügen, solange es nicht nur um von der Datenverarbeitung ausgehende Bagatelleingriffe geht.

Im Ergebnis ist festzuhalten, dass es für die beim CRM betriebene Datenverarbeitung keine spezielle „andere Rechtsvorschrift" gibt, die den oben beschriebenen Anforderungen des § 4 Abs. 1 BDSG genügt; die einschlägigen Erlaubnisnormen können nur dem BDSG entnommen werden.

III. Erlaubnisnormen und Erlaubnistatbestände aus dem BDSG

Gem. § 27 Abs. 1 BDSG ist der dritte Abschnitt des BDSG für die Datenverarbeitung nicht-öffentlicher Stellen mittels Datenverarbeitungsanlagen einschlägig; damit ist, wie gesehen, die Datenverarbeitung beim CRM beschrieben. Die einschlägigen Erlaubnisnormen für die in § 27 Abs. 1 BDSG beschriebene Datenverarbeitung finden sich somit in den §§ 28 bis 30 BDSG. Diese Normen unterscheiden einerseits zwischen den einzelnen Phasen der Datenverarbeitung, für die dann unterschiedliche Erlaubnistatbestände definiert werden, andererseits zwischen unterschiedlichen Datenverarbeitungszwecken. Die nachfol-

[432] Gola / Schomerus, BDSG § 4 Rz. 8 m. w. N.
[433] BVerfG 65, 1 (54).

gende Beschreibung des einfachgesetzlichen Schutzkonzepts ist nach den Phasen der Datenverarbeitung gegliedert; in der chronologischen Verarbeitungsfolge wird daher zunächst die Erhebung, dann die Verarbeitung (im engeren Sinne des § 3 Abs. 4 BDSG, also die Speicherung, Veränderung, Übermittlung, Sperrung und Löschung) und Nutzung personenbezogener Daten erörtert; die Differenzierung zwischen unterschiedlichen Zwecken erfolgt jeweils im Rahmen der auf die einzelnen Phasen bezogenen Ausführungen.

1. Erlaubnis zur Datenerhebung

Für die Datenerhebung gibt es die eigentlichen Erlaubnistatbestände sowie „flankierende" Regelungen mit Grundsätzen zur Datenerhebung, Informationspflichten, Aufsichtsrechten und Sanktionen für Verstöße.

Die Erlaubnis zur Erhebung personenbezogener Daten durch Privatrechtssubjekte kann sich, je nach dem zugrunde liegenden Erhebungszweck, aus § 28 Abs. 1, Abs. 6 und Abs. 7 sowie aus § 29 Abs. 1 BDSG ergeben. Dabei erfasst § 28 BDSG mit den dort enthaltenen Erlaubnisnormen die Datenerhebung für eigene Zwecke und § 29 BDSG die Datenerhebung für fremde Zwecke. Bezogen auf die Datenerhebung im Zusammenhang mit dem CRM kommen hier beide Fälle in Betracht: Eine Erlaubnis gem. § 29 BDSG kann zugunsten des Dritten bestehen, der den Unternehmer, der das CRM betreibt, mit von ihm erhobenen personenbezogenen Daten beliefert. Die vom Unternehmer selbst im Rahmen des CRM, hier vor allem im operativen CRM erhobenen Daten sind dagegen primär für eigene Zwecke erhoben, die einschlägige Erlaubnisnorm kann also nur dem § 28 BDSG zu entnehmen sein. Dass der Unternehmer die von ihm selbst für die eigenen Zwecke des CRM erhobenen personenbezogenen Daten möglicherweise auch Dritten zugänglich macht, ändert nichts an der primären Zweckbestimmung der Eigennutzung, so dass auch insoweit § 28 BDSG anwendbar bleibt[434]. Abzugrenzen ist die Erhebung für fremde Zwecke von der Auftragsdatenverarbeitung i. S. d. § 3 Abs. 7 (2.Alt.) und § 11 BDSG, die direkt dem Unternehmer zugerechnet wird.

Zu beachten sind weiterhin die auf die Erhebung personenbezogener Daten bezogenen Regeln aus § 4 BDSG. Gem. § 4 Abs. 2 S. 1 BDSG sind personenbezogene Daten beim Betroffenen zu erheben. Ausnahmen werden unter den in § 4 Abs. 2 S. 2 BDSG genannten Voraussetzungen zugelassen; einschlägig für die Datenerhebung für das CRM ist dabei nur § 4 Abs. 2 S. 2 Nr. 2 BDSG. Bei Erhebung der Daten beim Betroffenen ergibt sich eine Informationspflicht der verantwortlichen Stelle aus § 4 Abs. 3 S. 1 BDSG.

Bei indirekter Datenerhebung besteht die Pflicht zur Benachrichtigung des Betroffenen nach Maßgabe des § 33 Abs. 1 S. 2 BDSG; einschlägige Ausnahmen

---

[434] Gola / Schomerus, BDSG § 29 Rz. 5 m. w. N.

für die dem CRM dienende Datenerhebung durch Dritte bestehen nur in den Fällen des § 33 Abs. 2 Nr. 8 BDSG. Das so genannte „Listenprivileg“ für Adresshändler aus § 33 Abs. 2 Nr. 8 lit.b) BDSG gilt dabei nur für Listen, die ausschließlich die in § 28 Abs. 3 Nr. 3 BDSG genannten Daten enthalten, so dass bei Datenerhebung z. B. für Telefon-CD-ROMs grundsätzlich eine Benachrichtigung des Betroffenen zu erfolgen hat[435]. Angesichts der besonderen Bedeutung, die das BVerfG im Volkszählungsurteil der Kenntnis des Betroffenen über die Datenverarbeitung zum Schutz seines Rechts auf informationelle Selbstbestimmung beigemessen hat, muss auch dann, wenn der Betroffene kein Freiheitsrecht ausübt, weil er die Daten nicht selbst bekannt gibt, die korrekte Benachrichtigung als Rechtmäßigkeitsvoraussetzung der Erhebung angesehen werden[436]. Im Hinblick auf die Benachrichtigungspflichten ist die Erhebung aus allgemein zugänglichen Quellen gem. § 33 Abs. 2 Nr. 8 lit. a) BDSG privilegiert, allerdings nur in den Fällen, in denen der Betroffene selbst die Daten veröffentlicht hat.

a) Erlaubnis zur Datenerhebung durch Dritte für Zwecke des Unternehmers: Der Normtatbestand des § 29 BDSG

Das Erheben personenbezogener Daten durch Dritte für den Zweck, diese Daten dem Unternehmer zu überlassen, der dann diese Daten beim CRM für eigene Zwecke verwendet, ist unter den Voraussetzungen des § 29 Abs. 1 BDSG erlaubt. Der Normtatbestand des § 29 Abs. 1 BDSG enthält eine Beschreibung typischer Übermittlungszwecke, denen die Erhebung der Daten letztlich dienen soll, sowie eine Beschreibung der weiteren tatbestandlichen Voraussetzungen für die Rechtmäßigkeit der Datenerhebung.

Aus der (nicht abschließenden) Aufzählung der möglichen Übermittlungszwecke in § 29 Abs. 1 BDSG wird deutlich, welche Fälle von der Erlaubnis zur Datenerhebung erfasst werden sollen. Wörtlich genannt sind Zwecke der Werbung, der Tätigkeit von Auskunfteien, der Adresshandel und die Markt- oder Meinungsforschung. Hinzu tritt das Merkmal der „Geschäftsmäßigkeit“ der Erhebung. Geschäftsmäßig ist jede auf eine gewisse Dauer angelegte Tätigkeit; auf Entgeltlichkeit oder die Absicht der Gewinnerzielung kommt es dabei nicht an[437]. Daher fallen auch bracheninterne Warndienste unter § 29 Abs. 1 BDSG; dazu gehören beispielsweise das von der Schufa betriebene Kreditinformationssystem, mit dem Bonitätsdaten erhoben werden[438], oder die im Versicherungswesen existierenden zentralen Hinweis- und Informationssysteme, in denen per-

[435] Weichert, Personenbezogene Daten auf CD-ROM, in: RDV 1995, 202 (209).

[436] I.E. ebenso neuerdings Simitis (Dix), BDSG § 33 Rz. 43 mit Hinweis auf die gegenüber der Vorauflage geänderte Rechtsauffassung.

[437] Gola / Schomerus, BDSG § 29 Rz. 4f. m. w. N.

[438] Vgl. Kamlah, Das Schufa-Verfahren und seine datenschutzrechtliche Zulässigkeit, in: MMR 1999, 395; Simon, SCHUFA-Verfahren und neue SCHUFA-Klausel, in: CR 1988, 637.

sonenbezogene Daten besonders risikoträchtiger Kunden oder verdächtiger Versicherungsfälle gespeichert werden, die dem einzelnen Versicherungsunternehmen dann zugänglich gemacht werden[439]. Vergleichbare Warndateien existieren beispielsweise auch bei Wohnungsunternehmen zur Warnung von Mietern mit Zahlungsproblemen, bei Krankenhausträgern zur Warnung vor kostenlos Aufenthalt erschleichenden Simulanten oder bei Spielbanken zum Schutz vor unseriösen Spielern[440]. Da die beispielhafte Aufzählung möglicher Übermittlungszwecke nur klarstellenden Charakter hat, fällt auch die geschäftsmäßige Übermittlung personenbezogener Daten zum Zwecke einer zum Erhebungszeitpunkt noch nicht genauer spezifizierten Weiterverarbeitung im CRM eines Dritten unter § 29 Abs. 1 S. 1 BDSG und muss sich an diesem Maßstab messen lassen. Zugleich ist aber festzuhalten, dass der Übermittlungszweck auch auf bestimmte Funktionen des CRM beschränkt sein kann; so können Daten für eine bestimmte Marketingmaßnahme, also für „Werbezwecke", oder zur Anreicherung der Datenbasis für das analytische CRM aus Gründen der „Marktforschung" übermittelt werden. Ob aber angesichts des CRM-Gesamtkonzepts eine solche Beschränkung auf einzelne Zwecke als realistisch angenommen werden kann, muss in Frage gestellt werden.

Zulässigkeitsvoraussetzung der Datenerhebung zum Zwecke der Übermittlung ist:

- gem. § 29 Abs. 1 S. 1 Nr. 1 BDSG, dass kein Grund zu der Annahme besteht, dass der Betroffene ein schutzwürdiges Interesse an dem Ausschluss der Erhebung, Speicherung oder Veränderung hat,

oder

- gem. § 29 Abs. 1 S. 1 Nr. 2 BDSG, dass die Daten aus allgemein zugänglichen Quellen[441] entnommen werden können oder die verantwortliche Stelle sie veröffentlichen dürfte, es sei denn, das schutzwürdige Interesse des Betroffenen an dem Ausschluss der Erhebung, Speicherung oder Veränderung überwiegt offensichtlich.

Während der Gesetzgeber mit den Regelbeispielen des § 29 Abs. 1 S. 1 BDSG deutlich gemacht hat, dass er für die beschriebenen Zwecke ein berechtigtes Interesse der verantwortlichen Stelle an der Erhebung der Daten a priori anerkennt, lässt sich der Regelung nicht entnehmen, welches Interesse des Betroffenen gegenüber dem Erhebungs- bzw. Verarbeitungsinteresse der verantwort-

[439] Vgl. Waniorek, Datenschutzrechtliche Anmerkungen zu den zentralen Warn- und Hinweissystemen der Versicherungswirtschaft, in: RDV 1990, 228; Gola / Schomerus, BDSG § 29 Rz. 14 m. w. N.

[440] Diese Beispiele aus Gola / Schomerus, BDSG § 29 Rz. 14. Weitere Beispiele bei Reif, Warnsysteme der Wirtschaft und Kundendatenschutz, in: RDV 2007, 4 (7 f.): Schwarzfahrerdateien, die Auskunftsstelle über den Versicherungsaußendienst.

[441] Zum Begriff der allgemein zugänglichen Quellen vgl. Maunz / Dürig (Herzog) Art.5 Rz. 87, 90 f.

lichen Stelle schutzwürdig ist. In den beiden Fällen hat der Gesetzgeber also keine abschließende Entscheidung zur Zulässigkeit der Datenerhebung getroffen, sondern mit dem Begriff des „schutzwürdigen Interesses" einen ausfüllungsbedürftigen Rechtsbegriff eingeführt. Bei der Ausfüllung dieses Rechtsbegriffs ist die staatliche Schutzpflicht gegenüber dem Betroffenen zu beachten, zugleich stellt die Regelung, da sie die Datenerhebung unter Umständen einschränkt, einen staatlichen Eingriff in die Rechte der verantwortlichen Stelle dar. Die Frage nach der Zulässigkeit der Datenerhebung für das CRM wird somit letztendlich erst vom Ergebnis von – nach den Grundsätzen der Schutzpflicht-Lehre grundrechtlich geprägten – Verhältnismäßigkeitserwägungen abhängig gemacht, die gegebenenfalls der Richter – als Adressat der staatlichen Schutzpflicht – vorzunehmen hat.

§ 29 BDSG erfasst nur Datenerhebungen zum Zwecke der Übermittlung. Das wirft die Frage auf, ob im Rahmen der vorzunehmenden Verhältnismäßigkeitsprüfung nur die Interessen der erhebenden und übermittelnden verantwortlichen Stelle zu berücksichtigen sind oder auch die der empfangenden Stelle. § 29 Abs. 1 S. 2 BDSG verweist auf § 28 Abs. 1 S. 2 BDSG und begründet damit die Pflicht der verantwortlichen Stelle, bereits bei der Datenerhebung die die Zulässigkeit der Übermittlung begründende Zweckbestimmung zu konkretisieren. Die Regelung korrespondiert mit der Anforderung aus § 4 Abs. 3 S. 1 Nr. 2 BDSG, der bei der Direkterhebung eine Pflicht der verantwortlichen Stelle zur Unterrichtung des Betroffenen über „die Zweckbestimmung der Erhebung (....)" begründet; bei indirekter Datenerhebung ohne Kenntnis des Betroffenen gilt die grundsätzliche Pflicht der verantwortlichen Stelle gem. § 33 Abs. 1 S. 2 BDSG, den Betroffenen bei der Datenerhebung zu informieren. Allerdings ist umstritten, ob ein Verstoß gegen das Unterrichtungsgebot zur Rechtswidrigkeit der Datenerhebung führen muss[442] – dies wird noch zu erörtern sein.

Aus dem Verweis auf § 28 Abs. 1 S. 2 BDSG wird noch nicht ohne weiteres deutlich, ob sich die Pflicht zur Festlegung des Erhebungszwecks auf den eigenen Erhebungszweck der verantwortlichen Stelle bezieht oder auf den Verarbeitungszweck des späteren Übermittlungsempfängers. Einziger Erhebungszweck der verantwortlichen Stelle in den Fällen des § 29 Abs. 1 BDSG ist die Übermittlung; die in § 29 Abs. 1 S. 1 BDSG beispielhaft beschrieben Übermittlungszwecke sind ja Verarbeitungszwecke des Empfängers der Daten. Wenn es ausreichte, die beabsichtigte Übermittlung an Dritte ohne weiteren Hinweis auf die beabsichtigte Weiterverarbeitung bei Dritten als eigenen Erhebungszweck darzustellen, wäre für jede Datenerhebung im Rahmen des § 29 Abs. 1 BDSG die Konkretisierung des Erhebungszwecks unproblematisch. Freilich hätte es dann des Verweises auf § 28 Abs. 1 S. 2 BDSG nicht bedurft. § 28 Abs. 1 S. 2 BDSG soll eine Möglichkeit der Kontrolle der Zulässigkeitserwägungen der Daten ver-

---

[442] Gola / Schomerus, BDSG § 4 Rz. 46 f..

arbeitenden Stelle durch externe Kontrollinstanzen[443] oder – im Falle der Unterrichtung gem. § 4 Abs. 3 S. 1 Nr. 2 oder § 33 Abs. 1 BDSG – durch den Betroffenen ermöglichen; würde als einziger Erhebungszweck die Übermittlung an Dritte beschrieben, wäre eine Aussage darüber, für welchen Zweck die Daten letztlich in Wirklichkeit erhoben wurden, und damit eine Kontrolle der datenschutzgerechten Weiterverwendung der Daten schlicht nicht möglich.

Gemeint ist hier also offensichtlich, dass auch der Übermittlungszweck im Sinne des § 29 Abs. 1 S. 1 BDSG – und damit der Zweck der Weiterverarbeitung beim Daten empfangenden Dritten – bei der Erhebung bereits zu konkretisieren ist. Somit muss also vor allem das Informationsinteresse des Dritten, an die die Daten übermittelt werden sollen, in Betracht gezogen werden. Die Notwendigkeit, das Empfängerinteresse zu berücksichtigen, ergibt sich auch aus der Überlegung, dass die Datenerhebung nur für den Zweck der *zulässigen* Übermittlung an Dritte zulässig sein kann, die Zulässigkeit der Übermittlung aber ist – jedenfalls im Falle des § 29 Abs. 2 Nr. 1 lit. a) BDSG – vom berechtigten Interesse des Dritten an der Kenntnis der Daten abhängig. § 29 Abs. 2 Nr. 2 lit. b) BDSG privilegiert zwar bestimmte Übermittlungen für Zwecke der Werbung und Markt- oder Meinungsforschung, so dass es nicht wie bei § 29 Abs. 2 Nr. 2 lit. a) BDSG auf die glaubhafte Darlegung eines berechtigten Interesses ankommt; auch § 29 Abs. 2 Nr. 2 lit. b) BDSG beschreibt aber letztendlich bestimmte Interessen des Empfängers, so dass sich auch in diesen Fällen der Erhebungszweck unter Berücksichtigung des Informationsinteresses des Übermittlungsempfängers konkretisieren lässt.

Das Erfordernis der „konkreten" Festlegung beinhaltet die Angabe, welcher Zweck das Interesse der verantwortlichen Stelle an der Datenerhebung begründet, und die schriftliche Dokumentation dieser Zweckbestimmung[444]. Aus dieser Konkretisierung folgt, dass zunächst und ohne das Hinzutreten weiterer einschlägiger Erlaubnisnormen nur diejenige Übermittlung zulässig ist, die im Rahmen der vor der Erhebung festgelegten und entsprechend dokumentierten Übermittlungszwecke erfolgt.

Der Gesetzgeber hat hier somit die verantwortliche Stelle, jedenfalls im Falle der Datenerhebung für das CRM des Übertragungsempfängers, vor ein im Grunde unlösbares Problem gestellt: Bei der Datenerhebung kann die verantwortliche Stelle noch gar nicht wissen, was das empfangende Unternehmen mit den Daten zu tun beabsichtigt – das weiß auch das empfangende Unternehmen selbst nicht so genau, denn die Daten gehen in das Data Warehouse ein und stehen dann – nach Auswahl des für das Data Mining verwendeten Algorithmus – für die unterschiedlichen, teilweise bei der Erhebung noch nicht bekannten oder

[443] Gola / Schomerus, BDSG § 28 Rz. 48.
[444] Gola / Schomerus, BDSG § 28 Rz. 48.

noch nicht festgelegten, mit dem CRM verbundenen Zwecke zur Verfügung[445]. Werden Daten, um bei einem der Regelbeispiele des § 29 Abs. 1 S. 1 BDSG zu bleiben, für Zwecke der Werbung erhoben, so wird damit zwar einer der Verarbeitungszwecke des CRM beschrieben, aber es erfolgt keine vollständige Beschreibung des Zwecks der weiteren Verarbeitung beim empfangenden Unternehmer.

Ein denkbarer Weg aus diesem Dilemma wäre, die Anforderungen an die Konkretisierung der Zweckbeschreibung so weit zu senken, bis bereits ein sehr allgemein gefasster Erhebungszweck (z. B. „Marketing", „Gewinnoptimierung des Unternehmens" oder „Pflege der Kundenbeziehung" als Erhebungszweck) für die Eingriffsrechtfertigung, um die es hier ja letztlich geht, ausreicht. Die vom Gesetzgeber zum Schutz des Betroffenen mit dem BDSG 2001 wesentlich verschärften Transparenzpflichten der verantwortlichen Stelle[446] liefen aber leer, wenn ein allgemein gehaltener Erhebungszweck die gesetzlichen Anforderungen erfüllen könnte[447]. Das ergibt sich auch aus dem Bestimmtheitsgrundsatz: Da die Verarbeitung personenbezogener Daten einem Verbot mit Erlaubnisvorbehalt unterliegt, muss die Erlaubnisnorm eine den Bestimmtheitsanforderungen genügende Konkretisierung des Erlaubnistatbestandes fordern, damit überhaupt eine Abgrenzung zwischen erlaubter und nicht erlaubter Datenverarbeitung möglich ist, kann also keinen unkonkret beschriebenen Erlaubnistatbestand zulassen[448]. Vor dem Hintergrund der staatlichen Schutzpflichten ist weiterhin zum einen zu berücksichtigen, dass das Informationsrecht des Betroffenen eine staatliche Maßnahme zum Schutz seines Rechts auf informationelle Selbstbestimmung ist[449], die hier von erheblicher Bedeutung ist, weil diese Information für den Betroffenen bei derartiger Datenerhebung die erste und möglicherweise einzige Gelegenheit im gesamten Verarbeitungsgeschehen ist, bei

---

[445] Weichert, Data Warehouse-Anwendungen bei Finanzdienstleistern, in: RDV 2003, 113 (119).

[446] Vgl. Weichert, Data Warehouse-Anwendungen bei Finanzdienstleistern, in: RDV 2003, 113 (115) m. w. N.

[447] Vgl. Simitis (Simitis), BDSG § 28 Rz. 62: Aus diesem Grunde sollen Unklarheiten in der Beschreibung des Erhebungszwecks auch zu Lasten der verantwortlichen Stelle gehen.

[448] Wie hier Scholz, Datenschutz bei Data Warehousing und Data Mining, Rz. 66; Podlech / Pfeifer, Die informationelle Selbstbestimmung im Spannungsverhältnis zu modernen Werbestrategien, in: RDV 1998, 139 (153).; a.A. wohl Bull, Zweifelsfragen um die informationelle Selbstbestimmung – Datenschutz als Datenaskese? NJW 2006, 1617 (1620 ff.), der die restriktive Handhabung der Zweckbindung im Falle der Kundendatenverarbeitung insgesamt für überzogen hält (was aus dem Blickwinkel der Schutzpflicht-Lehre eher in die Richtung geht, die Kundendatenverarbeitung in allen beim CRM vorkommenden Verarbeitungsformen dem Bagatelleingriff zuzuordnen) und in diesem Zusammenhang Kritik an den Stimmen in der Literatur übt, die bei der Kundendatenverarbeitung eine Zweckbestimmung „Werbung und Marketing" nicht für ausreichend halten.

[449] BVerfGE 65, 1 (43 u. 46); vgl. Simitis (Dammann), BDSG § 14 Rz. 37 zur verfassungsrechtlichen Herleitung der Zweckbindung bei Datenverarbeitung im öffentlichen Bereich; vgl. auch Gola / Schomerus, BDSG § 4 Rz. 21.

der der Betroffene überhaupt erkennen kann, was mit seinen Daten geschieht: Was mit den Daten beim späteren Empfänger geschieht, wird der Betroffene kaum wissen können, wenn ihn dieser nicht informiert, denn die Pflicht zur Information des Betroffenen bei der Übertragung der Daten ist nach Maßgabe des § 33 Abs. 1 S. 2 BDSG auf die Information der übertragenden Stelle über die Übertragung beschränkt. Was danach mit den Daten geschieht, müsste der Betroffene aktiv beim Empfänger erfragen, falls die Information gem. § 33 Abs. 1 S. 2 BDSG überhaupt erfolgt. Zum anderen ist zu berücksichtigen, dass die Konkretisierung des Erhebungszwecks in einer dem Nachweis zugänglichen Form[450] die Überprüfbarkeit der von der verantwortlichen Stelle angestellten Zulässigkeitserwägungen auch einer externen Kontrolle durch die gem. § 38 BDSG zuständige Aufsichtsbehörde sichert. Eine Senkung der Anforderungen an die Konkretisierung des Erhebungszwecks würde die Informationsrechte des Betroffenen und die Kontrollmöglichkeiten der Aufsichtsbehörde entwerten und die – angesichts zahlreicher bereits gesetzlich vorgesehener Ausnahmen von der Informationspflicht – ohnehin schwache staatliche Schutzmaßnahme völlig ins Leere laufen lassen. Es ist also davon auszugehen, dass die gesetzliche Schutzmaßnahme eine konkrete Beschreibung des Erhebungszwecks fordert; ob die so verstandene Maßnahme verhältnismäßig ist, bleibt einer späteren Prüfung vorbehalten.

Eine Möglichkeit zur Lösung des beschriebenen Problems ist zumindest bei der Datenerhebung für fremde Zwecke die Bindung des Datenempfängers an den von der erhebenden Stelle bei der Erhebung dokumentierten Erhebungszweck. Dies ist der Weg, den der Gesetzgeber im Rahmen seiner Schutzkonzeption gegangen ist, wie aus § 29 Abs. 2 S. 1 und Abs. 4 BDSG deutlich wird. Allerdings löst dies das Problem der Datenerhebung für das CRM nicht ohne weiteres, denn wenn die Daten für das CRM erhoben werden, kann eine Bindung an den ursprünglich konkret formulierten Erhebungszweck, wie auch immer dieser beschrieben wird, nicht als realistisch angesehen werden, weil bei der Erhebung systembedingt unklar ist, welchem konkreten Verarbeitungszweck das analytische CRM letztendlich dienen wird[451]. Lösbar wird dieses Problem erst dann, wenn man bei der Übertragung eine strenge Bindung des Empfängers an den bei der Erhebung dokumentierten Erhebungszweck annimmt, die zunächst eine Verwendung der Daten im CRM des Empfängers aus den genannten Gründen prinzipiell ausschließt. Die beabsichtigte Datenverarbeitung beim CRM wäre dann möglicherweise mit einer Änderung des Verarbeitungszwecks gegenüber dem Erhebungszweck verbunden. Es liegt dann – einmal abgesehen von den eigenen Kontrollpflichten der Daten übertragenden Stelle – in der Verantwortung

[450] Das ist – unter Heranziehung der Anforderungen an eine datenschutzgerechte Organisation (§ 9 S. 1 BDSG) – im Zweifelsfalle die Schriftform; vgl. Gola / Schomerus, BDSG §28 Rz. 48.

[451] Weichert, Data Warehouse-Anwendungen bei Finanzdienstleistern, in: RDV 2003, 113 (120).

des Empfängers der Daten, dass die Voraussetzungen für die Rechtfertigung einer Änderung des Verarbeitungszwecks gegenüber dem Erhebungszweck vorliegen; Maßstab dafür sind dann § 28 Abs. 2 und 3 BDSG, die später genauer zu betrachten sind. Mit dieser Lösung wird zumindest die Daten erhebende Stelle aus der Verantwortung für die Konkretisierung des Erhebungszwecks beim CRM entlassen. Das ist auch aus der Perspektive der Schutzpflicht-Theorie konsistent, denn bei der Erhebung ist zunächst nur die erhebende Stelle Störer im Sinne der Schutzpflicht-Theorie, und bis zu einer möglichen Zweckänderung durch den Empfänger schützt die Bindung an den Erhebungszweck den Betroffenen.

b) Erhebung besonders sensibler Daten für fremde Zwecke

Die Erhebung von „besonderen Arten personenbezogener Daten" i. S. d. § 3 Abs. 9 BDSG, also von Angaben über die rassische und ethnische Herkunft, politische Meinungen, religiöse oder philosophische Überzeugungen, Gewerkschaftszugehörigkeit, Gesundheit oder Sexualleben des Betroffenen ist für fremde Zwecke gem. § 29 Abs. 5 BDSG nur unter der Voraussetzung der § 28 Abs. 6 bis 9 BDSG zulässig. Einzig in Betracht kommende Erlaubnistatbestände sind § 28 Abs. 6 Nr. 2 u. 3 BDSG.

In seltenen Ausnahmefällen kann es aus den in § 28 Abs. 6 Nr. 3 BDSG genannten Gründen, also zur Geltendmachung, Verteidigung oder Ausübung vorrangiger rechtlicher Ansprüche erforderlich sein, solche Daten im fremden Interesse zu erheben; das wird praktisch nur bei der Datenerhebung für Warndateien der Fall sein[452]. Der Vorrang des Erhebungsinteresses gegenüber dem „schutzwürdigen" Ausschlussinteresse des Betroffenen muss im Wege einer Interessenabwägung bestimmt werden[453].

Von dem hier in § 28 Abs. 6 Nr. 4 BDSG – wie an verschiedenen anderen Stellen – vorgesehenen Forschungsprivileg kann der Unternehmer bei der Erhebung besonders sensibler Daten auch dann nicht profitieren, wenn er Markt- oder Meinungsforschung aus kommerziellen Gründen betreibt; der Vorrang seines kommerziellen Interesses lässt das möglicherweise ebenfalls geschützte wissenschaftliche Interesse in den Hintergrund treten[454].

---

452 Gola / Schomerus (BDSG, § 29 Rz. 32) nennen hier die Speicherung der Bestrafung wegen Zechbetrugs in einer Warndatei für die Hotellerie (wobei das Beispiel insoweit unklar ist, als eine Vorstrafe nicht zu den in § 3 Abs. 9 BDSG genannten Daten gehört!) und die Speicherung von „Simulanten" in einer Krankenhauswarndatei, wo wohl die Möglichkeit besteht, dass Gesundheitsdaten mit erhoben werden.

453 Simitis (Simitis), BDSG § 28 Rz. 334.

454 Vgl. Gola / Schomerus, BDSG § 40 Rz. 9.

c) Erlaubnis zur Datenerhebung für eigene Zwecke gem. § 28 BDSG

Für die eigene Datenerhebung des Unternehmers für die Zwecke des CRM ist regelmäßig § 28 Abs. 1 BDSG einschlägig. Danach ist die Datenerhebung zulässig,

- wenn sie der Zweckbestimmung eines Vertragsverhältnisses oder vertragsähnlichen Vertrauensverhältnisses mit dem Betroffenen dient (§ 28 Abs. 1 Nr. 1 BDSG),
- soweit es zur Wahrung berechtigter Interessen der verantwortlichen Stelle erforderlich ist und kein Grund zu der Annahme besteht, dass das schutzwürdige Interesse der Betroffenen an dem Ausschluss der Erhebung überwiegt (§ 28 Abs. 1 Nr. 2 BDSG)
- oder wenn die Daten allgemein zugänglich sind oder die verantwortliche Stelle sie veröffentlichen dürfte, es sei denn, dass das schutzwürdige Interesse des Betroffenen an dem Ausschluss der Erhebung gegenüber dem berechtigten Interesse der verantwortlichen Stelle offensichtlich überwiegt (§ 28 Abs. 1 Nr. 3 BDSG).

Gem. § 28 Abs. 1 S. 2 BDSG ist eine konkrete Festlegung des Verarbeitungs- bzw. Nutzungszwecks bei der Erhebung erforderlich. Eine Pflicht des Unternehmers zur Benachrichtigung des Betroffenen besteht gem. § 33 Abs. 1 S. 1 BDSG bei erstmaliger Speicherung ohne Kenntnis des Betroffenen, bei Direkterhebung gilt die Informationspflicht gem. § 4 Abs. 3 S. 1 BDSG. Darüber hinaus besteht gem. § 28 Abs. 4 S. 2 BDSG im Falle der „Ansprache zum Zweck der Werbung oder der Markt- oder Meinungsforschung“ – auch dies sicherlich ein Fall der Datenerhebung – eine eigene Informationspflicht des Unternehmers, die Voraussetzung für das in § 28 Abs. 4 S. 1 BDSG beschriebene Widerspruchsrecht des Betroffenen ist, aber nicht als Rechtmäßigkeitsvoraussetzung der Datenerhebung angesehen werden kann[455]. Der Verstoß gegen diese Informationspflicht ist gem. § 43 Abs. 1 Nr. 3 BDSG als Ordnungswidrigkeit sanktioniert.

Für die in § 3 Abs. 9 BDSG genannten „besonderen Arten“ personenbezogener Daten kommt eine Erlaubnis zur Erhebung nur unter den zusätzlichen Voraussetzungen der § 28 Abs. 6 bis 9 BDSG in Betracht.

Die Bestimmung des Erhebungszwecks ist einerseits die logisch notwendige Voraussetzung der rechtlichen Qualifikation der Datenerhebung entsprechend den normierten Erlaubnistatbeständen des § 28 Abs. 1 S. 1 BDSG und in diesem Rahmen für die gesetzlich (jedenfalls für die Fälle des § 28 Abs. 1 S. 1

---

[455] So entspricht es der Praxis in der Werbeindustrie, zunächst einmal Widersprüche – und mit ihnen die zum Widerspruchsführer erhobenen Daten – zu sammeln, um zu einem späteren Zeitpunkt, etwa im Rahmen einer turnusmäßigen „Kundenstammbehandlung“, einen Sperrvermerk anzubringen. Vgl. Gola / Schomerus, BDSG § 28 Rz. 65.

Nr. 2 u. 3 BDSG) vorgesehene Interessenabwägung; für die hier diskutierte Datenerhebung des Unternehmers im Rahmen des CRM gilt es also im ersten Schritt festzustellen, welchem Zweck die Datenerhebung dient, damit im nächsten Schritt anhand der gesetzlichen Erlaubnistatbestände und ggf. im Ergebnis der erforderlichen Interessenabwägung die Rechtmäßigkeit der Datenerhebung festgestellt werden kann. Daraus folgt auch die Notwendigkeit, die Zweckbestimmung hier vor den einzelnen Erlaubnistatbeständen zu erörtern.

Durch § 28 Abs. 1 S. 2 BDSG wird darüber hinaus verdeutlicht, dass die der Erhebung vorangehende Festlegung und Dokumentation des Erhebungszwecks auch eine gegenüber den Erlaubnistatbeständen in S. 1 eigenständige Voraussetzung der Zulässigkeit der Datenerhebung ist.[456]

Das oben bereits für die Datenerhebung für fremde Zwecke beschriebene Problem einer Festlegung des Erhebungszwecks beim CRM verschärft sich bei der Erhebung für eigene Zwecke erheblich. Konnte der Dritte zuvor die Rechtmäßigkeit der Datenerhebung noch damit erreichen, dass er einen relativ eng beschriebenen Erhebungszweck vorgab und dem Empfänger die Verantwortung für die Verarbeitung bei Änderung des Erhebungszwecks überlassen konnte, so kommt der Unternehmer, der für eigene Zwecke erhebt, um eine Konkretisierung des endgültigen Erhebungszwecks nicht herum. Diese Notwendigkeit kollidiert, wie schon zuvor gesehen, mit dem holistischen Konzept des CRM, das bedingt, dass Daten, die z. B. bei einem bestimmten Geschäftsvorfall und für einen damit verbundenen Erhebungszweck erhoben wurden (z. B. Bestellung, Kreditantrag etc.), im Data Warehouse abgelegt und für bei der Erhebung noch unbestimmte weitere Verarbeitungszwecke – z. B. der späteren Verarbeitung im analytischen CRM mit allen denkbaren kundenbezogenen Ergebnissen – vorgehalten werden. Für die Konkretisierung des Erhebungszwecks gilt dasselbe, was im Zusammenhang mit der Anforderung an die Konkretisierung des Erhebungszwecks bei § 29 BDSG bereits festgestellt wurde: Eine allgemein gehaltene Zweckbeschreibung liefe dem gesetzlichen Transparenzgebot zuwider.

Daraus muss gefolgert werden, dass die Erhebung personenbezogener Daten für völlig zweck- und ergebnisoffene Data Mining-Prozesse schon deshalb nicht auf die gesetzlichen Erlaubnistatbestände aus § 28 Abs. 1 BDSG gestützt werden kann, weil sie gegen den in § 28 Abs. 1 S. 2 BDSG festgeschriebenen Grundsatz der Zweckbindung verstößt[457] und damit bereits den Tatbestand dieser Erlaubnisnorm nicht erfüllt; auf eine Interessenabwägung im Einzelfall

---

[456] Gola / Schomerus, BDSG § 28 Rz. 48.

[457] Weichert, Data Warehouse-Anwendungen bei Finanzdienstleistern, in: RDV 2003, 113 (120): „Praktisch nicht lösbare rechtliche Probleme sind mit ergebnisoffenen Data Mining-Instrumenten verbunden. Diese suchen sich von ihrer Grundkonzeption her ihren Zweck selbst und tendieren damit dazu, den Grundsatz der Zweckbindung auszuhebeln." Vgl. Simitis (Simitis), BDSG § 28 Rz. 59.

kommt es dann nicht mehr an. Nur wo eine Beschränkung auf konkret beschreibbare Verarbeitungszwecke überhaupt systembedingt möglich und entsprechend vorgesehen ist, kann die dann für diese Zwecke erfolgende Datenerhebung durch die gesetzlichen Erlaubnistatbestände gedeckt sein. Für das CRM bedeutet dies, dass die Erhebung von personenbezogenen Daten zur späteren, zum Erhebungszeitpunkt noch zweck- und ergebnisoffenen Auswertung der im Data Warehouse enthaltenen Daten mit Data Mining-Methoden, nicht auf Grundlage der in § 28 Abs. 1 BDSG genannten Erlaubnistatbestände vorgenommen werden kann[458].

Bei der Datenerhebung durch den Unternehmer ist daher eine hinreichend konkrete Bestimmung und Dokumentation des Erhebungszwecks erforderlich. In der Regel gibt es für die Erhebung der Daten, die in das Data Warehouse eingespeist werden, einen primären Erhebungszweck oder mehrere primäre Erhebungszwecke; bei der Ersterhebung werden dies bei potenziellen Kunden beispielsweise Zwecke der Werbung sein, bei der Erhebung von Bestandskundendaten kann ein primärer Erhebungszweck in der Vertragsabwicklung liegen. Die Erhebung zusätzlicher Daten zu den vorhandenen Daten ehemaliger Kunden könnte Zwecken der Kundenrückgewinnung dienen. In den Fällen einer auf solche konkrete und abgegrenzte Zwecke begründeten Erhebung wäre eine den gesetzlichen Vorgaben entsprechende Konkretisierung und Dokumentation des Erhebungszwecks möglich, die dann auch eine Subsumtion unter die gesetzlichen Erlaubnistatbestände ermöglichen würde.

Von besonderem Interesse für die hier zu diskutierende Fragestellung der Erhebung personenbezogener Daten für das CRM ist die Erhebung von Daten mit dem Ziel der Bestimmung eines Kundenwertes oder eines Scores, der benötigt wird, um eine unternehmerische Einschätzung zum Risiko und zur voraussichtlichen Profitabilität einer bestimmten potenziellen oder aktuellen Kundenbeziehung zu ermöglichen; dies ist eine der Kernfunktionen des CRM. Fraglich ist daher, ob auch die Kundenwert-Bestimmung bzw. das Scoring als Erhebungszweck in dem soeben beschriebenen Sinne konkret genug wäre, um den einschlägigen datenschutzrechtlichen Anforderungen und damit den Anforderungen aus den staatlichen Schutzpflichten zu genügen. Ein solcher Erhebungszweck soll hier als sekundärer Erhebungszweck bezeichnet werden. Hier besteht das Problem, dass sich der sekundäre Erhebungszweck zwar leicht bestimmen und beschreiben lässt, nicht immer aber, welche Daten eigentlich letztendlich zur Erfüllung dieses Erhebungszwecks benötigt werden – soweit das CRM zur Bestimmung der Scoring- bzw. Kundenwerte auf Data Mining-Methoden und damit auf die im Data Warehouse vorhandenen Daten zurückgreift, kennt der Unternehmer selbst die Kriterien nicht, aus denen das System letztlich die geforderten Prognosen ableitet. Für eine solche Auswertung kommen letztendlich alle Daten in Betracht, die sich im Data Warehouse befinden. Bei der Erhe-

---

[458] Simitis (Simitis), BDSG § 28 Rz. 59 ff.

bung konkreter personenbezogener Daten, die in das Data Warehouse einbezogen werden, steht also im Augenblick der Erhebung grundsätzlich nicht fest, ob sie am Ende tatsächlich für das Scoring bzw. die Kundenwert-Bestimmung verwendet werden. Das aber widerspricht dem Grundsatz, dass bereits bei der Erhebung personenbezogener Daten eine auf die jeweiligen Daten bezogene Konkretisierung und Dokumentation des Erhebungszwecks zu erfolgen hat. Somit sind das Scoring bzw. die Kundenwert-Bestimmung keine hinreichend konkreten Erhebungszwecke. Die Datenerhebung kann daher nicht auf die Kundenwert-Bestimmung oder das Scoring als Erhebungszwecke gestützt werden.

Für die Datenerhebung des Unternehmers kann also festgehalten werden: Die auf die Erlaubnistatbestände des § 28 Abs. 1 BDSG gestützte Erhebung personenbezogener Daten kann im Hinblick auf § 28 Abs. 1 S. 2 BDSG überhaupt nur dann rechtmäßig sein, wenn ein primärer und hinreichend konkreter Erhebungszweck (wie oben gesehen: z. B. Werbung beim potenziellen oder ehemaligen Kunden, Vertragsdurchführung beim aktuellen Kunden) vor der Erhebung bestimmt und entsprechend dokumentiert wird; die – sekundäre – Absicht der späteren Auswertung im analytischen CRM und der weiteren Verwendung im gesamten CRM muss als Erhebungszweck dabei völlig außer Betracht bleiben, soweit diese Verwendung nicht im unmittelbaren Zusammenhang mit dem primären Erhebungszweck steht und von diesem erfasst wird. Die rechtlichen Möglichkeiten einer Zweckänderung werden sodann im Zusammenhang mit den nachfolgenden Phasen der Datenverarbeitung erörtert.

aa) Datenerhebung im Rahmen der Zweckbestimmung eines Vertragsverhältnisses oder vertragsähnlichen Vertrauensverhältnisses

§ 28 Abs. 1 S. 1 Nr. 1 BDSG privilegiert die Datenerhebung, wenn sie der Zweckbestimmung eines Vertragsverhältnisses oder vertragsähnlichen Vertrauensverhältnisses mit dem Betroffenen dient. In diesem Falle entfällt jegliche weitere Interessenabwägung – bei Erfüllung dieses Erlaubnistatbestandes ist die Erhebung somit ohne weitere Abwägung rechtmäßig, wenn die oben genannte zusätzliche Bedingung der vorherigen Festlegung und Dokumentation des Erhebungszwecks gem. § 28 Abs. 1 S. 2 BDSG erfüllt ist. Der Gesetzgeber trägt hier dem Gedanken Rechnung, dass aufgrund der Privatautonomie im rechtsgeschäftlichen Verkehr grundsätzlich kein staatlicher Schutz gewährt wird und die Parteien des Rechtsgeschäfts im Rahmen der Ausübung ihrer Vertragsfreiheit selbst über ihre geschützten Rechtsgüter disponieren.

Aus den bereits dargelegten Gründen ist die Zweckbestimmung eng zu fassen und die Bindung an die Zweckbestimmung für die Rechtmäßigkeit der Datenerhebung zwingend. Damit ist es grundsätzlich ausgeschlossen, dass sich für die sekundären Erhebungszwecke des CRM, also die gesamte mögliche Datenverarbeitung in allen Phasen des CRM unter Verwendung eines Data Warehouse und der Anwendung von Data Mining-Methoden, eine Erlaubnis unmittelbar aus § 28 Abs. 1 S. 1 Nr. 1 BDSG herleiten lässt. Es kommen zur Erfüllung des Erlaubnistatbestandes aus § 28 Abs. 1 S. 1 Nr. 1 BDSG somit nur die oben genannten primären Erhebungszwecke in Betracht. Da auf das Bestehen eines Vertragsverhältnisses oder eines vertragsähnlichen Vertrauensverhältnisses abgestellt wird, erfüllt die Erhebung personenbezogener Daten potenzieller oder ehemaliger Kunden, zu denen keine aktuelle Vertragsbeziehung besteht, nur dann den Erlaubnistatbestand, wenn bereits oder noch ein vertragsähnliches Vertrauensverhältnis besteht.

Die Frage, wann ein Vertragsverhältnis vorliegt, kann nach bürgerlichem Recht eindeutig beantwortet werden; Angebot und Annahme können tatbestandlich erfasst werden. Anders ist dies beim vertragsähnlichen Vertrauensverhältnis; da es für diesen Begriff keine gesetzliche Definition gibt, ist er der Auslegung zugänglich. Hier drängt sich der Vergleich mit den Fällen auf, in denen bei Verletzung der aus einem (vertragsähnlichen) Vertrauensverhältnis resultierenden Schutzpflichten eine Haftung aus „culpa in contrahendo" (c.i.c.) angenommen wird; im bürgerlichen Recht ist das der wichtigste außervertragliche Fall, in dem aus Vertrauen Rechtsfolgen begründet werden. In der Tat wird in der datenschutzrechtlichen Kommentarliteratur eine entsprechende Parallele gezogen[459]: So werde zwischen potenziellen Vertragsparteien ein so genanntes vorvertragliches Schuldverhältnis mit Eintritt in die Vertragsverhandlungen begründet, auch nachwirkende Vertragspflichten werden dem vertragsähnlichen Vertrauensverhältnis zugeordnet, ebenso der Fall, in dem ein zwischen potenziellen Vertragsparteien beabsichtigter Vertragsschluss scheitert oder der Vertrag nichtig ist, etwa infolge einer Anfechtung[460], all dies sind zugleich Fälle, in denen eine Haftung aus c.i.c. bestehen kann.

Freilich darf nicht verkannt werden, dass das Haftungsinstitut der c.i.c. in der Regel das Vertrauen des Kunden schützt, bei § 28 Abs. 1 S. 1 Nr. 1 BDSG das vertragsähnliche Vertrauensverhältnis jedoch die Datenverarbeitung des Unternehmers privilegiert: Wo im einen Falle die Rechtsprechung ein Haftungsinstitut als Schutzinstrument geschaffen hat, „entschärft" der Gesetzgeber mit der privilegierten Erlaubnis zur Datenerhebung das generelle unter Erlaubnisvorbehalt stehende Verbot der Datenverarbeitung und damit eine zum Schutz der Rechte des Betroffenen geltende Schutzvorschrift. Vor diesem Hintergrund muss der Erlaubnistatbestand des vertragsähnlichen Vertrauensverhältnisses restriktiv gehandhabt werden, um keine Schutzlücken zu schaffen[461], die zur c.i.c. gebildeten Fallgruppen dürfen keinesfalls unreflektiert übernommen werden.

---

[459] Gola / Schomerus, BDSG § 28 Rz. 26.
[460] Vgl. Simitis (Simitis), BDSG § 28 Rz. 121 ff.
[461] Ebenso Simitis (Simitis), BDSG § 28 Rz. 120.

Für die Erhebung personenbezogener Daten im Zusammenhang mit dem CRM gibt es somit einige Abgrenzungsprobleme. So stellt sich die Frage, ob die unverbindlich gemeinte Kontaktaufnahme eines potenziellen Kunden – etwa in Form einer Katalogbestellung oder der Teilnahme an einem Preisausschreiben, das der Unternehmer im Rahmen seines Marketings betreibt, um an die Anschriften interessierter Kreise zu gelangen – bereits ein vertragsähnliches Vertrauensverhältnis begründet; eine c.i.c.-Haftung könnte in einem solchen Falle bereits bestehen. Es wäre aber nicht mit dem Schutzgedanken der Regelung vereinbar, die Erhebung (weiterer) personenbezogener Daten von dem Augenblick an im Rahmen der Zweckbestimmung (beim Zweck der Kundengewinnung!) vorbehaltlos zu erlauben, in dem ein potenzieller Kunde sich im Rahmen einer Akquisitionsmaßnahme des Unternehmers zu erkennen gibt und damit in das Visier seines operativen CRM gelangt[462]. Die hier vorgenommene restriktive Auslegung des Erlaubnistatbestandes legt für solche Fälle nahe, von einer Erlaubnis nur dann auszugehen, wenn der potenzielle Kunde seinen Willen zum Vertragsschluss kundgetan hat (wobei zum Schutz des Vertrauens des Unternehmers auch die fehlerhafte und damit anfechtbare oder nichtige Erklärung des Kunden reichen muss) und es für die Begründung eines Vertragsverhältnisses nur noch der korrespondierenden Willenserklärung des Unternehmers bedarf; zu denken wäre hier beispielsweise an die Bestellung des potenziellen Kunden bei einem Versandhändler oder der Antrag des potenziellen Kunden auf Abschluss eines Darlehens- oder Versicherungsvertrags. Insbesondere die Erlaubnis des Unternehmers, die Bonität des Kunden vor Vertragsabschluss zu prüfen und die dafür erforderlichen personenbezogenen Daten zu erheben, kann bei dieser Auslegung auf den Erlaubnistatbestand eines vertragsähnlichen Vertrauensverhältnisses gestützt werden, ebenso die Datenerhebung – im Rahmen der Zweckbestimmung des beabsichtigten Geschäfts – für das später als fehlerhaft erkannte (und z. B. ex tunc nichtige oder aus anderen Gründen rückabgewickelte) Rechtsgeschäft. Da der Gesetzgeber die Zweckbestimmung des vertragsähnlichen Vertrauensverhältnisses der des eigentlichen Vertrags gleichgestellt hat, muss aus der soeben vorgenommenen Begrenzung folgen, dass die Zweckbestimmung im Falle des vertragsähnlichen Vertrauensverhältnisses stets die Zweckbestimmung des Vertrags ist, dessen Abschluss der Betroffene anstrebt[463].

Damit liegt das eigentliche Problem dieses Erlaubnistatbestands in der Frage, welche Daten denn tatsächlich für den Vertragszweck benötigt werden[464]. Das Gesetz beschränkt die Erlaubnis zur Verarbeitung personenbezogener Daten dabei nicht auf die Daten der vertragsschließenden Person(en); vielmehr ist die vertragsnotwendige Verarbeitung personenbezogener Daten Dritter von § 28

[462] Simitis (Simitis BDSG § 28 Rz. 122) ordnet daher richtigerweise solche Akquisitionsbestrebungen dem Erlaubsnistatbestand des § 28 Abs. 1 S. 1 Nr. 2 BDSG zu.
[463] Simitis (Simitis), BDSG § 28Rz. 121 m. w. N.
[464] Gola / Schomerus, BDSG § 28 Rz. 18; Simitis (Simitis), BDSG § 28 Rz. 82.

Abs. 1 S. 1 Nr. 1 BDSG umfasst[465]. Welche Daten letztlich tatsächlich für Vertragszwecke benötigt werden und deshalb im Rahmen dieser Zweckbestimmung rechtmäßigerweise erhoben werden können, ist aus dem konkreten Rechtsgeschäft und nach dem Grundsatz der Erforderlichkeit im Einzelfall zu bestimmen und damit einer generellen Feststellung im Rahmen dieser Arbeit nicht zugänglich[466].

Eine für das CRM wichtige Frage ist die nach der Erforderlichkeit von Daten, die eine Aussage über das spezifische Vertragsrisiko einer bestimmten Geschäftsverbindung ermöglichen, insbesondere also Bonitätsdaten, aber etwa auch Gesundheitsdaten, wenn die Gesundheit ein spezifisches Vertragsrisikio ist (wie etwa bei bestimmten Versicherungsverträgen). Ob die Erhebung solcher risikobezogener Daten für den Vertragsabschluss erforderlich ist, hängt insbesondere von der Art des Geschäfts, dem Vertragsvolumen und dem typischen Ausfallrisiko ab. Je höher das mit dem Vertragsschluss verbundene wirtschaftliche Risiko für den Unternehmer ist, desto sicherer läßt sich die Erhebung solcher Daten als erforderlich ansehen. Im Versicherungswesen gibt es zudem spezifische Informationsobliegenheiten des Kunden[467], die selbstverständlich in datenschutzrechtlicher Hinsicht auf die vertragsbezogene Erforderlichkeit der Datenerhebung hindeuten. Spezifische geschäftliche Gepflogenheiten und Handelsbräuche können als weitere Indizien für die Erforderlichkeit der Datenerhebung für spezifische Vertragszwecke angesehen werden; in letzter Konsequenz ist aber die Frage der Erforderlichkeit einer gerichtlichen Überprüfung im Einzelfall zugänglich.

Logischerweise gilt dies aber nur, wenn tatsächlich ein Vertragsschluss von beiden Seiten angestrebt wird oder eine Vertragsbeziehung bereits besteht. Hat der Betroffene überhaupt kein Interesse daran, mit dem Unternehmer ins Geschäft zu kommen, so mag der Unternehmer zwar trotzdem – und gerade mit Blick auf die Zwecke des CRM – ein Interesse an Feststellungen zur Bonität des Betroffenen oder an anderen, den Kundenwert bestimmenden Informationen über den

[465] Zur Erhebung von personenbezogenen Daten nicht vertragschließender Dritter für Vertragszwecke ausführlich Simitis (Simitis), BDSG § 28 Rz. 84 ff. Unproblematisch sind etwa Fälle wie Verträge zugunsten Dritter, die ohne Erhebung der Daten der Person des Begünstigten nicht erfüllt werden können; ähnliches gilt für die Erhebung von Daten von Familienangehörigen bei bestimmten Versicherungsverträgen. Freilich gibt es Abgrenzungsprobleme: Fraglich ist beispielsweise, ob und inwieweit im Rahmen einer Bonitätsprüfung Daten von Familienangehörigen des Kreditantragstellers erhoben werden dürfen; Schneider-Danwitz (Datenschutz gegen private Branchenwarndienste, S. 196) bejaht – allerdings im Zusammenhang mit dem Erlaubnistatbestand des § 28 Abs. 1 S. 1 Nr. 2 – sogar die Erforderlichkeit der Einholung einer Schufa-Auskunft über die Ehefrau des Bestellers durch ein Versandhandelsunternehmen; dies kann mit guten Gründen bezweifelt werden. Vgl. 5. Tätigkeitsbericht des Hamburgischen Datenschutzbeauftragten (1986) S. 102 f.

[466] Vgl. Simitis (Simitis), BDSG § 28 Rz. 82.

[467] Vgl. § 16 VVG.

Betroffenen haben, etwa um die Sinnhaftigkeit der Herstellung einer Kundenbeziehung mit dem Betroffenen prüfen zu können (lohnt es sich, ihn mit großem Aufwand zu bewerben?), der Erlaubnistatbestand des § 28 Abs. 1 S. 1 Nr. 1 BDSG wird aber nicht erfüllt.

Sind alle gegenseitigen Pflichten einschließlich der Nebenpflichten aus einer Vertragsbeziehung erfüllt, besteht somit auch kein vertragsähnliches Vertrauensverhältnis mehr. Damit rechtfertigt auch die wiederholte Bestellung eines Kunden bei einem Versandhändler oder die wiederholte Auftragserteilung etwa bei einer KFZ-Werkstatt regelmäßig keine Datenerhebung, die über die Zweckbestimmung der jeweilig aktuellen Vertragsbeziehung hinausgeht[468]. Die Erhebung von (für die reinen Zwecke der Vertragsabwicklung nicht benötigten) Kundendaten beim Vertragsschluss zum Zweck der Pflege der Kundenbeziehung – also für typische CRM-Funktionen wie späteres Marketing oder für Cross-Selling-Aktivitäten – fällt daher nicht unter den Erlaubnistatbestand des § 28 Abs. 1 S. 1 Nr. 1 BDSG.

bb) Datenerhebung zur Wahrung berechtigter Interessen der verantwortlichen Stelle

Gem. § 28 Abs. 1 S. 1 Nr. 2 BDSG ist die Datenerhebung zulässig, wenn sie „zur Wahrung berechtigter Interessen der verantwortlichen Stelle zulässig ist und kein Grund zu der Annahme besteht, dass das schutzwürdige Interesse des Betroffenen am Ausschluss der Verarbeitung (...) überwiegt". Die Erlaubnis zur Datenerhebung als Teil der Verarbeitung setzt also auf der tatbestandlichen Ebene zweierlei voraus: die Erforderlichkeit der Datenerhebung zur Wahrung berechtigter Interessen der verantwortlichen Stelle und eine Interessenabwägung der Interessen der verantwortlichen Stelle gegen die des Betroffenen, die zugunsten der Interessen der verantwortlichen Stelle zu entscheiden ist. Wieder ist als zusätzliche Bedingung der Rechtmäßigkeit die verbindliche Konkretisierung und entsprechende Dokumentation des Erhebungszwecks gem. § 28 Abs. 1 S. 2 BDSG zu beachten. Sekundäre, bei der Erhebung noch nicht bekannte Verarbeitungszwecke rechtfertigen die Erhebung daher auch in diesem Falle nicht[469].

---

[468] Das Vorhalten von Kundendaten z. B. im Automobilhandel für etwaige Rückrufaktionen ist insofern keine echte Ausnahme dieses Grundsatzes, als eine nachsorgende Pflicht zur Produktbeobachtung und Kundenbetreuung vertragliche Nebenpflicht sein wird, zumindest aber als vertragsähnliches Vertrauensverhältnis ausschließlich zum Schutz des Kunden anzusehen und deshalb aus Sicht der Schutzpflicht-Lehre unbedenklich ist.

[469] Simitis (Simitis), BDSG § 28 Rz. 59 ff., 137.

cc) Erhebung allgemein zugänglicher Daten

Für die Erhebung von Daten aus allgemein zugänglichen Quellen[470] hat der Gesetzgeber wie in dem bereits erwähnten Fall des § 29 Abs. 1 S. 1 Nr. 2 BDSG auch im Falle der Erhebung für eigene Zwecke in § 28 Abs. 1 S. 1 Nr. 3 BDSG einen generellen Vorrang des Erhebungsinteresses gegenüber jeglichem Interesse des Betroffenen am Ausschluss der Erhebung bestimmt; Ausnahmen soll es auch hier nur bei „offensichtlich überwiegendem" schutzwürdigem Interesse des Betroffenen geben. Anders als im Falle des § 29 Abs. 1 S. 1 Nr. 2 BDSG, wo für bestimmte Zwecke ein berechtigtes Verarbeitungsinteresse a priori unterstellt wird, ist hier der Tatbestand der Erlaubnisnorm offener ausgestaltet: Der Gesetzgeber arbeitet wieder mit unbestimmten Rechtsbegriffen, die erst auf der Rechtsanwendungsebene konkretisiert werden können, so dass die geforderte Interessenabwägung im ersten Schritt eine Konkretisierung der Tatbestandsanforderungen voraussetzt. Auch hier ist die zusätzliche Bedingung der Zweckbestimmung gem. § 28 Abs. 1 S. 2 BDSG beachtlich.

dd) Erhebung besonders sensibler personenbezogener Daten

Hier kann zunächst auf die Ausführungen zur Erhebung besonders sensibler Daten für fremde Zwecke gem. § 29 Abs. 5 BDSG verwiesen werden, wo bereits auf die Regelungen der § 28 Abs. 6 bis 9 BDSG eingegangen wurde.

Für die hier zu betrachtenden Fälle der Datenerhebung für eigene Zwecke des Unternehmers sind – branchenabhängig – neben den oben bereits erörterten Warninformationen, auf die hier nicht nochmals eingegangen werden soll, vor allem Gesundheitsinformationen des Betroffenen von Bedeutung und für verschiedene Unternehmensarten von großem Interesse. So wird beispielsweise ein Kranken- oder Lebensversicherer möglichst umfassend Gesundheitsdaten seiner Versicherten erheben wollen.

Als Erlaubnistatbestände für die typische Datenerhebung für das CRM kommen neben der – ausdrücklich vorgesehenen – Einwilligung des Betroffenen nur die Tatbestände des § 28 Abs. 6 Nr. 2 und Nr. 3 BDSG in Betracht. Die Anwendung des Privilegs aus § 28 Abs. 9 BDSG scheitert bereits daran, dass das CRM nach der hier verwendeten Begriffsbestimmung immer für Erwerbszwecke nutzbar gemacht wird.

Vor dem Hintergrund der Regelungen in §§ 1 und 19 des Allgemeinen Gleichbehandlungsgesetzes (AGG) vom 14. August 2006[471], wonach im Zivilrechtsverkehr (also im Anwendungsbereich des CRM) Benachteiligungen aus Grün-

---

[470] Zum Begriff der allgemein zugänglichen Quellen vgl. Maunz / Dürig (Herzog) Art.5 Rz. 87, 90 f.

[471] BGBl. I 2006, S. 1897; zuletzt geändert durch Art. 8 Abs. 1 des Gesetzes v. 02.12.2006 (BGBl. I S. 2742).

den der Rasse oder wegen der ethnischen Herkunft, des Geschlechts, der Religion oder Weltanschauung, einer Behinderung, des Alters oder der sexuellen Identität unzulässig sind, ist in vielen Fällen fraglich, ob eine Differenzierung von Kunden im CRM nach den in § 3 Abs. 9 BDSG genannten Kriterien überhaupt zulässig sein kann; allerdings ist das AGG nicht Teil des datenschutzrechtlichen Schutzkonzepts und daher an dieser Stelle nicht vertieft zu erörtern.

Für eng begrenzte Vertragszwecke kann in bestimmten Branchen (Krankenversicherung) aber die Erhebung von Gesundheitsdaten den Anforderungen des § 28 Abs. 6 Nr. 3 BDSG entsprechen. Infolge der strengen Zweckbindung[472] ist dann aber die Einbeziehung solcher Daten in ein Data Warehouse mit der Möglichkeit einer bei Erhebung noch zweckoffenen Weiterverarbeitung im Rahmen des CRM unzulässig. Aus demselben Grund kann das Privileg aus § 28 Abs. 7 BDSG hier außer Betracht bleiben: Die strenge Zweckbindung verbietet auch in dem dort geregelten Fall die Einbeziehung der Daten in das CRM des Unternehmers.

2. Erlaubnis zur weiteren Verarbeitung (Speicherung, Veränderung oder Übermittlung) und Nutzung der Daten

Nach der bisher betrachteten Phase der Datenerhebung sind nachfolgend die Erlaubnistatbestände für den weiteren Umgang mit den Daten zu betrachten.

a) Erlaubnis zur weiteren Verarbeitung (Speicherung, Veränderung) und Übertragung der für fremde Zwecke erhobenen Daten

Die Speicherung und Veränderung personenbezogener Daten, die zum Zwecke der Übertragung erhoben wurden, durch die erhebende Stelle unterliegt den bereits für die Erhebung umfassend erörterten Rechmäßigkeitsanforderungen des § 29 Abs. 1 BDSG, auf die hier nicht nochmals in allen Details eingegangen werden muss.

Allerdings bedarf es besonderer Erwähnung, dass die bei den Adressaten des § 29 BDSG – insbesondere Auskunfteien – übliche Verknüpfung personenbezogener Daten aus verschiedenen Quellen[473] als Datenveränderung i. S. d. § 29 Abs. 1 S. 1 i. V. m. § 3 Abs. 5 Nr. 2 BDSG zu qualifizieren ist und damit auch dem Verbot der Missachtung schutzwürdiger Interessen des Betroffenen unterliegt[474]. Auch in diesem Fall ist also eine – zunächst generalisierende – Interes-

---

[472] Eine Zweckänderung ist zwar unter den Voraussetzungen des § 28 Abs. 8 BDSG zulässig, aber dabei sind wieder nur die in § 28 Abs. 6 und 7 BDSG genannten Zwecke beachtlich, die – wie gesehen – die Verarbeitung im CRM ausschließen.

[473] Das ist insbesondere die Verknüpfung von Adress- mit Wohnumfeld- oder Konsumdaten zur Klassifizierung der Betroffenen nach Kaufkraftklassen oder vergleichbaren Kriterien.

[474] Gola / Schomerus, BDSG §29 Rz. 15.

senabwägung vorzunehmen, deren Ergebnis von den Eigenarten der jeweiligen Datenveränderung abhängt; jedenfalls steigen aber zwangsläufig mit der Anreicherung des auf eine konkrete Person bezogenen Datenbestandes auch die Anforderungen an die Rechtfertigung der Datenveränderung, weil die Zunahme des Informationsgehalts der auf eine bestimmte Person bezogenen Daten zu einer umfassenderen Erfassung der Persönlichkeit mit den beschriebenen Konsequenzen einer zunehmenden Beeinträchtigung der informationellen Selbstbestimmung des Betroffenen führen wird.

Spezielle Regelungen existieren für die Übertragung der in fremdem Interesse erhobenen Daten sowie für die Veränderung personenbezogener Daten, die zum Zweck der Übermittlung in anonymisierter Form geschäftsmäßig erhoben wurden.

Die Übertragung der für fremde Zwecke erhobenen personenbezogenen Daten ist zugleich als Übertragung aus Sicht der bei der Erhebung verantwortlichen Stelle an den Rechtmäßigkeitsvoraussetzungen des § 29 Abs. 2 bis 5 BDSG und als indirekte Datenerhebung aus Sicht des Empfängers an den Rechtmäßigkeitsvoraussetzungen des § 28 Abs. 1 BDSG zu messen. Das führt dazu, dass die Übertragung aus Sicht der übertragenden Stelle rechtmäßig, ihre Erhebung durch die empfangende Stelle jedoch rechtswidrig sein kann. Damit rechtfertigt die Feststellung der Rechtmäßigkeit der Übertragung nicht zugleich die mit dem Empfang verbundene Erhebung der Daten durch den Empfänger; diese ist vielmehr Gegenstand einer eigenen Rechtmäßigkeitsprüfung, dazu sogleich mehr.

Die Rechtmäßigkeit der Übertragung der für fremde Zwecke erhobenen Daten richtet sich in erster Linie nach § 29 Abs. 2 BDSG. Danach ist die Übertragung im Rahmen der unveränderten, bei der Erhebung festgelegten und entsprechend dokumentierten Zweckbestimmung zulässig, wenn

- a) der Empfänger ein berechtigtes Interesse an der Kenntnis der Daten glaubhaft gemacht hat oder
- b) es sich um Listendaten gem. § 28 Abs. 3 Nr. 3 BDSG handelt, die für Werbe- bzw. Markt- oder Meinungsforschungszwecke übertragen werden sollen
- und kein Grund zu der Annahme besteht, dass der Betroffene ein schutzwürdiges Interesse am Ausschluss der Übermittlung hat.

aa) Glaubhaftmachung eines berechtigten Interesses des Empfängers

Beim Erlaubnistatbestand aus § 29 Abs. 2 S. 1 Nr. 1.a) BDSG arbeitet der Gesetzgeber wieder mit dem unbestimmten und damit einer Auslegung zugänglichen Rechtsbegriff des „berechtigten Interesses". Die Anforderungen an das

Vorliegen eines „berechtigten Interesses“ wurden oben bereits in der Erörterung zu § 28 Abs. 1 S. 1 Nr. 2 BDSG beschrieben. Für die im Zusammenhang mit dem CRM bedeutsame Übermittlung von Bonitäts- und Warndaten folgt aus der notwendigen „Erforderlichkeit“ der Datenübertragung, dass von vornherein der Empfängerkreis auf solche Empfänger zu beschränken ist, nach deren Geschäftszweck der Erhalt solcher Daten tatsächlich erforderlich ist[475] – wo z. B. eine Lieferung nur gegen Vorkasse geschieht, werden keine Bonitätsauskünfte benötigt. Eine Übertragung von kompletten Datenbanken ohne Bezug zu konkreten Geschäftsvorfällen zur „Anreicherung“ des Data Warehouse und für Zwecke der Auswertung im Rahmen des analytischen CRM kann wegen der bereits beschriebenen Unklarheit der konkreten Verarbeitungszwecke zum Zeitpunkt der Übertragung keinesfalls auf § 29 Abs. 2 S. 1 Nr. 1.a), BDSG gestützt werden; es geht in diesem Fall also ausschließlich um die auf den einzelnen Geschäftsvorfall bezogene Auskunft zu einer bestimmten Personen oder mehreren bestimmten Personen und damit um die Übertragung für einen primären Erhebungs- und Verarbeitungszweck. Daraus ergibt sich auch die Anforderung an die Glaubhaftmachung des geltend gemachten Interesses, dass die Darlegung so konkret zu sein hat, dass der Bezug zu einem bestimmten Vorgang herstellbar ist. Dafür soll aber ggf. auch eine Kurzbeschreibung (etwa in Form eines Stichworts wie „Vertrag“ oder „Darlehensgewährung“ oder eines im Rahmen einer ständigen Geschäftsbeziehung üblichen Kürzels für solcherlei Zwecke) ausreichen[476]. Die übermittelnde Stelle muss diese Darlegungen zunächst nicht überprüfen, solange sie nach allgemeiner Lebenserfahrung glaubhaft sind, also eine überwiegende Wahrscheinlichkeit für das Vorliegen eines – auch gegenüber dem erkennbaren Interesse des Betroffenen vorrangigen – berechtigten Interesses des Empfängers spricht; eine Pflicht zu weitergehenden Erkundigungen wird aber angenommen, wenn – etwa aufgrund unrichtiger Angaben in der Vergangenheit – Anhaltspunkte vorliegen, die Zweifel an den Darlegungen des Empfängers begründen. Die Aufsichtsbehörden gehen zudem bei Datenübertragungen im Massenverkehr (wie er etwa bei Schufa- oder Creditreform-Anfragen und Zugriffen auf Branchenwarndateien typisch ist) nur dann von einem datenschutzrechtlich zulässigen Verfahren aus, wenn durch nachträgliche Stichproben der Bezug zum jeweiligen, die Anfrage auslösenden Geschäftsvorgang hergestellt werden kann; bei der Erhebung solcher Stichproben ist es dann ggf. erforderlich, von der empfangenden Stelle zum Nachweis des berechtigten Interesses geeignete Dokumente (wie Darlehensanträge oder Lieferverträge) einzufordern[477]. Die Überprüfung wird durch die in § 29 Abs. 2 S. 3 BDSG beschriebenen Aufzeichnungspflichten abgesichert; danach ist die übersendende Stelle für die Dokumentation der Darlegung und Glaubhaftmachung des berechtigten Interesses des Empfängers verantwortlich, soweit die Übermittlung nicht im automatisierten Abrufverfahren erfolgt; dann obliegt die Aufzeichnungspflicht

---

[475] Gola / Schomerus, BDSG § 29 Rz. 21.
[476] Gola / Schomerus, BDSG § 29 Rz. 22.
[477] Gola / Schomerus, BDSG § 29 Rz. 23 m. w. N.

dem Empfänger[478], dabei gelten die oben bereits genannten Anforderungen an die Konkretisierung des berechtigten Interesses. Die Verletzung dieser Dokumentationspflichten ist als Ordnungswidrigkeit gem. § 43 Abs. 1 Nr. 5 BDSG sanktioniert.

bb) Das Listenprivileg

Die Übermittlung listenmäßig oder anderweitig zusammengefasster Daten für Zwecke der Werbung oder der Markt- und Meinungsforschung (gem. § 28 Abs. 3 Nr. 3 BDSG) hat der Gesetzgeber in § 29 Abs. 2 S. 1 Nr. 1. b) BDSG insofern privilegiert, als für solche Listendaten die Glaubhaftmachung eines berechtigten Interesses der empfangenden Stelle nicht erforderlich ist. Dabei handelt es sich gem. § 28 Abs. 3 Nr. 3 BDSG konkret um Daten von Angehörigen einer Personengruppe, die sich auf (a) Angaben über die Zugehörigkeit des Betroffenen zu dieser Personengruppe, (b) die Berufs-, Branchen- oder Geschäftsbeziehung, (c) den Namen, (d) etwaige Titel, (e) akademische Grade, (f) die Anschrift und (g) das Geburtsjahr beschränken. Bei der Übermittlung der Angabe zur Gruppenzugehörigkeit ist der Erlaubnistatbestand auf die Übermittlung eines einzigen Gruppenmerkmals beschränkt[479].

Die Regelung ist für das CRM bedeutsam, weil der Unternehmer ein Interesse daran hat, einen möglichst umfassenden Bestand an Daten in seinem Data Warehouse zu sammeln und
diese dort ggf. im analytischen CRM weiterzuverarbeiten. Dies lässt sich besonders rational durch die Übernahme von ganzen Datenbanken mit personenbezogenen Daten erreichen, die sich dann, bezogen auf die einzelne Person, im Data Warehouse beliebig ergänzen können, je nachdem, welche weiteren Daten zu derselben Person hinzugefügt werden. Der Unternehmer wird daher auf die am Markt erhältlichen, für Zwecke der Werbung und Markt- oder Meinungsforschung erstellten Dateien der Adresshändler und der Markt- und Meinungsforschungsinstitute zurückgreifen wollen. Dabei ist die Gruppenbeschreibung für das CRM von besonderem Interesse als einziges Merkmal, das über die für die eindeutige Identifikation des Betroffenen erforderlichen Angaben, sein Alter und seine Anschrift hinausgeht und damit einer weitergehenden Auswertung im Rahmen des analytischen CRM zugänglich ist. Denkbare Gruppenmerkmale sind etwa die Eigenschaft als Kunde eines bestimmten Unternehmens, als Teilnehmer an einem bestimmten Preisausschreiben, als Angehöriger einer bestimmten Berufs- oder Einkommensgruppe, als Konsument eines bestimmten Produkts usw. Das Gruppenmerkmal kann somit für den Unternehmer sehr aus-

---

[478] Vgl. § 10 Abs. 4 BDSG.

[479] Gola / Schomerus, BDSG § 28 Rz. 56 m. w. N. Danach wäre es beispielsweise unzulässig, bei der listenmäßigen Übermittlung einer Kundendatei für Zwecke der Werbung auch das Interesse der Kunden an einer bestimmten Produktgruppe oder die Überschreitung eines bestimmten Umsatzvolumens mitzuteilen, weil in diesen Fällen bereits die Kundeneigenschaft, bezogen auf das übermittelnde Unternehmen, erstes (und damit einziges) Gruppenmerkmal sein muss.

sagekräftig sein, insbesondere wenn bei der weiteren Bearbeitung im Data Warehouse (bzw. im Rahmen des analytischen CRM) die Beschränkung auf ein einziges Gruppenmerkmal entfällt.

Allerdings ist auch hier wieder die Zweckbindung zu beachten, die hier über den Verweis auf § 28 Abs. 5 BDSG in § 29 Abs. 4 BDSG vorgeschrieben wird; jegliche Verarbeitung im Rahmen des CRM, die nicht Zwecken der Werbung oder Markt- und Meinungsforschung dient, ist nicht vom Erlaubnistatbestand des „Listenprivilegs" umfasst, vielmehr muss die Zweckänderung am Maßstab des § 28 Abs. 2 und 3 BDSG gemessen werden. Da die Datenverarbeitung im CRM nicht auf Zwecke der Werbung oder Markt- und Meinungsforschung beschränkt ist, kann zwar die Übermittlung der Daten aus Sicht der übermittelnden Stelle unter Weitergabe der Zweckbindung an den Empfänger rechtmäßig sein; der Unternehmer ändert aber möglicherweise bereits mit der Aufnahme der Daten in sein Data Warehouse den weiteren Verarbeitungszweck, so dass aus der Rechtmäßigkeit der Übermittlung nicht auf die Rechtmäßigkeit der damit verbundenen Erhebung des Unternehmers für eigene Zwecke – des CRM – geschlossen werden darf.

cc) Zusammenführung und Veränderung von Daten, die geschäftsmäßig für den Zweck der Übermittlung in anonymisierter Form erhoben und gespeichert werden

§ 30 BDSG enthält eine Sonderregelung für den auch beim CRM bedeutsamen Fall, dass – in der Regel durch Markt- oder Meinungsforschungsinstitute – personenbezogene Daten erhoben und gespeichert werden, die in anonymisierter, typischerweise in aggregierter Form an Dritte weitergegeben werden sollen.

§ 30 Abs. 1 S. 1 BDSG schreibt zunächst die gesonderte Speicherung der Identifizierungsmerkmale im Wege der so genannten „File-Trennung" vor[480]. Es war in der Vergangenheit streitig, ob § 30 Abs. 1 S. 1 BDSG einen eigenständigen Erlaubnistatbestand für die Speicherung der solcherart aufgetrennten (bzw. aufzutrennenden), aber noch personalisierbaren und damit nach wie vor personenbezogenen Daten enthält; nach heute wohl einhelliger Ansicht ist dies nicht der Fall. Dies hat zur Folge, dass mit Blick auf § 4 Abs. 1 BDSG die Speicherung nur auf Grundlage einer Einwilligung des Betroffenen zulässig ist[481]; Ausnahmen werden für die aufgrund des „Listenprivilegs" (§ 28 Abs. 3 S. 1 Nr. 3 BDSG) listenmäßig zusammengefassten Daten[482] und für allgemein zugängliche Daten[483] angenommen.

---

[480] Gola / Schomerus, BDSG § 30 Rz. 4; Simitis (Ehmann), BDSG § 30 Rz. 54 ff.

[481] Gola / Schomerus, BDSG § 30 Rz. 4; Simitis (Ehmann), BDSG § 30 Rz. 40 ff., jeweils m. w. N.

[482] Vgl. Simitis (Ehmann), BDSG § 30 Rz. 47 f.

[483] Vgl. Simitis (Ehmann), BDSG § 30 Rz. 49.

§ 30 Abs. 1 S. 2 BDSG erlaubt das Zusammenführen der aus der Sicht der speichernden Stelle nicht anonymisierten, sondern pseudonymisierten[484] Daten mit den Identifikationsmerkmalen nur unter der Voraussetzung, dass dies im Rahmen des Erhebungszwecks erfolgt; da die Einwilligung des Betroffenen den Erhebungszweck vollständig umfassen muss und die Speicherung nur auf Grundlage einer Einwilligung zulässig ist, sind nur die von der Einwilligung erfassten, also gegenüber dem Betroffenen konkret benannten, Zwecke beachtlich[485]. Typische Fälle sind Trendanalysen oder Langzeitstudien, bei denen es für die Auswertung auf die Möglichkeit der Identifikation des einzelnen Probanden ankommen mag. Auch für wissenschaftliche Zwecke wird das Zusammenführen der Daten mit den Identifikationsmerkmalen gestattet; für das CRM ist dieser Fall nicht einschlägig.

Die Veränderung der gespeicherten Daten ist gem. § 30 Abs. 2 BDSG zulässig, wenn

- kein Grund zu der Annahme besteht, dass der Betroffene ein schutzwürdiges Interesse am Ausschluss der Veränderung hat oder
- die Daten aus allgemein zugänglichen Quellen entnommen werden können oder die verantwortliche Stelle sie veröffentlichen dürfte, soweit nicht das schutzwürdige Interesse des Betroffenen an dem Ausschluss der Veränderung offensichtlich überwiegt.

Der anonyme Teil der Daten nach der File-Trennung wird als nicht mehr personenbezogen nicht mehr vom BDSG und damit auch nicht von dieser Regelung erfasst, es geht also nur um die Daten vor der File-Trennung oder den Teil des Datensatzes mit den Identifikationsmerkmalen. Denkbare Veränderungen vor der File-Trennung könnten etwa Umstrukturierungen des Datensatzes für die Vorbereitung einer Aggregierung sein, nach File-Trennung geht es beispielsweise um Aktualisierungen von Adressdaten für Zwecke von Langzeitstudien[486].

b) Erlaubnis zur Speicherung, Veränderung, Übermittlung und anderweitigen Nutzung für eigene Zwecke

Nur soweit die weitere Verarbeitung entsprechend dem ursprünglichen Erhebungszweck erfolgt und ausschließlich die für diesen Zweck erhobenen Daten verarbeitet werden, ergibt sich die Rechtfertigung der nachfolgenden Verarbeitungsphasen ohne weiteres aus den bereits erörterten Erlaubnistatbeständen des § 28 BDSG, die deshalb hier nicht nochmals erörtert werden müssen. Zu beach-

---

[484] Gola / Schomerus, BDSG § 30 Rz. 7 m. w. N.

[485] Gola / Schomerus, BDSG § 30 Rz. 8.

[486] Vgl. Simitis (Ehmann), BDSG § 30 Rz. 75 ff.

ten ist allerdings, dass § 6 a Abs. 1 BDSG eine automatisierte Datenverarbeitung in bestimmten Fällen verbietet; darauf wird zu gegebener Zeit gesondert eingegangen.

Das CRM ist dem gegenüber dadurch gekennzeichnet, dass alle personenbezogenen Daten, die für einen bestimmten primären Zweck erhoben wurden, gesammelt und für bei der Erhebung noch unbestimmte weitere Zwecke vorgehalten werden sollen. Diese Daten stehen dann insbesondere zur Auswertung im Rahmen des analytischen CRM zur Verfügung. Mit jedem Kontakt zu einer Person werden – in der Regel im Bereich des operativen CRM – Daten für den jeweils aktuellen Geschäftsvorfall erhoben und auch zweckentsprechend verwendet. Die zunächst noch dem Erhebungszweck dienende (und insoweit grundsätzlich unproblematische) Speicherung der dabei entstehenden Daten im Data Warehouse führt zugleich zu einer ständigen Ergänzung und Erweiterung des Bestandes der auf eine bestimmte Person bezogenen Daten, wenn die Daten nach Erreichen des Erhebungszwecks nicht gelöscht oder – etwa für statistische Auswertungszwecke im analytischen CRM – anonymisiert werden. So werden sich im Laufe einer Kundenbeziehung die von einem Adresshändler für Werbezwecke erworbenen, vielleicht auch gleich mit einer Kaufkraftklassifizierung versehenen Adressdaten nach erfolgreicher Akquise je nach Art des Geschäfts um Bonitätsdaten, produktbezogene Umsatzdaten, Daten über das Zahlungsverhalten, über Reklamationen oder beliebige andere aus dem Kundenkontakt entstehende Daten ergänzen. Mit zunehmender Datenfülle verbessert sich die Prognosegenauigkeit im analytischen CRM, das dann Risikoanalysen, Kundenwerte oder Vorgaben für eine ausgefeilte und gezielte Ansprache des Kunden im Rahmen von individualisierten Marketingmaßnahmen liefert, all dies mit dem Ziel einer Optimierung der Profitabilität der individuellen Kundenbeziehung.

Die ständige „Anreicherung“ des Datenbestandes durch im Laufe der Kundenbeziehung zusätzlich erhobene Daten stellt, für sich betrachtet, jeweils eine Datenänderung im Sinne des § 3 Abs. 4 Nr. 2 BDSG dar, die einer eigenen Rechtfertigung nach dem Maßstab des § 28 Abs. 1 S. 1 BDSG bedarf. Erfolgt so zugleich eine Vorratshaltung der Daten über die für die Erfüllung des primären Erhebungszwecks erforderliche Datenhaltung hinaus, ist mit der „Anreicherung“ der Daten und der Speicherung der geänderten Daten zugleich eine Änderung des Verarbeitungszwecks gegenüber dem Erhebungszweck verbunden.

Sinnvoll ist das Anlegen von Kundendatenbeständen nur, wenn sie dann auch tatsächlich ausgewertet werden. Mit jedem Zugriff auf den im Data Warehouse abgelegten Datenbestand mittels Data Mining im analytischen CRM erfolgt, je nach Zweck des Zugriffs, eine erneute Aktualisierung der Zweckbestimmung gegenüber dem Erhebungszweck. So könnten beispielsweise die bei einem Ratenkaufvertrag für Vertragszwecke erhobenen Daten im Hinblick auf das Zahlungsverhalten des Kunden ausgewertet und zur Risikoanalyse für künftige Geschäftsvorfälle mit demselben Kunden verwendet werden, oder aus den kunden- und produktbezogenen Umsatzdaten wird ein Konsumentenprofil erstellt, aus dem letztlich der Kundenwert ermittelt werden kann, auf dessen Grundlage bestimmt wird, wie groß der Aufwand ist, mit dem der Kunde für künftige Geschäfte beworben werden soll. Soweit ein solcher Zugriff und die damit verbundene Auswertung der Daten vom Verarbeitungstatbestand nach § 3 Abs. 4 S. 1 BDSG nicht vollständig tatbestandlich erfasst wird (nur das Hinzufügen des Auswertungsergebnisses zu den vorhandenen Daten erfüllt den Tatbestand der Datenänderung und ggf. der Speicherung, die Auswertung selbst ist aber keine Verarbeitung im gesetzlichen Sinne), handelt es sich um eine Nutzung i. S. d. § 3 Abs. 5 BDSG. Nutzung ist gem. § 3 Abs. 5 BDSG jede Verwendung personenbezogener Daten, die nicht als Verarbeitung i. S. d. § 3 Abs. 4 BDSG angesehen werden kann. Bei der Nutzung der personenbezogenen Daten für einen anderen als den Erhebungszweck gilt gem. § 28 Abs. 2 BDSG, dass sie (nur) zulässig ist, wenn der abweichende Nutzungszweck selbst den Tatbestand der § 28 Abs. 1 Nr. 2 oder 3 BDSG erfüllt. Dasselbe gilt für die Übermittlung der Daten an Dritte.

c) Zweckbindung und Rechtmäßigkeit der Zweckänderung

Dass die Verarbeitung, Nutzung und Übermittlung für einen anderen als den ursprünglichen Erhebungszweck nur dann möglich ist, wenn auch der Zweck des weitergehenden Umgangs mit den Daten gesetzlich gebilligt wird, ist vor dem Hintergrund, dass die gesamte Verarbeitung personenbezogener Daten einem generellen Verbot mit Erlaubnisvorbehalt unterliegt, eine Selbstverständlichkeit. Fraglich ist aber angesichts der gesetzlich in § 28 Abs. 2 und 3 BDSG vorgesehenen Möglichkeiten einer Änderung des Verarbeitungs-, Nutzungs- oder Übertragungszwecks gegenüber dem Erhebungszweck, welche Bedeutung die Regelung in § 28 Abs. 1 S. 2 BDSG hat.

Die Notwendigkeit der Anpassung des § 28 BDSG an die Vorgaben der EU-Datenschutzrichtlinie hat dazu geführt, dass der Gesetzgeber bei dem Versuch, die Interessen der Wirtschaft mit dem Interesse an einem möglichst wirksamen Datenschutz auszugleichen, Kompromisse eingegangen ist, die zu erheblichen Problemen bei der Interpretation der letztlich gewählten Regelung führen[487]. Insbesondere betrifft das die Umsetzung des aus Art. 6 Abs. 1 lit b.) der Richtlinie folgenden Gebots der Zweckbindung[488]. Es wird daher in der Literatur uneinheitlich beschrieben, wie weit nach dem BDSG bei der nichtöffentlichen Datenverarbeitung die Bindung an den ursprünglichen Erhebungszweck reichen soll.

---

[487] Sehr kritisch Simitis (Simitis), BDSG § 28 Rz. 2, der für einige dieser Kompromisse annimmt, dass sie im Widerspruch zur EU-Datenschutzrichtlinie stehen.

[488] Simitis (Simitis), BDSG § 28 Rz. 2. und § 28 Rz. 205.

Klar und unbestritten ist immerhin, dass unter den Voraussetzungen des § 28 Abs. 3 BDSG die ansonsten geltenden Verarbeitungsbeschränkungen nicht gelten[489]; explizit genannt ist der Wegfall der Bindung an den Erhebungszweck. Für die Anwendung des § 28 Abs. 3 BDSG kommt es daher wesentlich darauf an, die einschlägigen Tatbestände zu identifizieren. Nicht so klar ist der Wegfall der Zweckbindung bei § 28 Abs. 2 BDSG; über Bedeutung und Reichweite dieser Regelung werden in der Literatur unterschiedliche Auffassungen vertreten. Nachfolgend werden die Regelungen in den Abs. 2 und 3 des § 28 BDSG und ihr Verhältnis zu der in § 28 Abs. 1 S. 2 BDSG geforderten Bindung an den Erhebungszweck genauer betrachtet.

aa) Reichweite der Zweckbindung aus § 28 Abs. 1 S. 2 BDSG im Falle des § 28 Abs. 2 BDSG

Aus den Gesetzgebungsmaterialien lässt sich nicht viel herleiten. Der Regierungsentwurf zur aktuellen Fassung des § 28 Abs. 1 S. 2 BDSG nimmt in der Begründung ohne weitere Erläuterung auf den Inhalt der EU-Datenschutzrichtlinie Bezug[490]; zu § 28 Abs. 2 BDSG heißt es wörtlich[491]: „Da die Richtlinie nicht zwischen dem öffentlichen und dem nichtöffentlichen Bereich differenziert, Artikel 6 Abs. 1 Buchstabe b der Richtlinie somit auch im nichtöffentlichen Bereich uneingeschränkt Anwendung findet, war der Grundsatz der Zweckbindung daher weitergehend als bisher zu verankern. Absatz 2 beinhaltet daher eine über Absatz 4 a.F. hinausgehende Zweckänderungsregelung. Da Fälle einer Zweckänderung unter den Voraussetzungen des Absatzes 1 Nr. 1 nicht vorstellbar sind, konnte der Verweis auf Absatz 1 Nr. 2 u.3 beschränkt werden." Insgesamt bleibt damit unklar, ob § 28 Abs. 2 BDSG tatsächlich eine Abweichung vom Erhebungszweck ermöglichen soll oder nicht – einen Sinn ergäbe die Begründung nur, wenn man § 28 Abs. 1 S. 2 BDSG völlig außer Betracht ließe und § 28 Abs. 1 BDSG schlicht als abschließenden Katalog zulässiger Verarbeitungszwecke verstünde; dann würde sich die Zweckbindung eindeutig auf die Katalogzwecke beziehen. Da aber § 28 Abs. 1 BDSG nicht nur eine Bindung an die Katalogzwecke, sondern auch an die Festlegung bei der Erhebung vorsieht, bleibt die Frage nach der Reichweite dieser zusätzlichen Festlegung unbeantwortet.

Ein Teil der Kommentarliteratur zum BDSG suggeriert, dass unter der Voraussetzung des § 28 Abs. 2 BDSG eine nachträgliche Abweichung von dem gem. § 28 Abs. 1 S. 2 BDSG festgelegten und entsprechend dokumentieren Erhebungszweck bei der Übermittlung an Dritte und bei der weiteren Verarbeitung

---

[489] Simitis (Simitis), BDSG § 28 Rz. 208; Gola / Schomerus, BDSG § 28 Rz. 50 ff.
[490] BT-Drucks. 14/4329 S. 42 f.
[491] BT-Drucks. 14/4329 S. 43.

oder Nutzung möglich sei. Bei Gola / Schomerus[492] heißt es wörtlich[493]: „Die Festlegung der Verarbeitung oder Nutzung der Daten auf eine die Erlaubnistatbestände des § 28 Abs. 1 Nr. 1-3 ausfüllende Zweckbestimmung ist jedoch *für die weitere Verarbeitung* oder Nutzung nicht abschließend. Einmal gestattet § 28 Abs. 2 spätere Zweckänderung bzw. –erweiterung, indem die Daten ggf. für zunächst nicht berücksichtigte oder bestehende Zwecke genutzt oder übermittelt werden dürfen, sofern der neue Zweck ebenfalls durch die Erlaubnistatbestände des Abs. 1 S. 1 Nr. 2 u.3 gedeckt ist.(…)“ Das ist zumindest insofern missverständlich, als schon nach der Formulierung des Gesetzestextes – neben der Nutzung, die gerade keine „Verarbeitung“ i. S. d. § 3 Abs. 4 BDSG ist – nur die Übermittlung als einzige Phase der *Verarbeitung* ausdrücklich von § 28 Abs. 2 BDSG gedeckt wird.

Schaffland / Wiltfang[494] gehen nur kurz auf das Problem der Zweckbindung mit der Festlegung des Erhebungszwecks ein, meinen aber offenbar, dass eine Zweckänderung zumindest in den in § 28 Abs. 2 BDSG genannten Fällen der Übermittlung und Nutzung ohne weiteres zulässig sei: „Für einen anderen Zweck als für den, für den sie erhoben worden sind (Abs. 1 S. 2), dürfen sie nur im Rahmen der Interessenabwägung (Abs. 1 S. 1 Nr. 2) übermittelt oder genutzt werden oder wenn es sich um allgemein zugängliche Daten (Abs. 1 S. 1 Nr. 3) handelt (Abs. 2); da der erstgenannte Fall in der Regel vorliegen wird, geht die angestrebte Zweckbestimmung ins Leere.“ Auf die Frage nach der Möglichkeit einer Zweckänderung hinsichtlich anderer Phasen der Verarbeitung als der Übermittlung gehen sie nicht ein.

Simitis[495] hingegen geht davon aus, dass der Gesetzgeber in § 28 Abs. 1 BDSG eine abschließende Regelung für die Verwendung personenbezogener Daten für eigene Zwecke geschaffen hat, die die Bindung an den Erhebungszweck zwingend mit umfasst[496]. Daraus folgert er, dass auch für die Fälle der Nutzung und Übertragung gem. § 28 Abs. 2 BDSG eine Abweichung vom Erhebungszweck unzulässig wäre; § 28 Abs. 2 BDSG sei daher „genauso überflüssig wie verwirrend“.

Hier besteht das Problem, dass eine Maßnahme zu betrachten ist, über deren Wirkung keine Einigkeit besteht. Die Frage nach einer *verfassungskonformen* Bestimmung der Reichweite der gesetzlichen Zweckbindung – und damit nach der Reichweite einer bestimmten gesetzlichen Schutzmaßnahme zugunsten des Betroffenen – lässt sich in letzter Konsequenz nur im Ergebnis von Verhältnismäßigkeitserwägungen beantworten. Da nachfolgend eine Verhältnismäßig-

---

[492] Gola / Schomerus, BDSG § 28 Rz. 49.
[493] Hervorhebungen im Text sind solche des Verf.
[494] BDSG § 28 Rz. 13.
[495] BDSG § 28 Rz. 59 ff., Rz. 205 f.
[496] Simitis (Simitis), BDSG § 28 Rz. 75 ff., 206.

keitsprüfung der Maßnahmen des datenschutzrechtlichen Schutzkonzepts erfolgen wird, ist es an dieser Stelle nicht erforderlich, eine abschließende Entscheidung zur eigenen Auffassung von der Reichweite der Zweckbindung zu treffen. Für die nachfolgende Verhältnismäßigkeitsprüfung soll zunächst der Ansicht von Simitis gefolgt werden, die im Rahmen der Verhältnismäßigkeitsprüfung genauer zu betrachten sein wird.

bb) Reichweite der Zweckbindung aus § 28 Abs. 1 S. 2 BDSG im Falle des § 28 Abs. 3 BDSG

§ 28 Abs. 3 BDSG durchbricht die strenge Bindung an den Erhebungszweck und erlaubt die Übermittlung und Nutzung für andere Zwecke. Von den abschließend genannten Erlaubnisgründen kommen für die Nutzung oder Übermittlung für die Zwecke des CRM nur die in § 28 Abs. 3 S. 1 Nr. 1 und 3 BDSG genannten Gründe in Betracht[497].

§ 28 Abs. 3 S. 1 Nr. 1 BDSG erlaubt die Zweckänderung bei Übermittlung an Dritte oder Nutzung der personenbezogenen Daten, wenn dies „zur Wahrung berechtigter Interessen Dritter“ erforderlich ist und „kein Grund zu der Annahme besteht, dass der Betroffene ein schutzwürdiges Interesse an dem Ausschluss der Übermittlung oder Nutzung hat“. Die Regelung ist keine Auffangklausel, die es der verantwortlichen Stelle ermöglichen würde, die Beschränkungen aus § 28 Abs. 1 BDSG zu unterlaufen; vielmehr hat die Regelung Ausnahmecharakter und ist restriktiv auszulegen[498]. Anders als § 28 Abs. 1 S. 1 Nr. 2 BDSG schließt § 28 Abs. 3 S. 1 Nr. 1 BDSG eine Interessenabwägung aus: Es kommt nicht darauf an, wessen Interesse überwiegt; wenn ein Grund zu der Annahme eines schutzwürdigen Interesses des Betroffenen am Ausschluss der Übermittlung/Nutzung besteht, ist sie unzulässig[499].

Für die bei der Datenübermittlung aus dem CRM bedeutsamen Fälle der Weitergabe von Kundendaten an andere Unternehmen für Werbezwecke bedeutet das bei restriktiver Handhabung, dass das generell zu unterstellende Interesse des Kunden, in Ausübung seiner Freiheitsrechte und seiner Selbstbestimmung selbst zu entscheiden, ob und welche rechtsgeschäftlichen Beziehungen er eingehen möchte, eine Weitergabe der Kundendaten auf Grundlage des § 28 Abs. 3 S. 1 Nr. 1 BDSG verbietet[500]. Grundsätzlich zulässig ist dagegen die Übermittlung von Kundendaten im Falle der Forderungsabtretung[501]. Auch der konzerninterne Informationsaustausch kann unter Umständen als berechtigtes

---

[497] Zwecke der Markt- und Meinungsforschung unterliegen nicht dem Privileg aus Nr. 4!

[498] Simitis (Simitis), BDSG § 28 Rz. 208.

[499] Simitis (Simitis), BDSG § 28 Rz. 216 m. w. N.

[500] Simitis (Simitis), BDSG § 28 Rz. 218 m. w. N.

[501] Simitis (Simitis), BDSG § 28 Rz. 210; Gola / Schomerus, BDSG § 28 Rz. 50, jeweils mit weiteren Beispielen für zulässige Übermittlungen und die damit verbundenen Zweckänderungen.

Interesse anerkannt werden, Kundeninformationen innerhalb des Konzerns zu verschieben, soweit nicht ohnehin der Gesamtkonzern als „homogene Datenschutzstelle“ aufzufassen ist[502]. Die Rechtsprechung hält zudem in aller Regel bei der Übermittlung von sogenannten „Negativmerkmalen“ aus der Vertragsabwicklung – also Informationen etwa über Zahlungsverzug oder unbegründete Einwendungen des Kunden gegen Zahlungsverpflichtungen – an Wirtschaftsauskunfteien und Branchenwarndienste (wie die Schufa oder Creditreform) das Interesse des Dritten, in diesen Fällen also der Wirtschaftsauskunftei, gegenüber dem Interesse des Betroffenen an einer Unterlassung der Datenübermittlung für vorrangig; das Interesse des Betroffenen sei bei solchen Vertragsverstößen nicht schutzwürdig.

Von ebenso großem Interesse ist mit Blick auf das CRM wieder das in § 28 Abs. 3 S. 1 Nr. 3 BDSG beschriebene Listenprivileg der Nutzung/Übermittlung von Kundendaten für Zwecke der Werbung und der Markt- und Meinungsforschung. Anders als im soeben beschriebenen Fall des § 28 Abs. 3 S. 1 Nr. 1 BDSG rechtfertigt – zumindest nach Auffassung des Gesetzgebers[503] – hier die Beschränkung der Daten auf die relativ „harmlosen“, abschließend aufgezählten Listendaten und die beschriebenen Nutzungs-/Übermittlungszwecke, im Regelfall davon auszugehen, dass kein schutzwürdiges Interesse des Kunden am Ausschluss der Nutzung/Übermittlung besteht; auf die Restriktionen bei der Beschreibung der Listenmerkmale und die Fälle, in denen das Interesse des Betroffenen in der Regel Vorrang hat, wurde bereits im Rahmen der Erörterung des § 29 Abs. 2 BDSG hingewiesen.

3. Zwischenergebnis: Datenverarbeitung im Rahmen des CRM auf Grundlage der Erlaubnisnormen der §§ 28-30 BDSG

Die Betrachtung der Erlaubnistatbestände aus dem dritten Abschnitt des BDSG erlaubt die Identifikation verschiedener Regelungsmechanismen des datenschutzrechtlichen Schutzkonzepts, aber noch nicht für alle Modi und Phasen der Datenverarbeitung des CRM die Beantwortung der Frage, ob diese Datenverarbeitung im Rahmen des CRM rechtmäßig ist oder nicht.

Als größtes Problem der Datenverarbeitung im Rahmen des CRM auf Grundlage der im BDSG normierten Erlaubnistatbestände erweist sich die Bindung an den Erhebungszweck, wobei ohne eine weiter gehende Betrachtung – die im Kontext dieser Arbeit schutzrechtlich auszurichten ist – die Reichweite dieser Bindung noch unklar bleibt, zumal die insoweit völlig missglückte gesetzliche Regelung Raum für Interpretationen in alle Richtungen lässt.

Weiter bleibt zu bemerken, dass der Gesetzgeber hier nur ausnahmsweise mit konkret gefassten Normtatbeständen arbeitet. Was ein „berechtigtes Interesse“,

---

502 Simitis (Simitis), BDSG § 28 Rz. 211 m. w. N.

503 Kritisch Simitis (Simitis), BDSG § 28 Rz. 232 ff.

was ein „Grund zur Annahme eines schutzwürdigen Interesses" sein soll, bedarf einer Konkretisierung auf der rechtliche Anwendungsebene. Mit der generalklauselartigen Weite dieser Tatbestandselemente öffnet der Gesetzgeber den Normtatbestand für eine untergesetzliche Rechtssetzung, die sich materiell-inhaltlich an den objektiven Grundrechtsgehalten zu orientieren hat – ein rechtliches „Einfallstor" für eine unmittelbare Anwendung der Schutzpflicht-Lehre: Bei der Interpretation der ausfüllungsbedürftigen Rechtsbegriffe ist der Schutzverpflichtete, also der Staat als datenschutzrechtliche Aufsichtsbehörde oder als Gericht, zur Sicherung eines angemessenen Schutzniveaus verpflichtet, im Ergebnis der tatbestandskonkretisierenden Interpretation der unbestimmten Rechtsbegriffe muss sich die Regelung als schutzrechtlich *verhältnismäßige* staatliche Maßnahme erweisen.
Schließlich gibt es Regelungen, die eine Interessenabwägung im Einzelfall vorsehen. Auch diese Interessenabwägung, die in der Praxis die verantwortliche Stelle vorzunehmen hat, ist ohne Einschränkung überprüfbar und justitiabel; auch sie muss den verfassungsrechtlichen Vorgaben insoweit genügen, als im Ergebnis der Interessenabwägung ausreichender Schutz des Betroffenen gewährleistet wird, es muss im Einzelfall somit aus schutzrechtlicher Sicht *verhältnismäßig* sein.
Um der Antwort auf die Frage nach der Rechtmäßigkeit der Datenverarbeitung näher zu kommen, sind die aufgezeigten Lücken so gut wie möglich zu schließen; der wichtigste Schlüssel dafür ist der Verhältnismäßigkeitsgrundsatz.

IV. Erlaubnis zur Datenverarbeitung kraft Einwilligung des Betroffenen

In den Fällen, in denen sich die Rechtmäßigkeit der Erhebung, Verarbeitung oder Nutzung personenbezogener Daten beim bzw. für das CRM nicht auf einen der gesetzlichen Erlaubnistatbestände stützen kann, kommt noch die Einwilligung des Betroffenen in den jeweiligen Umgang mit seinen personenbezogenen Daten in Betracht.

1. Motivation zur Rechtfertigung der Datenverarbeitung auf Grundlage der Einwilligung

Gerade wegen der Unsicherheit, ob die gesamte Datenverarbeitung eines Unternehmens im CRM in allen Phasen des Umgangs mit den Daten einen einschlägigen Ermächtigungstatbestand erfüllt, wird der Unternehmer und der für ihn Daten erhebende Dritte nicht den mühsamen und risikoreichen Weg einer Rechtfertigung der Datenverarbeitung über gesetzliche Erlaubnisnormen beschreiten, sondern lieber „auf Nummer sicher" gehen und die Einwilligung des Betroffenen in die Datenverarbeitung einholen wollen[504]. Zudem hat – wie gese-

[504] Holznagel / Sonntag: Einwilligung des Betroffenen, in: Roßnagel, Handbuch Datenschutzrecht Kap. 4.8 (S. 685) Rz. 18; vgl. auch Bull, Zweifelsfragen um die informationelle Selbstbestimmung – Datenschutz als Datenaskese? in: NJW 2006, 1617 (1621).

hen – der Unternehmer, der sein CRM mit allen Bestandteilen uneingeschränkt nutzen möchte, eventuell nicht die Möglichkeit, die gesamte Datenverarbeitung auf gesetzliche Erlaubnistatbestände zu stützen[505]. Die Einwilligung ist daher von herausragender Wichtigkeit für die Rechtfertigung der Datenverarbeitung beim bzw. für das CRM und stellt den in der privatwirtschaftlichen Praxis wohl meistgebrauchten Erlaubnisgrund dar. Es stellt sich aber die Frage, ob jeglicher Umgang mit personenbezogenen Daten durch die Einwilligung des Betroffenen gerechtfertigt werden kann.

2. Die Bedeutung der Einwilligung aus verfassungsrechtlicher Sicht

Aus verfassungsrechtlicher Sicht – und damit aus der Perspektive der Schutzpflicht-Lehre – stellt sich die Einwilligung als Freiheitsgebrauch, als Ausübung der informationellen Selbstbestimmung des Betroffenen dar[506]; wenn dieser Freiheitsgebrauch nicht durch die verantwortliche Stelle gestört wird (etwa durch eine Störung der Freiwilligkeit, die beim CRM typischerweise in der Gestalt einer Störung der Vertragsparität vorliegt[507]), besteht eine staatliche Schutzpflicht zugunsten des Betroffenen nicht. Die in der Literatur diskutierten Grenzen der Disponierbarkeit eigener Rechte werden bei der Preisgabe eigener Daten sicher nicht erreicht; die Verarbeitung besonders sensibler personenbezogener Daten auf Grundlage einer Einwilligung hat der Gesetzgeber ausdrücklich vorgesehen (vgl. §§ 4a Abs. 3, 28 Abs. 6 1.Halbs. BDSG). Damit kann es grundsätzlich keine Fälle geben, in denen die Einwilligung a priori ausgeschlossen wäre.

Aus den genannten Gründen muss aber die ungestörte Freiwilligkeit wichtigste Wirksamkeitsvoraussetzung der Einwilligungserklärung sein. Damit kommt der Information des Betroffenen besonderes Gewicht zu, denn nur so ist er in der Lage, Anlass, Ziel und Folgen der Verarbeitung korrekt abzuschätzen[508].

---

[505] So Weichert (Verbraucher-Scoring meets Datenschutz, in: DuD 2006, 399 [400 f.]) für das Scoring; differenzierend für Warnsysteme: Reif, Warnsysteme der Wirtschaft und Kundendatenschutz, in: RDV 2007, 4 (6 f.).

[506] Simitis (Simitis), BDSG § 4a Rz. 2 m. w. N.

[507] Das ist beispielsweise der Fall, wenn der (künftige) Arbeitgeber auf Grundlage einer datenschutzrechtlichen Einwilligung sein arbeitsrechtliches Fragerecht erweitern (und nach Schwangerschaft oder Gewerkschaftszugehörigkeit fragen) möchte – dies wird zu Recht als rechtsmissbräuchlich angesehen, weil zwischen potenziellem Arbeitgeber und Stellenbewerber ein erhebliches soziales Ungleichgewicht besteht. Vgl. Aufsichtsbehörde Baden-Württemberg, Hinw. zum BDSG § 34, Staatsanz. Nr. 1 v. 2.1.1996, S. 10.

[508] Simitis (Simitis), BDSG § 4a Rz. 70 m. w. N.

3. Datenschutzrechtliche Anforderungen an die Wirksamkeit der Einwilligung

§ 4a BDSG stellt bestimmte tatbestandliche Anforderungen an die Wirksamkeit der Einwilligung des Betroffenen auf.

Dies ist vor allem die Freiwilligkeit (§ 4a Abs. 1 S. 1 BDSG) und die Bestimmtheit der Einwilligung im Hinblick auf den Zweck des Umgangs mit den Daten. Das Bestimmtheitserfordernis wird aus der Formulierung des § 4 Abs. 1 BDSG hergeleitet: Danach ist die Datenverarbeitung auf Grundlage einer Einwilligung zulässig, *soweit* der Betroffene eingewilligt hat[509]. Unmittelbar aus dem Gesetz lassen sich zwar keine konkreten Bestimmtheitsanforderungen für die Einwilligungserklärung entnehmen, aber aus dem Schutzzweck des Einwilligungserfordernisses kann ohne weiteres abgeleitet werden, dass die Erklärung klar zu erkennen geben muss, unter welchen Bedingungen sich die Betroffenen mit der Verarbeitung welcher Daten einverstanden erklärt haben[510]. Aus dieser Maßgabe wird geschlossen, dass weder Blankoeinwilligungen noch pauschal gehaltene Erklärungen den Anforderungen des § 4a Abs. 1 BDSG genügen[511], auch mutmaßliche, konkludente oder stillschweigende Erklärungen sollen nicht ausreichen[512]. Das wird zumindest für bestimmte Erhebungs-, Verarbeitungs- und Nutzungszwecke neuerdings von Bull[513] in Frage gestellt: Die – zweifelsohne pauschal gehaltene – Zweckbestimmung „Werbung und Marketing" reiche aus, weil bei solchen Zwecken und der mit der Verfolgung solcher Zwecke typischerweise verbundenen Datenverarbeitung (auch mittels Data Mining) kein Eingriff in die Menschenwürde zu befürchten sei und die „kulturphilosophisch orientierten Überlegungen, die darüber hinaus die Einwilligungsmöglichkeiten beschränken wollen, (…) letztlich auf einer Mystifizierung der Technik" beruhten[514]. Dem soll hier nicht gefolgt werden: Die Einwilligungserklärung ist nicht der geeignete „Aufhänger" für eine Auseinandersetzung mit der Frage, ob die sie betreffende Datenverarbeitung nur einen Bagatelleingriff darstellt. Die gesetzlichen Anforderungen an die Einwilligung unterscheiden zu Recht nicht zwischen Fällen unterschiedlicher „Eingriffsintensität", weil der Betroffene in seiner freien Willensentscheidung ein eigenständiges Urteil darüber abgeben können soll, für wie bedeutend er den Eingriff durch die Datenverarbeitung hält – im Gegenzug entbindet der Gesetzgeber die verantwortliche Stelle von der

---

[509] Holznagel/Sonntag, Einwilligung des Betroffenen, in: Roßnagel, Handbuch Datenschutzrecht, Kap. 4.8 Rz. 49.

[510] Simitis (Simitis), BDSG § 4a Rz. 77; Duhr, Datenschutz in Auskunfteien, in: Roßnagel, Handbuch Datenschutzrecht, Kap. 7.5 Rz. 39; jeweils m. w. N.

[511] Simitis (Simitis), BDSG § 4a Rz. 77.; Duhr, Datenschutz in Auskunfteien, in: Roßnagel, Handbuch Datenschutzrecht, Kap. 7.5 Rz. 39 m.w.N

[512] Simitis (Simitis), BDSG § 4a Rz. 78 m. w. N..

[513] Zweifelsfragen um die informationelle Selbstbestimmung – Datenschutz als Datenaskese? In: NJW 2006, 1617 (1621 f.).

[514] Bull, Zweifelsfragen um die informationelle Selbstbestimmung – Datenschutz als Datenaskese? In: NJW 2006, 1617 (1622.).

Pflicht zur Interessenabwägung. Diese aber wird von Bull hier gerade angestellt! Richtiger wäre es aus Bulls Perspektive daher, die Frage zu stellen, ob bei echten Bagatelleingriffen überhaupt eine Einverständniserklärung erforderlich ist, denn die Hürde des § 28 Abs. 1 S. 1 Nr. 2 oder § 29 Abs. 1 S. 1 Nr. 1 BDSG kann bei Bagatelleingriffen – wenn es sich denn tatsächlich in den von Bull angeführten Fällen um solche handelt – leicht genommen werden, was freilich wieder eine hinreichend konkrete Zweckbestimmung bei der Datenerhebung erfordert.

Freiwilligkeit und Bestimmtheit der Einwilligung setzen voraus, dass der Betroffene von der verantwortlichen Stelle entsprechend informiert wird (§ 4a Abs. 1 S. 2 BDSG).

Die Einwilligung bedarf darüber hinaus der Schriftform, soweit nicht wegen besonderer Umstände eine andere Form angemessen ist (§ 4a Abs. 1 S. 3 BDSG). Soll die schriftliche Einwilligung mit anderen Erklärungen zusammen abgegeben werden, ist sie besonders hervorzuheben (§ 4a Abs. 1 S. 4 BDSG).

Bei der Erhebung, Verarbeitung oder Nutzung der in § 3 Abs. 9 BDSG genannten besonders sensiblen personenbezogenen Daten muss sich die Einwilligung ausdrücklich auf diese Daten beziehen (§ 4a Abs. 3 BDSG).

Die Einwilligung ist eine vorherige Einverständniserklärung[515], deren Fehlen durch eine nachträgliche Einverständniserklärung nicht geheilt werden kann[516].

4. Die Rechtsprechung zur AGB-Kontrolle und zur datenschutzrechtlichen Wirksamkeit von Einwilligungserklärungen

Die Wirksamkeit von datenschutzrechtlichen Einwilligungserklärungen war schon verschiedentlich Gegenstand der Befassung durch die Rechtsprechung. Das besondere Augenmerk der Rechtsprechung gilt seit jeher Einwilligungserklärungen, die in AGB-Klauseln des Unternehmers enthalten sind. Dies dürfte in allen Erscheinungsformen des CRM eine typische Form der Rechtfertigung der Datenverarbeitung sein, so dass es sich lohnt, die dazu ergangene Rechtsprechung genauer zu betrachten.

Interessant mit Blick auf die Problematik des CRM ist aus der neueren Rechtsprechung vor allem die „Payback"-Entscheidung des LG München I[517], die sich – aus datenschutzrechtlicher Sicht – allerdings auf Umwege begibt: Die Feststellung der Unwirksamkeit einer in AGB eines Rabattvereins enthaltenen Klausel mit einer datenschutzrechtlichen Einverständniserklärung – die materi-

---

[515] Gola / Schomerus, BDSG § 4a Rz. 2.
[516] OLG Köln MDR 1992, 447.
[517] RDV 2001, 187 = CR 2001, 470 = MMR 2001, 466.

ell im Wesentlichen mit der Unbestimmtheit der Erklärung begründet wird – wird ausschließlich auf die AGB-rechtliche Inhaltskontrolle gem. § 9 Abs. 1 AGBG[518] gestützt; erst im Rahmen dieser Inhaltskontrolle erfolgt die Auseinandersetzung mit den datenschutzrechtlichen Anforderungen an die Wirksamkeit der Einwilligungserklärung. Es sei nämlich eine unangemessene Benachteiligung der anderen Vertragspartei, wenn der Verwender der AGB in der betreffenden Klausel „entgegen § 4 Abs. 2 BDSG[519] Umfang und Zweck der Verarbeitung und Nutzung, soweit sie nicht allein der Verwirklichung des Vertragszwecks dient, nicht hinreichend konkret angibt“[520]. Damit nimmt das Gericht den – positiv festgestellten – Verstoß gegen die Regeln des § 4 Abs. 2 BDSG (a.F.) nicht als eigenständigen Grund für die Unwirksamkeit der Einwilligungserklärung an. Ähnlich hat etwa der BGH über die Unwirksamkeit einer Schufa-Klausel[521] oder das OLG Nürnberg in einer Entscheidung zu einer datenschutzrechtlichen Einwilligungserklärung in AGB einer Partnervermittlungsagentur argumentiert[522]. Der wesentliche, aber in den Begründungen aller genannten Entscheidungen unerwähnte Grund für den „Umweg“ durch das AGB-Recht dürfte sein, dass in allen genannten Verfahren nicht der Betroffene, sondern Verbraucherschutzvereine geklagt hatten, die sich zur Begründung ihrer Aktivlegitimation ausschließlich auf den Verstoß gegen Verbraucherschutzgesetze[523] berufen konnten, zu denen die hier einschlägigen Normen des BDSG nicht zählen[524], wohl aber das AGBG bzw. die Nachfolgeregelung im BGB. Es wäre aber verfehlt, diese Rechtsprechung deshalb ausschließlich dem legislativen Schutzkonzept für den Verbraucherschutz zuzuordnen, schließlich wird ein Verstoß gegen verbraucherschützende Normen letztlich am Verstoß gegen Normen des datenschutzrechtlichen Schutzkonzepts fest gemacht.

Das „Payback“-Urteil des LG München I enthält im Zusammenhang mit der Frage nach der Wirksamkeit von datenschutzrechtlichen Einverständniserklärungen aus der Perspektive des AGB-Rechts eine weitere, für die Datenverarbeitung beim bzw. für das CRM bedeutsame Aussage. Wörtlich heißt es in dem Urteil[525]: „Schließlich liegt eine unangemessene Benachteiligung auch im Hinblick auf die gesetzliche Regelung des § 28 BDSG vor, da § 28 BDSG für das Speichern, Verändern, oder Übermitteln personenbezogener Daten, soweit es über den Rahmen der Zweckbestimmung des Vertragsverhältnisses hinaus geht, eine Interessenabwägung vorsieht (§ 28 Abs. 1 Nr. 2 BDSG), die durch die generelle Einverständniserklärung seitens des Kunden ausgehebelt wird.“ Interessant ist dies deshalb, weil mit der gegebenen Begründung nicht nur „generelle“

---

518 Seit der Schuldrechtsreform: § 307 Abs. 1 BGB.
519 BDSG 1990; dies entspricht § 4a Abs. 1 S. 2 BDSG n.F.
520 RDV 2001, 187 (188).
521 BGHZ 95, 362 = NJW 1986, 46
522 OLGR Nürnberg 1998, 38 = NJW-RR 1997, 1556.
523 Vgl. § 2 UKlaG, der den damals einschlägigen § 22 AGBG abgelöst hat.
524 OLG Düsseldorf RDV 2004, 222.
525 RDV 2001, 187 (189).

Einverständniserklärungen, sondern schlechterdings alle Einverständniserklärungen eine unangemessene Benachteiligung darstellen müssen, die sich auf Verarbeitungszwecke außerhalb der eigentlichen Vertragszwecke beziehen. Danach kann es überhaupt keine wirksamen Erklärungen der Einwilligung in eine Datenverarbeitung außerhalb der eigentlichen Vertragszwecke mittels AGB geben, weil damit immer die in § 28 Abs. 1 Nr. 2 BDSG vorgesehene Interessenabwägung abgeschnitten wird. Auch dieser Teil der Entscheidung erfolgt – wie schon bei den vorangegangenen Ausführungen ohne Hinweis auf das Vorbild – in der Tradition des BGH-Urteils zur Schufa-Klausel[526], in dem der BGH in einem *obiter dictum* die Auffassung geäußert hatte, dass die datenschutzrechtlich gebotene Interessenabwägung nicht auf Grundlage einer Einwilligungserklärung abbedungen werden könne[527]. Damit werden die (datenschutz-)gesetzlichen Legitimationsgrundlagen zum indirekten Prüfungsmaßstab auch der Einwilligung gemacht, zumindest für die Fälle, in denen die Einwilligung formularmäßig erfolgt[528].

Jedenfalls bleibt festzuhalten, dass aus AGB-Recht zusätzliche Anforderungen an die Wirksamkeit von Einwilligungserklärungen folgen, die bei formularmäßiger Einwilligung den vom Gesetzgeber in § 4 Abs. 1 BDSG ausgestalteten Grundsatz der Gleichwertigkeit der Einwilligung gegenüber den gesetzlichen Erlaubnistatbeständen aufheben. Das ist – bei Betrachtung aus der Schutzpflicht-Perspektive – ohne weiteres gerechtfertigt, weil die Verwendung von AGB zusätzliche Gefahren für die Rechte des Betroffenen begründet[529], *dieses* Argument gehört aber natürlich streng genommen nicht zum datenschutzrechtlichen Schutzkonzept, weil es sich um einen verbraucherschützenden Ansatz handelt, der nicht primär den Schutz des Persönlichkeitsrechts bezweckt, wobei eine klare Abgrenzung dieser Schutzkonzepte an dieser Stelle und in der Lesart der genannten Gerichte nicht mehr möglich ist.

Erst in jüngerer Zeit hatte sich das AG Elmshorn mit der Klage eines unmittelbar Betroffenen zur Wirksamkeit der „Datenschutzklausel" eines Mobilfunkanbieters zu befassen[530] und konnte – folgerichtig – die fehlende Wirksamkeit der Einwilligungserklärung auch ohne Umweg über das AGB-Recht feststellen. Die amtlichen Leitsätze (1-5) der Entscheidung, die nachfolgend wiedergegeben werden, enthalten die wesentlichen Aussagen der aktuellen Rechtsprechung zur Wirksamkeit formularmäßiger Einwilligungserklärungen:

---

[526] BGHZ 95, 362 = NJW 1986, 46

[527] Womit zugleich der Bezug zum datenschutzrechtlichen Schutzkonzept hergestellt wird; es geht eben nicht nur um Verbraucherschutz, sondern auch um den Schutz des Rechts auf informationelle Selbstbestimmung!

[528] Holznagel / Sonntag, Einwilligung des Betroffenen, in: Roßnagel, Handbuch Datenschutzrecht, Kap. 4.8 Rz. 16.

[529] Holznagel / Sonntag, Einwilligung des Betroffenen, in: Roßnagel, Handbuch Datenschutzrecht, Kap. 4.8 Rz. 58.

[530] RDV 2005, 174.

1. Einwilligung im Sinne des § 4 Abs. 1 BDSG ist eine Willensbekundung, die ohne Zwang, für den konkreten Fall und in Kenntnis der Sachlage erfolgt und mit der die betroffene Person akzeptiert, dass personenbezogene Daten, die sie betreffen, verarbeitet werden.
2. Für eine wirksame Einwilligung ist es erforderlich, dass der Betroffene entsprechend den gesetzlichen Vorschriften, insbesondere § 4a Abs. 1 S. 2 BDSG , aufgeklärt wird und die Formvorschriften des § 4a Abs. 1 S. 3 und 4 BDSG gewahrt sind.
3. Für eine wirksame Einwilligung ist ein Hinweis auf die Folgen der Verweigerung der Einwilligung erforderlich, wenn sich die Folgen einer Weigerung nicht schon klar aus den Umständen ergeben.
4. Wird lediglich eine Bezugnahme auf eine andernorts abgedruckte Einwilligungsklausel unterzeichnet, so genügt dies der Schriftform des § 4a Abs. 1 S. 3 BDSG nur dann, wenn ein Abdruck der Einwilligungsklausel, auf die verwiesen wird, dem Betroffenen vorliegt und die Klausel so konkret in Bezug genommen wird, dass sie für den Betroffenen ohne weiteres auffindbar ist.
5. Vorformulierte Einwilligungsklauseln sind nur dann wirksam, wenn sie dem Betroffenen deutlich machen, dass er mit seiner Unterschrift in die Erhebung, Verarbeitung und Nutzung personenbezogener Daten einwilligt. Eine Klausel mit der Überschrift „Datenschutz“ genügt diesem Erfordernis nicht.

Das AG Elmshorn begründet die Unwirksamkeit der Einwilligung einerseits unmittelbar mit den Verstößen gegen die Regeln des § 4a BDSG, zieht aber zusätzlich auch AGB-Recht heran und stellt fest, dass die Verstöße gegen § 4a BDSG zugleich als Verstöße gegen § 307 Abs. 1 S. 2 BGB zu werten sind. Mit dem Inhalt der Klausel setzt sich das Gericht allerdings nicht auseinander. Rechtsprechung, die sich unmittelbar und ohne Rückgriff auf AGB- oder UWG-Recht mit den Bestimmtheitsanforderungen der datenschutzrechtlichen Einwilligungserklärung befasst, konnte nicht aufgefunden werden.

Das Urteil des AG Elmshorn ist unter den einschlägigen veröffentlichten Entscheidungen mit Bezug auf die datenschutzrechtlichen Einwilligungserklärungen die große Ausnahme; praktisch alle anderen gerichtlichen Entscheidungen, die sich mit der Wirksamkeit von datenschutzrechtlichen Einwilligungserklärungen befassen, wurden durch Verbraucher (oder den Wettbewerb[531]) schützende „Abmahnvereine“ oder Konkurrenten des als verantwortliche Stelle agierenden Unternehmens[532], jedenfalls nicht durch den Betroffenen selbst erstritten. Das ist, für sich betrachtet, auch ein bemerkenswerter Befund, der den Verdacht bekräftigt, dass der durch den Datenschutz in seinem Persön-

---

[531] Vgl. z. B. OLG Frankfurt RDV 2001, 131.

[532] Vgl. z. B. OLG Köln RDV 2001, 103.

lichkeitsrecht zu schützende Bürger (der sonst keinem Streit aus dem Weg zu gehen scheint) eigentlich kein gar so großes Interesse an der Durchsetzung seiner Rechte hat, der Datenschutz vielmehr oft für ganz andere, in der Regel rein wirtschaftliche Interessen, die mit dem Persönlichkeitsrecht des Betroffenen bestenfalls am Rande zu tun haben – Schutz vor Konkurrenten, evtl. auch Gebühreninteresse vorgeblicher Verbraucherschützer – eingespannt wird. Bei genauerer Betrachtung geht es auch im Urteil des AG Elmshorn keineswegs um den Schutz der Persönlichkeitsrechte des Betroffenen, sondern ebenfalls um wirtschaftliche Interessen: Der Betroffene war ausweislich des veröffentlichten Sachverhalts in führender Position in einer Bank tätig, er befürchtete durch die von der Einwilligungserklärung erfassten Datenweitergabe an eine Wirtschaftsauskunftei „nicht unerheblichen wirtschaftlichen Schaden". Aus diesem Befund könnte etwa geschlossen werden, dass – weil sich keiner der Betroffenen ernsthaft (also gerichtlich) um den Schutz seines Persönlichkeitsrechts bekümmert – ein guter Anteil der tatsächlich betriebenen Datenverarbeitung als sozialadäquat angesehen und damit, was die Frage nach einer Verletzung von Persönlichkeitsrechten betrifft, als Bagatelleingriff qualifiziert werden kann, dessen Bedeutung hinter die Interessen der verantwortlichen Stelle zurückzutreten hat; der Schutz rein wirtschaftlicher Interessen ist aber nicht Sache des Datenschutzes[533]. In diese Richtung geht wohl Bull in seinem bereits mehrfach angesprochenen Aufsatz[534].

Damit bleibt festzuhalten, dass an dieser Stelle unterschiedliche legislative Schutzkonzeptionen ineinander fließen: Der materielle Aufhänger für Maßnahmen, die dem verbraucherschützenden Schutzkonzept zuzuordnen sind, wird zwar dem persönlichkeitsschützenden datenschutzrechtlichen Schutzkonzept entnommen, der eigentliche datenschutzrechtliche Schutzzweck rückt dabei aber bisweilen aus dem Blickfeld, wie das genannte Urteil des AG Elmshorn zeigt.

5. Die Einwilligung in die Datenverarbeitung beim CRM

Angesichts der in Literatur und Rechtsprechung aufgestellten Anforderungen an die Wirksamkeit von datenschutzrechtlichen Einwilligungserklärungen wird schnell deutlich, dass die oben für die gesetzlichen Erlaubnistatbestände aus den §§ 28 und 29 BDSG beschriebenen spezifischen Probleme der Rechtfertigung der Datenverarbeitung für Zwecke des CRM nicht durch Einwilligungserklärungen des Betroffenen gelöst werden können.

---

533 Das AG Elmshorn hatte dementsprechend auch keine Probleme damit, die von der Einwilligung nicht gedeckte Datenweitergabe – auf § 28 Abs. 3 S. 1 BDSG gestützt – wegen des vorrangigen Erhebungsinteresses der Wirtschaftauskunftei für zulässig zu erklären.

534 Zweifelsfragen um die informationelle Selbstbestimmung – Datenschutz als Datenaskese? In: NJW 2006, 1617.

Das oben umfassend beschriebene Problem, dass ein in seiner gesamten Funktionalität vorhandenes CRM auf die Möglichkeit einer letztendlich zweckoffenen Vorratsdatenhaltung auch hinsichtlich konkreter Kundendaten angewiesen ist, verhindert einerseits die umfassende Information des Betroffenen über die Zweckbestimmung der Datenerhebung, -verarbeitung oder -nutzung und die konkrete Verwendung konkret zu bezeichnender Daten, andererseits kann die Einwilligung aus ebendiesen Gründen niemals die erforderliche Bestimmtheit haben. Erschwerend kommt hinzu, dass die Geschäftstätigkeit, bei der sich der Betrieb eines CRM lohnt, den Umgang mit so großen Kundenmengen erfordert, dass Einwilligungserklärungen niemals individuell erstellt, sondern ausnahmslos formularmäßig abgegeben werden. Damit ist die Wirksamkeit von Einwilligungserklärungen nach der einschlägigen BGH-Rechtsprechung faktisch auf den Bereich der streng vertragsbezogenen Datenverarbeitung beschränkt, die ohnehin bereits durch § 28 Abs. 1 S. 1 Nr. 1 BDSG gestattet ist; die darüber hinaus gehende Datenverarbeitung im CRM, die das CRM für den Unternehmer erst interessant macht, kann aber auf Grundlage *formularmäßiger* Einwilligung mit Blick auf § 307 Abs. 1 S. 2 BGB nicht betrieben werden.

Oben wurde festgestellt, dass die Möglichkeit der Einwilligung in eine Grundrechtsbeeinträchtigung nicht generell a priori ausgeschlossen werden kann. Voraussetzung für die Wirksamkeit jeglicher Einwilligung ist aber immer die ungestörte Freiwilligkeit. Hier ließe sich allenfalls über die Frage spekulieren, ob eine Einwilligung dann wirksam ist, wenn sich der Betroffene in positiver Kenntnis der Tatsache, dass er nicht über alle Informationen über die künftige Verwendung seiner Daten verfügen kann, in die Datenverarbeitung einwilligt. Jedenfalls ist dann zweifelhaft, ob ein Schutzbedürfnis besteht, so dass sich angesichts der rigorosen Wirksamkeitsvorgaben die Frage nach einem aufgedrängten Schutz und damit nach der Verhältnismäßigkeit stellen müsste. Wie bereits erwähnt, wird jedoch bei den hier zu betrachtenden Fällen für eine Einwilligungserklärung nur die Verwendung von AGB in Betracht kommen. Eine ohnehin problematische pauschale Einwilligung wird jedoch in AGB stets an der Inhaltskontrolle scheitern – die zusätzliche Gefahr für die Freiwilligkeit aufgrund der Eigenarten der AGB erzeugt eine weitergehende Schutzpflicht.

Es bleibt somit dabei, dass die Datenerhebung, -verarbeitung oder Nutzung für Zwecke des CRM jedenfalls dann nicht aufgrund einer Einwilligung zulässig werden kann, wenn das CRM in seiner gesamten Funktionalität betrieben wird. Wie bei den gesetzlichen Erlaubnistatbeständen kann aber bei einer Beschränkung der Verarbeitungszwecke und der für diese Zwecke erforderlichen Daten die Information an den Betroffenen und die Erklärung der Einwilligung so weit konkretisiert werden, dass eine aus datenschutzrechtlichen Gründen wirksame Einwilligung möglich ist. Es bleibt dann aber bei dem Problem, dass die AGB-rechtliche Inhaltskontrolle eine formularmäßige Einwilligung in vertragsfremde Verarbeitungszwecke nicht erlaubt. Damit stellt sich die Einwilligung bei unveränderter AGB-Rechtsprechung als ungeeignetes Mittel der Legitimation der Erhebung, Verarbeitung und Nutzung personenbezogener Daten dar.

V. Beschränkungen der automatisierten Einzelentscheidung gem. § 6 a BDSG

Auch wo die Datenverarbeitung durch eine der gesetzlichen Erlaubnisse oder kraft einer Einwilligung des Betroffenen grundsätzlich zulässig ist, bleibt zu beachten, dass der Gesetzgeber eine bestimmte Form der Datenverarbeitung, nämlich die automatisierte Einzelentscheidung, gem. § 6 a BDSG, einer zusätzlichen Rechtmäßigkeitskontrolle unterzieht. Anders als die bisher diskutierten Regelungen des BDSG steht bei dieser Norm nicht die Begrenzung der Datenverarbeitung, sondern die Verwendung der Daten gegenüber dem Betroffenen in Form automatisierter Entscheidungen im Vordergrund[535].

Gem. § 6 a BDSG, der Art. 15 der EU-Datenschutzrichtlinie[536] umsetzt, dürfen „Entscheidungen, die für den Betroffenen eine rechtliche Folge nach sich ziehen oder ihn erheblich beeinträchtigen, (...) nicht ausschließlich auf eine automatisierte Verarbeitung oder Nutzung personenbezogener Daten gestützt werden, die der Bewertung einzelner Persönlichkeitsmerkmale dienen." Gem. § 6 a Abs. 1 BDSG sind daher belastende Entscheidungen, die aufgrund von Persönlichkeitsprofilen ohne zusätzliche Überprüfung durch einen Menschen erfolgen, grundsätzlich verboten[537]. Durch die Vorschrift soll verhindert werden, dass Entscheidungen ausschließlich aufgrund von automatisiert erstellten Persönlichkeitsprofilen getroffen werden, ohne dass eine Person den Sachverhalt erneut überprüft hat[538]. Der Betroffene soll nicht zum Objekt einer automatisierten Verarbeitung bewertender Persönlichkeitsmerkmale werden, vielmehr soll die auf der Bewertung von Persönlichkeitsmerkmalen beruhende Entscheidung von

---

[535] Simitis (Bizer), BDSG § 6 a Rz. 1.

[536] Wortlaut von Art. 15 der EU-Datenschutzrichtlinie: „(1) Die Mitgliedstaaten räumen jeder Person das Recht ein, keiner für sie rechtliche Folgen nach sich ziehenden und keiner sie erheblich beeinträchtigenden Entscheidung unterworfen zu werden, die ausschließlich aufgrund einer automatisierten Verarbeitung von Daten zum Zwecke der Bewertung einzelner Aspekte ihrer Person ergeht, wie beispielsweise ihrer beruflichen Leistungsfähigkeit, ihrer Kreditwürdigkeit, ihrer Zuverlässigkeit oder ihres Verhaltens. (2) Die Mitgliedstaaten sehen unbeschadet der sonstigen Bestimmungen dieser Richtlinie vor, daß eine Person einer Entscheidung nach Absatz 1 unterworfen werden kann, sofern diese a) im Rahmen des Abschlusses oder der Erfüllung eines Vertrags ergeht und dem Ersuchen der betroffenen Person auf Abschluß oder Erfüllung des Vertrags stattgegeben wurde oder die Wahrung ihrer berechtigten Interessen durch geeignete Maßnahmen – beispielsweise die Möglichkeit, ihren Standpunkt geltend zu machen – garantiert wird oder b) durch ein Gesetz zugelassen ist, das Garantien zur Wahrung der berechtigten Interessen der betroffenen Person festlegt."

[537] BT-Drucks. 14/4329 S. 29.

[538] BT-Drucks. 14/4329 S. 30.

einer Person (und nicht einer Maschine!) verantwortet werden[539]. Der Gesetzgeber hat in erster Linie den Schutz des Betroffenen bei Entscheidungen auf Grundlage von Scoring-Verfahren im Auge gehabt[540].

Da die beim CRM verwendeten Methoden des Data Mining und Data Warehousing geeignete Verfahren für automatisierte Einzelentscheidungen bilden, ist die Regelung von erheblicher Relevanz für die hier betrachtete Fragestellung[541] und soll daher nachfolgend näher betrachtet werden.

1. Betroffene Entscheidungen

Von der Regelung werden Entscheidungen erfasst, die rechtliche Folgen nach sich ziehen oder den Betroffenen erheblich beeinträchtigen.

a) Rechtliche Folgen

Bei der ersten Tatbestandsalternative kommt es auf eine Beeinträchtigung des Betroffenen nicht an. Für die hier diskutieren Fallkonstellationen erfüllen vor allem Willenserklärungen den Tatbestand der ersten Alternative. Dabei kommen insbesondere die Erklärung zur Annahme eines Vertragsangebots oder eine Kündigungserklärung in Betracht[542]. Keine rechtliche Folge löst die Entschei-

---

[539] Simitis (Bizer), BDSG § 6 a Rz. 3 m. w. N.

[540] Dazu die Gesetzesbegründung (BT-Drucks. 14/4329 S. 37): „Entscheidungen im Sinne des Absatzes 1 sind solche, die auf Daten gestützt werden, die zum Zweck der Bewertung einzelner Aspekte einer Person, wie beispielsweise ihrer beruflichen Leistungsfähigkeit, ihrer Kreditwürdigkeit, ihrer Zuverlässigkeit oder ihres Verhaltens, erhoben wurden. Hierunter sind insbesondere sog. Scoring-Verfahren, wie sie im Kreditgewerbe üblich sind, zu verstehen. Diese Verfahren, auch Punktwertverfahren genannt, stellen eine Auswertungsmethode dar, eine Mehrzahl von Menschen oder Merkmalen in eine Reihenfolge nach einem oder mehreren Kriterien zu bringen, d. h. sie zu positionieren. Allerdings fallen Scoring-Verfahren nur dann unter die Regelung, wenn sowohl das Scoring-Verfahren als auch die anschließende Entscheidung in einer Hand liegen. Keine Entscheidungen im Sinne des Absatzes 1 sind Vorgänge wie etwa Abhebungen am Geldausgabeautomaten, automatisierte Genehmigungen von Kreditkartenverfügungen oder automatisiert gesteuerte Guthabenabgleiche zur Ausführung von Überweisungs-, Scheck- oder Lastschriftaufträgen. Anlässlich der Geldtransaktion selbst wird lediglich ausgeführt, was in dem zugrunde liegenden Rechtsverhältnis zwischen Kreditinstitut und Kunde bereits vereinbart wurde. Auch bloße Vorentscheidungen, wie etwa die automatisierte Vorauswahl im Vorfeld einer Personalbesetzung (automatisierter Abgleich des Personalbestandes anhand bestimmter Suchkriterien, wie etwa Alter, Ausbildung, Zusatzqualifikation u. ä.), sind nicht erfasst. Identifikationsverfahren, etwa mittels Finger- oder Handabdrücken, der Iris oder der Stimme, werden von der Regelung ebenfalls nicht erfasst.“

[541] Scholz, Datenschutz bei Data Warehousing und Data Mining, in: Roßnagel, Handbuch Datenschutzrecht, Kap. 9.2 Rz. 127.

[542] Scholz, Datenschutz bei Data Warehousing und Data Mining, in: Roßnagel, Handbuch Datenschutzrecht, Kap. 9.2 Rz. Rz. 129; Simitis (Bizer), BDSG § 6 a Rz. 19 m. w. N.

dung über die Adressatenauswahl bei Direktmarketingmaßnahmen aus[543]. Mit Blick auf § 6 a Abs. 2 Nr. 1 BDSG, der einen guten Teil der oben beschriebenen Fälle einer Ausnahmeregelung unterwirft, kann festgehalten werden, dass die erste Tatbestandsalternative des § 6 a Abs. 1 BDSG für automatisierte Entscheidungen von Privatrechtssubjekten von vergleichsweise geringer praktischer Relevanz ist. Dies gilt um so mehr, als die Entscheidungen, die nicht von der Ausnahmeregelung des § 6 a Abs. 2 Nr. 1 BDSG erfasst werden, in der Regel zugleich den Tatbestand der zweiten Alternative des § 6 a Abs. 1 BDSG erfüllen.

b) Erhebliche Beeinträchtigung

Es liegt auf der Hand, dass automatisierte Entscheidungen, die durch das CRM erzeugt werden, den Betroffenen erheblich beeinträchtigen können. Der Kundenwert, dessen Bestimmung eine der Hauptaufgaben des CRM ist und der geradezu als Essenz der Auswertung eines Persönlichkeitsprofils verstanden werden kann, ist für das Unternehmen die den Umgang mit dem konkreten Kunden bestimmende Größe. Ob ein Unternehmen Interesse an der Geschäftsverbindung mit einem bestimmten Kunden hat und zu welchen Konditionen der Kunde dann mit dem Unternehmen Geschäfte betreiben kann, hängt – je nach konkretem Einsatz des CRM – vom Ergebnis der Verarbeitung der personenbezogenen Daten des Kunden ab. Daher kann bereits eine erhebliche Beeinträchtigung angenommen werden, wenn aufgrund der Klassifizierung und Typisierung von Kunden nach Kriterien wie Profitabilität oder Bonität (negativ) über die Einbeziehung des Kunden in eine Direktmarketingkampagne oder den Zugang zu bestimmten Angeboten entschieden wird[544].

Nach Ansicht der EU-Kommission bewirkt die Übersendung von Werbematerial (also im Gegensatz zum zuvor genannten Fall die positive Entscheidung des Unternehmers „zugunsten“ des Betroffenen) dagegen keine erhebliche Beeinträchtigung des Betroffenen[545]; dieser Ansicht ist zu Recht entgegengehalten worden, dass die EU-Kommission 1992 das „Spam“[546]-Unwesen noch nicht kennen konnte und dass bestimmte Formen der Werbung sehr wohl eine erhebliche Beeinträchtigung des Betroffenen darstellen können, etwa wenn das Unternehmen Bemühungen des Werbeadressaten, eine Unterlassung der Werbung zu erreichen, beharrlich ignoriert, oder im Falle der unverlangten Übersendung von E-Mails mit pornographischem Inhalt[547].

---

[543] Simitis (Bizer), BDSG § 6 a Rz. 20 m. w. N.

[544] Scholz, Datenschutz bei Data Warehousing und Data Mining, in: Roßnagel, Handbuch Datenschutzrecht, Kap. 9.2 Rz. 127.

[545] Vgl. Nachw. bei Simitis (Bizer), BDSG § 6 a Rz. 24.

[546] Spams: unverlangt zugesandte Werbe-E-Mails.

[547] Simitis (Bizer), BDSG § 6 a Rz. 24.

Dass die Ablehnung einer vom Betroffenen gewünschten Kundenbeziehung oder eines bestimmten Geschäfts – Gewährung eines Kredits, Versandverkauf einer hochwertigen Ware etc. – auf Grundlage einer automatisierten Entscheidung des Unternehmers den Betroffenen erheblich beeinträchtigt, bedarf keiner vertieften Erörterung.

2. Automatisierte Verarbeitung

Dem Verbot unterliegen Entscheidungen, die auf eine automatisierte Verarbeitung personenbezogener Daten gestützt werden. Der Begriff der „automatisierten Verarbeitung" wird durch die Legaldefinition in § 3 Abs. 2 BDSG bestimmt. Die Entscheidung „stützt" sich auf eine automatisierte Verarbeitung, wenn sie das Ergebnis eines programmgesteuerten Verarbeitungsprozesses ist[548]; sie ist „ausschließlich" auf dieses Ergebnis gestützt, wenn eine erneute Überprüfung durch einen Menschen nicht vorgesehen ist[549]. Nicht erfasst wird somit die bloße Vorbereitung einer Entscheidung auf Grundlage automatisierter Verarbeitung[550].

3. Bewertung einzelner Persönlichkeitsmerkmale

Die in der Gesetzesbegründung[551] konkret und beispielhaft genannten Merkmale – berufliche Leistungsfähigkeit, Kreditwürdigkeit, Zuverlässigkeit, Verhalten des Betroffenen – sind Art. 15 Abs. 1 der EG-Datenschutzrichtlinie entnommen. Daneben kommen zahlreiche weitere Merkmale wie Alter, Geschlecht, Religion, Beruf, Ausbildung, Einkommen, Zahl der Kinder in Betracht[552]; es ist nach der Ratio der Regelung in Bezug auf die Datenverarbeitung des CRM jedenfalls davon auszugehen, dass die für das CRM herangezogenen Daten als Persönlichkeitsmerkmale i. S. d. § 6 a BDSG aufzufassen sind.

Ohne dass dies im Gesetzestext (oder in der EU-Richtlinie) wörtlich zum Ausdruck gelangt, sieht der Gesetzgeber im Ergebnis der Verarbeitung der einzelnen Persönlichkeitsmerkmale ein „Persönlichkeitsprofil"[553] als Summe der einzelnen Merkmale, das – je nach Programmierung – im Ergebnis der Verarbeitung als positiv oder negativ angesehen, insofern „bewertet" wird[554].

---

[548] Simitis (Bizer), BDSG § 6 a Rz. 26.
[549] BT-Drucks. 14/4329 S. 37.
[550] Simitis (Bizer), BDSG § 6 a Rz. 28 m. w. N.
[551] BT-Drucks. 14/4329 S. 37.
[552] Simitis (Bizer), BDSG § 6 a Rz. 33.
[553] Vgl. BT-Drucks. 14/4329 S. 29.
[554] Simitis (Bizer), BDSG § 6 a Rz. 34.

4. Ausnahmen

Das auf den ersten Blick rigoros erscheinende Verbot automatisierter Einzelfallenscheidungen wird durch die gesetzlichen Ausnahmen gem. § 6 a Abs. 2 BDSG relativiert.

a) Begünstigende Entscheidung

Gem. § 6 a Abs. 2 Nr. 1 BDSG ist die automatisierte Einzelfallentscheidung zulässig, wenn sie „im Rahmen des Abschlusses oder der Erfüllung eines Vertragsverhältnisses oder eines sonstigen Rechtsverhältnisses ergeht und dem Begehren des Betroffenen stattgegeben wurde." Damit werden – unabhängig von den eventuell auch rechtlich oder faktisch belastenden Folgen – solche automatisierten Entscheidungen erfasst, mit denen positive Entscheidungen getroffen wurden, die insgesamt (und nicht nur teilweise) dem Interesse des Betroffenen entsprechen; das ist z. B. die Kreditgewährung, die Vertragsannahme etc.[555]

b) Wahrung berechtigter Interessen

Die automatisierte Einzelfallentscheidung ist ferner gem. § 6 a Abs. 2 Nr. 2 BDSG zulässig, wenn die „Wahrung der berechtigten Interessen des Betroffenen durch geeignete Maßnahmen gewährleistet und dem Betroffenen von der verantwortlichen Stelle die Tatsache des Vorliegens einer Entscheidung im Sinne des Absatzes 1 mitgeteilt wird". Als „berechtigtes Interesse" ist das Interesse des Betroffenen anzusehen, eine von einer natürlichen Person verantwortete Entscheidung zu erhalten, bei der das konkrete und individuelle Vorbringen des Betroffenen berücksichtigt wird[556]. Regelbeispiel für eine „geeignete Maßnahme" ist gem. § 6 a Abs. 2 S. 2 BDSG die Möglichkeit des Betroffenen, seinen Standpunkt geltend zu machen. Die verantwortliche Stelle ist dann verpflichtet, ihre Entscheidung erneut zu prüfen und darf diese Überprüfung nicht wieder automatisiert vornehmen[557].

Die Mitteilungspflicht gem. § 6 a Abs. 2 Nr. 2 BDSG bezieht sich ausschließlich auf die Tatsache, dass eine automatisierte Einzelfallentscheidung getroffen wurde. Umstritten ist in der Literatur, ob die verantwortliche Stelle darüber hinaus eine Hinweispflicht zur Möglichkeit der Geltendmachung des eigenen Standpunktes des Betroffenen trifft. Abgelehnt wird dies z. B. von Koch[558] und Eul[559] unter Hinweis auf die Systematik des BDSG, das auch an anderen Stellen

---

[555] Simitis (Bizer), BDSG § 6 a Rz. 39 ff.

[556] Simitis (Bizer), BDSG § 6 a Rz. 43.

[557] Scholz, Datenschutz bei Data Warehousing und Data Mining, in: Roßnagel, Handbuch Datenschutzrecht Kap. 9.2 Rz. 131.

[558] Scoring-Systeme in der Kreditwirtschaft, in: MMR 1998, 458 (461).

[559] Eul, Datenschutz im Kreditwesen, in: Roßnagel, Handbuch Datenschutzrecht, Kap. 7.2 Rz. 64.

dem Betroffenen Rechte ohne entsprechende Hinweispflichten zubillige; dem Schutzgedanken des § 6 a BDSG indessen entspricht die gegenteilige, z. B. von Scholz[560] und Bizer[561] vertretene Ansicht besser, wonach die Regelung ohne eine entsprechende Hinweispflicht leer laufen würde. Letzterem ist zuzustimmen; bei realitätsnaher Betrachtung ist dem Betroffenen mit der Mitteilung allein, dass eine automatisierte Entscheidung getroffen wurde, nicht gedient, wenn er ohne Hinzuziehen juristischen Sachverstandes nicht weiß (und auch nur schwerlich wissen kann), dass er einen – angesichts der Gepflogenheiten im Geschäftsleben keineswegs selbstverständlichen – Anspruch auf Überprüfung der Entscheidung durch eine natürliche Person hat, der sogar Voraussetzung der Zulässigkeit der automatisierten Entscheidung ist! Hinzu kommt, dass dies aus Laiensicht nicht unbedingt als datenschutzrechtlicher Anspruch erkennbar ist[562], der rechtsunkundige Betroffene also nicht unbedingt eine solche Regelung in einem datenschutzrechtlichen Regelwerk suchen wird.

5. Erweiterte Auskunftspflicht

Nach § 6 a Abs. 3 BDSG trifft die verantwortliche Stelle eine über die allgemeinen Auskunftsansprüche nach § 34 BDSG hinausgehende Pflicht zur Auskunft auch über den logischen Aufbau der automatisierten Verarbeitung[563]. Dabei wird es als redaktionelles Versehen des Gesetzgebers angesehen, dass die in der Verarbeitungslogik verkörperten Betriebsgeheimnisse nicht durch eine entsprechende Ausnahmeregelung von dem Auskunftsanspruch ausgenommen sind[564] und auch der urheberrechtliche Schutz der Auswertungssoftware nicht gewährleistet ist[565]; es ist somit eine Reduktion des Auskunftsanspruchs dahingehend vorzunehmen, dass aus der Auskunft – lediglich – die Zweckbestimmung der Verarbeitung nachvollziehbar wird[566].

6. Konsequenzen für automatisierte Einzelentscheidungen aus dem CRM

Es bleibt festzuhalten, dass die Ausnahmeregelungen, insbesondere die aus § 6 a Abs. 2 Nr. 2 BDSG das Rechtmäßigkeitsproblem automatisierter Einzelentscheidungen für die hier betrachteten Fallkonstellationen mit CRM-Bezug in al-

---

[560] Scholz, Datenschutz bei Data Warehousing und Data Mining, in: Roßnagel, Handbuch Datenschutzrecht, Kap. 9.2 Rz. 132.
[561] Simitis (Bizer), BDSG § 6 a Rz. 48.
[562] Die Gesetzesbegründung (BT-Drucks. 14/4329 S. 29) nennt ausdrücklich eine verbesserte „Bürgerfreundlichkeit" bei den Motiven für die Gestaltung des § 6 a BDSG und geht damit über den datenschutzrechtlichen Kontext hinaus; auch dies ein weiterer Grund für eine Mitteilungspflicht.
[563] Vgl. Gola / Schomerus, BDSG § 6 a Rz. 18.
[564] Eul Datenschutz im Kreditwesen, in: Roßnagel, Handbuch Datenschutzrecht, Kap. 7.2 Rz. 67.
[565] Vgl. Gola / Schomerus, BDSG § 6 a Rz. 18.
[566] Vgl. Gola / Schomerus, BDSG § 6 a Rz. 18.

ler Regel lösen können, soweit § 6 a BDSG überhaupt einschlägig ist; es wird im Falle solcher Entscheidungen, die nicht dem Begehren des Betroffenen entsprechen, ausreichen, einen Hinweis auf den Anspruch auf individuelle und persönliche Überprüfung der automatisierten Einzelentscheidung mit dem ohnehin erforderlichen Hinweis auf die Tatsache der automatisierten Einzelentscheidung zu verbinden oder in den – in aller Regel bei solchen Geschäften verwendeten – AGB unterzubringen. Dieser Teil des datenschutzrechtlichen Schutzkonzepts soll, da er für die Datenverarbeitung beim CRM unter dem Gesichtspunkt der Verhältnismäßigkeit offensichtlich unproblematisch ist und weder die Interessen des Unternehmers noch die des Kunden unangemessen beeinträchtigen kann, im Rahmen der unten noch vorzunehmenden umfassenden Verhältnismäßigkeitsprüfung des datenschutzrechtlichen Schutzkonzepts nicht mehr vertieft behandelt werden.

D. Bereichsspezifisches Datenschutzrecht für die Bereiche Telekommunikation und Medien zum Schutz des allgemeinen Persönlichkeitsrechts

Für Mediendienste, Telekommunikationsdienste und Teledienste hat der Gesetzgeber Datenschutzregelungen geschaffen, die, soweit sie reichen, infolge ihrer Spezialität gegenüber dem BDSG vorrangig gelten; diese finden sich für Mediendienste im Dritten Abschnitt des Mediendienste-Staatsvertrags (MD-StV)[567], für Telekommunikationsdienstleistungen aufgrund der Verordnungsermächtigung aus dem Telekommunikationsgesetz (TKG)[568] in der Telekommunikations-Datenschutzverordnung (TDSV)[569] und für Teledienste im Teledienstedatenschutzgesetz (TDDSG)[570]. Für die hier betrachtete Fragestellung sind diese Regelungen insofern von Belang, als die jeweiligen Diensteanbieter in jedem Fall Kundendatenverarbeitung und möglicherweise auch ein CRM betreiben.

Auch bei diesen spezielleren Regelungen gilt das grundsätzliche Verbot der Datenverarbeitung mit jeweils einschlägigen Erlaubnistatbeständen[571], die sich gegenüber den allgemeinen, aus dem BDSG folgenden Erlaubnistatbeständen in erster Linie durch spezielle Festlegungen zu den zulässigen Erhebungs-, Verarbeitungs- und Nutzungszwecken und zu bestimmten Nutzungsarten unterscheiden.

---

[567] In der jeweiligen Umsetzung durch Landesgesetz; für Mecklenburg-Vorpommern ist das das Gesetz zum Mediendienste-Staatsvertrag vom 16. Juni 1997 (GVBl. M-V S. 242), zuletzt geändert am 14. Juni 2002 (GVBl. M-V S. 368).

[568] Gesetz vom 25. Juli 1996, BGBl. I S. 1120; zuletzt geändert am 9. August 2003 (BGBl. I S. 1590).

[569] Verordnung vom 18. Dezember 2000 (BGBl. I S. 1740), zuletzt geändert am 9. August 2003 (BGBl. I S. 1590).

[570] Gesetz vom 22. Juli 1997 (BGBl. I S. 1872), zuletzt geändert am 14. Dezember 2001 (BGBl. I S. 3721).

[571] § 17 Abs. 1 MD-StV; § 3 Abs. 1 TDSV; § 3 Abs. 1 TDDSG.

Erlaubt ist in erster Linie die für die Vertragsabwicklung erforderliche Datenverarbeitung. Die Kundenstammdaten werden als „Bestandsdaten" bezeichnet; die einzelnen Regelungen enthalten Erlaubnistatbestände für die für Vertragszwecke erforderliche Erhebung und Verarbeitung solcher Bestandsdaten[572]. Daneben werden aufgrund der Nutzung der jeweiligen Dienste – in aller Regel automatisiert – Nutzungsdaten[573] erhoben, die zumindest für Abrechnungszwecke ausgewertet werden müssen, wobei Abrechnungsdaten entstehen und verarbeitet werden. Für die dafür erforderliche Datenverarbeitung gibt es entsprechende Erlaubnistatbestände[574]. Auch die Datenweitergabe an Dritte für Inkassozwecke gehört in diesen vertraglichen Kontext und wird durch die einschlägigen Regelungen erlaubt[575]. Weiterhin gibt es für den TK-Bereich Regelungen zu Nutzerverzeichnissen (Telefonverzeichnissen) und Telefonauskunftsdiensten etc.[576]

Über diese streng auf den jeweiligen Dienst bezogene und zweckgebundene Datenverarbeitung hinaus wird unter bestimmten Voraussetzungen eine Verwendung der im Vertragskontext entstehenden Daten für vertragsfremde Zwecke zugelassen. Gemäß § 19 Abs. 4 MD-StV im Geltungsbereich des MD-StV und gem. § 6 Abs. 3 TDDSG im Geltungsbereichs des TDG ist – aufgrund gleich lautender Ermächtigungen – die Erstellung von Nutzerprofilen unter Verwendung von Pseudonymen und ihre Auswertung für Zwecke der Werbung, der Marktforschung oder der bedarfsgerechten Gestaltung der Medien- bzw. Teledienste zulässig, wobei die Nutzungsprofile nicht mit den Daten über den Träger des Pseudonyms zusammengeführt werden dürfen. Für den Nutzer besteht ein Widerspruchsrecht, mit dem eine Mitteilungspflicht des Diensteanbieters korrespondiert. Enger ist die Zweckbindung im Bereich der Telekommunikationsdienstleistungen: Hier ist gem. § 6 Abs. 3 TDSV lediglich eine Verarbeitung und Nutzung von unverzüglich anonymisierten Verbindungsdaten durch den Diensteanbieter zur bedarfsgerechten Gestaltung von Telekommunikationsdiensten zulässig; im Falle der Analyse von Daten unter Einschluss der Zielnummern ist dies nur mit ausdrücklicher Einwilligung des Nutzers zulässig. Mit den beschriebenen Regelungen der Kundendatenverarbeitung für vertragsferne Zwecke werden wesentliche Funktionen des CRM, nämlich die Kundenwert-Bestimmung im Wege des Rückbezugs der Analysen auf den einzelnen Kunden und die Möglichkeit der Weitergabe von mit Analyseergebnissen angereicherten Kundendaten an Werbedienstleister, faktisch ausgeschlossen.

[572] § 19 Abs. 1 MD-StV; § 5 TDSV; § 5 TDDSG.

[573] Im Falle der Telekommunikationsdienstleistungen: „Verbindungsdaten".

[574] Für die Verarbeitung von Nutzungsdaten: § 19 Abs. 2 MD-StV; § 6 TDSV; § 6 Abs. 1-3 TDDSG; für die Verarbeitung von Abrechungsdaten: § 19 Abs. 3 MD-StV; § 7 TDSV; § 6 Abs. 4 TDDSG.

[575] § 19 Abs. 6 MD-StV; § 7 Abs. 6 TDSV; § 6 Abs. 5 TDDSG.

[576] §§ 10 ff. TDSV.

Für die (elektronische) Einwilligungserklärung gelten gegenüber dem BDSG abweichende Regeln[577].

Im Übrigen ist die Verarbeitung personenbezogener Daten für andere als die jeweils genannten Zwecke nur auf Grundlage anderer Erlaubnisnormen, also insbesondere des BDSG, zulässig[578]; insoweit kann auf die bisherigen Ausführungen zum BDSG verwiesen werden.

Zusammenfassend kann festgehalten werden, dass die Verwendung von Kundendaten in den genannten Bereichen eine engere Zweckbindung erfährt als im Geltungsbereich des BDSG, die den Betrieb eines in allen beschriebenen Funktionen angelegten CRM faktisch ausschließt. Da es hier nur um einen kleinen Ausschnitt der CRM-Problematik geht, auf der Unternehmerseite nur die einschlägigen Diensteanbieter erfasst werden und – wie dargestellt – die für das CRM typische Auswertung mit dem Ziel einer Kundenwert-Bestimmung in diesem Bereich von Gesetzes wegen praktisch ausgeschlossen ist, soll der bereichsspezifische Datenschutz hier nicht weiter vertieft werden.

E. Technische und organisatorische Vorgaben und staatliche Aufsicht über private Datenverarbeitung

Bestandteil des datenschutzrechtlichen Schutzkonzepts sind auch organisatorische und technische Vorgaben zur Datenverarbeitung, die ein angemessenes Datenschutzniveau sichern sollen (§ 9 BDSG); in einer Anlage zu § 9 BDSG sind diese Vorgaben konkretisiert. Ein Datenschutzaudit soll die Möglichkeit eröffnen, Datenschutzkonzepte und technische Einrichtungen der verantwortlichen Stelle zertifizieren zu lassen (§ 9 a BDSG).

Gem. § 38 Abs. 1 S. 1 BDSG kontrolliert die „Aufsichtsbehörde" die Ausführung des BDSG. Sie ist gem. § 38 Abs. 1 S.5 BDSG berechtigt, den Betroffenen über einen Verstoß zu unterrichten, den Verstoß bei den für die Verfolgung oder Ahndung zuständigen Stellen anzuzeigen sowie bei schwerwiegenden Verstößen die Gewerbeaufsichtsbehörde zur Durchführung gewerberechtlicher Maßnahmen zu unterrichten. Aus § 38 Abs. 3 BDSG ergeben sich Auskunftsansprüche gegen die verantwortliche Stelle, gem. § 38 Abs. 4 BDSG besteht ein Recht der Aufsichtsbehörde, während der Betriebs- und Geschäftszeiten der verantwortlichen Stelle Grundstücke und Geschäftsräume der verantwortlichen Stelle zu betreten und dort Prüfungen und Besichtigungen vorzunehmen, insbesondere Geschäftsunterlagen einzusehen. Gem. § 38 Abs. 5 BDSG können Anordnungen zur Beseitigung von organisatorischen oder technischen Mängeln getroffen werden.

---

[577] § 18 Abs. 2 und 3 MD-StV; § 4 TDSV; § 4 Abs. 2 TDDSG.

[578] § 17 Abs. 2 MD-StV; § 3 Abs. 3 TDSV; § 3 Abs. 2 TDDSG.

Wer Aufsichtsbehörde ist, bestimmt gem. § 38 Abs. 6 BDSG die jeweilige Landesregierung; in Mecklenburg-Vorpommern ist der Landesdatenschutzbeauftragte zuständig, andernorts sind das andere Behörden oder Einrichtungen – in Bayern besteht sogar eine (teilweise) Zuständigkeit des TÜV[579].

Die Aufsichtsbehörde hat über ihr Einschreiten nach pflichtgemäßem Ermessen selbst zu entscheiden. Liegen konkrete Anhaltspunkte für Datenschutzverstöße vor, reduziert sich das Ermessen bis hin zu einer mit der verwaltungsgerichtlichen allgemeinen Leistungsklage[580] erzwingbaren Pflicht zum Einschreiten, was insbesondere bei – ausreichend substantiierten – Beschwerden des Betroffenen anzunehmen ist[581].

Im Gesamtbild des datenschutzrechtlichen Schutzkonzepts erfüllen die genannten Vorschriften die Funktion, die Durchsetzung der durch das Schutzkonzept vorgesehenen Maßnahmen zum Schutz des Betroffenen zu gewährleisten. Angesichts der in aller Regel bescheidenen Personalausstattung der für die Aufsicht zuständigen Stellen und der weiten Verbreitung verschiedenster Formen der Kundendatenverarbeitung in der Wirtschaft muss davon ausgegangen werden, dass mit staatlichen Aufsichtsmaßnahmen keine besonders dichte Kontrolle möglich ist. Insbesondere dann, wenn es Verstöße gegen Informationspflichten und das datenschutzrechtliche Transparenzgebot sind, die zu beanstanden wären, ist infolge des Informationsdefizits der Betroffene oft nicht in der Lage, den Verstoß gegen Regeln des Datenschutzes überhaupt zu erkennen. Wo aber Hinweise der Betroffenen ausbleiben, bestimmt nur noch der Zufall, welche verantwortlichen Stellen überhaupt von der staatlichen Aufsicht erfasst werden.

F. Rechtsfolgen und Sanktionen bei Verstoß gegen datenschutzrechtliche Ge- oder Verbote

Das BDSG sanktioniert Verstöße gegen Datenschutzregeln als Ordnungswidrigkeiten oder Straftaten, §§ 43 f. BDSG. Die Sanktionsregelung ist Folge der Maßgabe aus Art. 24 HS. 2 der EU-Datenschutzrichtlinie, wonach die Mitgliedstaaten zum Erlaß von Regelungen zur Sanktionierung von Verstößen gegen die Schutzvorschriften der Richtlinie verpflichtet sind[582].

§ 43 Abs. 1 BDSG enthält einen Katalog von bußgeldbewehrten Verfahrensverstößen[583]. Für die Datenverarbeitung im Zusammenhang mit dem CRM beson-

[579] Übersicht bei Gola / Schomerus, BDSG § 38 Rz. 29.
[580] Str.; Nachw. zum Meinungsstand vgl. Gola / Schomerus, BDSG § 38 Rz. 17.
[581] Gola / Schomerus, BDSG § 38 Rz. 15.
[582] Simitis (Ehmann), BDSG § 43 Rz. 5.
[583] Vgl. Gola / Schomerus, BDSG § 43 Rz. 4 ff.; Simitis (Ehmann), BDSG § 43 Rz. 21, 28 ff.

ders bedeutsam sind die Regelungen, wonach vorsätzliche oder fahrlässige Verstöße gegen

- die Unterrichtungspflicht gem. § 28 Abs. 4 S. 2 BDSG[584],
- das Verbot der Übermittlung oder Nutzung aus § 28 Abs. 5 S. 2 BDSG[585],
- die Pflicht zur Aufzeichnung der Gründe oder der Art und Weise der glaubhaften Darlegung im Falle des § 29 Abs. 2 S. 3 oder 4 BDSG[586] oder
- das Verbot der Aufnahme personenbezogener Daten in elektronische Verzeichnisse entgegen § 29 Abs. 3 S. 1 BDSG[587]

als Ordnungswidrigkeit geahndet werden können.

Die Rechte der Aufsichtsbehörde werden dadurch gestärkt, dass Verstöße gegen Auskunfts- oder Mitwirkungspflichten der verantwortlichen Stelle aus § 38 BDSG ebenfalls als Ordnungswidrigkeiten geahndet werden[588].

§ 43 Abs. 2 BDSG enthält die auf die Verletzung materieller Schutzvorschriften bezogenen Bußgeldtatbestände[589]. Für die Datenverarbeitung im Rahmen des CRM bedeutsam ist vor allem die Regelung in § 43 Abs. 2 Nr. 1 BDSG, wonach die unbefugte Erhebung und Verarbeitung nicht allgemein zugänglicher personenbezogener Daten eine Ordnungswidrigkeit darstellt[590]. Bemerkenswert ist, dass damit Verstöße gegen materielle Schutzvorschriften, die die Erhebung und Verarbeitung von aus allgemein zugänglichen Quellen entnommenen personenbezogenen Daten betreffen, nicht ordnungsrechtlich sanktioniert werden. Ebenso bleibt der Tatbestand der „Nutzung" gänzlich unberücksichtigt, obwohl er gerade für die Datenverarbeitung beim CRM angesichts der heiklen Regelung des § 28 Abs. 3 BDSG einen dem Mißbrauch in besonderer Weise zugänglichen Tatbestand darstellt.

Die Entgeltlichkeit, Bereicherungs- oder Schädigungsabsicht bei einem Verstoß gegen materielle Schutzvorschriften qualifiziert diesen zur Straftat (§ 44 BDSG).

Die straf- und ordnungsrechtlichen Vorschriften des BDSG sind für die Datenverarbeitung durch Privatrechtssubjekte entweder praktisch bedeutungslos, oder die straf- oder ordnungsrechtliche Ahndung von Verstößen gegen datenschutzrechtliche Vorschriften des dritten Abschnitts des BDSG findet unterhalb der Wahrnehmungsschwelle der rechtswissenschaftlichen Literatur statt, jedenfalls waren keine Gerichtsentscheidungen hierzu in der Literatur aufzufinden[591]. In

---

[584] Gola / Schomerus, BDSG § 43 Rz. 7.
[585] Gola / Schomerus, BDSG § 43 Rz. 8.
[586] Gola / Schomerus, BDSG § 43 Rz. 9.
[587] Gola / Schomerus, BDSG § 43 Rz. 10.
[588] Gola / Schomerus, BDSG § 43 Rz. 14 f.
[589] Gola / Schomerus, BDSG § 43 Rz. 16 ff.; Simitis (Ehmann), BDSG § 43 Rz. 44 ff.
[590] Gola / Schomerus, BDSG § 43 Rz. 20.
[591] Ausdrücklich bestätigt wird dieser Befund bei Simitis (Ehmann), BDSG § 43 Rz. 22.

verfassungsrechtlicher Hinsicht wurden die Sanktionsregelungen zu Recht seit jeher wegen mangelnder Bestimmtheit kritisiert[592] – das leuchtet sofort ein, wenn, insbesondere bei den materiellen Schutzvorschriften, die offenen, vielfach von Abwägungen und unbestimmten Rechtsbegriffen geprägten Normtatbestände betrachtet werden. Vor diesem Hintergrund ist das Fehlen von einschlägigen Entscheidungen nachvollziehbar. Wenn Bull[593] also die Behauptung aufstellt, Verstöße gegen datenschutzrechtliche Vorschriften blieben – sofern sie entdeckt würden – nicht folgenlos, sondern würden sanktioniert und in Zukunft vermieden, so entspringt diese Einschätzung angesichts der massenhaft durchgeführten Kundendatenverarbeitung, der geringen Kontrolldichte und den Unwägbarkeiten in der Rechtsanwendung angesichts der unklaren Normtatbestände wohl mehr seinem Wunschdenken als den tatsächlichen Gegebenheiten[594].

Es ist somit festzustellen, dass die straf- und ordnungsrechtlichen Maßnahmen des datenschutzrechtlichen Schutzkonzeptes wohl ohne messbare Wirkung bleiben.

G. Staatliche Schutzkonzepte zum Schutz der übrigen betroffenen Schutzgüter

Außer dem Schutzgut des allgemeinen Persönlichkeitsrechts sind bei der Datenverarbeitung für Zwecke des CRM weitere grundrechtliche Schutzgüter betroffen, die im datenschutzrechtlich geprägten Kontext dieser Arbeit nur der Vollständigkeit halber erwähnt, nicht vertieft betrachtet und in der Folge keiner Verhältnismäßigkeitsprüfung unterzogen werden sollen. Dies sind neben dem Eigentum die Berufsfreiheit und die Vertragsfreiheit.

I. Gesetzliches Schutzkonzept zum Schutz des Eigentums

Oben wurde gefordert, dass personenbezogene Daten infolge ihrer weit reichenden Kommerzialisierbarkeit in den Schutzbereich des Art. 14 Abs. 1 GG fallen sollen. Da diese Forderung offenbar neu ist, besteht kein spezifisches Schutzkonzept für das Eigentum an den eigenen personenbezogenen Daten, wie es etwa in Gestalt des Urheberrechts für verwandte vermögensgleiche Rechte existiert, die aus dem Persönlichkeitsrecht abgeleitet werden können.

---

[592] Simitis (Ehmann), BDSG § 43 Rz. 22 m. w. N.

[593] Zweifelsfragen um die informationelle Selbstbestimmung – Datenschutz als Datenaskese?, in: NJW 2003, 1617.

[594] Weichert (Verbraucher-Scoring meets Datenschutz, in: DuD 2006, 399 [402 f.]) verweist etwa auf „Einzelerfahrungen", die vermuten ließen, dass Kreditinstitute beim Scoring oft gegen das Verbot belastender automatisierter Entscheidungen gem. § 6 a BDSG verstießen.

Das Eigentumsrecht unterliegt als „normgeprägtes" Recht der Ausgestaltung durch den Gesetzgeber, in dessen Macht es daher auch liegt, den Eigentumsbegriff – und in letzter Konsequenz die Frage, ob bei der Kommerzialisierung personenbezogener Daten überhaupt eine Beeinträchtigung des Eigentums des Betroffenen vorliegt – zu konkretisieren. Wenn nun, wie es hier vertreten wird, das Verwertungsrecht an den eigenen personenbezogenen Daten als Eigentumsrecht grundsätzlich in den Schutzbereich des Art. 14 Abs. 1 GG fällt, dann obliegt es noch dem Gesetzgeber, die Modalitäten der Nutzung dieses Rechts im Sinne einer Inhalts- und Schrankenbestimmung des Eigentums auszugestalten, wie er dies beispielsweise in Gestalt des UrhG für das verwandte urheberrechtliche Nutzungsrecht getan hat. Durch eine solche Regelung könnte im Rahmen der Ausgestaltung beispielsweise – wie bei den Zitierrechten des UrhG – eine bestimmte Nutzung der personenbezogenen Daten freigegeben werden, ohne dass dies mit dem Schutzrecht des Eigentums in Kollision geriete; in dogmatischer Hinsicht wäre dies als Inhaltsbestimmung des Eigentums ohne Eingriffsqualität zu qualifizieren.

Wie weit also der Schutzbedarf, bezogen auf das Eigentumsrecht und dessen Verletzung bei der Verarbeitung personenbezogener Daten, geht, hängt von der einfachgesetzlichen Ausgestaltung ab – die wiederum zugleich das Recht schützt, das sie ausgestaltet. Damit definiert der Gesetzgeber an dieser Stelle seine Schutzpflichten letztendlich selbst. Für die hier zu stellende Frage nach der Reichweite einer staatlichen Schutzpflicht folgt daraus, dass der Gesetzgeber hier einen außerordentlich weiten, verfassungsrechtlich nur beschränkt überprüfbaren Spielraum für die Ausgestaltung des Eigentumsbegriffs im Hinblick auf ein Eigentums- und, daraus folgend, Verwertungsrecht an den eigenen personenbezogenen Daten des Betroffenen hat. Bei der Ausgestaltung sind lediglich noch die allgemeinen Grundsätze der praktischen Konkordanz und die Garantie eines Kernbestandes des Eigentums zu beachten.

Der Staat hat hier also ein sehr weites Ermessen, wie er die bestehende Schutzpflicht erfüllen will. Dabei kann der bestehende gesetzliche Schutz durch die das Eigentum schützenden Normen des Zivilrechts, insbesondere des Bereicherungs- und Deliktsrechts, sicherlich aus verfassungsrechtlicher Sicht als ausreichend angesehen werden; effektiv wird der Schutz des Verwertungsrechts an den eigenen personenbezogenen Daten allerdings erst, wenn die Rechtsprechung dieses Recht als vermögenswertes, dem Sacheigentum rechtlich gleichgestelltes Recht anerkennt. Nach der hier vertretenen Ansicht, dass das Verwertungsrecht an den eigenen personenbezogenen Daten ein solches Recht ist, ist es also vor allem der Richter, der als staatliches Organ der Rechtspflege Adressat staatlicher Schutzpflichten ist. Da die staatliche Schutzpflicht auf effektiven Rechtsschutz gerichtet ist, wäre einerseits eine einschlägige richterliche Entscheidung, die diesen Schutz verweigert, der verfassungsgerichtlichen Kontrolle zugänglich, andererseits hätte der Gesetzgeber auch das Ermessen, eine spezielle gesetzliche Regelung zu treffen, die die Verwertung personenbezogener Daten regelt; angesichts des Ausgestaltungsspielraums könnten dabei konkretere Nutzungsbestimmungen – etwa nach dem Vorbild des UrhG – getroffen werden.

II. Gesetzliches Schutzkonzept zum Schutz der Berufsfreiheit?

Da, wie oben[595] bereits festgestellt wurde, die Berufsfreiheit durch die Datenverarbeitung für Zwecke des CRM keinen unmittelbaren Eingriffen von privater Seite ausgesetzt ist, besteht auf staatlicher Seite auch keine spezifische Schutzpflicht. Hinsichtlich der Beeinträchtigungen für die Berufsausübung des Betroffenen, die als mittelbare Folge der Datenverarbeitung für Zwecke des CRM eintreten können, bleibt somit der allgemeine Schutz vor Schädigungen von privater Seite durch die Normen des BGB.

Erfolgt die Beeinträchtigung im Rahmen eines schuldrechtlichen Rechtsverhältnisses, so wird sich die Beeinträchtigung möglicherweise als Verletzung vertraglicher Nebenpflichten erweisen; soweit nicht speziellere Regeln des Rechts der Leistungsstörungen (§§ 275 ff. BGB) greifen, gelangt die Generalklausel aus § 242 BGB zur Anwendung, die zur Abwägung der betroffenen grundrechtlich geschützten Rechtsgüter führen muss[596].

Das Neminem-laedere-Prinzip findet seinen Ausdruck weiterhin auch in den Regeln des Deliktsrechts. Das Recht am eingerichteten und ausgeübten Gewerbebetrieb, das aus der Berufsfreiheit abgeleitet wird[597], ist als sonstiges Recht i. S. d. § 823 Abs. 1 BGB anerkannt[598]. Für die beim CRM besonders betroffenen, auf das kundenspezifische Risiko bezogenen Daten wie Bonitätsinformationen ist vor allem § 824 BGB von Bedeutung.

Eine vertiefte Betrachtung der hier betroffenen Schutzkonzeption würde zu weit vom eigentlichen Thema dieser Erörterung wegführen; es soll daher hier bei dem Hinweis bleiben, dass hier neben dem spezifisch datenschutzrechtlichen Schutzkonzept ein weiteres Schutzkonzept besteht, das das neben dem Persönlichkeitsrecht durch die Datenverarbeitung für Zwecke des CRM möglicherweise betroffenen grundrechtlichen Schutzgut der Berufsfreiheit des Betroffenen schützt und ggf. neben den Regeln des Datenschutzes zur Anwendung gelangen kann.

---

[595] Kap. 3 C. II.

[596] Palandt / Heinrichs BGB § 242 Rz. 5.

[597] Vgl. Palandt / Sprau BGB § 823 Rz. 127.

[598] Palandt / Sprau BGB § 823 Rz. 126.

III. Gesetzliches Schutzkonzept zum Schutz der Vertragsfreiheit

Oben[599] wurde festgestellt, dass die Vertragsfreiheit als normgeprägtes Grundrecht der einfachgesetzlichen Ausgestaltung durch die Privatrechtsordnung bedarf, die wiederum dem Gedanken der praktischen Konkordanz unterworfen ist, damit sichergestellt werden kann, dass im Vertragsrecht nicht das Recht des Stärkeren gilt und auch die über geringere Verhandlungsmacht verfügende Vertragspartei durch die Staatsfreiheit des Privatrechts keine Schwächung seiner geschützten Rechte erfahren muss.

Eine vertiefte Erörterung des Schuldrechts des BGB als gesetzlicher Ausgestaltung kann hier nicht angestellt werden. In letzter Konsequenz gilt auch hier wieder das Gebot von Treu und Glauben, das zu einer Interessenabwägung und damit zu einer dem Verhältnismäßigkeitsgrundsatz genügenden Interessenzuweisung führen muss. Allerdings ist wegen der besonderen Relevanz für die Datenverarbeitung für Zwecke des CRM noch auf das Schutzkonzept des Verbraucherschutzes zu verweisen, das mit der Schuldrechtsreform Eingang in das BGB gefunden hat. Insbesondere das AGB-Recht (§§ 305 ff. BGB), das einen Ausgleich gegenüber der Vertragsmacht des Verwenders schafft, ist, wie oben[600] bereits deutlich wurde, für die Datenverarbeitung des Unternehmers bedeutsam. Für bestimmte Datenarten mag auch das neue Allgemeine Gleichbehandlungsgesetz, das vor allem den Schutz der Grundrechte aus Art. 3 GG verwirklichen soll, zugleich die Vertragsfreiheit schützen, indem es bestimmte Gruppen von Betroffenen auch vor Diskriminierung durch den übermächtigen Vertragspartner schützt.

---

[599] Kap. 3 C.V.1.

[600] Kap. 5 C.IV.4.

Kapitel 6: Schutzrechtliche Verhältnismäßigkeit der einfachgesetzlichen Schutzkonzepte

Die Wirkungsweise der einfachgesetzlichen Schutzkonzeption zum Schutz des Betroffenen bei der Verarbeitung seiner personenbezogenen Daten für Zwecke des CRM wurde dargestellt. Damit ist das de lege lata bestehende Schutzniveau, bezogen auf diesen Problemkreis, beschrieben. Nun ist noch die Frage zu beantworten, ob sich die staatlicherseits ergriffenen Maßnahmen als verhältnismäßig herausstellen; ist das der Fall, kann festgestellt werden, dass der Gesetzgeber seiner Schutzpflicht bereits in angemessener Weise nachgekommen ist, er also dem Betroffenen keinen weiteren Schutz bzw. keine weiteren Schutzmaßnahmen „schuldet“ und den „Störer“, also die Daten verarbeitende Stelle, nicht unangemessen benachteiligt.

Stellt sich dagegen heraus, dass die staatlichen Maßnahmen unverhältnismäßig sind, also jeweils unter Berücksichtigung aller widerstreitenden Interessen entweder dem Betroffenen keinen effektiven Schutz gewähren oder die Daten verarbeitende Stelle unangemessen benachteiligen, muss eine Korrektur in die eine oder die andere Richtung vorgeschlagen werden.

Davon ausgehend, dass der Staat den einzelnen grundrechtlichen Schutzinteressen des Betroffenen mit unterschiedlichen Schutzkonzepten begegnet, ist eine nach diesen Schutzinteressen geordnete Darstellung der Verhältnismäßigkeitsprüfung erforderlich. Angesichts der herausragenden Bedeutung des datenschutzrechtlichen Schutzkonzepts, dessen Schutzgegenstand das allgemeine Persönlichkeitsrecht des Betroffenen ist, und der grundsätzlich datenschutzrechtlichen Orientierung dieser Arbeit sollen die weiteren Schutzkonzepte zum Schutz der weiteren beim Betroffenen berührten Schutzgüter, die oben kurz erwähnt wurden, hier nicht betrachtet werden; eine schutzrechtliche Verhältnismäßigkeitsprüfung dieser Konzepte könnte aber strukturell ebenso angelegt werden wir die hier für das datenschutzrechtliche Schutzkonzept entwickelte Prüfung.

A. Grundüberlegungen zur Verhältnismäßigkeit von Schutzkonzepten

I. Beschränkung der Prüfung auf den Gegenstand des Schutzkonzepts

Die einfachrechtlichen Schutzkonzepte sind, wie oben gesehen, auf bestimmte Schutzgüter bezogen. So dient insbesondere das datenschutzrechtliche Schutzkonzept, das im BDSG verkörpert ist, ausschließlich dem Schutz des allgemeinen Persönlichkeitsrechts des Betroffenen. Dieses Konzept etwa kann also im Rahmen der Verhältnismäßigkeitsprüfung nicht insoweit als ungeeignet angesehen werden, als es beispielsweise das Eigentum oder die Berufsfreiheit des Betroffenen nicht schützt. Bei der nachfolgenden Prüfung der Verhältnismäßigkeit des datenschutzrechtlichen Schutzkonzepts muss sich die Verhältnismäßigkeitsprüfung daher bei der Frage, ob der Staat seiner Schutzpflicht entspricht, auf die Schutzgüter beschränken, die Schutzgegenstände des geprüften Schutzkonzepts sind. Soweit die Rechte des Störers als Abwehrrechte angesprochen sind, gibt es keine Beschränkung des Prüfumfangs.

II. Betrachtung des gesamten Konzepts oder der Maßnahmen?

Auf einer ersten Darstellungsebene könnte nach der Verhältnismäßigkeit des Schutzkonzepts gefragt werden. Das Gesamtkonzept jedenfalls kann nur als verhältnismäßig angesehen werden, wenn es einerseits – aus der Perspektive des Betroffenen – keine unangemessenen Schutzlücken aufweist und andererseits – aus der Perspektive des Störers – dessen Rechte nicht unangemessen beeinträchtigt. Eine Schutzlücke muss aber als Fehlen (oder als Defizit in der Wirkung) einer bestimmten (oder bestimmbaren) staatlichen Schutzmaßnahme beschrieben werden, und eine unangemessene Beeinträchtigung der Rechte des Störers kann unmittelbar infolge einer bestimmten Maßnahme, jedoch nur mittelbar aufgrund des gesamten Schutzkonzepts eintreten. Sinnvollerweise ist daher die einzelne Maßnahme und nicht das Gesamtkonzept Gegenstand der Verhältnismäßigkeitsprüfung. Es müssen also – auf der zweiten Darstellungsebene – die einzelnen Maßnahmen betrachtet werden. Dazu soll entsprechend der bisherigen Systematik der Darstellung von den jeweiligen Datenverarbeitungsvorgängen des CRM ausgegangen werden. Die nachfolgende Prüfung soll sich auf diese zweite Darstellungsebene beschränken; der Rückschluss auf die Verhältnismäßigkeit des Gesamtkonzepts ist danach trivial.

Doch was ist als einzelne „Maßnahme“ innerhalb des Schutzkonzepts anzusehen? Die oben bereits detailliert beschriebenen, auf die Datenverarbeitung beim CRM bezogenen Schutzkonzepte bestehen einerseits aus einem System von Regelungen zur Zulässigkeit der auf bestimmte Verarbeitungszwecke bezogenen Datenverarbeitungsvorgänge, andererseits aus Regelungen zur Gewährleistung der Einhaltung der Zulässigkeitsregeln, die wiederum in Kontroll- und Sanktionsregelungen unterteilt werden können. Als „Maßnahme“ zum Schutz des Betroffenen im weiteren Sinne soll nachfolgend eine auf einen Datenverarbeitungszweck oder eine bestimmte Phase der Datenverarbeitung bezogene, die Zulässigkeit der Datenverarbeitung beschränkende Regelung einschließlich der Regelungen zur Kontrolle der Einhaltung der Zulässigkeitsregelung und zur Sanktion bei Verstoß verstanden werden; die Maßnahme im engeren Sinne ist damit das eigentliche Verbot oder die bedingte Erlaubnis zur Verarbeitung der personenbezogenen Daten, bezogen auf einen bestimmten Verarbeitungszweck oder -modus. Die Regelungen zur Kontrolle oder Sanktion bei Verstoß bestimmen die schutzrechtlich relevante Wirksamkeit dieser Maßnahme – welchen Sinn hat ein Verbot, an dessen Verstoß keine Rechtsfolgen geknüpft sind? Nur bei einer auch auf die tatsächlich eintretenden Rechtsfolgen einer Ge- oder Verbotsregelung gerichteten Betrachtung kann deren schutzrechtlich relevante Schutzwirkung bestimmt werden. Für die Verhältnismäßigkeitsprüfung ist dies bedeutsam, wo sich die Wirksamkeit einer Maßnahme als Kriterium der Verhältnismäßigkeit darstellt, dazu sogleich mehr.

B. Bestimmung der Kriterien der Verhältnismäßigkeit

Im Rahmen einer abwehrrechtlichen Verhältnismäßigkeitsprüfung werden üblicherweise Eignung, Erforderlichkeit und Angemessenheit (oder Verhältnismäßigkeit im engeren Sinne, Proportionalität) des Eingriffs betrachtet. Bei schutzrechtlicher Betrachtung wird aber aus der Perspektive des Betroffenen keine klassische Eingriffsprüfung vorgenommen; einem unmittelbaren staatlichen Eingriff wird in der hier betrachteten Drittwirkungs-Konstellation durch die zum Schutz des Betroffenen ergriffene Maßnahme nur der Störer ausgesetzt. Hier ist also zur vollständigen Beantwortung der Verhältnismäßigkeitsfrage eine gleichzeitige Betrachtung aus zwei Perspektiven geboten. Als verhältnismäßig kann eine staatliche Maßnahme nur dann angesehen werden, wenn sie die Bedingungen der Verhältnismäßigkeit sowohl aus der Perspektive des Betroffenen wie aus der des Störers erfüllt:

- Einerseits ist die Maßnahme aus Sicht des Betroffenen daraufhin zu untersuchen, ob mit ihr die Schutzpflicht ausreichend erfüllt wird, ob also „die Reaktionsbedürftigkeit der drittverursachten Beeinträchtigung der grundrechtlich geschützten Interessenrealisierung beseitigt wird“[601].
- Andererseits muss die betrachtete Maßnahme in ihrem Charakter als Grundrechtsverkürzung zu Lasten des Störers dem abwehrrechtlichen Verhältnismäßigkeitsgrundsatz entsprechen, also geeignet, erforderlich und angemessen sein.

Wenn nun die Verhältnismäßigkeit einer Maßnahme im Rahmen einer *schutzrechtlichen* Betrachtung bestimmt werden soll, stellt sich der oben beschriebene *abwehrrechtliche* Teil der Betrachtung als Systembruch dar. Um diesen zu vermeiden, ist eine schutzrechtliche Abbildung des Grundsatzes der Verhältnismäßigkeit geboten, der die Begrenzung der staatlichen Handlungsmöglichkeiten durch die angemessene Berücksichtigung der grundrechtlich geschützten Interessen des Störers in die Reihe der *schutzrechtlichen* Verhältnismäßigkeitskriterien integriert, an denen die Maßnahme gemessen wird.

Es bietet sich an, Eignung, Erforderlichkeit und Angemessenheit als allgemein gültige Kriterien der Verhältnismäßigkeit auch im Rahmen einer schutzrechtlichen Betrachtung als gültige Kriterien anzunehmen[602]. Aus der gegenüber der abwehrrechtlichen „spiegelbildlichen“ schutzrechtlichen Sicht ergeben sich

[601] Lindner, Theorie der Grundrechtsdogmatik, S. 515.

aber notwendige Unterschiede in der näheren Bestimmung der einzelnen Kriterien.

I. Eignung

In der schutzrechtlichen Diskussion gibt es zwei in ihrer Perspektive unterschiedliche Herangehensweisen an die Eignungsfrage. Bei Betrachtung aus der Perspektive des schutzrechtlichen Rechtsguts ist die Eignung einer staatlichen Maßnahme zu bejahen, wenn die Maßnahme schutzrechtsfördernd ist[603]. Daneben wird bei der Eignungsfrage auch quasi „spiegelbildlich" geprüft, ob die Beeinträchtigung der Schutzgüter (ohne Berücksichtigung der Wirkung der staatlichen Schutzmaßnahme) geeignet ist, die entgegenstehende Position zu verwirklichen[604]. Zwar soll mit der „entgegenstehenden Position" nicht direkt auf die Motive des Störers, sondern auf etwaige, ein staatliches Unterlassen von Schutz tragende, objektive Zwecke abgestellt werden[605]; freilich dient jede Lockerung des prima-facie-Verbots personenbezogener Datenverarbeitung (§ 4 Abs. 1 BDSG) in aller Regel ausschließlich den Interessen des Störers, so dass die zweite genannte Herangehensweise letztlich doch wieder zu dem oben bereits abgelehnten Wechsel von der schutzrechtlichen hin zu einer abwehrrechtlichen Perspektive führt, die als Systembruch innerhalb der schutzrechtlichen Betrachtung auch hier vermieden werden soll. Hier soll also der zuerst beschriebenen Ansicht der Vorzug gegeben und die Eignung einer Maßnahme von ihrer schutzrechtsfördernden Wirkung abhängig gemacht werden.

Eine konkrete Schutzmaßnahme im Rahmen der auf die Datenverarbeitung beim CRM bezogenen Schutzkonzepte kann ohne weiteres daraufhin geprüft werden, ob sie schutzrechtsfördernd ist. Dagegen stellt sich die Frage, wie mit dem Fall umgegangen werden soll, in dem sich der Staat innerhalb des Schutzkonzepts entschieden hat[606], keine konkrete Schutzmaßnahme zu ergreifen, also etwa in Fällen, in denen er die Datenverarbeitung trotz eines entgegenstehenden geschützten Interesses des Betroffenen uneingeschränkt erlaubt. Schon aus Gründen der Logik ist schlichte staatliche Untätigkeit einer Eignungsprüfung nicht zugänglich[607]. Ganz im Sinne des Grundgedankens hinter dem schutzrechtlichen Ansatz kann aber gefragt werden, ob anstelle des Absehens von ei-

---

[602] A.A. Robbers, Sicherheit als Menschenrecht, S. 171 f., der bei einer Anwendung des Verhältnismäßigkeitsgrundsatzes aus schutzrechtlicher Perspektive eine Prüfung der Eignung und Erforderlichkeit für ausgeschlossen hält. Wie hier Cremer, Freiheitsgrundrechte, S. 281. Die Sinnhaftigkeit einer „vollständigen" Verhältnismäßigkeitsprüfung bei entsprechender Modifikation der Teilkriterien ergibt sich – zumindest für die Zwecke dieser Arbeit – aus der nachfolgenden Erörterung.

[603] Steinberg, Verfassungsrechtlicher Umweltschutz durch Grundrechte und Staatszielbestimmungen, in: NJW 1996, 1985 (1989); Cremer, Freiheitsgrundrechte, S. 280 (Fn. 538) m. w. N.

[604] So z. B. Hermes, Das Grundrecht auf Schutz von Leben und Gesundheit, S. 254.

[605] Vgl. Cremer, Freiheitsgrundrechte, S. 282 m. w. N.

ner Maßnahme eine schutzrechtsfördernde Maßnahme denkbar ist; im Laufe der weiteren Prüfung müsste diese vorgeschlagene Maßnahme dann auch die übrigen Verhältnismäßigkeitskriterien erfüllen – das ist die für die Schutzrechtsproblematik typische Fragestellung. Erst auf der Ebene der Angemessenheitsprüfung kann dann festgestellt werden, ob die Grundrechtsbeeinträchtigung beim Betroffenen so unbedeutend ist oder das Schutzinteresse so weit hinter die geschützten Interessen des Störers zurückzuweichen hat, dass sich das Absehen von einer Schutzmaßnahme insgesamt als verhältnismäßig erweist; dies ist ein objektiver Prüfungsmaßstab, auf die subjektiven Motive des Gesetzgebers für das Unterlassen einer Maßnahme kommt es daher nicht an[608].

Der Staat entspricht dem Gebot der Effektivität des Schutzes (als Aspekt der Eignung einer Maßnahme) nicht bereits mit dem Erlass einer Schutznorm, er muss vielmehr auch für ihre praktische Umsetzung und ihre reale Akzeptanz Sorge tragen[609]. Insofern ist insbesondere im Rahmen der Eignungsprüfung den genannten Gesichtspunkten der praktischen Umsetzung und realen Akzeptanz Rechnung zu tragen.

II. Erforderlichkeit

Nach der abwehrrechtlichen Definition des Erforderlichkeitskriteriums ist ein Eingriff erforderlich, wenn kein milderes Mittel mit gleicher Erfolgstauglichkeit vorhanden ist[610]. Bei schutzrechtlicher Betrachtung ist jedoch das Schutzgut des Betroffenen keinem staatlichen Eingriff ausgesetzt, zu dem es Alternativen zu prüfen gäbe, vielmehr ist es der Störer, der durch die staatliche Schutzmaßnahme einem Eingriff ausgesetzt wird. Aus dessen Sicht würde sich eine zum Schutz der Rechte des Betroffenen ergriffene Maßnahme als nicht erforderlich erweisen, wenn es eine Maßnahme gäbe, die ihn bei gleicher Schutzwirkung zugunsten des Betroffenen weniger belastet. Eine auf diese Weise als nicht erforderlich erkannte Maßnahme wäre auch unverhältnismäßig im *schutzrecht-*

---

[606] Da hier gem. § 4 Abs. 1 BDSG für die Verarbeitung personenbezogener Daten ein Verbot mit Erlaubnisvorbehalt besteht, das die hier betrachtete Datenverarbeitung lückenlos erfasst, bedarf es immer der bewussten Entscheidung des Gesetzgebers zur Ausgestaltung eines Erlaubnistatbestandes, um den Betroffenen schutzlos zu stellen. Vor diesem Hintergrund ist die bei Cremer (Freiheitsgrundrechte, S. 282 f.) angesprochene Problematik, dass der Gesetzgeber über schutzgeeignete Maßnahmen schlicht nicht nachgedacht haben könnte, hier irrelevant.

[607] Vgl. auch Cremer, Freiheitsgrundrechte, S. 283.

[608] Cremer, Freiheitsgrundrechte, S. 286: „Der schutzrechtlich prima facie gebotenen Maßnahme stehen im Rahmen der Verhältnismäßigkeitsprüfung also die legitimen objektiven Zwecke entgegen, welche für das Unterlassen streiten.“

[609] Isensee formuliert das zutreffend so, dass es nicht so sehr auf das „law in the books“, sondern auf das „law in action“ ankomme (Das Grundrecht als Abwehrrecht und staatliche Schutzpflicht, HStR Bd. V § 111 Rz. 166).

[610] Sachs, Verfassungsrecht II, S. 149 Rz. 37.

lichen Sinne[611]. Eine grundrechtsbeschränkende Maßnahme ist somit dann erforderlich, wenn es keine die konfligierenden Rechtsgüter weniger beeinträchtigende Alternative gibt, um das angestrebte Schutzziel zu erreichen, die zugleich die Wahrscheinlichkeit der Zielerreichung in demselben Maße erhöht wie die betrachtete Maßnahme[612].

An dieser Stelle wird wieder das Problem sichtbar, dass die schutzrechtliche Verhältnismäßigkeitsprüfung im Fall des hier beschriebenen Dreiecksverhältnisses aus Betroffenem, Staat und Störer durch den beschriebenen Perspektivwechsel einen abwehrrechtlichen „Fremdkörper" erhält. Allerdings ist das Gebot der Suche nach weniger belastenden Schutzmaßnahmen im Rahmen der Schutzrechtsprüfung auch als Kriterium der *schutzrechtlichen* Verhältnismäßigkeit der Maßnahme zu sehen, so dass an dieser Stelle keine Alternative dazu besteht, den abwehrrechtlichen Ansatz in die schutzrechtliche Verhältnismäßigkeitsprüfung zu integrieren und ihn so zum *schutzrechtlichen* Verhältnismäßigkeitskriterium zu bestimmen.

Fraglich ist noch, ob sich aus dem schutzrechtlichen Erforderlichkeitskriterium eine Art „positives Optimierungsgebot" in dem Sinne ergibt, dass letztlich nur eine einzige unter mehreren geeigneten und angemessenen Maßnahmen als erforderlich angesehen werden kann, nämlich diejenige, die den Schutzbedarf gerade noch befriedigt und dabei die Rechte des Störers bestmöglich schont. In der Literatur wird das so vertreten[613]. Allerdings entspricht das nicht dem allgemein konsentierten Verständnis der Erforderlichkeitsprüfung; das Erforderlichkeitskriterium gibt „keinen Aufschluss über die tiefstmögliche Eingriffsintensität, sondern lediglich darüber, dass eine bestimmte Maßnahme nicht ergriffen werden darf, wenn dem Gesetzgeber eine zur Erzielung des verfolgten Zwecks gleich effektive, aber hinsichtlich der Grundrechtsbetroffenheit mildere Maß-

---

611 Freiheitsgrundrechte, S. 280: „Wenn es [*Anm. d. Verf.:* gegenüber einer zu betrachtenden Maßnahme (A)] eine andere schutzrechtlich genauso geeignete Maßnahme (B) gibt, die weniger intensiv in Grundrechte Dritter eingreift, muss das BVerfG dies schon deshalb berücksichtigen, weil der Gesetzgeber sonst mit der Verabschiedung der Maßnahme (A) unverhältnismäßig, nämlich in nicht erforderlicher Weise in Abwehrrechte eingreift, die Schutzmaßnahme also wegen Verletzung der Grundrechte als Abwehrrechte aufzuheben wäre. Dies verdeutlicht, dass die Maßnahme (A) auch die Schutzrechtsverletzung nicht zu beendigen vermag."

612 Eine weiter ausdifferenzierte Bestimmung des schutzrechtlichen Erforderlichkeitskriteriums findet sich bei Lindner, Theorie der Grundrechtsdogmatik S. 515 f.; dort wird zwischen der Erforderlichkeit einer Maßnahme im Hinblick auf die Beseitigung der Reaktionsbedürftigkeit und der Erforderlichkeit für „überschießende" Zwecke der staatlichen Schutzmaßnahme unterschieden, beides allerdings aus der abwehrrechtlichen Sicht des durch die Maßnahme belasteten Dritten / Störers. Diese an sich sinnvolle Differenzierung ist hier nicht relevant, da mit dem datenschutzrechtlichen Schutzkonzept keine „überschießenden" Zwecke verfolgt werden. Wie hier Cremer, Freiheitsgrundrechte, S. 280.

613 So Hain, Der Gesetzgeber in der Klemme zwischen Übermaßverbot und Untermaßverbot, in: DVBl. 1993, 982 (983).

nahme zur Verfügung steht. Daraus folgt aber nicht, dass der Gesetzgeber zu intensiveren Eingriffen nicht berechtigt wäre, wenn er damit das verfolgte Ziel besser oder andere Ziele verfolgen will."[614] Die Feststellung aber, welche Maßnahme ein bestimmtes Ziel besser zu erreichen in der Lage ist, ist kaum objektivierbar; hier muss dem Gesetzgeber ein gerichtlich nur sehr eingeschränkt überprüfbarer Beurteilungsspielraum bleiben. Infolge dessen wird das Erforderlichkeitskriterium nur dann eine Rolle spielen können, wenn sich die mildere Maßnahme mit gleicher Effektivität regelrecht aufdrängt.

III. Angemessenheit (Verhältnismäßigkeit im engeren Sinne)

1. Integrativer Ansatz für die schutzrechtliche Angemessenheit

Gegenstand der Betrachtung sind, wie gesagt, positive und negative staatliche Entscheidungen hinsichtlich der Schutzgewährung. Wo sich der Staat zur Schutzmaßnahme entschlossen hat, ist die Betrachtung der Maßnahme sowohl aus der Perspektive des Betroffenen wie aus der Perspektive des Störers sinnvoll[615]; wo der Staat sich gegen eine Schutzmaßnahme entschieden hat, ist zu fragen, ob eine Maßnahme geboten wäre; alle hypothetischen Maßnahmen sind wie positive Maßnahmen einer schutzrechtlichen Angemessenheitsprüfung zugänglich.

Dabei möge die Sicht des Betroffenen wieder eine schutzrechtliche, die des Störers eine abwehrrechtliche sein. Eine Maßnahme im Dreiecksverhältnis aus Störer, Betroffenem und Staat kann dann insgesamt nur als angemessen angesehen werden, wenn sie sowohl aus der schutzrechtlichen Perspektive des Betroffenen als auch aus der abwehrrechtlichen Perspektive des Störers angemessen, also verhältnismäßig i.e.S. ist. Damit erfolgt zugleich eine Vorgabe für die Bestimmung der Angemessenheit im Kontext der schutzrechtlichen Verhältnismäßigkeitsprüfung.

2. Übermaßverbot und Untermaßverbot als „Eckpfeiler“ der schutzrechtlichen Angemessenheit?

Wenn die Angemessenheit aus abwehrrechtlicher Sicht mit dem Begriff „Übermaßverbot“, die Angemessenheit aus schutzrechtlicher Sicht mit dem Begriff „Untermaßverbot“ gleichgesetzt werden könnte, so ließe sich eine diese Anforderungen integrierende Bedingung für die Angemessenheit im Kontext der schutzrechtlichen Verhältnismäßigkeitsprüfung wie folgt formulieren: Eine Maßnahme ist im schutzrechtlichen Sinne angemessen, wenn sie weder gegen das Untermaßverbot noch gegen das Übermaßverbot verstößt.

---

[614] Cremer, Freiheitsgrundrechte, S. 314 m. w. N. (Fn. 687).

[615] Isensee, Das Grundrecht als Abwehrrecht und staatliche Schutzpflicht, in: HStR Bd. V § 111 Rz. 165.

Hier ist also zunächst der Nachweis zu erbringen, dass die Begriffe „Übermaßverbot“ und „Untermaßverbot“ in der vorgeschlagenen Weise verwendet werden können; da beide Begriffe in Literatur und Rechtsprechung jeweils mit unterschiedlichen Bedeutungen belegt werden, ist zunächst zu klären, wie diese Begriffe im Kontext dieser Arbeit verstanden werden sollen.

3. Begriffsbestimmung Übermaßverbot

Das Übermaßverbot ist nach allen vertretenen Ansichten Kriterium der – abwehrrechtlichen – Verhältnismäßigkeitsprüfung[616]; darüber hinaus ist der Begriff aber in der Literatur nicht eindeutig geklärt[617]. Teilweise wird das Übermaßverbot mit dem Grundsatz der Verhältnismäßigkeit gleichgesetzt[618], teilweise mit der Angemessenheit[619] oder auch zugleich mit der Erforderlichkeit und der Angemessenheit[620]. Hier soll der wohl herrschenden Meinung und dem BVerfG gefolgt und das Übermaßverbot mit dem Grundsatz der Verhältnismäßigkeit i.e.S. – der Angemessenheit – gleichgesetzt werden. Dabei darf es bei der Prüfung eines Grundrechtseingriffs zulasten des Störers bei einer staatlichen Maßnahme zum Schutz der Interessen des Betroffenen nicht darum gehen, das eingeschränkte Grundrecht und die kollidierenden Rechtsgüter gegenseitig zu optimieren[621], sondern lediglich darum, ob die Beeinträchtigung der Grundrechte des Störers den Zuwachs an Rechtsgüterschutz zugunsten des Betroffenen deutlich überwiegt[622]. Damit wird zugleich das Übermaßverbot gegen das Erforderlichkeitskriterium abgegrenzt, das im abwehrrechtlichen Kontext – in den oben beschriebenen Grenzen – eine beschränkte Optimierungswirkung entfaltet.

[616] Vgl. Lindner, Theorie der Grundrechtsdogmatik, S. 514.

[617] Vgl. Cremer, Freiheitsgrundrechte, S. 311.

[618] So z. B. Pieroth/Schlink, StaatsR II Rn. 278; Dreier (Dreier) GG Vorb. Rz. 91

[619] So auch das BVerfG in E 90, 145 (173); Cremer, Freiheitsgrundrechte, S. 311; Lindner, Theorie der Grundrechtsdogmatik, S. 218 m. w. N.; Isensee, Das Grundrecht als Abwehrrecht und staatliche Schutzpflicht, in: HStR Bd. V § 111 Rz. 165.

[620] Canaris, Grundrechtswirkungen und Verhältnismäßigkeitsprinzip in der richterlichen Anwendung und Fortbildung des Privatrechts, in: JuS 1989, 161 (163).

[621] Cremer, Freiheitsgrundrechte, S. 311 m. w. N.

[622] BVerfGE 90, 145 (Leitsatz 2b): „Bei einer Gesamtabwägung zwischen der Schwere des Eingriffs und dem Gewicht sowie der Dringlichkeit der ihn rechtfertigenden Gründe muss die Grenze der Zumutbarkeit für die Adressaten des Verbots gewahrt werden (Übermaßverbot oder Verhältnismäßigkeit im engeren Sinne). Die Prüfung an diesem Maßstab kann dazu führen, dass ein an sich geeignetes und erforderliches Mittel des Rechtsgüterschutzes nicht angewandt werden darf, weil die davon ausgehenden Beeinträchtigungen der Grundrechte des Betroffenen den Zuwachs an Rechtsgüterschutz deutlich überwiegen, so dass der Einsatz des Schutzmittels als unangemessen erscheint.“

4. Begriffsbestimmung Untermaßverbot

Noch weniger Klarheit besteht in der rechtlichen Qualifikation des Untermaßverbots[623]. Einigkeit scheint immerhin bei der Beschreibung des Zwecks eines Untermaßverbots zu bestehen: Ausgehend von einer Schutzlücke, genügt der Staat dem Untermaßverbot, wenn er eine Maßnahme ergreift, die erstens – abstrakt – geeignet ist, die Schutzlücke zu schließen[624] und zweitens – konkret – dazu führt, dass „die Schwelle zwischen grundrechtswidriger Grundrechtsverletzung und nicht reaktionsbedürftiger Grundrechtsbeeinträchtigung (wieder) unterschritten wird."[625]

Das BVerfG hat den Begriff im zweiten Abtreibungsurteil[626] erstmals verwendet: „Der Staat muss zur Erfüllung seiner Schutzpflicht ausreichende Maßnahmen normativer und tatsächlicher Art ergreifen, die dazu führen, dass ein – unter Berücksichtigung entgegenstehender Rechtsgüter – angemessener und als solcher wirksamer Schutz erreicht wird (Untermaßverbot)." Die Herleitung des Begriffs durch das BVerfG verweist auf verschiedene Kriterien der Verhältnismäßigkeit parallel zur abwehrrechtlich verstandenen Verhältnismäßigkeit: Mit der Forderung nach der Wirksamkeit des Schutzes ist der Gesichtspunkt der Eignung angesprochen, die Angemessenheit wird explizit genannt. Ob nach Ansicht des BVerfG auch eine Optimierung bei der „Berücksichtigung entgegenstehender Rechtsgüter" zu fordern ist, bleibt aber offen.

Das Untermaßverbot wird in der Literatur auch als „schutzrechtsspezifische Ausprägung des Verhältnismäßigkeitsprinzips" verstanden[627]; davon freilich wäre auch der Begriff der Erforderlichkeit mit umfasst. Dem soll hier im Interesse einer Unterscheidbarkeit der Kriterien der Erforderlichkeit (bei der nach Handlungsalternativen zu fragen ist) und der Angemessenheit (bei der lediglich eine einzige bestimmte Maßnahme betrachtet wird) auch im schutzrechtlichen Kontext nicht gefolgt werden. Cremer[628] hält es für sinnvoll, das Untermaßverbot parallel zum abwehrrechtlichen Übermaßverbot mit der Verhältnismäßigkeit i.e.S., also der Angemessenheit aus schutzrechtlicher Sicht gleichzusetzen: Auch hierbei solle, ebenso wie beim parallel gelagerten abwehrrechtlichen Übermaßverbot, ein Optimierungsgebot nicht angenommen werden.

[623] Der Begriff geht auf Canaris zurück, vgl. z. B. Grundrechtswirkungen und Verhältnismäßigkeitsprinzip in der richterlichen Anwendung und Fortbildung des Privatrechts, in: JuS 89, 161 ff., 163; Grundrechte und Privatrecht, S. 71 ff.

[624] Lindner, Theorie der Grundrechtsdogmatik, S. 516: Das Reaktionsmittel „muss zunächst seiner Art nach überhaupt – abstrakt – geeignet sein, auf die reaktionsbedürftige Grundrechtsbeeinträchtigung in einer Weise einzuwirken, dass die Reaktionsbedürftigkeit entfällt."

[625] Lindner, Theorie der Grundrechtsdogmatik, S. 516.

[626] BVerfGE 88, 203 (254 und Leitsatz 6).

[627] Möstl, Die Staatliche Garantie für die öffentliche Sicherheit und Ordnung, S. 103 ff.; Götz, Innere Sicherheit, in: HStR Bd. IV § 85 Rz. 30.

[628] Freiheitsgrundrechte, S. 311.

Die Ableitung des Untermaßverbots aus dem Verhältnismäßigkeitsgrundsatz wirft allerdings die Frage auf, ob den strukturell parallel angelegten Verhältnismäßigkeitskriterien des Unter- und Übermaßes dieselbe dogmatische Konstruktion zugrunde liegt[629] und ob nicht das Untermaßverbot lediglich eine unselbständige „Spiegelung" des Übermaßverbots darstellt, also ein eigenständiges Untermaßverbot abzulehnen ist. Dieser Ansatz wird als „Kongruenzthese" vertreten: Danach bestehe eine Kongruenz zwischen Über- und Untermaß mit der Folge, dass das Untermaßverbot keine gegenüber dem Übermaßverbot *eigenständige* Bedeutung habe[630]. Nach der Kongruenzthese kann es folglich auch keine eigenständige schutzrechtliche Verhältnismäßigkeitsprüfung geben[631], denn aus dem Abwägungsgrundsatz ergebe sich „ein positives Optimierungsgebot im Sinne eines verfassungsrechtlich zu verwirklichenden Gleichgewichtsgebots kollidierender Grundrechtspositionen"[632]. Es dürfe keine Spanne zwischen Unter- und Übermaß geben, vielmehr müssten die Grundrechte des Betroffenen mit denen des Störers bis zu einem Punkte abgewogen werden, in dem sich die Gewichte entsprechen[633]. Nach der Kongruenzthese verschwindet der Unterschied zwischen Unter- und Übermaß, die schutzrechtliche Angemessenheitsprüfung reduziert sich auf den rein abwehrrechtlichen Ansatz aus der Perspektive des Störers, dessen Interessen gegen die des Betroffenen direkt abzuwägen sind.

Gegen die Kongruenzthese werden verschiedene überzeugende Argumente ins Feld geführt, die zur Ablehnung der Kongruenzthese führen müssen. In dogmatischer Hinsicht wird auf funktionale Unterschiede zwischen Übermaßverbot und Untermaßverbot verwiesen: Während das Übermaßverbot als Teilausprägung des abwehrrechtlich verstandenen Verhältnismäßigkeitsgrundsatzes dem Schutz gewährenden Staat als Schranken-Schranke bei verfassungsunmittelbaren Restriktionen Grenzen setzt, hat das Untermaßverbot eine andere Funktion: Es setzt die Reaktionsbedürftigkeit einer Grundrechtsbeeinträchtigung voraus – entsprechend wurden hier vorab Feststellungen zur Erfüllung des Schutzpflicht-Tatbestandes getroffen[634] – und errichtet Mindestanforderungen für deren Beseitigung[635]. Damit bewegt sich das Übermaßverbot auf der Tatbestands-

---

[629] So z. B. Möstl, Die Staatliche Garantie für die öffentliche Sicherheit und Ordnung, S. 103 f., der den Verhältnismäßigkeitsgrundsatz als gemeinsame Quelle des Über- und Untermaßverbots ansieht; Götz, Innere Sicherheit, in:HStR IV § 85 Rz. 30.

[630] So vor allem Hain, Der Gesetzgeber in der Klemme zwischen Übermaßverbot und Untermaßverbot, in: DVBl.1993, 982 ff.; weitere Nachweise für abw. Ans. bei Cremer, Freiheitsgrundrechte, S. 310 (Fn. 664).

[631] Vgl. Cremer, Freiheitsgrundrechte, S. 312 m. w. N.

[632] Cremer, Freiheitsgrundrechte, S. 313.

[633] Hain, Der Gesetzgeber in der Klemme zwischen Übermaßverbot und Untermaßverbot, in: DVBl. 1993, 982 (983); Calliess, Rechtsstaat und Umweltstaat, S. 568.

[634] S.o. Kapitel 3.

seite der Grundrechtsnormen, das Untermaßverbot auf der Rechtsfolgenseite[636]. Denselben funktionalen Ansatz verfolgt Cremer mit seiner Kritik an der Kongruenzthese, indem er auf die Notwendigkeit hinweist, zu unterscheiden, „ob der Staat (in *über*verfassungsmäßiger Erfüllung seiner Schutzaufgabe) in ein Grundrecht eingreifen *darf* oder ob er in verfassungsgebotener Erfüllung dieser Schutzaufgabe in Grundrechte anderer eingreifen *muss*" [637]. Schließlich wird auch das aus der Kongruenzthese folgende Optimierungsgebot und die daraus resultierende Einschränkung gesetzgeberischer Handlungsspielräume in Frage gestellt[638]: Der Gesetzgeber werde im Grundrechtsbereich zum „bloßen Verwalter von Verfassungsvorgaben gemacht", die Grundrechte „mutierten zu ‚positiven Optimierungsgeboten' und es gäbe bloß noch eine Entscheidung, welche den Widerstreit zwischen Eingriff und Schutz, zwischen Sicherheitsstaat und Rechtsstaat optimal regelt und welche das BVerfG (kraft angemaßten Wissens) zu finden hätte"[639]. Die Verantwortung des Staates für die Schaffung eines angemessenen Schutzniveaus hat einen anderen Charakter als die Abwehr konkreter Eingriffe in subjektive Rechte. Diese abstrakte Verantwortung ist gekennzeichnet durch ein hohes Maß an prognostischen Abschätzungen und den Zwang zur Typisierung. Die verfassungsgerichtliche Rechtsprechung[640] gewährt daher der Legislative bei der Achtung objektiver Grundrechtsgehalte, insbesondere der Wahrnehmung von Schutzpflichten, weite Einschätzungs- und Gestaltungsspielräume[641].

Aus den oben genannten dogmatischen Gründen wird deutlich, dass das Untermaßverbot nicht einfach nur dasselbe ist wie das spiegelbildlich, aus der Perspektive des Betroffenen betrachtete Übermaßverbot; es handelt sich vielmehr um eine eigenständige „allgemeine Kategorie einer grundrechtlichen Reaktionsdogmatik"[642]. Dennoch ist es zugleich ein (schutzrechtsspezifisches) Kriterium der Verhältnismäßigkeit[643], denn auch die Mindestanforderungen an die Beseitigung der Grundrechtsbeseitigung sind keine absoluten Vorgaben, sondern bestehen relativ einerseits zum Schutzbedarf der zu schützenden Rechtsgüter beim Betroffenen, andererseits zum Schutzbedarf der für die Schutzgewährung zu beeinträchtigenden Rechtsgüter Dritter. Die genannten Mindestanforderungen können somit nur im Ergebnis eines Abwägungsprozesses bestimmt werden.

---

635 Lindner, Theorie der Grundrechtsdogmatik, S. 514. Vgl. auch Ruffert, Vorrang der Verfassung und Eigenständigkeit des Privatrechts, S. 219.

636 Sachs, GG Art. 20 Rz. 95.

637 Freiheitsgrundrechte, S. 313; vgl. auch Lindner, Theorie der Grundrechtsdogmatik, S. 515, jeweils m. w. N.

638 Lindner, Theorie der Grundrechtsdogmatik, S. 517 m. w. N.; Cremer, Freiheitsgrundrechte, S. 313.

639 Cremer, Freiheitsgrundrechte, S. 313.

640 BVerfGE 49, 89 (136 f.); 77, 170 (214 f.); 88, 203 (261).

641 Maunz/Dürig (Herdegen) GG Art.1 Abs. 3 Rz. 23.

642 Lindner, Theorie der Grundrechtsdogmatik, S. 512.

643 A.A. wohl Lindner, Theorie der Grundrechtsdogmatik, S. 515 (dort Rz. 117).

Dieser Abwägungsprozess ist aber charakteristisch für die Angemessenheitsprüfung. Infolge der beschriebenen dogmatischen Unterschiede zum abwehrrechtlichen Kriterium der Angemessenheit (hier gleichgesetzt mit dem Übermaßverbot) handelt es sich um eine schutzrechtsspezifische Bestimmung des Angemessenheitskriteriums.

Es bleibt festzuhalten, dass das Untermaßverbot nach dem eingangs beschriebenen Verständnis des Begriffs zwei Kriterien der schutzrechtlichen Verhältnismäßigkeit umfasst, die Eignung und die Angemessenheit im oben beschriebenen spezifisch schutzrechtlichen Sinne. Da die Eignung in der hier vorgeschlagenen Verhältnismäßigkeitsprüfung als eigenständiges Kriterium geprüft wird, liegt es nahe, den Begriff des Untermaßverbots auf das Kriterium der Angemessenheit zu begrenzen. Dem entsprechend wird das Untermaßverbot nachfolgend als schutzrechtsspezifisches Angemessenheitskriterium im Rahmen der schutzrechtlichen Verhältnismäßigkeitsprüfung verstanden.

5. Integration von Übermaßverbot und Untermaßverbot in die schutzrechtliche Angemessenheitsprüfung

Wenn also die Begriffe „Übermaßverbot“ und „Untermaßverbot“ in dem oben vorgeschlagenen Sinne verwendet werden, so ist die erhebliche Störung der Verhältnismäßigkeit i.e.S. zulasten des Betroffenen als Verstoß gegen das Untermaßverbot anzusehen, während die erhebliche Störung der Verhältnismäßigkeit i.e.S. zulasten des Störers – bei abwehrrechtlicher Betrachtung[644] – als Verstoß gegen das Übermaßverbot aufzufassen ist, wobei noch zu klären bleibt, was als erhebliche Störung der Verhältnismäßigkeit zu verstehen ist. Für die schutzrechtliche Angemessenheitsprüfung in der beschriebenen Dreierkonstellation bedeutet dies jedenfalls, dass die Maßnahme auf Verstöße gegen das Über- und das Untermaßverbot zu prüfen ist; werden solche Verstöße nicht festgestellt, ist die Maßnahme angemessen.

Dieser Ansatz kann (in Anlehnung an Calliess[645]) als „Integration von Übermaß- und Untermaßverbot in eine mehrpolige Angemessenheitsprüfung“ bezeichnet werden[646]. Solange – unter Ablehnung der Kongruenzthese – darauf verzichtet wird, bei der Auswahl der Maßnahmen ein Optimierungsgebot beim Ausgleich der entgegen gesetzten Interessen anzunehmen, kann zwischen Über-

[644] Vgl. Cremer, Freiheitsgrundrechte, S. 315.

[645] Rechtsstaat und Umweltstaat, S. 577.

[646] Bei Calliess, Rechtsstaat und Umweltstaat S. 577, heißt dieser Ansatz „dogmatische Integration von Übermaß- und Untermaßverbot in eine mehrpolige *Verhältnismäßigkeitsprüfung*“. Der hier vertretene Ansatz unterscheidet sich entscheidend von dem von Calliess vertretenen Ansatz insofern, als Calliess letztlich doch Über- und Untermaßverbot zusammenführen will (S. 580); das scheitert bereits an den oben angeführten dogmatischen Unterschieden in der Herleitung von Unter- und Übermaßverbot. Wie hier (und in Abgrenzung von Calliess): Cremer, Freiheitsgrundrechte, S. 314 ff.

und Untermaß ein Korridor[647] entstehen, innerhalb dessen staatliche Maßnahmen als verhältnismäßig i.e.S. anzusehen sind. Schon wegen der dogmatischen Verschiedenartigkeit von Über- und Untermaßverbot verbietet es sich, den Versuch zu unternehmen, die Konstruktion der Angemessenheitsprüfung dahingehend zu verkürzen, dass letztlich nur eine direkte Abwägung der Interessen des Betroffenen mit denen des Störers vorgenommen wird[648].

6. Die Abwägung in der schutzrechtlichen Angemessenheitsprüfung

Damit bleibt noch zu klären, wie Über- und Untermaß als „Eckpunkte" der Angemessenheit konkret zu bestimmen sind. Beide Eckpunkte sind – als Kriterien der Angemessenheit – Ergebnis von Abwägungen. Aus der Rechtsprechung des BVerfG[649] kann generell für Abwägungsprozesse bei kollidierenden Interessenlagen im grundrechtsrelevanten Bereich die Regel abgeleitet werden, dass die Anforderungen an die Eingriffsrechtfertigung mit der Intensität der Grundrechtsbeeinträchtigung steigen. Diese von Alexy[650] als „Abwägungsgesetz" bezeichnete Regel kann als Grundregel für alle grundrechtsrelevanten Abwägungsprozesse angesehen werden. Zugleich bleibt sie die einzige generelle Regel: Da das Grundgesetz keine eindeutige Werthierarchie vorgibt, die als Maßstab für den Abwägungsprozess herhalten könnte, verbietet es sich grundsätzlich, den Abwägungsprozess durch a priori festgelegte Vorrangrelationen vorzuprägen[651]. Vielmehr kommt es auf die Abwägung im Einzelfall an, weil sich das Vorrangverhältnis derselben betroffenen Schutz- und Abwehrrechte von Fall zu Fall ändern kann. Bezogen auf die Datenverarbeitung im CRM ist daher einerseits zu prüfen, wie sich die unterschiedlichen Phasen und Methoden der Datenverarbeitung auf die Intensität der Grundrechtsbeeinträchtigung beim Opfer, andererseits, wie sich die staatlichen Beschränkungen der Datenverarbeitung auf die Intensität der Grundrechtsbeeinträchtigung beim Störer auswirken. Da der letztlich erreichte Interessenausgleich zwangsläufig mindestens bei einem der beteiligten Grundrechtsberechtigten dazu führen wird, dass er eine Beeinträchtigung seiner grundrechtlich geschützten Rechte hinnehmen muss, kann der Abwägungsprozess nicht auf eine Beseitigung dieser Beeinträchtigung gerichtet sein. Zu klären ist vielmehr, welche Beeinträchtigung einer grundrechtlich geschützten Rechtsposition sich noch als verfassungskonform herausstellt. Die noch verfassungskonforme Beeinträchtigung soll als „zumutbar" bezeichnet werden. Diese Erwägungen sind sowohl bei der Bestimmung des Unter- wie des Übermaßes anzustellen. Die Prüfungen von Übermaßverbot und

---

[647] Nach Hoffmann-Riem, Reform des Allgemeinen Verwaltungsrechts: Vorüberlegungen, in: DVBl 1994, 1381 (1384 f.).

[648] Cremer, Freiheitsgrundrechte, S. 316.

[649] BVerfGE 7, 377 (404 f.); 17, 306 (314); 20, 150 (159); 35, 202 (226); 41, 251 (264).

[650] Vgl. Alexy, Theorie der Grundrechte, S. 146 m. w. N.

[651] Sachs, Verfassungsrecht II, S. 150 Rz. 40.

Untermaßverbot unterscheiden sich aber in der Zielstellung des Abwägungsprozesses.

Bei der abwehrrechtlich geprägten Prüfung des Übermaßverbots ist festzustellen, ob der vom Störer aufgrund einer Schutzmaßnahme hinzunehmende staatliche Eingriff bei Berücksichtigung sämtlicher den Eingriff rechtfertigender Gründe zumutbar ist. Bei diesen Gründen sind nicht nur die individuellen Schutzinteressen des Betroffenen zu berücksichtigen, sondern auch etwaige darüber „hinausschießende" Regelungszwecke, die mit der Maßnahme verknüpft sind und mit der staatlichen Schutzpflicht gegenüber dem Betroffenen nichts zu tun haben müssen[652].

Bei der aus der schutzrechtlichen Perspektive vorgenommenen Prüfung des Untermaßverbots ist dagegen die Prüfung streng auf die Frage nach der Erfüllung der Schutzpflicht fokussiert, die durch die zuvor festgestellte Erfüllung des Schutzpflicht-Tatbestandes als bestehend anzunehmen ist. Ein Verstoß gegen das Untermaßverbot ist dann anzunehmen, wenn unter Berücksichtigung der entgegenstehenden grundrechtlich geschützten Interessen die Beeinträchtigung des Betroffenen in seinen geschützten Rechten nicht mehr zumutbar ist. Das Untermaßverbot hat damit „Mindestgebotscharakter"[653] und „zielt ‚lediglich' darauf, einer grundrechtswidrigen Grundrechtsbeeinträchtigung das Verdikt der Grundrechtswidrigkeit zu nehmen. Es muss lediglich ein solches Reaktionsmittel ergriffen werden, das bewirkt, dass die Schwelle zur Grundrechtskonformität der grundrechtserheblichen Situation wieder unterschritten wird. Das Untermaßverbot verpflichtet den Grundrechtsverpflichteten indes nicht dazu, ein solches Mittel zu ergreifen, das zu einem deutlichen Unterschreiten dieser Schwelle führt, solange und soweit sie nur überhaupt wieder unterschritten ist."[654]

[652] Lindner, Theorie der Grundrechtsdogmatik, S. 515; Cremer, Freiheitsgrundrechte, S. 313.
[653] Ruffert, Vorrang der Verfassung und Eigenständigkeit des Privatrechts, S. 219.
[654] Lindner, Theorie der Grundrechtsdogmatik, S. 517 f.

Kapitel 7: Das datenschutzrechtliche Schutzkonzept des BDSG zum Schutz des Persönlichkeitsrechts des Betroffenen

Anhand der oben aufgestellten Vorgaben sollen die einzelnen Teile des datenschutzrechtlichen Schutzkonzepts des BDSG auf Verhältnismäßigkeit geprüft werden. Die bisher abstrakt beschriebene schutzrechtliche Verhältnismäßigkeitsprüfung muss im nächsten Schritt für die Bewertung des datenschutzrechtlichen Schutzkonzepts fruchtbar gemacht werden.

Wie oben bereits mitgeteilt, soll auf eine genauere Betrachtung der bereichsspezifischen Datenschutzregeln verzichtet werden, zumal diese in ihrer Funktion als Teile eines übergreifenden staatlichen datenschutzrechtlichen Schutzkonzepts strukturell und funktional nicht wesentlich anders angelegt sind als die allgemeineren Regeln des BDSG.

A. Fallgruppen und fallgruppenspezifische Modifikationen und Vereinfachungen beim Aufbau der schutzrechtlichen Verhältnismäßigkeitsprüfung

In bestimmten Konstellationen bietet es sich an, aus Gründen der Arbeitsökonomie das oben beschriebene Prüfschema zu modifizieren und soweit möglich zu vereinfachen. Dazu soll zwischen drei Konstellationen unterschieden werden, die sich in den Regelungen des datenschutzrechtlichen Schutzkonzepts wiederfinden.

Es kann

- erstens der Fall betrachtet werden, in dem der Gesetzgeber bereits auf der Ebene der gesetzlichen Regelung mit seiner Maßnahme ausschließlich den Störer belastet und die Interessen des Betroffenen uneingeschränkt durchsetzt, also hier die Verarbeitung der personenbezogenen Daten des Betroffenen im Ergebnis ausnahmslos und vollständig unterbindet,
- zweitens der Fall, in dem er auf der gesetzlichen Ebene nicht zu Lasten des Störers eingreift (bzw. den Störer ausschließlich zu Lasten des Betroffenen begünstigt oder den Schutz des Betroffenen zu Gunsten des Störers vollständig aufhebt, also die Interessen des Störers uneingeschränkt durchsetzt), hier also der verantwortlichen Stelle die Verarbeitung personenbezogener Daten uneingeschränkt erlaubt,
- drittens der Fall, in dem er auf der gesetzlichen Ebene keine abschließende Entscheidung trifft, sondern diese im Einzelfall dem Richter oder der Aufsichtsbehörde überlässt.

In der nachfolgenden Darstellung sollen die einzelnen im sechsten Kapitel beschriebenen Regelungen des datenschutzrechtlichen Schutzkonzepts zunächst den oben beschriebenen Konstellationen zugeordnet werden, dann ist, bezogen auf die jeweils betrachtete Konstellation, ein „Fahrplan“ für die schutzrechtliche Verhältnismäßigkeitsprüfung zu erstellen, auf dessen Grundlage im dritten Schritt die Verhältnismäßigkeitsprüfung durchzuführen ist.

B. Erste Konstellation: Nur die Interessen des Betroffenen werden durchgesetzt

Hier geht es um Fälle, in denen das gesetzliche Schutzkonzept ohne die Möglichkeit der Berücksichtigung der Besonderheiten des Einzelfalles und ohne individuelle Abwägung der gegenseitigen Interessen zum vollständigen Verbot der Datenverarbeitung führt.

I. Regelungen der ersten Konstellation

Für die Datenverarbeitung im Rahmen des CRM ist hiermit zum einen das generelle Verbot der Datenverarbeitung in den Fällen, in denen kein Erlaubnistatbestand einschlägig ist, sowie – nach dem bisher hier vertretenen Verständnis des § 28 Abs. 1 S. 2 BDSG – das grundsätzliche Verbot einer zweckoffenen Vorratsdatenspeicherung aufgrund der hier angenommenen strengen Bindung der verantwortlichen Stelle an den bei der Erhebung der Daten festgelegten und dokumentierten Erhebungszweck angesprochen, wobei die Ausnahmen gem. § 28 Abs. 3 BDSG, als einer anderen Konstellation zugehörig, gesondert zu betrachten sind. Freilich fällt aber in diese Fallgruppe das Verbot der vom Störer intendierten Übermittlung oder Nutzung für andere als die Erhebungszwecke im Rahmen des „Listenprivilegs" aus § 28 Abs. 3 S. 1 Nr. 3 BDSG nach Widerspruch des Betroffenen gem. § 28 Abs. 4 BDSG.

II. Fahrplan der schutzrechtlichen Verhältnismäßigkeitsprüfung

Mit einer gesetzgeberischen Maßnahme dieser Art wird die ohne diese Maßnahme anzunehmende Rechtsbeeinträchtigung des Betroffenen – einseitig zulasten etwaiger Rechte des Störers – vollständig beseitigt.

Da der Staat als Schutzverpflichteter damit ohne Zweifel erreicht hat, dass der Betroffene keine unzumutbare Beeinträchtigung seiner grundrechtlich geschützten Interessen hinzunehmen hat, wenn das Verbot nur auch tatsächlich durchgesetzt wird, kann die Eignungsfrage ohne weitere Prüfung bejaht werden (an der grundsätzlichen Schutzrechtsförderlichkeit der Regelung können keine Zweifel bestehen), ein Verstoß gegen das Untermaßverbot kommt nur dann in Betracht, wenn begründeter Anlass zu der Befürchtung besteht, dass die Regelung auf der Rechtsanwendungsebene nicht effektiv umgesetzt wird; in diesem Fall ist nur die Frage der Verhältnismäßigkeitsprüfung zugänglich, ob die auf die Umsetzung gerichteten Regelungen (Sanktionen bei Verstoß, staatliche Aufsicht, Durchsetzungsmöglichkeiten des Betroffenen) ausreichen, um ein angemessenes Schutzniveau zu gewährleisten.

Aus Sicht des Störers rückt die Prüfung der Erforderlichkeit in den Vordergrund und damit die Frage, ob es gegenüber dem vollständigen Verbot der Datenverarbeitung eine Maßnahme mit zumindest annähernd gleicher Schutzeignung gibt, die die geschützten Interessen des Störers besser schont. Kann eine solche Maßnahme vorgeschlagen werden, so endet zunächst die Verhältnismäßigkeitsprüfung des ursprünglich geprüften Verbots, und die vorgeschlagene hypothetische Maßnahme ist zu betrachten. Erweist sich diese insgesamt als verhältnismäßig im schutzrechtlichen Sinne, so war das ursprüngliche Verbot nicht erforderlich. Kann aber keine insgesamt verhältnismäßige Alternative zum vollständigen Verbot aufgezeigt werden, so muss das Verbot (dessen Eignung und Erforderlichkeit somit feststehen) noch auf Angemessenheit geprüft werden. Es bleibt dann noch die im Rahmen der Angemessenheitsprüfung zu beantwortende Frage, ob die Maßnahme gegen das Übermaßverbot verstößt. Ist dies der Fall, so haben sich die grundrechtlich geschützten Interessen des Störers gegenüber den Interessen des Betroffenen (und etwaigen weiteren Regelungszwecken) im Ergebnis der Abwägung als vorrangig erwiesen; dann ist die Maßnahme unverhältnismäßig. Als Ergebnis kann dann nur festgestellt werden, dass der Schutzverpflichtete nach – bezogen auf den Schutz des Schutzguts – weniger effektiven Alternativen suchen muss, die dafür den Störer weniger belasten, für den Betroffenen ist dann zwangsläufig ein niedrigeres Schutzniveau oder im Extremfall das völlige Ausbleiben einer Schutzmaßnahme zumutbar. Jede alternativ betrachtete (hypothetische) Maßnahme, die der Schutzverpflichtete anstelle der unverhältnismäßigen Maßnahme ergreifen kann, ist dann aber wieder einer eigenen Verhältnismäßigkeitsprüfung zugänglich.

Aus Gründen der Arbeitsökonomie soll aber in dieser ersten Fallkonstellation die Angemessenheitsprüfung, sprich die Prüfung des Unter- und des Übermaßverbots, vor die Erforderlichkeitsprüfung gezogen werden: Ist ein Verstoß gegen das Übermaßverbot anzunehmen, ist die Maßnahme schon deshalb unverhältnismäßig, auf die Erforderlichkeit kommt es dann nicht an. Liegt kein Verstoß gegen das Übermaßverbot vor, so ist die Maßnahme schon als für den Störer zumutbar erkannt; die Erforderlichkeitsprüfung kann sich dann auf die Frage nach offensichtlich auf der Hand liegenden Alternativmaßnahmen beschränken, bei denen dann – weil der Eingriff den Störer noch weniger belastet als die bereits als zumutbar erkannte Ausgangsmaßnahme – nur noch die schutzrechtliche Eignung und das Untermaßverbot geprüft werden müssen.

III. Verhältnismäßigkeit der Maßnahmen der ersten Konstellation

Verboten ist zunächst einmal jede Datenverarbeitung, die nicht ausdrücklich erlaubt ist (§ 4 Abs. 1 BDSG). Unter Berücksichtigung der im sechsten Kapitel dargestellten Erlaubnisse bleibt somit unter Berücksichtigung der für das CRM relevanten Datenverarbeitungszwecke jede Datenverarbeitung verboten, die keinem der bei den Erlaubnistatbeständen beschriebenen und bei der Erhebung festgeschriebenen Zwecken dient bzw. die nicht erforderlich ist für die Erfüllung der in den Erlaubnistatbeständen beschriebenen und bei der Erhebung festgeschriebenen Zwecke. Das gilt auch für den Erlaubnistatbestand der Einwilligung des Betroffenen: Auch mit der Einwilligung wird nach dem hier vertretenen, restriktiven Verständnis des Erlaubnistatbestandes der Einwilligung lediglich die Erlaubnis für die ausreichend konkret umrissene, von der Einwilligung tatsächlich erfasste Datenverarbeitung erteilt; die Datenverarbeitung auf Grundlage einer pauschal erteilten, auf keinen konkreten Verarbeitungszweck erteilten Einwilligung bleibt unzulässig.

Entsprechend der oben vorgeschlagenen Prüfungsabfolge sind – in dieser Reihenfolge – das Übermaßverbot, das Untermaßverbot und die Erforderlichkeit zu prüfen; die schutzrechtliche Eignung kann vorausgesetzt werden.

1. Verstoß gegen das Übermaßverbot?

Es ist nach den bisherigen Feststellungen dieser Arbeit nur die Datenverarbeitung zulässig, die zu einem gesetzlich gebilligten Zweck erfolgt, der bei der Erhebung festgelegt und entsprechend dokumentiert wurde.

An einer Datenverarbeitung im Rahmen des CRM, die von den vom BDSG gebilligten Zwecken nicht erfasst wird, kann die verantwortliche Stelle kein berechtigtes Interesse haben, also auch nicht an einer Erhebung, Verarbeitung oder Nutzung solcher Daten, die zur Erfüllung dieser Zwecke grundsätzlich gebilligten Zwecke nicht benötigt werden[655]. Das Verbot der nicht zur Zweckerfüllung erforderlichen Erhebung, Verarbeitung und Nutzung personenbezogener Daten berührt damit lediglich die allgemeine Handlungsfreiheit der verantwortlichen Stelle, die aber hinter dem berechtigten Schutzinteresse des Betroffenen auf jeden Fall zurückzutreten hat. Damit ist die grundsätzliche Bindung an die ausdrücklich gesetzlich gebilligten Verarbeitungszwecke ohne weiteres für die verantwortliche Stelle zumutbar.

Ein anderes Problem ist die Abweichung von der bei der Erhebung getroffenen Zweckbestimmung[656]. Von der soeben erörterten Fragestellung unterscheidet sich diese dadurch, dass es um eine Datenverarbeitung für Zwecke geht, die der Gesetzgeber grundsätzlich billigt; lediglich die Zweckänderung gegenüber dem bei der Erhebung festgelegten Verarbeitungszweck ist – abgesehen von den be-

---

[655] Vgl. BGH NJW 1984, 1886.

[656] Der Begriff „Zweckbestimmung" ist untechnisch gemeint; der Begriff soll gleichermaßen die Gesichtspunkte der Zweckfestlegung und der Zweckbindung umfassen, die – wie Albers, Informationelle Selbstbestimmung, S. 507 f., zutreffend feststellt – sorgfältig auseinander zu halten sind.

reits explizit gesetzlich vorgesehenen Ausnahmen[657] – mit dem Verbot sanktioniert.

Wie bereits erörtert, ist für die Verarbeitung personenbezogener Daten unter Privaten wegen der unklaren und inkonsistenten Normtatbestände der §§ 28 Abs. 1 S. 2 und 28 Abs. 2 BDSG die Reichweite dieser Zweckbindung unklar, zumindest aber nicht unumstritten[658]; hier wurde vorgeschlagen, zur Bestimmung der Wirkung der staatlichen Maßnahme dem von Simitis[659] vertretenen Ansatz zu folgen, nach dem eine strenge Zweckbindung an den bei der Erhebung festgelegten Verarbeitungszweck besteht, der jegliche zweckoffene Vorratsdatenspeicherung verbietet. An dieser Stelle ist also genauer zu betrachten, ob diese strenge Zweckbindung für die verantwortliche Stelle zumutbar ist. Dabei ist einerseits der Schutzbedarf des Betroffenen, andererseits das Gewicht der beim Störer betroffenen Abwehrrechte zu betrachten.

a) Der Schutzbedarf des Betroffenen

Zur Begründung des der strengen Zweckbindung zugrunde liegenden Schutzbedarfs werden in der Literatur zwei Argumente genannt. Einerseits folge die Zweckbindung als Konsequenz der Annahme, dass dem Betroffenen Entscheidungsrechte hinsichtlich der Preisgabe und Verwendung persönlicher Daten zustünden; der Betroffene müsse, damit er solche Entscheidungen treffen könne, vorab wissen, zu welchem Zweck die Verarbeitung erfolge[660]. Andererseits diene die Zweckbindung der Begrenzung und Transparenz der Datenverarbeitung, da nur so die Überschaubarkeit und Kontrollierbarkeit der Verwendung personenbezogener Daten gewährleistet werden könne[661]. Freilich ist zu bemerken, dass diese Argumentation, die noch in den Aussagen des Volkszählungsurteils wurzelt[662], vor allem auf die Zweckbindung bei der staatlichen Datenverarbeitung fokussiert ist; bei der Frage, ob bei der Datenverarbeitung durch Private für nicht-staatliche Zwecke dasselbe gilt, ist zunächst zu klären, ob der Unterschied für diese Frage relevant ist.

Sowohl das Argument, dass die Zweckbindung Voraussetzung der freien Entscheidung des Betroffenen über die Preisgabe seiner Daten, also der freien Ausübung seiner informationellen Selbstbestimmung sein muss, als auch das Argument der Kontrollierbarkeit der Datenverarbeitung ist prinzipiell auf die Daten-

---

[657] Zu nennen sind hier vor allem die Ausnahmetatbestände aus § 28 Abs. 3 BDSG.

[658] Kap. 5 C.III.2.c).

[659] Simitis (Simitis), BDSG § 1 Rz. 101 m. w. N. sowie § 28 Rz. 59 ff., insbes. Rz. 61.

[660] Albers, Informationelle Selbstbestimmung, S. 509 m. w. N.

[661] Simitis (Simitis), BDSG § 1 Rz. 101 m. w. N.; Albers, Informationelle Selbstbestimmung, S. 509 m. w. N.

[662] Vgl. hierzu Albers, Informationelle Selbstbestimmung, S. 268 f. mit Verweisen auf die Folgerechtsprechung des BVerfG zur Zweckbindung.

verarbeitung durch Private übertragbar. Schmitt Glaeser[663] hält allerdings – gerade mit Blick auf die aus der Zweckbindung resultierenden Probleme – bereits die Grundtendenz des BDSG für bedenklich, staatliche und private Datenverarbeitung dem Prinzip nach auf derselben Ebene zu positionieren mit der Folge, dass auch bei der privaten Datenverarbeitung die „Beweislast" für ihre Zulässigkeit beim Verarbeiter liege und dass somit die grundrechtliche, aus der Privatautonomie abzuleitende[664] Freiheit zu rechtfertigen sei und nicht umgekehrt ihre Einschränkung[665]. Dem ist entgegenzuhalten, dass es insbesondere bei der Zweckbindung um einen Schutzmechanismus innerhalb des datenschutzrechtlichen Schutzkonzepts geht, der das Funktionieren eben dieser Privatautonomie erst gewährleistet. Wo die Privatautonomie durch Störung der Parität zu weit „aus dem Lot" gerät, besteht Schutzbedarf zugunsten der schwächeren Partei[666]. Eine solche Störung aber würde entstehen, wenn Zweckänderungen für zulässig gehalten würden, die immer auch einen Informationsvorsprung der Daten verarbeitenden Stelle bedeuten würden. Gerade wo die Möglichkeit einer direkten staatlichen Einwirkung auf die Daten verarbeitende Stelle nur sehr eingeschränkt besteht, kommt es daher sowohl auf die Absicherung der Entscheidungsfreiheit bei der Preisgabe personenbezogener Daten als auch auf die Möglichkeit eigenverantwortlicher Kontrolle durch den Betroffenen in verstärktem Maße an. Wenn also auf der einen Seite die durch Private in deren geschäftlichem Interesse betriebene Datenverarbeitung gegenüber staatlicher Datenverarbeitung in vielerlei Hinsicht mit Rücksicht auf die Privatautonomie privilegiert wird (bis hin zu dem Punkt, an dem die von Schmitt Glaeser beklagte „Beweislast" zugunsten der Daten verarbeitenden Stelle faktisch umgedreht wird), müssen auf der anderen Seite die Voraussetzungen für die Freiheit der Entscheidung des Betroffenen geschaffen und die dafür erforderliche Transparenz bei der Daten verarbeitenden Stelle durchgesetzt werden.

Die Festlegung und Dokumentation des Erhebungszwecks und die damit zusammenhängenden Informationspflichten dienen dem Schutz des Betroffenen in seinem Recht auf informationelle Selbstbestimmung. So wird dem Betroffenen vor allem die Möglichkeit gegeben, die Rechtmäßigkeit des Umgangs mit seinen Daten zu prüfen. Zudem begründet sein Recht auf informationelle Selbstbestimmung ein Recht zu wissen, zu welchem Zweck die Verarbeitung seiner Daten erfolgt. Würde eine strenge Bindung an den Erhebungszweck nicht bestehen, wäre die Festlegung und Dokumentation des Erhebungszwecks und die daraufhin erfolgte Information im Falle der späteren Zweckänderung für den Betroffenen wertlos. Besonders deutlich wird dies in dem Fall, in dem die Daten beim Betroffenen direkt erhoben wurden und er die Daten in Kenntnis des Erhebungszwecks freiwillig preisgegeben hat. Von der damit verbun-

[663] Schutz der Privatsphäre, in: HStR Bd. VI § 129 Rz. 93.
[664] Schmitt Glaeser, Schutz der Privatsphäre, in: HStR VI § 129 Rz. 90 ff.
[665] Ebenso Kloepfer, Datenschutz als Grundrecht, S. 13.
[666] Vgl. Lindner, Theorie der Grundrechtsdogmatik, S. 505 m. w. N.

denen Freiheitsausübung des Betroffenen (die nicht mit der Einwilligung in die Datenverarbeitung verwechselt werden darf!), die eine gesetzliche Schutzpflicht deshalb entfallen lässt, weil der Betroffene bei seiner Freiheitsausübung nicht vor sich selbst zu schützen ist, wird die Weiterverwendung der Daten für einen anderen als den Erhebungszweck nicht mehr umfasst.

Auch hier kann es für die grundsätzliche Annahme des Schutzbedarfs nicht auf die Intensität der mit der Zweckänderung verbundenen Störung des Schutzguts ankommen. Es erscheint auf den ersten Blick sicher nicht abwegig, etwa mit Bull[667] einen großen Teil der zumeist auf zukünftige Marketingaktionen gerichteten zweckoffenen Datenverarbeitung beim CRM als grundsätzlich „harmlos“, also als Bagatelleingriffe in die grundrechtlichen Schutzgüter anzusehen; freilich ist auch dies wieder eine Wertungsfrage, die zu erheblichen Problemen der Abgrenzung im Einzelfall führen muss. Hier mag doch lieber der Betroffene selbst entscheiden, welche Beeinträchtigungen seiner Schutzgüter er zulassen möchte und wann er eine Veranlassung sieht, seine Kontrollbefugnisse auszuüben; dafür braucht er aber die zuverlässige Information über die Erhebungszwecke zu einem Zeitpunkt, zu dem er noch über die Preisgabe seiner Informationen entscheiden kann.

b) Das Abwehrrecht des Störers

Der Unternehmer hat, wenn er die volle Funktionalität des CRM nutzen möchte, ein wirtschaftlich motiviertes und mit den oben beschriebenen Abwehrrechten geschütztes Interesse daran, mit Data Mining-Methoden sein Data Warehouse auszuwerten; das Data Warehouse aber ist in dieser Funktion nichts anderes als eine technische Vorrichtung zur Vorratsdatenspeicherung für zum Zeitpunkt der Erhebung noch unbekannte Verarbeitungszwecke, die nicht zwangsläufig dem Erhebungszweck entsprechen. Wo der Unternehmer einer staatlichen Beschränkung einer solchen Datenverarbeitung ausgesetzt wird, die er eigentlich im Rahmen seiner wirtschaftlichen Betätigung unbeschränkt, also vor allem im Rahmen des CRM ohne Beschränkung der Verarbeitungszwecke ausüben möchte, greift der Staat im klassisch abwehrrechtlichen Sinne in seine Grundrechte ein. Im Rahmen der Verhältnismäßigkeitsprüfung ist die Frage zu beantworten, ob dieser Eingriff für den Unternehmer zumutbar ist. Für die Zumutbarkeitsfrage können die üblichen abwehrrechtlichen Kriterien der Eingriffsrechtfertigung in Ansatz gebracht werden.

Gegen das oben beschriebene Interesse des Betroffenen ist die Freiheit der wirtschaftlichen Betätigung des Unternehmers als Abwehrrecht in Ansatz zu bringen; wie gesehen, stehen dahinter vor allem die Berufsausübungsfreiheit, die Informations- und Meinungsfreiheit und – zumindest subsidiär – das allgemeine

---

[667] Zweifelsfragen um die informationelle Selbstbestimmung – Datenschutz als Datenaskese? In: NJW 2006, 1617 (1621 ff.).

Freiheitsgrundrecht, insbesondere in seiner spezielleren Ausprägung als Privatautonomie. Da die in der Zweckbindung der Daten liegende Beschränkung sich lediglich auf die Verwendung und Verwertung der Daten bezieht, ist ihr materieller „Wert“ nur in Gestalt einer Minderung der Erwerbschancen betroffen; damit kann ein Eingriff in das Eigentumsgrundrecht nicht angenommen werden.

c) Eingriffsvoraussetzungen

Den in Art. 12 Abs. 1 S. 2 GG enthaltenen Gesetzesvorbehalt hat das BVerfG mit dem Apotheken-Urteil[668] im Sinne der bekannten Drei-Stufen-Theorie konkretisiert. Danach sind Berufsausübungsregeln grundsätzlich aus jeder vernünftigen Erwägung des Gemeinwohls zulässig, subjektive Zulassungsvoraussetzungen dürfen nur zum Schutz wichtiger Gemeinschaftsgüter eingesetzt werden, und objektive Zulassungsvoraussetzungen – einschließlich der besonders kritischen völligen Zulassungssperren wie allgemeiner Verbote einer bestimmten beruflichen Tätigkeit – setzen voraus, dass eine Regelung zur Abwehr nachweisbarer oder doch höchstwahrscheinlicher schwerer Gefahren für überragend wichtige Gemeinschaftsgüter zwingend geboten erscheint. Darüber hinaus ist auf jeder Stufe der Verhältnismäßigkeitsgrundsatz zu beachten, so dass auf jeder Stufe zu prüfen ist, ob das konkret gewählte Mittel bezogen auf das verfolgte Ziel geeignet, erforderlich und angemessen erscheint[669]. Ohnehin läßt sich auch die Drei-Stufen-Theorie als Strukturierung der Anwendung des Verhältnismäßigkeitsgrundsatzes im Sinne einer Typisierung von Fallgruppen verstehen; die Kritik an der Drei-Stufen-Theorie setzt denn auch an dem Problem an, dass hier ein zu grobes Raster geschaffen wurde, das eine sachlich oft gebotene feinere Differenzierung verhindere und dann zu Modifikationen der Theorie zwinge[670]. Für die hier relevante Frage der Eingriffsrechtfertigung genügt aber die Anwendung der Drei-Stufen-Theorie, wie aus den nachfolgenden Erwägungen deutlich wird:

Die strenge datenschutzrechtliche Zweckbindung stellt sich nicht als Problem des „Ob“, sondern des „Wie“ der Berufsausübung dar, denn der Unternehmer kann seinen Geschäftszweck grundsätzlich auch im Rahmen der datenschutzrechtlichen Zweckbindung erreichen, ihm bleiben lediglich mit (uneingeschränktem) Data Mining und Data Warehousing effizienzsteigernde Mittel der Berufsausübung verwehrt. Es handelt sich daher um eine Berufsausübungsregelung. Somit reduziert sich die hier relevante Fragestellung auf die Frage nach der Eingriffsermächtigung auf der ersten Stufe nach der Drei-Stufen-Theorie. Die uferlose Weite der „vernünftigen Erwägungen des Gemeinwohls” deutet darauf hin, dass hier nur ein schlichter Gesetzesvorbehalt vorliegt[671].

---

[668] BVerfGE 7, 377.
[669] Sachs, Verfassungsrecht II, S. 409 Rz. 41.
[670] Vgl. Sachs, Verfassungsrecht II, S. 410 Rz. 42.
[671] Sachs, Verfassungsrecht II, S. 408 Rz. 34.

Das ist derselbe Maßstab, der auch an Einschränkungen des allgemeinen Freiheitsrechts aus Art. 2 Abs. 1 GG angelegt werden kann: Die Schrankentrias des Art. 2 Abs. 1 GG unterscheidet sich zwar in ihrer Ausgestaltung von den anderen Gesetzesvorbehalten des Grundgesetzes, stellt sich aber bei genauerer Betrachtung nach der Rechtsprechung des BVerfG auch „nur" als Variante eines einfachen, nicht zusätzlich qualifizierten Gesetzesvorbehalts dar[672]: Mit dem Elfes-Urteil[673] hat das BVerfG klargestellt, dass der Begriff der „verfassungsmäßigen Ordnung" mit der verfassungsmäßigen Rechtsordnung gleichzusetzen ist, die jede formell und materiell verfassungsgemäße Rechtsnorm einschließt[674]. Damit reicht die Eingriffsrechtfertigung aufgrund der „verfassungsmäßigen Ordnung" weiter als die „Rechte anderer" aus dem ersten Teil der Schrankentrias und umfasst auch das „Sittengesetz" des dritten Teils.

Die Freiheiten aus Art. 5 Abs. 1 GG unterliegen der Schrankentrias des Art. 5 Abs. 2 GG. Aus der Schrankentrias des Art. 5 Abs. 2 GG sind bei den hier zu betrachtenden Regelungen zum Schutz des Betroffenen beim CRM nur die „allgemeinen Gesetze" einschlägig. Nach der Einheitsformel[675] des BVerfG[676] sind Gesetze dann als „allgemeine Gesetze" i. S. d. Art. 5 Abs. 2 GG qualifiziert, „wenn sie sich weder gegen die Meinungsfreiheit an sich noch gegen bestimmte Meinungen richten, sondern dem Schutz eines schlechthin, ohne Rücksicht auf eine bestimmte Meinung, zu schützenden Rechtsguts dienen". Indem diese Formel entscheidend auf das Ziel des Rechtsgüterschutzes abstellt, verliert die Ausrichtung der Schrankenbestimmung gegen Sondergesetze ihre eigenständige, den Gesetzesvorbehalt qualifizierende Bedeutung[677] – faktisch ist somit von einem einfachen Gesetzesvorbehalt auszugehen, der jede gesetzliche Bestimmung zum Schutz des Betroffenen gegenüber der Datenverarbeitung im CRM erfasst, die in die Rechte aus Art. 5 Abs. 1 GG eingreift. Mit dem Lüth-Urteil[678] hat das BVerfG in Form der so genannten „Wechselwirkungslehre" die Anforderung an die Eingriffsrechtfertigung aus Art. 5 Abs. 2 GG wie folgt beschrieben: „Die gegenseitige Beziehung zwischen Grundrecht und ‚allgemeinem Gesetz' ist also nicht als einseitige Beschränkung der Geltungskraft des durch die ‚allgemeinen Gesetze' aufzufassen; es findet vielmehr eine Wechselwirkung in dem Sinne statt, daß die ‚allgemeinen Gesetze' zwar dem Wortlaut nach dem Grundrecht Schranken setzen, ihrerseits aber aus der Erkenntnis der wertsetzenden Bedeutung dieses Grundrechts im freiheitlichen demokratischen

---

672 Sachs, Verfassungsrecht II, S. 185 Rz. 27 ff.

673 BVerfGE 6, 32.

674 Sachs, Verfassungsrecht II, S. 185 Rz. 31.

675 Die Formel vereinigt die beiden bis dahin vertretenen, heute nicht mehr relevanten Lehren zur Bestimmung der „allgemeinen Gesetze", nämlich die „Sonderrechtslehre" und die „Abwägungslehre"; das muss hier nicht vertieft werden.

676 z. B. BVerfGE 97, 125 (146).

677 Sachs, Verfassungsrecht II, S. 304 Rz. 59 m. w. N.

678 BVerfGE 7, 198 (209 ff.)

Staat ausgelegt und so in ihrer das Grundrecht begrenzenden Wirkung selbst wieder eingeschränkt werden müssen." Das aber beschreibt nach aktuellerem Verständnis auch nichts anderes als den allgemeinen Verhältnismäßigkeitsgrundsatz, der selbstverständlich auch hier Geltung beansprucht.

Für alle hier betroffenen Abwehrrechte gilt also ein einfacher Gesetzesvorbehalt, dem das BDSG ohne weiteres genügt. Beim BDSG handelt es sich auch nicht um ein Einzelfallgesetz im Sinne des Art. 19 Abs. 1 S. 1 GG. Für Regelungen im Rahmen der Schrankentrias des Art. 2 AbS. 1 GG, der allgemeinen Gesetze im Sinne des Art. 5 AbS. 2 GG und für die die Berufsausübung beschränkenden Regelungen im Sinne des Art. 12 AbS. 1 S. 2 GG gilt nach Ansicht des BVerfG[679] das Zitiergebot aus Art. 19 Abs. 1 S. 2 GG nicht. In formaler Hinsicht bestehen daher keine verfassungsrechtlichen Bedenken gegen den Eingriff.

d) Förmliche Eingriffsrechtfertigung

Im Hinblick auf die Eingriffsrechtfertigung bei Art. 2 Abs. 1 und 12 Abs. 1 GG kommt es auf die Frage an, ob der oben beschriebene gesetzliche Schutz des Kunden bei der Ausübung seines Rechts auf informationelle Selbstbestimmung als Regelung verstanden werden kann, die von vernünftigen Erwägungen des Gemeinwohls getragen wird. Da auf das „Gemeinwohl" abgestellt wird, stellt sich die Frage, ob die in Erfüllung der staatlichen Schutzpflicht gegenüber dem Betroffenen, also scheinbar im Individualinteresse des Betroffenen getroffene Regelung auf vernünftigen Erwägungen des Gemeinwohls beruht; selbstverständlich ist das der Fall, denn die die Schutzpflicht begründenden Gefahren aus der Datenverarbeitung im und für das CRM treffen potenziell jeden und damit die Allgemeinheit, so dass die Regelung dem Gemeinwohl dient; zudem ist es eine am Gemeinwohl orientierte Aufgabe des Gesetzgebers, den objektiven Grundrechtsgehalten zur Wirksamkeit zu verhelfen. Damit sind die Einschränkung der Berufsausübungsfreiheit und des allgemeinen Freiheitsgrundrechts aus Art. 2 Abs. 1 GG gerechtfertigt.

Zu prüfen bleibt damit nur noch die Frage nach der Rechtfertigung eines Eingriffs in die Kommunikationsgrundrechte. Oben[680] wurde festgestellt, dass Funktionen des CRM wie die Kundenwert-Bestimmung von der Meinungsfreiheit geschützt werden. Das Recht auf uneingeschränkte Information aus allgemein zugänglichen Quellen wird mit der Informationsfreiheit geschützt. Beide Aspekte sind hier betroffen; die Informationsfreiheit, weil das BDSG auch die Zulässigkeit der Erhebung allgemein zugänglicher Daten unter den Vorbehalt einer vorausgehenden Bestimmung und Dokumentation des Erhebungszwecks

[679] BVerfGE 10, 89 (99) für Art.2 Abs. 1 GG; BVerfGE 28, 282 (293) für Art. 5 Abs. 2 GG; BVerfGE 13, 97(122) für Art. 12 Abs. 1 S. 2 GG.

[680] Kap. 4 B. IV.

stellt (§ 28 Abs. 1 S. 1 Nr. 3, S. 2 BDSG) und die Erhebung folglich verbietet, wenn kein solcher Zweck vorausbestimmt wird, die Meinungsfreiheit, weil die Kundenwert-Bestimmung mit Data Mining-Methoden und vergleichbare Funktionen des CRM eine zweckoffene Datenbevorratung voraussetzen. Hier geht es also darum, im Sinne der Wechselwirkungstheorie „aus der Erkenntnis der wertsetzenden Bedeutung“[681] der Kommunikationsgrundrechte das einschränkende Gesetz in seiner grundrechtsbegrenzenden Wirkung selbst wieder einzuschränken. Das aber ist nach heutigem Verständnis nichts anderes als das Gebot einer Verhältnismäßigkeitsabwägung; hier sind also neben Eignung und Erforderlichkeit der Regelung die Angemessenheit zu prüfen. Die Eignung wurde oben bereits bejaht, die Erforderlichkeit wird nachfolgend erörtert, hier geht es also nur um die Frage, ob sich das Abwehrinteresse des Unternehmers hinsichtlich seiner Kommunikationsgrundrechte gegenüber dem Schutzinteresse des Betroffenen durchsetzt.

Dabei ist zu berücksichtigen, dass das wohl wichtigste Schutzgut der Meinungs- wie der Informationsfreiheit, nämlich das Recht des Bürgers in der freiheitlichen Demokratie auf Beteiligung am politischen Willensbildungsprozess, also die „politische“ Komponente des Grundrechts, durch das BDSG und andere Normen des datenschutzrechtlichen Schutzkonzepts nicht berührt wird. Soweit mit den Grundrechten der Meinungs- und Informationsfreiheit „lediglich“ Erwerbsinteressen im Geschäftsleben geschützt werden – und darauf läuft es hier hinaus, wenn die Kundenwert-Bestimmung und die Datenerhebung aus allgemein zugänglichen Quellen für das CRM unter den Schutz der Kommunikationsgrundrechte gestellt werden –, dann kann der Maßstab für die Eingriffsrechtfertigung nicht strenger sein als der für den Eingriff in die Freiheit der Berufsausübung, als der sich der Eingriff in erster Linie darstellt. Auch in Bezug auf die Kommunikationsgrundrechte kann also angenommen werden, dass es für die Rechtfertigung des Eingriffs reicht, wenn die zugrunde liegende Regelung von vernünftigen Erwägungen des Gemeinwohls getragen wird, was hier bereits bejaht wurde.

e) Verhältnismäßigkeit im engeren Sinne

Da somit die förmlichen Eingriffsvoraussetzungen erfüllt sind, kommt es auf die Frage an, ob sich das Schutzinteresse des Betroffenen am Ausschluss der Datenverarbeitung in den genannten Fällen gegenüber dem Abwehrinteresse des Störers an der Durchführung der Datenverarbeitung durchsetzen kann. Dabei ist auf beiden Seiten die Intensität der Beeinträchtigung grundrechtlich geschützter Positionen und das relative Gewicht der beeinträchtigten Schutzgüter zu berücksichtigen; wie gesagt gibt es aber keine allgemeingültigen Vorrangrelationen. Die Intensität der Beeinträchtigung hängt auf beiden Seiten vor allem

[681] BVerfGE 7, 198 (209 f.).

von der Art der betroffenen Daten und dem Zweck der beabsichtigten, aber durch die Beschränkung der Zweckänderung betroffenen Datenverarbeitung ab.

Bei „Bagatelleingriffen" in das Recht der informationellen Selbstbestimmung kann bezweifelt werden, ob das Recht des Betroffenen auf Ausschluss der Datenverarbeitung sich gegenüber dem Verarbeitungsinteresse des Unternehmers durchsetzen muss. Der Gesetzgeber hat allerdings für den einzigen relevanten „Bagatelleingriff" im Rahmen der Zwecke der mit dem CRM verbundenen Datenverarbeitung mit dem Listenprivileg des § 28 Abs. 3 S. 1 Nr. 3 BDSG eine Ausnahme der strengen Zweckbindung für bestimmte Daten und bestimmte Verarbeitungszwecke bereits auf der normativen Ebene vorgesehen. Die Auswahl des Gesetzgebers deutet darauf hin, dass hier auf bestimmte Marketingzwecke bezogene, auf bestimmte Daten begrenzte Datenverarbeitungsvorgänge als Schutzrechtsbeeinträchtigungen mit geringer Intensität angesehen werden können. Für diese Fälle geht der Gesetzgeber von einem grundsätzlichen Vorrang des Verarbeitungsinteresses aus, solange der Betroffene nicht widerspricht (§ 28 Abs. 4 BDSG). Mit dem Widerspruchsrecht stellt der Gesetzgeber zugleich sicher, dass bei der Verarbeitung für die privilegierten Zwecke in letzter Konsequenz die selbstbestimmte Entscheidung des Betroffenen über die Möglichkeit der Datenverarbeitung für Werbezwecke des Störers den Ausschlag gibt. Der Unternehmer kann schon bei pragmatischer Betrachtung kein Interesse daran haben, einen Kunden in eine Marketingmaßnahme einzubeziehen, wenn dieser dem aktiv widersprochen hat; auf der rechtlichen Ebene streitet dann die negative Informationsfreiheit, das Recht des Betroffenen, in Ruhe gelassen zu werden, neben dem Recht auf informationelle Selbstbestimmung für das Ausschlussinteresse des Betroffenen. Soweit es nur um die Möglichkeit des ungestörten Marketings im Rahmen des Listenprivilegs geht, ist also die Beschränkung der Möglichkeit der Zweckänderung zulasten des Störers aufgrund des Widerspruchsrechts des Betroffenen ohne weiteres als zumutbar anzusehen. Im Übrigen dürfte der Zweck der Datenhaltung für reine Marketingzwecke auch bei der Erhebung ausreichend konkret bestimmbar sein, so dass der Unternehmer ohne weiteres bei der Erhebung die Datenverarbeitung für (eigene oder ggf. auch für fremde!) Marketingzwecke diesen Verarbeitungszweck neben den primären Verarbeitungszweck (z. B. Vertragsabwicklung) stellen kann und darf.

In den Fällen, die nicht von dem Listenprivileg oder anderen gesetzlichen Ausnahmen von der Zweckbindung betroffen sind, geht es auf der Seite des Betroffenen um gewichtigere Beeinträchtigungen seines Rechts auf informationelle Selbstbestimmung. Dabei sind die Zwecke des CRM noch einmal zu betrachten: Ein besonderes Verarbeitungsinteresse des Unternehmers besteht hinsichtlich der Kundenwert-Bestimmung (bzw. dem Scoring) und der Risikoanalyse; zudem möchte der Unternehmer den Kunden besonders gezielt bewerben und benötigt dafür aussagekräftige Konsumprofile. Aus der Auswertung der bei allen Geschäftsvorfällen anfallenden und in das Data Warehouse eingegangenen Kundendaten (wozu dann auch Daten über das Zahlungsverhalten und die mit dem Kunden erzielten produkt- oder produktgruppenbezogenen Umsätze gehören sowie möglicherweise von außen zugekaufte Sozialdaten) im analytischen CRM werden also zusätzliche Informationen über den Betroffenen generiert, die eine ganz andere Qualität haben als die Ursprungsdaten. Dabei sind beide Aspekte des Persönlichkeitsrechts angesprochen: Die selbstbestimmte soziale Identität des Betroffen, sein Recht, selbst über das eigene Bild in der Wahrnehmung anderer zu bestimmen, wird mit der Kundenwert-Bestimmung und mit allen wertenden Aussagen zur Zuverlässigkeit und Bonität des Kunden mit großer Eingriffsintensität beeinträchtigt. Durch die Bestimmung von Konsumprofilen wird die personale Identität betroffen; je ausgefeilter das Profil, desto weiter geht die Persönlichkeit des Betroffenen in einem solchen Profil auf mit der möglichen Folge, dass wesentliche Kernbereiche der Persönlichkeit des Betroffenen Gegenstand der Kommerzialisierung werden können.

Für die hier betrachtete Maßnahme, die Zweckbindung, geht es nicht darum, eine Auswertung von Kundendaten grundsätzlich zu unterbinden; *ratio legis* ist vielmehr, den Betroffenen in die Lage zu versetzen, das nachzuvollziehen, was mit seinen Daten geschieht, wenn sie in die Hände des Unternehmers gelangen. Er soll, soweit die Preisgabe freiwillig und durch den Betroffenen selbst erfolgt, selbstbestimmt entscheiden können, ob aus seinen Daten Prognosen über sein zukünftiges Zahlungs- und Konsumverhalten im Geschäftsverkehr mit dem Unternehmer abgeleitet werden dürfen, und er soll wissen, dass er mit um so gezielterer Bewerbung rechnen muss, je mehr er von sich preisgibt. Der Unternehmer muss dem Betroffenen die erforderlichen Informationen geben, wie es §§ 4 Abs. 3 S. 1 Nr. 2, 33 Abs. 1 BDSG vorsehen; das aber ist nicht möglich, wenn der Unternehmer sich zum Zeitpunkt der Datenerhebung beliebige Zweckänderungen vorbehalten kann.

Für die Interessenabwägung ist festzuhalten, dass der Unternehmer ja nicht daran gehindert ist, für ihn besonders wichtige Verarbeitungszwecke und die Art der dafür erforderlichen Daten bereits bei der Erhebung festzulegen. So ist er durchaus in der Lage, dem Kunden mitzuteilen, dass aufgrund der bei einem Geschäftsvorfall entstandenen Kundendaten eine Kundenwert-Bestimmung oder eine Risikoanalyse vorgenommen wird und dass eine Auswertung von Konsumdaten für Marketingzwecke erfolgt. Der Unternehmer muss dann allerdings auf Data Mining in konkreten Kundendaten verzichten und im Voraus festlegen und bekannt geben, welche Art von Daten er für welche unternehmerischen Entscheidungen heranziehen wird. Die Verwendung von OLAP dürfte dabei ohne weiteres möglich sein. Somit reduziert sich dieser Eingriff in geschützte Rechte des Betroffenen auf eine Beschränkung der Möglichkeit, das CRM in seiner gesamten theoretischen Funktionalität zu nutzen; ausgeschlossen ist damit die mit der Auswertung mit Data Mining-Methoden verbundene

Zweckänderung der für konkrete primäre Erhebungszwecke rechtmäßig gespeicherten Kundendaten. Damit muss der Unternehmer weder auf bestimmte Geschäfte verzichten noch geht er ein signifikant höheres Geschäftsrisiko ein, er muss nur auf die Anwendung eines besonders fortschrittlichen Prognoseinstruments verzichten. Gegenüber dieser noch relativ milden Beeinträchtigung der Interessen des Unternehmers ist das Interesse des Betroffenen am Ausschluss der Datenverarbeitung mit Blick auf seine anderenfalls zu befürchtende Beeinträchtigung der informationellen Selbstbestimmung vorrangig.

Somit kann insgesamt davon ausgegangen werden, dass die strenge datenschutzrechtliche Zweckbindung als Verbot der nicht vom zulässigen vorherbestimmten Zweck erfassten Datenverarbeitung für den Unternehmer zumutbar ist und somit nicht gegen das Übermaßverbot verstößt, wenn sie auch erforderlich ist.

2. Verstoß gegen das Untermaßverbot?

Hier geht es um die Frage, ob die hier geprüfte staatliche Maßnahme ein ausreichendes Schutzniveau begründet. Die betrachtete (Teil-)Maßnahme auf dieser Betrachtungsebene ist das uneingeschränkte Verbot schutzrechtsgefährdender Datenverarbeitung im oben beschriebenen Sinne, soweit es reicht.

Da die Regelung ausschließlich den Betroffenen begünstigt, hängt das tatsächlich mit dieser Maßnahme erreichte Schutzniveau ausschließlich noch von der tatsächlichen Akzeptanz und der Durchsetzung des Verbots ab. Eine Erhebung zur tatsächlichen Akzeptanz dieser Restriktion beim realen Betrieb der CRM in der Wirtschaft läge außerhalb der Möglichkeiten dieser Arbeit (wenngleich sich einige Vermutungen dazu schon aufgrund der – bestenfalls – nonchalanten Darstellung datenschutzrechtlicher Belange in der wirtschaftswissenschaftlichen Literatur zum CRM aufdrängen), es kann nur betrachtet werden, welche „flankierenden" Regelungen als Bestandteil der Maßnahme im weiteren Sinne eine für die Durchsetzung günstige (oder ungünstige) Wirkung entfalten.

In diesem Sinne ist die Sanktion aus § 43 Abs. 2 Nr. 1-5 BDSG als Bestandteil der Maßnahme zu berücksichtigen. Danach handelt ordnungswidrig, wer unbefugt personenbezogene Daten, die nicht allgemein zugänglich sind, erhebt, verarbeitet, zum Abruf mittels automatisierten Verfahrens bereithält, abruft oder einem anderen verschafft oder die Übermittlung solcher Daten erschleicht oder unter Verstoß gegen die Zweckbestimmung an Dritte weitergibt. Wer solche Ordnungswidrigkeiten vorsätzlich und gegen Entgelt, in Bereicherungs- oder Schädigungsabsicht begeht, macht sich zudem gem. § 44 Abs. 1 BDSG strafbar. Generell nicht von der Sanktion erfasst werden allgemein zugängliche Daten[682], so dass eine Abweichung von der Bindung an den Erhebungszweck, die

[682] Gola / Schomerus, BDSG § 43 Rz. 18.

nach § 28 Abs. 1 S. 1 Nr. 3 BDSG i. V. m. § 28 Abs. 1 S. 2 BDSG auch bei der Verarbeitung allgemein zugänglicher Daten besteht, sanktionslos bleibt.

Wie effektiv die ordnungsrechtlichen Sanktionen tatsächlich sind, mag vor dem Hintergrund des Subsidiaritätsprinzips dahingestellt bleiben. Hier hat der Betroffene nämlich auch einen zivilrechtlichen Unterlassungsanspruch gegen den Störer aus §§ 823, 1004 BGB, da das Recht auf informationelle Selbstbestimmung als „sonstiges Recht" durch das Deliktsrechts vor rechtswidrigen Eingriffen Dritter geschützt wird.

Insgesamt hat der Betroffene selbst die Möglichkeit, im Einzelfall auf eine Unterlassung rechtswidriger Datenverarbeitung hinzuwirken; daneben wirken die staatlichen ordnungsrechtlichen Sanktionen generalpräventiv und verstärken so die Schutzwirkung zusätzlich. Es besteht somit kein Anlass, an einer effektiven Durchsetzbarkeit des Verbots einer von der Zweckbindung abweichenden Datenverarbeitung zu zweifeln; somit ist ein Verstoß gegen das Untermaßverbot nicht anzunehmen.

3. Erforderlichkeit

Bei der Frage nach der Erforderlichkeit ist zu prüfen, ob gegenüber einem vollständigen Verbot der Datenverarbeitung Maßnahmen gefunden werden können, die bei gleicher Schutzeignung zugunsten des Betroffenen die Rechte des Störers hinsichtlich der Vornahme der Datenverarbeitung weniger beeinträchtigen. Mit Rücksicht auf den Ermessenskorridor, der dem Gesetzgeber zwischen Über- und Untermaß verbleibt, geht es hier nicht um die Erfüllung eines Optimierungsgebots; das aus der strengen Zweckbindung resultierende Verbot zweckfremder Datenverarbeitung ist nur dann nicht erforderlich, wenn es eine Regelung mit annähernd gleicher Schutzeignung gibt, die den Unternehmer als grundrechtsberechtigten Störer deutlich weniger belastet.

Als den Störer weniger belastende Maßnahme kommt somit nur eine gesetzliche Regelung in Betracht, die in den Fällen, in denen der Gesetzgeber die Datenverarbeitung bisher ausnahmslos verbietet, die Datenverarbeitung eingeschränkt oder uneingeschränkt zulässt, also die Zweckbindung lockert oder aufhebt. Für den Fall der unbeschränkten Erlaubnis, also der völligen Aufhebung der Zweckbindung, kann ohne weiteres angenommen werden, dass gegenüber dem Verbot keine gleichwertige Schutzeignung besteht, da dann keinerlei Möglichkeit zum Schutz des Betroffenen bestünde. Eine Lockerung der Bindung an den bei der Erhebung festgelegten Zweck würde in den Fällen, in denen der Betroffene seine Daten aufgrund eigenen Willensentschlusses bekannt gibt, die Entscheidungsfreiheit dadurch beeinträchtigen, dass der Betroffene nicht mehr genau wüsste, worin er eigentlich einwilligt; in allen Fällen würde darüber hinaus die Transparenz des Verarbeitungsgeschehens vermindert. Damit würde die Eignung der Maßnahme zur Förderung des Schutzrechts deutlich gemindert. Es ist daher davon auszugehen, dass kein auch nur annähernd gleiches Schutzniveau bei Lockerung der Zweckbindung erreicht werden könnte, so dass bereits das erste Erforderlichkeitskriterium erfüllt ist, dass die denkbare Alternative, eine Lockerung der Zweckbindung, keinen gleichwertigen Schutz gewähren würde. Ob darüber hinaus bei Lockerung der Zweckbindung ein Verstoß gegen das Untermaßverbot anzunehmen wäre kann daher offen bleiben. Damit ist das vollständige Verbot der Zweckänderung – soweit nicht die gesetzlichen Ausnahmen greifen – erforderlich.

IV. Zwischenergebnis

Das Verbot der Verarbeitung personenbezogener Daten für andere als die bei der Erhebung festgelegten, entsprechend dokumentierten und vom Gesetz im dritten Abschnitt des BDSG durch entsprechende Erlaubnisnormen privilegierten Zwecke ist als Schutzmaßnahme geeignet, die auf die informationelle Selbstbestimmung bezogene Schutzpflicht gegenüber Kunden als Betroffenen zu erfüllen, erforderlich, für den Unternehmer zumutbar und damit insgesamt verhältnismäßig. Es besteht daher auch kein Anlass, die restriktive Auslegung des BDSG zur Zweckbindung, insbesondere des § 28 Abs. 1 S. 2 und des § 28 Abs. 2 BDSG, in Frage zu stellen.

C. Zweite Konstellation: Nur die Interessen des Störers werden durchgesetzt

Beim CRM geht es hier um Fälle, in denen das Schutzkonzept ohne die Möglichkeit der Berücksichtigung der Besonderheiten des Einzelfalles (also insbesondere ohne die Möglichkeit der Konkretisierung unbestimmter Rechtsbegriffe im Einzelfall) und ohne individuelle Abwägung der gegenseitigen Interessen zur uneingeschränkten Erlaubnis der Datenverarbeitung führt.

I. Regelungen der zweiten Konstellation

Der für die Datenverarbeitung im Rahmen des CRM entscheidende Fall ist die uneingeschränkte Erlaubnis der Datenverarbeitung im Rahmen der Zweckbestimmung eines Vertragsverhältnisses oder eines vertragsähnlichen Vertrauensverhältnisses gem. § 28 Abs. 1 S. 1 Nr. 1 BDSG. Weiter fällt die Regelung des § 28 Abs. 6 Nr. 2 BDSG darunter, die die Erhebung, Verarbeitung und Nutzung besonderer personenbezogener Daten i. S. d. § 3 Abs. 9 BDSG für Geschäftszwecke uneingeschränkt erlaubt, wenn der Betroffene die Daten „offenkundig öffentlich gemacht hat“. Schließlich gehört die Datenverarbeitung auf Grundlage einer in jeder Hinsicht wirksam erteilten Einwilligung (§ 4a BDSG) in diese Fallgruppe.

II. Fahrplan der schutzrechtlichen Verhältnismäßigkeitsprüfung

Für diese Fälle, in dem für eine bestimmte Datenverarbeitung de lege lata keine diese beschränkende Maßnahme vorgesehen ist, ergibt sich für die schutzrechtliche Verhältnismäßigkeitsprüfung ein vereinfachtes Prüfschema: Davon ausgehend, dass im ersten Schritt keine Maßnahme, sondern das Fehlen einer Maßnahme zum Schutz des Betroffenen zu betrachten ist, gibt es weder eine sinnvolle Eignungs- noch eine Erforderlichkeitsprüfung; da die Interessen des Störers nicht beeinträchtigt werden, kann auch das Übermaßverbot unbeachtet bleiben. Von der Angemessenheitsprüfung bleibt nur das Untermaßverbot. Es ist also – im ersten Schritt – ausschließlich zu prüfen, ob unter Berücksichtigung sämtlicher entgegenstehenden und grundrechtlich geschützten Interessen ein vollständiger Verzicht auf eine Schutzmaßnahme für den Betroffenen zumutbar ist. Stellt sich aber im Ergebnis der Abwägung heraus, dass den grundrechtlich geschützten Interessen des Betroffenen gegenüber den entgegenstehenden Interessen des Störers der Vorrang gebührt, so ist das Absehen von einer Maßnahme aus Sicht des Betroffenen nicht zumutbar. Dann liegt also ein Verstoß gegen das Untermaßverbot vor, und das Absehen von einer Maßnahme ist unverhältnismäßig. In diesem Falle kann im zweiten Schritt eine Maßnahme vorgeschlagen werden, die dann wieder das für die entsprechende Maßnahmenkategorie geeignete Prüfschema der Verhältnismäßigkeitsprüfung durchlaufen kann.

III. Verhältnismäßigkeit der Maßnahmen der zweiten Konstellation

Aus den oben angestellten Erwägungen ergibt sich, dass sich hier die Prüfung der Verhältnismäßigkeit zunächst auf die Frage reduziert, ob die uneingeschränkte Erlaubnis der Datenverarbeitung gegen das Untermaßverbot verstößt. Kein Verstoß gegen das Untermaßverbot ist anzunehmen, wenn die uneingeschränkte Erlaubnis der Datenverarbeitung des Unternehmers für das CRM in den betroffenen Fällen für den Betroffenen zumutbar ist.

1. Abgrenzung gegenüber Fällen ohne Erfüllung des Schutzpflicht-Tatbestandes

An dieser Stelle ist aus schutzrechtlicher Perspektive zunächst einmal festzustellen, inwieweit die hier angesprochene Datenverarbeitung überhaupt den Schutzpflicht-Tatbestand erfüllt.

Das wäre nach den oben[683] angestellten Überlegungen dann nicht der Fall, wenn im rechtsgeschäftlichen Verkehr bei ungestörter Vertragsparität die Datenverarbeitung für den Betroffenen von dem auf die Geschäftsabwicklung gerichteten Willen umfasst wäre, denn der Betroffene ist vor seiner eigenen Freiheitsausübung von staatlicher Seite nicht zu schützen. Wo aber der Betroffene nicht schutzbedürftig ist, also keine staatliche Schutzpflicht besteht, ist das ge-

683 Kap. 2 C.I.2.b).

schützte Interesse des Unternehmers an der Datenverarbeitung immer zu achten, dann darf die Datenverarbeitung nicht untersagt werden, solange nicht ein anderes, nicht auf den Schutz des Betroffenen bezogenes staatliches Interesse an der Beschränkung vorliegt. Das ist hier nicht der Fall. Soweit also unter den oben beschriebenen Voraussetzungen der Schutzpflicht-Tatbestand nicht erfüllt ist, ist die uneingeschränkte Erlaubnis der Datenverarbeitung auf jeden Fall auch aus der Schutzpflicht-Perspektive verhältnismäßig.

Wie oben bereits festgestellt, liegt der Fall der *wirksam* erteilten Einwilligung ebenso: Wo der Betroffene bewußt und in jeder Hinsicht freiwillig auf den staatlichen Schutz verzichtet, kann es keine staatliche Schutzpflicht geben.

Auch der in § 28 Abs. 6 Nr. 2 BDSG genannte Fall liegt so: Wenn der Betroffene selbst die Veröffentlichung (besonders sensibler) personenbezogener Daten offensichtlich akzeptiert hat – dabei ist eine enge Auslegung des Normtatbestandes geboten[684] – hat er sich auch in diesem Falle im Wege seiner eigenen Freiheitsausübung bewusst und in jeder Hinsicht freiwillig des staatlichen Schutzes begeben und ist damit nicht schutzbedürftig.

Davon abzugrenzen sind die Fälle des rechtsgeschäftlichen Verkehrs, in denen der Schutzpflicht-Tatbestand erfüllt ist, also grundsätzlich eine staatliche Schutzpflicht zugunsten des Betroffenen besteht. Eine staatliche Schutzpflicht besteht einerseits in den Fällen, in denen eine Störung der Vertragsparität vorliegt, andererseits dort, wo auf Seiten des Betroffenen von der mit dem Geschäftsabschluss verbundenen Freiheitsbetätigung die Datenverarbeitung nicht mit umfasst ist, etwa weil der Betroffene nicht weiß und auch nicht wissen muss, dass bzw. in welchem Umfang für die Abwicklung des Geschäftsvorfalls seine personenbezogenen Daten verarbeitet werden. Oben wurde es abgelehnt, geringfügige Störungen der Vertragsparität und bloße „Belästigungen“, also Grundrechtsbeeinträchtigungen geringer „Eingriffsintensität“[685] bereits auf der Ebene des Schutzpflicht-Tatbestandes auszusieben; solche „Eingriffe“ sind daher der Verhältnismäßigkeitsprüfung zugänglich.

2. Verstoß gegen das Untermaßverbot? Die Zumutbarkeit des Verzichts auf eine Maßnahme

Auf der tatbestandlichen Betrachtungsebene liegt es nahe, zwischen Beeinträchtigungen mit geringer und mit hoher Intensität zu unterscheiden.

---

[684] Es reicht keineswegs, wenn die Daten etwa in der Presse veröffentlicht wurden (vgl. Simitis [Simitis] BDSG § 28 Rz. 331); es muss positiv feststehen, dass die Veröffentlichung vom Betroffenen akzeptiert wurde. Beispiele für typische Fälle bei Simitis (Simitis), BDSG § 28 Rz. 330.

[685] Der Begriff ist ungenau, ein Eingriff im technischen Sinne liegt nicht vor.

a) Beeinträchtigungen mit geringer Intensität

Als Beeinträchtigungen mit niedriger Intensität sollen diejenigen Eingriffe angesehen werden, die gemeinhin als „Belästigungen“, „Bagatelleingriffe“ oder als „unvermeidbar“ oder „sozialadäquat“ angesehen werden[686]. Von besonderer Bedeutung sind hier die Fälle der gestörten Vertragsparität: Wenn Lindner[687] einerseits meint, dass soziale Ungleichheit, Unerfahrenheit oder Unkenntnis auf Seiten des Betroffenen im rechtsgeschäftlichen Verkehr schutzrechtlich irrelevant sei, weil ja der Betroffene in den Vertrag eingewilligt habe und sich jedes Rechts- und Wirtschaftssubjekt unter dem Schutz der Grundrechte Markt- und Erkenntnisvorteile verschaffen dürfe[688], andererseits aber dort eine Grenze ziehen möchte, wo durch das Verhalten des Störers das Selbstbestimmungsrecht verkürzt wird[689], betrachtet er doch beide Male qualitativ gleichartige Fälle von – wie auch immer gearteten – Verkürzungen des Selbstbestimmungsrechts, allerdings mit unterschiedlicher Intensität der Beeinträchtigung. Es ist aus den oben bereits genannten Gründen nicht geboten, hier bestimmte Fälle als schutzrechtlich irrelevant auszugrenzen, vielmehr ist bei der Frage der Zumutbarkeit der Beschränkung der – in den hier betrachteten Fällen informationellen – Selbstbestimmung auf die Intensität der Beeinträchtigung im Einzelfall, die Art und Sensibilität der verarbeiteten Daten und die Bedeutung der Datenverarbeitung für den Störer abzustellen.

So mag ein Kunde Unbehagen dabei empfinden, wenn er im Geschäftsverkehr auch bei Geschäften des täglichen Bedarfs seine Anonymität preisgeben muss, etwa weil die Bezahlung mit der Kreditkarte zur Notwendigkeit seiner Identifikation für Abrechnungszwecke führt oder weil er bei der Bestellung über das Internet neben den Adressdaten weitere personenbezogene Daten (wie etwa das Alter) preisgeben muss, um die Bestellung überhaupt auslösen zu können. Wer an einem Rabattsystem wie PayBack teilnimmt, lässt – auf vertraglicher Grundlage! – schon für die Bestimmung der Prämienhöhe die Speicherung zahlreicher das Konsumverhalten kennzeichnender personenbezogener Daten zu. All dies sind typische Teilfunktionen eines CRM. Es darf angenommen werden, dass der Kunde in solchen Fällen gegenüber dem Vertragspartner keine Möglichkeit hat, die Geschäftsabwicklung anders auszugestalten, so dass angenommen werden kann, dass der Unternehmer seine Marktmacht oder seine soziale Übermacht dazu einsetzt, seine Vorstellung von der Vertragsabwicklung gegenüber dem Kunden durchzusetzen. Bei den genannten Rabattsystemen gewinnt unter Umständen noch die Informationsüberlegenheit des Unternehmers gegenüber

---

686 Dietlein, Die Lehre von den grundrechtlichen Schutzpflichten, S. 111 ff.; Di Fabio, Risikoentscheidungen im Rechtsstaat, S. 49 f.; Isensee, Das Grundrecht als Abwehrrecht und staatliche Schutzpflicht, in: HStR Bd. V § 111 Rz. 107

687 Theorie der Grundrechtsdogmatik, S. 504 ff.

688 Lindner, Theorie der Grundrechtsdogmatik, S. 505 f. m. w. N.

689 Lindner, Theorie der Grundrechtsdogmatik, S. 506.

dem Kunden, der sich in der Regel wenig Gedanken um die im Rahmen solcher Rabattsystemen betriebenen Datenverarbeitung machen wird, an Bedeutung.

Entgegen der von Weichert[690] vertretenen Ansicht gibt es zwar einerseits kein „Grundprinzip der Anonymität des Kunden", wie Bull[691] zutreffend feststellt, es gibt aber andererseits auch keinen Grund, deshalb in den beschriebenen Fällen nicht von der Erfüllung des Schutzpflicht-Tatbestandes auszugehen, denn der Kunde ist dann eben nicht frei, das in der Regel durch AGB des Unternehmers bis ins Detail vorausbestimmte Geschäft und die damit verbundene Preisgabe und Verarbeitung personenbezogener Daten nach seinem Willen, also selbstbestimmt auszugestalten – bestenfalls hat er noch die Alternative, auf das Geschäft zu verzichten. Damit stellt sich die Frage, ob es für den Kunden zumutbar ist, dass das datenschutzrechtliche Schutzkonzept die beschriebene Datenverarbeitung insoweit uneingeschränkt zulässt, als sie auf rechtsgeschäftlicher, d.h. vertraglicher oder vertragsähnlicher Grundlage und im Rahmen der Zweckbestimmung dieser rechtsgeschäftlichen Beziehung erfolgt.

Für die hier beschriebene Fälle gilt aber ausnahmslos, dass der Betroffene die Vertragsbeziehung eigenverantwortlich eingegangen ist. Da die Erforderlichkeit der Datenverarbeitung für den Zweck des Vertrags oder des vertragsähnlichen Vertrauensverhältnisses Zulässigkeitsvoraussetzung für die Datenverarbeitung ist und der Zweck eng zu fassen ist, wäre der Unternehmer an der Vertragserfüllung (oder der aufgrund des vertragsähnlichen Vertrauensverhältnisses „geschuldeten" Leistung[692]) gehindert, wenn er die erforderliche Datenverarbeitung nicht vornehmen könnte; das weiß der Kunde, darauf läßt er sich bei Begründung der rechtsgeschäftlichen Beziehung ein. Aus § 33 Abs. 1 BDSG folgt zudem noch eine Pflicht zur umfassenden Information des Betroffenen über die Einzelheiten der Datenverarbeitung in den Fällen, in denen er nicht anderweitig Kenntnis von der Speicherung der Daten erlangt hat (§ 33 Abs. 2 S. 1 Nr. 1 BDSG), der Verstoß gegen die Informationspflicht ist als Ordnungswidrigkeit sanktioniert (§ 43 Abs. 1 Nr. 8 BDSG) und kann Schadensersatzansprüche auslösen[693]. Damit kann der Betroffene überprüfen, ob die Datenverarbeitung tatsächlich vom Zweck der vertraglichen oder vertragsähnlichen Beziehung gedeckt ist und erforderlichenfalls dem Missbrauch entgegentreten. Nach allem, insbesondere unter Berücksichtigung der soeben beschriebenen „flankierenden" gesetzlichen Schutzmaßnahmen, besteht kein Grund zu der Annahme, dass sich in den beschriebenen Fällen einer geringfügigen Störung der Vertragsparität das

---

690 Kundenbindungssysteme – Verbraucherschutz oder der gläsernde Konsument? In: DuD 2003, 161 (167).

691 Zweifelsfragen um die informationelle Selbstbestimmung – Datenschutz als Datenaskese? In: NJW 2006, 1617 (1619).

692 Beispiel: Der Kunde fordert vom Unternehmer ein auf seine persönlichen Bedürfnisse abgestimmtes Angebot; zur Konkretisierung der persönlichen Bedürfnisse bedarf es der Preisgabe personenbezogener Daten.

693 Gola / Schomerus, BDSG § 33 Rz. 44.

mögliche Interesse des Betroffenen an einem völligen oder teilweisen Ausschluss der Datenverarbeitung gegenüber dem Verarbeitungsinteresse des Störers durchzusetzen hätte; die verbleibende Beeinträchtigung des Schutzguts, des Rechts auf informationelle Selbstbestimmung, ist für den Betroffenen zumutbar. Ein Verstoß gegen das Untermaßverbot ist daher nicht anzunehmen.

b) Beeinträchtigungen mit hoher Intensität

Von den Fällen mit geringer Eingriffsintensität unterscheiden sich die Fälle mit höherer Eingriffsintensität bei der Datenverarbeitung auf rechtsgeschäftlicher Grundlage entweder durch eine bedeutendere Störung der Vertragsparität oder durch größere Sensibilität der verarbeiteten Daten; die Abgrenzung gegenüber den zuvor genannten Bagatellfällen ist dabei naturgemäß fließend.

Der Fall, dass der Unternehmer durch eine Täuschung – als ein Fall einer extremen Störung der Parität – die Preisgabe personenbezogener Daten erwirkt, ist nicht erst auf der Ebene der Verhältnismäßigkeit zu entscheiden: Die Täuschung muss sich logischerweise auf den Zweck oder Umfang der Verarbeitung beziehen, deren eindeutige Dokumentation gem. § 28 Abs. 1 S. 2 BDSG tatbestandliche Zulässigkeitsvoraussetzung ist, was – wie bereits gesehen – als Schutzmaßnahme verhältnismäßig ist.

Als für das CRM typische und wichtigste Grundrechtsbeeinträchtigung mit hoher „Eingriffsintensität" bei der Verarbeitung personenbezogener Daten im Rahmen der Zweckbestimmung eines Vertragsverhältnisses kann die Erhebung und Verarbeitung von Daten angesehen werden, die der Bestimmung der Bonität oder anderer spezifischer Vertragsrisiken aus der Person des Kunden dienen (z. B. Gesundheitsdaten bei Lebens- oder Krankenversicherern); Daten dieser Art müssen immer als sensibel angesehen werden, da sie in ganz erheblichem Maße die soziale Identität des Betroffenen bestimmen. Das ist nicht nur eine Frage der Befindlichkeit des Betroffenen, sondern hat ganz handgreifliche Auswirkungen: In der Regel wirken sich solche Daten unmittelbar auf das Verhältnis zwischen Unternehmer und Kunden aus; das Risiko für den Unternehmer, das aus einer schlechten Bonität oder ungünstigen Daten des Kunden resultiert, wird, wenn der Unternehmer überhaupt zum Abschluss eines für ihn risikobehafteten Vertrags bereit ist, in der Regel im Wege einer Mischkalkulation über alle Kunden mit vergleichbarer Risikoklassifizierung verteilt, was dazu führt, dass solche Kunden zu ungünstigeren Konditionen (höherer Zins, Pflicht zum Abschluss von Kreditversicherungen, höhere Versicherungsprämien etc.) abschließen müssen. Dabei kann es der Vertragszweck sogar erfordern, personenbezogene Daten Dritter zu erheben und zu verarbeiten, mit denen keinerlei Vertragsbeziehung besteht[694].

---

[694] Hier ist etwa an Versicherungsverträge zu denken; vgl. Simitis (Simitis), BDSG § 28 Rz. 85.

Tatbestandliche Voraussetzung für jede Rechtfertigung solcher Beeinträchtigungen ist selbstverständlich, dass der Erlaubnistatbestand überhaupt erfüllt wird. So ist es immer von dem konkreten Vertragsverhältnis abhängig, ob (und von wem) überhaupt Bonitätsdaten erhoben werden dürfen[695]; auf die Ausführungen zur Beschreibung des Normtatbestandes ist daher zu verweisen.

Weiterhin ist darauf hinzuweisen, dass gerade in den Fällen, in denen eine Datenerhebung und -verarbeitung auch gegen den Willen des Betroffenen zulässig ist, den Informationspflichten der verantwortlichen Stelle besondere Bedeutung zukommt. Da Bonitätsdaten in der Regel nicht beim Betroffenen, sondern indirekt – etwa durch Einholung einer SCHUFA- oder Creditreform-Auskunft – erhoben werden, ergeben sich in der Regel Informationspflichten aus § 33 Abs. 1 S. 1 oder S. 2 BDSG; bei Selbstauskunft des Betroffenen ist § 4 Abs. 3 S. 1 BDSG einschlägig. Bei indirekter Erhebung dienen die Informationspflichten vor allem der Erfüllung des datenschutzrechtlichen Transparenzgebots[696]; der Betroffene muss wissen, wie weit durch ein von ihm gewolltes Geschäft in seine informationelle Selbstbestimmung eingegriffen wird, um die Bedeutung dieses Beeinträchtigung gegen sein Interesse an der Abwicklung des Geschäfts abwägen zu können. Zudem muss er gerade bei so bedeutenden Daten die Möglichkeit haben, ihre Richtigkeit zu prüfen und ggf. für eine Richtigstellung zu sorgen. Auch im Fall der Selbstauskunft über Daten, die von der verantwortlichen Stelle für Zwecke der Risikoanalyse und der Einschätzung der Bonität verwendet werden sollen, ist es für den Betroffenen entscheidend zu wissen, wie mit der Selbstauskunft umgegangen wird. So fällt die Selbstauskunft, zu der der Betroffene ja nicht gesetzlich verpflichtet ist, grundsätzlich in den selbstbestimmten Freiheitsgebrauch des Betroffenen, was ebenfalls als Aspekt der Privatautonomie verstanden werden kann. Weil aber, wie gesagt, der Freiheitsgebrauch des Betroffenen voraussetzt, dass er weiß, worauf er sich einlässt[697], erscheint es aus der Perspektive der staatlichen Schutzpflichten zweifelhaft, dass ein Verstoß gegen die Informationspflichten aus § 4 Abs. 3 S. 1 BDSG durch die verantwortliche Stelle nach der wohl h. M. nicht etwa zur Rechtswidrigkeit der Datenerhebung führen, sondern grundsätzlich folgenlos bleiben soll, wenn die Erhebung im Übrigen durch eine einschlägige Erlaubnisnorm gedeckt ist; anders soll dies nur sein, wo der Hinweis auf die Freiwilligkeit der Preisgabe unterblieben ist und der Betroffene sich darauf beruft, er hätte seine Daten bei Kenntnis der Freiwilligkeit nicht preisgegeben[698]. Der Gesetzgeber sanktioniert zwar einen Verstoß gegen die – hier, im Falle der Erhebung direkt beim Betroffenen, nicht einschlägigen – Benachrichtigungspflichten aus

---

[695] Simitis (Simitis), BDSG § 28 Rz. 82 ff.

[696] Simitis (Dix), BDSG § 33 Rz. 1.

[697] Gola / Schomerus, BDSG § 4 Rz. 29: „Durch die Hinweis- und Aufklärungspflichten des Absatzes 3 soll der Betroffene in die Lage versetzt werden, darüber zu entscheiden, ob er die Daten preisgeben will oder nicht." Vgl. auch Simitis (Simitis), BDSG Einl. Rz. 35.

§ 33 Abs. 1 BDSG gem. § 43 Abs. 1 Nr. 8 BDSG als Ordnungswidrigkeit, nicht aber eine Verletzung der Informationspflichten aus § 4 Abs. 3 S. 1 BDSG. Nach Ansicht des BVerwG[699] folgt noch nicht einmal aus einem Verstoß gegen die Benachrichtigungspflicht gem. § 33 Abs. 1 BDSG die Rechtswidrigkeit der Datenverarbeitung, erst recht bleibt dann die Verletzung der Informationspflichten aus § 4 Abs. 3 S. 1 BDSG folgenlos[700]. Aus der Schutzpflicht-Perspektive ist zu konstatieren, dass der Gesetzgeber mit § 4 Abs. 3 S. 1 BDSG eine eindeutig zum Schutz des Betroffenen bestimmte Regelung getroffen hat, die aber wegen der weitgehenden Folgenlosigkeit der Zuwiderhandlung praktisch wirkungslos bleibt. Die aus der staatlichen Pflicht zum Schutz der informationellen Selbstbestimmung des Betroffenen folgende Maßgabe effektiven Schutzes wird nicht erfüllt, das ist für den Betroffenen nicht zumutbar und damit ein Verstoß gegen das Untermaßverbot[701]. Die nachfolgenden Verhältnismäßigkeitserwägungen beziehen sich daher nur noch auf den Fall, in dem die verantwortliche Stelle ihren Informationspflichten nachgekommen ist.

Wenn die aktuelle Bonität des Kunden nicht erwarten lässt, dass er seinen aus der – aktuellen oder potenziellen – Kundenbeziehung folgenden Zahlungsverpflichtungen nachkommen kann, oder wenn in der Person des Kunden ein spezifisches Risiko für den Unternehmer liegt, würde der Unternehmer durch einen dennoch erfolgen Vertragsschluss oder eine in der bestehenden Kundenbeziehung getätigte Lieferung möglicherweise erheblich geschädigt oder zumindest der Gefahr einer erheblichen Schädigung seiner grundrechtlich geschützten Interessen (in diesem Falle aus den Art. 12 und 14 GG) ausgesetzt. Nun mag es sein, dass der Betroffene in solchen Fällen ein nachvollziehbares Interesse daran hat, dem Unternehmer seine Bonität bzw. die personenbezogenen Daten,

---

698 So Gola / Schomerus, BDSG § 4 Rz. 47; insoweit unklar die Ausführungen bei Simitis (Sokol), BDSG § 4 Rz. 59. Hinweis Nr. 41 des baden-württembergischen Innenministeriums (RDV 2004, 234 [235]) benennt Beispielsfälle, in denen die Rechtswidrigkeit bei fehlerhafter Information angenommen wird.

699 RDV 1988, 203 = NJW 1988, 1405.

700 Gola / Schomerus, BDSG § 4 Rz. 46.

701 Der vom BVerwG (RDV 1988, 203 = NJW 1988, 1405) entschiedene Fall unterscheidet sich insofern von der hier betrachteten Konstellation, als es um Datenverarbeitung im Rahmen eines (staatlich betriebenen) Personalinformationssystems für Soldaten ging, bei dem der Betroffene keine Entscheidung über die Abgabe von Informationen treffen musste. Insofern lag die fehlende Information keiner eigenverantwortlichen Betätigung des Freiheitrechts des Betroffenen zugrunde. Im Übrigen übt Gola, Zur Speicherung personenbezogener Daten von Soldaten, in: RDV 1988, 204, harsche und berechtigte Kritik an der Begründung der Entscheidung: Hinsichtlich der Frage, ob ein Verstoß gegen die Benachrichtigungspflicht (in dem Falle aus § 26 Abs. 1 BDSG a.F.) vorliegt, sei das BVerwG nicht auf eine mögliche, aus dem Recht auf informationelle Selbstbestimmung folgende Erweiterung der Benachrichtigungspflicht eingegangen; ohne die – bereits damals – dazu vertretenen Meinungen zu beachten, habe das Gericht die lapidare Feststellung getroffen, ein Verstoß gegen die Benachrichtigungspflicht führe nicht zur Löschung oder Sperrung der gespeicherten Daten.

die Aufschluss über seine Bonität oder über die in seiner Person liegenden spezifischen Vertragsrisiken geben, zu verschweigen. Dieses Interesse wäre dann aber, wenn etwa der Kunde trotz seiner Zahlungsunfähigkeit eine auf Zahlung gerichtete Verpflichtung eingeht oder spezifische Risiken nicht mitteilt, im Hinblick auf die vom Unternehmer zu erbringende Gegenleistung auf eine bewusste und zumindest in Kauf genommene Schädigung des Unternehmers gerichtet, da in solchen Fällen die Rückabwicklung des Geschäfts mit einem hohen Ausfallrisiko des Unternehmers behaftet wäre. Natürlich kann nicht jedem potenziellen Kunden Schädigungsabsicht unterstellt werden, wenn er dem CRM betreibenden Unternehmer die Preisgabe seiner personenbezogenen Daten verweigern möchte; auch wenn der Betroffene keine Daten preisgeben möchte, die eine Bonitätsprüfung ermöglichen würden, kann seine Bonität einwandfrei sein. Es reicht aber bereits die abstrakte Gefahr des Schadenseintritts, um einen Abwehranspruch des Unternehmers zu begründen, weil sich bei einer ausreichend großen Anzahl von Geschäften – und beim CRM geht es immer um Massengeschäfte – das im Einzelfall möglicherweise nur abstrakte Risiko in einer eingriffsrelevanten Zahl von Fällen realisieren wird. Davon kann zumindest bei größeren Geschäften generell ausgegangen werden, wenn für den Unternehmer keine Möglichkeit besteht, sich einen Eindruck von der Bonität des potenziellen Kunden zu verschaffen, so dass in solchen Fällen grundsätzlich ein besonderes und grundrechtlich geschütztes Interesse zugunsten des Unternehmers angenommen werden kann.

Sinngemäß dasselbe wie für die für die Bonitätsprüfung erforderlichen Daten gilt für die Verarbeitung von anderen Daten, wenn diese Verarbeitung eine vergleichbare Schutzfunktion für den Unternehmer entfaltet, also etwa die Verarbeitung der Daten von Branchenwarndiensten oder der aus dem analytischen CRM stammenden Insolvenz- oder Betrugsrisikowarnungen.

Hätte der Kunde die Möglichkeit, solche für die Absicherung des Unternehmers erforderlichen Informationen unter Verweis auf sein Recht der informationellen Selbstbestimmung zurückzuhalten, würde sich die Vertragsparität zu Lasten des Unternehmers verschieben. Neben dem abwehrrechtlichen Schutz des Eigentums und der Berufsfreiheit streitet somit auch der Schutz der Privatautonomie für den Unternehmer. Das Interesse des Betroffenen, das im Falle des Verschweigens spezifischer Risiken mittelbar auch darauf gerichtet wäre, den Unternehmer zu schädigen, verstieße dagegen u. U. sogar gegen das Neminem-laedere-Prinzip. Daher ist das Recht des Betroffenen auf Schutz seiner sozialen Identität als Aspekt des Rechts auf informationelle Selbstbestimmung zwar grundsätzlich auch in dieser Konstellation grundsätzlich schutzfähig, vor allem bei zu unterstellender Mißbrauchsabsicht des Betroffenen aber nicht schutzwürdig und muss auf jeden Fall – in den engen tatbestandlichen Grenzen der hier betrachteten Erlaubnis – hinter den in wesentlich stärkerem Maße schutzbedürftigen Abwehrinteressen des Unternehmers zurücktreten. Ein Verstoß gegen das Untermaßverbot ist auch hier nicht anzunehmen.

IV. Zwischenergebnis

In den betrachteten Fällen, in denen das datenschutzrechtliche Schutzkonzept die Datenverarbeitung des Unternehmers ohne Möglichkeit einer Berücksichtigung des Einzelfalles zulässt, ist diese für den Betroffenen auch zumutbar. Voraussetzung für diese Annahme ist aber immer die enge tatbestandliche Begrenzung der Erlaubnis; dies erfordert daher stets, den jeweiligen Erlaubnistatbestand eng auszulegen.

D. Dritte Konstellation: Keine abschließende Entscheidung auf normativer Ebene

Bei der dritten Konstellation geht es um die verbleibenden Fälle, in denen der Gesetzgeber auf der normativen Ebene keine einseitige Interessenzuweisung vornimmt.

I. Die Normen der dritten Konstellation und die Konkretisierung ihrer Tatbestände

Die Fälle, in denen nicht bereits auf der gesetzlichen Ebene *ausschließlich* den Interessen *einer Seite* der Vorrang gewährt wird, müssen infolge der unterschiedlichen im hier einschlägigen Teil des BDSG auffindbaren Regelungsmechanismen weiter ausdifferenziert werden:

- Es gibt den Fall, in dem der Gesetzgeber den Interessen des Störers prima facie einen Vorrang einräumt, dies aber unter den doppelten Vorbehalt stellt, dass der Störer ein „berechtigtes Interesse“ an der Verarbeitung oder Nutzung hat und das „schutzwürdige“ Ausschlussinteresse“ des Betroffenen nicht „offensichtlich überwiegt“. Dies ist das für die Datenverarbeitung beim CRM außerordentlich bedeutsame Privileg beim Zugriff auf allgemein zugängliche Daten (§§ 28 Abs. 1 S. 1 Nr. 3, 29 Abs. 1 S. 1 Nr. 2; 30 Abs. 2 Nr. 2 BDSG). Hier arbeitet der Gesetzgeber auf der Ebene des Normtatbestandes mit unbestimmten Rechtsbegriffen („berechtigtes“ und „schutzwürdiges“ Interesse), die im Rahmen der Rechtsanwendung grundrechtskonform ausgefüllt werden müssen, zudem gibt er der verantwortlichen Stelle eine Interessenabwägung vor, wie sich aus der Maßgabe ersehen lässt, dass das Ausschlussinteresse „überwiegen“ muss. Eine Interessenabwägung im Einzelfall ist in diesen Fällen zwar von Gesetzes wegen grundsätzlich vorgesehen[702], wird aber nur in extremen Ausnahmefällen – wenn der Sachverhalt so gestaltet ist, dass ein schutzwürdiges Gegeninteresse „jedenfalls als Mög-

[702] Simitis (Simitis), BDSG § 28 Rz. 200.

lichkeit auf der Hand liegt“[703] – dazu führen, dass sich das Ausschlussinteresse durchsetzt.

- Weiterhin gibt es die Fälle, in dem der Gesetzgeber deutlich höhere Anforderungen an die Interessenabwägung im Einzelfall stellt; gemeint sind hier §§ 28 Abs. 1 S. 1 Nr. 2, Abs. 6 Nr. 3 BDSG. In der rechtlichen Ausgestaltung mit unbestimmten Rechtsbegriffen und einem individuellen Abwägungsgebot ähnelt dieser Fall dem zuvor beschriebenen Fall. Er unterscheidet sich dem gegenüber dadurch, dass zwar wieder auf der Seite des Störers ein berechtigtes Interesse vorausgesetzt wird, das individuell zu bestimmen ist (und wieder für die Datenverarbeitung im Rahmen des CRM angenommen werden kann); das Ausschlussinteresse des Betroffenen soll sich aber anders als in dem zuvor beschriebenen Fall gegenüber dem Verarbeitungsinteresse bereits dann durchsetzen, wenn „Grund zu der Annahme besteht, dass das schutzwürdige Interesse des Betroffenen an dem Ausschluss der Verarbeitung oder Nutzung überwiegt“. Wenn in diesen Fällen einerseits dem Störer ein gewisser Vorsprung gegenüber dem Betroffenen dadurch eingeräumt wird, dass sich aus der konkreten Verarbeitungssituation erst einmal ein Grund für die Annahme eines Ausschlussinteresses ergeben muss[704], gilt andererseits unter Berücksichtigung der Vorgabe aus § 4 Abs. 1 BDSG, dass im Zweifel das Ausschlussinteresse des Betroffenen vorrangig ist[705]. Letztlich findet hier auf der gesetzlichen Ebene keine Entscheidung über einen Interessenvorrang einer der beteiligten Seiten statt, sondern erst im Ergebnis der individuellen Interessenabwägung.
- Schließlich sind die Fälle zu betrachten, in denen der Normtatbestand – wie in den beiden anderen Fällen – mit unbestimmten Rechtsbegriffen beschrieben wird, in denen aber keine Interessenabwägung im Einzelfall vorgesehen ist. Dies sind die Fälle der §§ 28 Abs. 3 S. 1 Nr. 1 u. 3, 29 Abs. 1 S. 1 Nr. 1 und Abs. 2 S. 1 und 30 Abs. 2 Nr. 1 BDSG, insbesondere also das so genannte „Listenprivileg“ und die Erlaubnis zur geschäftsmäßigen Datenerhebung und -speicherung nicht allgemein zugänglicher Daten für Zwecke der Übermittlung. In diesen Fällen ist das Ausschlussinteresse immer vorrangig, sobald „Grund zu der Annahme“ besteht, dass der Betroffene ein „schutzwürdiges“ Ausschlussinteresse hat. Diese Fälle werden hier eingeordnet, weil auch hier auf der normativen Ebene keine abschließende Entscheidung über den Interessenvorrang getroffen wird; dies geschieht erst aufgrund der Konkretisierung der unbestimmten Rechtsbegriffe auf der Rechtsanwendungsebene.

---

[703] Gola / Schomerus, BDSG § 28 Rz. 44 m. w. N.; Hoeren, Zulässigkeit der Erhebung, Verarbeitung und Nutzung im privaten Bereich, in: Roßnagel, Handbuch Datenschutzrecht Teil 4.6 Rz. 38.

[704] Simitis (Simitis), BDSG § 28 Rz. 163; Gola / Schomerus, BDSG § 28 Rz. 37.

[705] Hoeren, Zulässigkeit der Erhebung, Verarbeitung und Nutzung im privaten Bereich, in: Roßnagel, Handbuch Datenschutzrecht Teil 4.6 Rz. 33.

Die Grundstruktur der drei beschriebenen Varianten ist gleich: Auf Seiten des Störers muss ein „berechtigtes Interesse“ an der Datenverarbeitung bestehen, auf Seiten des Betroffenen ein „schutzwürdiges Interesse“, das – da das BDSG das Persönlichkeitsrecht des Betroffenen schützt[706] – auf eine der Facetten des Persönlichkeitsrechts zurückzuführen sein muss; entgegen der u.a. bei Gola / Schomerus[707] vertretenen Ansicht ist es nicht geboten, auf weitere Interessen des Betroffenen (wie den Schutz des Eigentums oder der Berufsfreiheit) abzustellen, die nicht Gegenstand des spezifisch persönlichkeitsrechtsbezogenen Schutzkonzepts des BDSG sind; solche Interessen sind Gegenstand speziellerer Schutzkonzepte, die Einbeziehung in das datenschutzrechtliche Schutzkonzept wäre von dem in § 1 Abs. 1 BDSG beschriebenen Schutzbereich des datenschutzrechtlichen Schutzkonzepts nicht umfasst.

Eine Abstufung in der Gewichtung des Ausschlussinteresses im Verhältnis zum Verarbeitungsinteresse erfolgt dann auf Grundlage einer Differenzierung nach der Art der Daten und der Verarbeitungszwecke: Im ersten beschriebenen Fall wird zwar eine Interessenabwägung vorgesehen, doch nimmt der Gesetzgeber für die beschriebenen Erhebungs- und Verarbeitungstatbestände das Interesse des Störers prima facie als vorrangig schutzbedürftig an; im zweiten Fall bleibt der Gesetzgeber neutral und gibt eine ergebnisoffene Interessenabwägung vor; im dritten Fall schlägt sich der Gesetzgeber auf die Seite des Betroffenen, wenn dieser nur überhaupt ein schutzwürdiges Ausschlussinteresse hat.

Das „schutzwürdige Interesse“ des Betroffenen ist in allen Varianten gegen das „berechtigte Interesse“ der verantwortlichen Stelle abzuwägen. Das „berechtigte Interesse“ der verantwortlichen Stelle wird von der wohl herrschenden Meinung beschrieben als „ein nach vernünftiger Erwägung durch die Sachlage gerechtfertigtes, also ein tatsächliches Interesse, das wirtschaftlicher oder ideeller Natur sein kann“[708]; dahinter steht ein Zweck, dessen Verfolgung „vom gesunden Volksempfinden gebilligt wird“[709] – womit zunächst einmal jedes von der Rechtsordnung gebilligte Interesse grundsätzlich als berechtigtes Interesse in Betracht kommt[710]. Ein „berechtigtes Interesse“ an der Kenntnis der Daten kann nach zutreffender Feststellung des BGH[711] aber nur bestehen, soweit die Kenntnis für die vom Empfänger beabsichtigten Ziele und Zwecke erforderlich

[706] Simitis (Simitis), BDSG § 1 Rz. 23; Gola / Schomerus, BDSG § 1 Rz. 6.
[707] BDSG § 28 Rz. 25 m. w. N.
[708] VGH Mannheim NJW 1984, 1912; Hoeren, Zulässigkeit der Erhebung, Verarbeitung und Nutzung im privaten Bereich, in: Roßnagel, Handbuch Datenschutzrecht Teil 4.6 Rz. 31; Gola / Schomerus, BDSG § 28 Rz. 33 m. w. N.; Simitis (Simitis), BDSG § 28 Rz. 133 verzichtet auf eine Beschreibung für das berechtigte Interesse, kritisiert (vor allem Rz. 137) die Verwendung einer so allgemein gehaltenen Formel im Normtatbestand und fordert eine restriktive Auslegung.
[709] Gola / Schomerus, BDSG § 28 Rz. 33.
[710] Vgl. Schaffland/ Wiltfang BDSG § 28 Rz. 85
[711] BGH NJW 1984, 1886.

ist. Wie sich dieses berechtigte Interesse zum „schutzwürdigen Interesse“ des Betroffenen verhält, hat der BGH[712] in der einschlägigen[713] Leitentscheidung, an der sich die Rechtsprechung seither orientiert[714], wie folgt beschrieben[715]: „Der wertausfüllende Begriff der ‚schutzwürdigen‘ Belange verlangt eine Abwägung des Persönlichkeitsrechts des Betroffenen und des Stellenwerts, den die Offenlegung und Verwendung der Daten für ihn hat, gegen die Interessen der speichernden Stelle und der Dritten, für deren Zweck die Speicherung erfolgt. Dabei sind Art, Inhalt und Aussagekraft der beanstandeten Daten an den Angaben und Zwecken zu messen, denen ihre Speicherung dient. Nur wenn diese am Verhältnismäßigkeitsgrundsatz ausgerichtete Abwägung, die die speichernde Stelle vorzunehmen hat, keinen Grund zur Annahme bietet, dass die Speicherung der in Frage stehenden Daten zu dem damit verfolgten Zweck schutzwürdige Belange des Betroffenen beeinträchtigt, ist die Speicherung zulässig.“

Damit sind die Kriterien beschrieben, anhand derer im Einzelfall die im Normtatbestand enthaltenen unbestimmten Rechtsbegriffe zu konkretisieren sind. Beim „schutzwürdigen Interesse“ des Betroffenen geht es, wie gesehen, um den Stellenwert der Offenlegung und Verwendung der Daten in Bezug auf das Persönlichkeitsrecht nach Art, Inhalt und Verarbeitungszweck der betroffenen Daten[716]. Dass bei der Erhebung allgemein zugänglicher personenbezogener Daten das Persönlichkeitsrecht des Betroffenen grundsätzlich beeinträchtigt wird, setzt das BDSG voraus, wie aus der Einbeziehung dieser Art der Datenerhebung in das grundsätzliche Verbot mit Erlaubnisvorbehalt des § 4 Abs. 1 BDSG ersichtlich wird[717]. Es geht also bei der Frage nach der Konkretisierung des Normtatbestandes darum, die Qualität und Intensität der Beeinträchtigung des Persönlichkeitsrechts – des datenschutzrechtlichen Schutzguts – zu betrachten, um das Interesse des Betroffenen für die Interessenabwägung zugänglich zu machen. Für das berechtigte Interesse des Störers kommt es letztlich lediglich auf einen von der Rechtsordnung gebilligten Verarbeitungszweck an, zu dessen Verwirklichung die Datenverarbeitung erforderlich sein muss. Die Erforderlichkeit[718] ist zu bejahen, wenn nach den Gesamtumständen der Verzicht auf die Datenverarbeitung nicht sinnvoll oder unzumutbar wäre[719]. Die Frage, ob das Ausschlussinteresse des Betroffenen „schutzwürdig“ ist, kann also nicht ohne gleichzeitige Betrachtung auch des Verarbeitungsinteresses entschieden wer-

---

[712] NJW 1986, 2505.

[713] Zur alten Fassung des BDSG, wo noch von „schutzwürdigen Belangen“ die Rede war – die Begriffe sind äqivalent, vgl. Simitis (Simitis), BDSG § 28 Rz. 162.

[714] Vgl. die Zitierung in BGH NJW 2003, 2904.

[715] Das Zitat bezieht sich auf den zweiten Fall einer ergebnisoffenen Interessenabwägung wie in § 28 Abs. 1 S. 1 Nr. 2 BDSG.

[716] Vgl. Simitis (Simitis), BDSG § 28 Rz. 167 ff.

[717] Gola / Schomerus, BDSG § 29 Rz. 11.

[718] Der Begriff ist hier nicht als Kriterium der Verhältnismäßigkeit zu verstehen!

[719] Hoeren, Zulässigkeit der Erhebung, Verarbeitung und Nutzung im privaten Bereich, in: Roßnagel, Handbuch Datenschutzrecht Teil 4.6 Rz. 31 m. w. N.

den; das gilt also auch in dem letzten der beschriebenen Fälle, in dem das Gesetz keine Interessenabwägung durch die verantwortliche Stelle vorsieht.

An dieser Stelle verschiebt sich der Fokus der im Rahmen dieser Betrachtung angestellten Verhältnismäßigkeitserwägungen: Bisher ging es um die Frage, ob die auf normativer Ebene bereits ergriffenen staatlichen Maßnahmen des datenschutzrechtlichen Schutzkonzepts verhältnismäßig sind. Diese Frage ist nur so weit sinnvoll, wie der Gesetzgeber den Interessenausgleich bereits auf normativer Ebene vornimmt. Wo der Gesetzgeber jedoch mittels unbestimmter Rechtsbegriffe und durch die Vorgabe individueller Interessenabwägung die Ausgestaltung der staatlichen Maßnahmen auf die Rechtsanwendungsebene delegiert, ist das normative Schutzkonzept einer sinnvollen Verhältnismäßigkeitsprüfung nicht mehr zugänglich: Die Delegation auf die Anwendungsebene erfolgt ja, wie auch aus den Hinweisen des BGH zur Konkretisierung der unbestimmten Rechtsbegriffe deutlich wird, gerade mit der Maßgabe an den jeweiligen Rechtsanwender (der, soweit er als Richter oder staatliche Aufsichtsbehörde angesprochen wird, ja ebenfalls Adressat staatlicher Schutzpflichten ist), den Interessenausgleich unter Beachtung des Verhältnismäßigkeitsgrundsatzes durchzuführen. Genügt er dieser Anforderung, folgt daraus zwar, dass das zugrundeliegende Schutzkonzept im schutzrechtlichen Sinne verhältnismäßig ist; mit dieser Erkenntnis ist hier aber nichts gewonnen, weil sie nicht zur Beantwortung der Frage beiträgt, ob eine bestimmte Datenverarbeitung beim CRM letztendlich rechtmäßig ist oder nicht.

Für die weitere Prüfung ist also die Datenverarbeitung für Zwecke des CRM, soweit nicht bereits auf normativer Ebene eine eindeutige Interessenzuweisung erfolgt ist, den oben beschriebenen Fallgruppen der dritten Konstellation zuzuordnen; die Frage, ob für die jeweils erfassten Tatbestände die Datenverarbeitung zulässig ist oder nicht, ist dann anhand der oben aufgestellten Kriterien der schutzrechtlichen Verhältnismäßigkeit zu beantworten. Auf diesem Wege ist es möglich, die Entscheidung über die Frage nach der Rechtmäßigkeit der im Rahmen des CRM vorgenommenen Datenverarbeitung, bezogen auf die einzelnen Verarbeitungstatbestände beim CRM, auf ein dogmatisch tragfähiges Fundament zu stellen – das ist das eingangs beschriebene Ziel dieser Erörterung.

Ausgangspunkt der schutzrechtlichen Verhältnismäßigkeitsüberlegungen ist dabei die Annahme, dass der Staat seine Schutzpflicht, deren Bestehen oben nachgewiesen wurde (und die dem generellen Verbot mit Erlaubnisvorbehalt des § 4 Abs. 1 BDSG zugrunde liegt), solange nicht erfüllt, wie er keine *konkrete* Maßnahme ergreift[720]; solange also auf der Rechtsanwendungsebene nichts geschieht, bleibt die durch das Verhalten des Störers – also hier: durch eine uneingeschränkte Datenverarbeitung der verantwortlichen Stelle – verursachte Grundrechtsverkürzung des Betroffenen reaktionsbedürftig, „bis die Schwelle

[720] Vgl. Cremer, Freiheitsgrundrechte, S. 275 ff.

zur Grundrechtskonformität der grundrechtserheblichen Situation wieder unterschritten wird“[721]. Das Problem der Auswahl möglicher Maßnahmen, die geeignet sind, die Grundrechtskonformität der Datenverarbeitung beim CRM sicherzustellen, wird dadurch erheblich vereinfacht, dass schon aufgrund der in der gesetzlichen Schutzumgebung vorgegebenen Konzeption für jeden konkreten Datenverarbeitungsvorgang, also für jede konkrete Auswahl personenbezogener Daten, die bezogen auf einen bestimmten Zweck erhoben und verarbeitet werden sollen, nur festgestellt werden kann, ob diese Erhebung und Verarbeitung zulässig ist oder nicht. Es kommen als mögliche „Maßnahmen“, die auf der Rechtsanwendungsebene vorgeschlagen werden können, damit nur das Verbot oder die Erlaubnis der Datenverarbeitung in Betracht[722].

Die schutzrechtliche Verhältnismäßigkeitsprüfung, die sich auf eine vorgeschlagene Maßnahme bezieht, verkürzt sich wieder, je nach betrachteter Maßnahme, nach den für die ersten beiden Konstellationen beschriebenen Mustern, weil auf der für die konkreten Maßnahmen betrachteten Rechtsanwendungsebene wieder nur eine Entscheidung ausschließlich zugunsten einer Seite in Betracht kommt. In den Fällen, in denen als „Maßnahme“ die Erlaubnis zur Datenverarbeitung – also genauer gesagt der Verzicht auf eine Maßnahme – vorgeschlagen wird, ist wieder die Prüfung der Verhältnismäßigkeit zunächst auf die Frage reduziert, ob die Erlaubnis der Datenverarbeitung aus der schutzrechtlichen Perspektive des Betroffenen gegen das Untermaßverbot verstößt. Kein Verstoß gegen das Untermaßverbot ist anzunehmen, wenn die Erlaubnis der Datenverarbeitung des Unternehmers für das CRM in den betroffenen Fällen für den Betroffenen zumutbar ist. Wird als Maßnahme ein Verbot vorgeschlagen, sind das Übermaßverbot und das Untermaßverbot zu prüfen; die abstrakte schutzrechtliche Eignung kann vorausgesetzt werden, beim Untermaßverbot geht es in diesem Fall wieder um die Frage der Durchsetzungsmöglichkeiten des Verbots. Die Erforderlichkeitsprüfung kann unterbleiben, da in dem beschriebenen Regelungsgefüge die einzige Alternative zum Verbot die Erlaubnis wäre, die aber nicht in Betracht kommen wird, wo sich bereits in der Übermaßprüfung das Ausschlussinteresse durchgesetzt hat.

Für die Auswahl der konkreten Maßnahmen, bezogen auf die einzelnen zu betrachtenden Verarbeitungstatbestände, kann eine Orientierung an den von der Rechtsprechung getroffenen Entscheidungen und, soweit keine einschlägige Rechtsprechung ergangen ist, an der herrschenden Meinung in der Kommentarliteratur erfolgen.

---

[721] Vgl. Lindner, Theorie der Grundrechtsdogmatik, S. 517.

[722] Zu vergleichbaren Beschränkungen in der Auswahl in Betracht kommender Maßnahmen unterhalb der normativen Ebene vgl. Cremer, Freiheitsgrundrechte, S. 279, dort insbesondere Fn. 534.

II. Die Verhältnismäßigkeit bei Prima-facie-Vorrängen

Die nachfolgenden Verhältnismäßigkeitserwägungen erfordern im ersten Schritt eine auf die für den betrachteten Erlaubnistatbestand typischen Datenverarbeitungsvorgänge des CRM bezogene Konkretisierung der unbestimmten Rechtsbegriffe, um das Ausschluss- und das Verarbeitungsinteresse zur Vorbereitung der Güterabwägung genauer zu beschreiben. Danach kann anhand der oben nochmals genannten schutzrechtlichen Verhältnismäßigkeitskriterien die Verhältnismäßigkeit der betrachteten Maßnahme geprüft werden. Dabei soll zunächst die vom Gesetzgeber als Regelfall betrachtete Erlaubnis der Datenverarbeitung als Maßnahme geprüft und in diesem Zusammenhang festgestellt werden, unter welchen Voraussetzungen aus schutzrechtlicher Sicht nur das Verbot der Datenverarbeitung rechtmäßig sein kann.

1. Der Regelfall: Erlaubnis zur Datenverarbeitung

Für den Regelfall, in dem entsprechend dem Normtatbestand zwar ein schutzwürdiges Interesse des Betroffenen bestehen mag, dieses aber nicht „offensichtlich überwiegt", kann im Rahmen der schutzrechtlichen Verhältnismäßigkeitsprüfung davon ausgegangen werden, dass die Regelung bereits die die Rechte des Störers relativ am wenigsten belastende Maßnahme darstellt (sein Interesse muss ja überhaupt nur zurücktreten, wo das Ausschlussinteresse des Betroffenen „offensichtlich überwiegt" – in diesen Fällen gibt es dann auch keinen rechtlich nachvollziehbaren Anlass mehr, doch noch den Interessen des Störers den Vorrang zu gewähren), damit erübrigt sich eine Prüfung der Erforderlichkeit ebenso wie des Übermaßverbots. In diesen Fällen kann sich die schutzrechtliche Verhältnismäßigkeitsprüfung daher auf die Fragen der schutzrechtlichen Eignung der Regelung und der Verletzung des Untermaßverbots beschränken.

a) „Schutzwürdiges Interesse" des Betroffenen

Jede nicht selbstbestimmte Datenverarbeitung berührt das Recht des Betroffenen auf informationelle Selbstbestimmung, auch die Erhebung und Verarbeitung aus allgemein zugänglichen Quellen entnommener Daten. Allerdings kann für die bei dem hier betrachteten Normtatbestand ausschließlich erhobenen und verarbeiteten allgemein zugänglichen Daten festgehalten werden, dass die in der oben genannten BGH-Entscheidung[723] genannte „Offenlegung" bereits stattgefunden hat, somit die Rechte des Betroffenen jedenfalls nicht durch eine Offenlegung von Daten beeinträchtigt werden können. Es ist weiter daran zu erinnern, dass das Zusammenführen allgemein zugänglicher Daten mit anderen, bei der verantwortlichen Stelle bereits vorhandenen Daten – etwa aus Geschäftsvorfällen – nicht mehr unter den Erlaubnistatbestand des § 28 Abs. 1 S. 1

---

[723] NJW 1986, 2505.

Nr. 2 BDSG fällt[724]; das gilt auch für das Zusammenführen allgemein zugänglicher Daten, wenn sich aus dem neu geschaffenen Zusammenhang eine neue, eigenständige Information ergibt[725]. Die üblicherweise öffentlich zugänglichen personenbezogenen Daten (aus öffentlichen Registern, Adress- und Telefonbüchern etc.) gehören in der Regel nicht zu den sensiblen, dem Kern der Persönlichkeit besonders nahen personenbezogenen Daten. Sie erfüllen im CRM selten eine eigenständige Funktion (allenfalls kommen Adressdaten für Werbepostverteiler in Betracht), sie dienen vielmehr in erster Linie zur „Anreicherung" vorhandener personenbezogener Daten. Da aber diese „Anreicherung" als Datenveränderung – wie gesagt – einer eigenen Rechtfertigung bedarf und hier deshalb nicht zu betrachten ist, darf für die letztlich noch vom Erlaubnistatbestand erfassten Datenerhebungen und -verarbeitungen angenommen werden, dass das tatsächliche Interesse des Betroffenen am Ausschluss der Erhebung und Verarbeitung allgemein zugänglicher Daten in den beschriebenen Grenzen des Erlaubnistatbestandes (der die Zwecke des Data Warehousings und Data Minings nicht umfasst, die die Erhebung dieser Daten für den ein CRM betreibenden Unternehmer erst interessant macht!) für Zwecke des CRM im Regelfall gering ausfällt[726].

b) „Berechtigtes Interesse" des Störers

Da der mit dem CRM verbundene Erhebungszweck grundsätzlich in den Schutzbereich grundrechtlicher Abwehrrechte fällt, kann aus Sicht des Unternehmers festgehalten werden, dass sein Interesse an der Datenerhebung grundsätzlich ein „berechtigtes" Interesse ist, soweit nur der Erhebungszweck bei abstrakter Betrachtung rechtlich gebilligt wird. Bei der Erhebung allgemein zugänglicher Daten streitet neben dem Schutz der kommerziellen Interessen durch die Art. 12 Abs. 1 und 2 Abs. 1 GG auch die Informationsfreiheit aus Art. 5 Abs. 1 S. 1 GG für die Interessen des Störers[727] und verstärkt so gegenüber den Fällen der Erhebung oder Verarbeitung nicht allgemein zugänglicher Daten das Abwehrinteresse des Störers gegen eine Beschränkung der Erhebung und Verarbeitung dieser Daten.

Im Falle des § 29 Abs. 1 S. 1 Nr. 2 BDSG wird das „berechtigte Interesse" des Störers nicht expressis verbis in den Normtatbestand einbezogen[728]; vielmehr wird im 1. Halbsatz dieser Regelung ein nicht abschließender Katalog von Erhebungszwecken beschrieben. Es ist umstritten, ob der Gesetzgeber damit zum

---

[724] Simitis (Simitis), BDSG § 28 Rz. 202 unterscheidet insoweit zwischen „Primärdaten" und „Sekundärangaben", die aus unterschiedlichen Primärdaten abgeleitet werden können.

[725] z. B. Zusammenfügen von Namens-, Adress- und Wohnumgebungsdaten zur Schaffung eines sozialen Profils des Betroffenen oder als Bestandteil einer Kaufkraftklassifizierung.

[726] Kritisch Simitis (Simitis), BDSG § 28 Rz. 183 ff., 188.

[727] Gola / Schomerus, BDSG § 28 Rz. 45 m. w. N.; kritisch Simitis (Simitis), BDSG § 28 Rz. 183 ff. (insbes. Rz. 184 f.).

[728] Gola / Schomerus, BDSG § 29 Rz. 11.

Ausdruck bringen wollte, dass für diese Zwecke immer ein berechtigtes Interesse besteht mit der Folge, dass für die auf der Rechtsfolgenseite erforderliche Interessenabwägung auf der Tatbestandsebene nur noch das Interesse des Betroffenen zu konkretisieren ist (mit der weiteren Folge, dass letztlich eine Interessenabwägung nicht mehr stattfinden kann)[729], oder ob auch das berechtigte Interesse des Störers in diesen Fällen individuell zu bestimmen ist[730]. Letzterer Ansicht ist zu folgen, da das Vorliegen von schutzwürdigen Interessen des Betroffenen nur in Bezug auf den künftigen Verwendungskontext der Daten bestimmbar ist, in diesem Rahmen aber gerade die Interessen der verantwortlichen Stelle und der späteren Datenempfänger zu berücksichtigen sind[731]. Ein berechtigtes Interesse des Störers wird aber für die in § 29 Abs. 1 S. 1 BDSG beschriebenen Erhebungszwecke durch das Gesetz zumindest indiziert[732] und kann für die Verarbeitungszwecke des CRM jedenfalls auf der Tatbestandsebene grundsätzlich angenommen werden.

c) Verstoß gegen das Untermaßverbot?

Die Beeinträchtigung der Persönlichkeitsrechte des Betroffenen ist für diesen zumutbar, wenn sich – bei der allein zu betrachtenden Alternative des Verbots und der Erlaubnis der Datenverarbeitung – das Verarbeitungsinteresse gegen das Ausschlussinteresse aus grundrechtlicher Sicht durchsetzen muss.

Für den Regelfall darf angenommen werden, dass der Betroffene durch die Erhebung und Verarbeitung[733] seiner allgemein zugänglichen Daten für die Zwecke des CRM keiner intensiven Beeinträchtigung seines Persönlichkeitsrechts ausgesetzt wird. Angesichts des zusätzlichen Abwehrinteresses des Störers im Hinblick auf seine Informationsfreiheit ist davon auszugehen, dass sich das Verarbeitungsinteresse gegenüber dem Ausschlussinteresse im Regelfall durchzusetzen hat. Die Datenverarbeitung stellt sich als „Bagatelleingriff" dar, der angesichts der besonders schutzfähigen Abwehrinteressen des Störers für den Betroffenen zumutbar ist.

---

[729] Nachw. für diese Ansicht bei Simitis (Ehmann), BDSG § 29 Rz. 158, 160; Hoeren, Zulässigkeit der Erhebung, Verarbeitung und Nutzung im privaten Bereich, in: Roßnagel, Handbuch Datenschutzrecht Teil 4.6 Rz. 63.

[730] So Hoeren, Zulässigkeit der Erhebung, Verarbeitung und Nutzung im privaten Bereich, in: Roßnagel, Handbuch Datenschutzrecht Teil 4.6 Rz. 63; Simitis (Ehmann), BDSG § 29 Rz. 158 a.E.; Gola / Schomerus, BDSG § 29 Rz. 11.

[731] Vgl. Hoeren, Zulässigkeit der Erhebung, Verarbeitung und Nutzung im privaten Bereich, in: Roßnagel, Handbuch Datenschutzrecht Teil 4.6 Rz. 63; Gola / Schomerus, BDSG § 29 Rz. 11.

[732] Vgl. Gola / Schomerus, BDSG § 29 Rz. 9.

[733] Als Verarbeitungstatbestand kommt dabei aus den oben genannten Gründen nur die Speicherung in Betracht, jede mit einer Änderung der Daten einhergehende Verarbeitung wäre nicht mehr gedeckt.

2. Die Ausnahme: Verbot der Datenverarbeitung bei „offensichtlich überwiegendem" Ausschlussinteresse

Es bleibt die Frage, wodurch sich gegenüber dem Regelfall die Ausnahme auszeichnet, die einen Vorrang des Ausschlussinteresses rechtfertigt. Dazu ist zu überlegen, welche tatsächlichen Variationen der Normtatbestand überhaupt zulässt. Da die Art der Daten – allgemein zugängliche und damit der Intimsphäre, dem Persönlichkeitskern, ferne Daten – bereits durch den Normtatbestand beschrieben ist, wird hier ein Interessenvorrang des Betroffenen nicht an der Sensibilität der Daten festzumachen sein. Auch das Interesse des Betroffenen am Schutz seines Persönlichkeitsrechts ist keinen Veränderungen ausgesetzt. Damit bleiben für die Fälle eines offensichtlichen Überwiegens des Ausschlussinteresses nur solche Verarbeitungstatbestände, in denen der – an sich grundsätzlich gebilligte – Verarbeitungszweck im Einzelfall nach der Art der verwendeten Daten und dem konkreten Verwendungskontext nicht mehr von der Rechtsordnung gebilligt wird.

Der Möglichkeit, bezogen auf solche Einzelfälle im Rahmen dieser Arbeit die Verhältnismäßigkeit des ausnahmsweisen Verbots der Erhebung und Verarbeitung allgemein zugänglicher personenbezogener Daten zu beurteilen, sind wegen der geringen praktischen Bedeutung der Ausnahmefälle enge Grenzen gesetzt: Es ist schwer, einleuchtende Beispiele zu finden. Es gibt offensichtlich keine Gerichtsentscheidungen, die auf die zutreffende Anwendung des Verhältnismäßigkeitsgrundsatzes bei Anwendung der hier einschlägigen Erlaubnistatbestände geprüft werden könnten. Gola / Schomerus nennen bei der Kommentierung der einschlägigen Normen keine Beispiele. Die bei Simitis[734] zu § 29 Abs. 1 S. 1 Nr. 2 BDSG genannten Beispielsfälle sind wenig realitätsnah und im Ergebnis z.T. zweifelhaft (so soll ein „offensichtlich überwiegendes" Interesse am Ausschluss der Erhebung von Adressdaten für Zwecke des Adresshandels bestehen, wenn erkennbar ist, dass der Betroffene in einem Villenviertel wohnt, weil Kriminellen dadurch „höchst unerwünschte Hinweise" gegeben würden). In der Kommentierung bei Simitis zu § 28 Abs. 1 S. 1 Nr. 3 BDSG[735] werden einige Beispiele der datenschutzrechtlichen Aufsichtsbehörde Baden-Württemberg wiedergegeben, die schon eher überzeugen können (z. B. Verarbeitung zur Werbung bei Schülern für Waren, deren Konsum mit besonderen gesundheitlichen Risiken verbunden ist); dass, wie dort ebenfalls dargelegt wird, die Erhebung allgemein zugänglicher Daten für Telefonmarketingaktionen am „offensichtlich überwiegenden" Interesse der Betroffenen scheitern muss, ist bereits Folge aus der verfestigten Rechtsprechung, wonach unaufgeforderte Telefon- und Telefaxwerbung unzulässig ist[736] und die Verarbeitung damit einem rechtlich nicht gebilligten Erhebungszweck dienen würde, gegenü-

---

[734] Simitis (Ehmann), BDSG § 29 Rz. 201.
[735] Simitis (Simitis), BDSG § 28 Rz. 201.
[736] St. Rspr.; zuletzt LG Berlin, Urt. v. 06.02.2007 – 15 S 1/06 – (aus JURIS), vgl. auch OLG Stuttgart NJW 1988, 2615.

ber dem sich jedes rechtlich gebilligte Interesse des Betroffenen durchsetzen muss.

Wie eingangs angenommen, wird in den genannten Beispielen der ausnahmsweise Vorrang des Ausschlussinteresses nicht auf ein ungewöhnliches Schutzbedürfnis des Betroffenen oder die Art der Daten, sondern auf einen *im Einzelfall* von der Rechtsordnung nicht gebilligten Erhebungs- oder Verarbeitungszweck des Störers gestützt; grundsätzlich wird bei abstrakter Betrachtung des Erhebungszwecks (z. B. Datenerhebung für Werbezwecke ohne weitere Konkretisierung des Adressatenkreises) weiter ein generelles Verarbeitungsinteresse des Störers als berechtigt angesehen.

Die Ausnahmeregelung bleibt ein praktisch wenig bedeutendes Korrektiv des generellen prima-facie-Interessenvorrangs zugunsten des Störers; wird sie angewendet, besteht kein Anlass zu Zweifeln an der Zumutbarkeit der Maßnahme für den Störer. Somit bleibt nur noch die praktische Durchsetzbarkeit dieser Maßnahme als Kriterium des Untermaßverbots zu betrachten. Erhebungen dazu sind nicht bekannt.

III. Die Verhältnismäßigkeit bei Maßgabe der Abwägung im Einzelfall

Hierbei geht es um den Verarbeitungszweck der „Wahrung berechtigter Interessen der verantwortlichen Stelle“ gem. § 28 Abs. 1 S. 1 Nr. 2 BDSG und für besondere Arten personenbezogener Daten (§ 3 Abs. 9 BDSG) um die „Geltendmachung, Ausübung oder Verteidigung rechtlicher Ansprüche“ gem. § 28 Abs. 6 Nr. 3 BDSG. Da das Gesetz für die hier zu betrachtenden Erlaubnistatbestände keinen Interessenvorrang beschreibt und angesichts der unendlichen tatbestandlichen Variationsmöglichkeiten kein verallgemeinerbares Schema existieren kann, nach dem die Auswahl der gebotenen Maßnahme im Wege einer einfachen Subsumtion vorgenommen werden könnte[737], bleibt hier nichts als die Betrachtung einzelner für das CRM besonders bedeutender und charakteristischer Datenverarbeitungsvorgänge, die unter die hier zu betrachtenden Erlaubnistatbestände fallen. Hier soll zunächst der für das CRM vor allem relevante Erlaubnistatbestand des § 28 Abs. 1 S. 1 Nr. 2 BDSG betrachtet werden, auf § 28 Abs. 6 Nr. 3 BDSG, der für die Datenverarbeitung im CRM nur untergeordnete Bedeutung hat, soll nur kursorisch eingegangen werden.

---

[737] Simitis (Simitis), BDSG § 28 Rz. 166.

1. Verhältnismäßigkeit von Maßnahmen bei Verarbeitung zur Wahrung berechtigter Interessen der verantwortlichen Stelle

a) Berechtigtes Interesse der verantwortlichen Stelle und Grund zur Annahme eines schutzwürdigen Interesses des Betroffenen

Was die Datenerhebung außerhalb bestehender Vertragsbeziehungen oder vertragsähnlicher Vertrauensverhältnisse für Zwecke des CRM betrifft, wird das Interesse des Unternehmers an der Risikoabwehr, der Gewinnung neuer Kunden, der Optimierung der Profitabilität der Kundenbeziehung und damit in letzter Konsequenz das Interesse am Betrieb des CRM grundsätzlich von der Rechtsordnung gebilligt[738]; das operative und analytische Instrumentarium des CRM ist auch auf die Erhebung von (potenziellen und aktuellen) Kundendaten – je umfassender, desto besser – systembedingt angewiesen, so dass an der Erforderlichkeit der Datenerhebung aus Sicht der verantwortlichen Stelle nach den Anforderungen des § 28 Abs. 1 S. 1 Nr. 2 BDSG in der Regel keine Zweifel bestehen. Nochmals: Das ändert nichts am Problem der Zweckbindung und dem Erfordernis der Konkretisierung des Erhebungszwecks, auch durch § 28 Abs. 1 S. 1 Nr. 2 BDSG wird also eine zweck- und ergebnisoffene Datenerhebung für die Auswertung der Data Warehouse-Daten durch Data Mining-Methoden nicht gerechtfertigt[739].

Das schutzwürdige Interesse des Betroffenen ist, entsprechend den bisherigen Feststellungen, sein persönlichkeitsrechtsbezogenes Schutzinteresse, das in Abhängigkeit von den Einzelheiten der durch die verantwortliche Stelle beabsichtigten Datenverarbeitung (Zweck, Art der Daten, Art der Verarbeitung, Bedeutung für den Betroffenen) zu konkretisieren ist.

Der Gesetzgeber privilegiert den Unternehmer insofern, als dieser vom Vorrang seiner Interessen ausgehen kann, solange für ihn kein konkreter Umstand erkennbar ist, dass entgegenstehende schutzwürdige Interessen des Betroffenen diese überwiegen. Dies bedeutet vor allem, dass es für die Datenerhebung für das CRM im Massengeschäft keiner Einzelfallprüfung bedarf, soweit im Rahmen einer Pauschalprüfung keine Anhaltspunkte für Persönlichkeitsrechtsverletzungen erkennbar sind und keine zusätzlichen Hinweise auf eine abweichende Interessenlage im Einzelfall bestehen. Damit ist aber keine Vorentscheidung im Sinne eines Prima-facie-Vorrangs der Interessen der verantwortlichen Stelle getroffen. Vielmehr bedarf es zumindest einer typisierenden, nicht einzelfallbezogenen Interessenabwägung, mit der festzustellen ist, dass durch die Da-

---

738 Wohl ebenso Bull, Zweifelsfragen um die informationelle Selbstbestimmung – Datenschutz als Datenaskese? in: NJW 2006, 1617 (1620 f.); kritisch hierzu Simitis (Simitis), BDSG § 28 Rz. 149 f. – wie immer wird es auf den Einzelfall ankommen.

739 Simitis (Simitis), BDSG § 28 Rz. 147.

tenerhebung nicht von vornherein die schutzwürdigen Interessen der Betroffenen beeinträchtigt werden[740].

b) Maßnahmen in Einzelfällen

aa) Datenverarbeitung zur Absicherung gegen kundenspezifische Risiken

Die Rechtsprechung nimmt ein generell gegenüber den Interessen des Betroffenen vorrangiges Interesse des Unternehmers an der Erhebung und Speicherung solcher Daten an, anhand derer der Unternehmer sich vor Schäden aus der Kundenbeziehung absichert, wo dies im oben genannten Sinne erforderlich ist, also wo ein entsprechendes und hinreichend bedeutendes Risiko überhaupt besteht[741]. Dies ist vor allem anzunehmen bei der Erhebung und Verarbeitung von Bonitätsdaten und Daten von Warndiensten, aus denen sich beispielsweise Aussagen über das Zahlungsausfall- oder Betrugsrisiko herleiten lassen[742]; in der Rspr. ist aber z. B. auch die Erhebung und Verarbeitung von Daten über die Art der Vertragsabwicklung von Versandkunden mit überproportional hohem Anteil an Rücksendungen („Hochretournierern") zum Schutz des Unternehmers vor einer unprofitablen Geschäftsbeziehung als rechtmäßig angesehen worden[743]. Wie bereits für den parallel gelagerten Fall der vertragsbezogenen Verarbeitung festgestellt, handelt es sich bei den Daten, die für die genannten Zwecke verarbeitet werden, in der Regel um sensible personenbezogene Daten, deren Verarbeitung beim Betroffenen eine Beeinträchtigung mit hoher Intensität verursacht. Dies bedeutet, dass an das Verarbeitungsinteresse hohe Anforderungen zu stellen sind.

Eine Abgrenzung von den Fällen der Datenverarbeitung für Vertragszwecke gem. § 28 Abs. 1 S. 1 Nr. 1 BDSG ist geboten. Das Risiko, vor dem sich der Unternehmer schützen möchte, entsteht erst dann, wenn er – erstmals oder wieder – in eine Geschäftsbeziehung zu dem Betroffenen eintritt. Dem entsprechend wurde ein Teil der Datenverarbeitung zur Absicherung gegen geschäftliche Risiken bereits dem Erlaubnistatbestand des § 28 Abs. 1 S. 1 Nr. 1 BDSG zugeordnet. Von diesem Erlaubnistatbestand nicht erfasst wird aber neben der Verarbeitung solcher Daten, deren Verarbeitung *nicht* zwingende Vorausset-

---

[740] Gola / Schomerus, BDSG § 28 Rz. 37.

[741] So auch Simitis (Simitis), BDSG § 28 Rz. 152 ff. m. w. N.

[742] Dies ist in der Rspr. generell anerkannt; vgl. z. B. BGH NJW 2003, 2904 (Interesse eines Kreditgebers an Bonitätsinformationen einer Wirtschaftauskunftei; vorausgehend ebenso OLG Stuttgart NJW-RR 2003, 1410), AG Wiesbaden ZVI 2004, 22 (ein Kreditinstitut hat im Rahmen der Bonitätsprüfung sogar ein geschütztes Interesse zu erfahren, dass von einem potenziellen Kunden eine geringe Forderung – 650 Euro – nicht vertragsgemäß und zögerlich ausgeglichen wurde, weil dies „ein wesentliches Kriterium für die Beurteilung der wirtschaftlichen Lage des Kunden" sei); vgl. auch Gola / Schomerus, BDSG § 28 Rz. 40 m. w. N.

[743] OLG Hamburg WRP 2005, 1033 = CR 2005, 902.

zung für die Geschäftsabwicklung sind, eine Weiterverwendung (also im ersten Schritt auf jeden Fall die Speicherung) von vertragsbezogen erhobenen personenbezogenen Daten, die für eine kundenbezogene Risikoabschätzung aussagekräftig sind; das Interesse des Unternehmers ist darauf gerichtet, das kundenbezogene Risiko beim *nächsten* Geschäft mit dem selben Kunden zu kennen[744]. Plastisch ausgedrückt, will es sich der Unternehmer merken, wenn es bei einer Geschäftsabwicklung zu Unregelmäßigkeiten gekommen ist, die auf ein kundenspezifisches Risiko bei der Abwicklung künftiger Geschäfte hindeuten, damit er sein eigenes Verhalten bei künftigen Geschäften darauf einrichten kann. Es muss natürlich auch eine konkrete Aussicht geben, dass der Betroffene tatsächlich mit dem Unternehmer (wieder) Geschäftsbeziehungen eingeht – eine ohne konkreten Anlass vorgenommene Datenerhebung mit Daten von Personen, mit denen sich eine Geschäftsbeziehung nicht einmal abzeichnet, ist selbstverständlich nicht erforderlich und damit – abgesehen von dem weiter unten noch zu erörternden Fall der Nutzung und Übermittlung zur Wahrung berechtigter Interessen Dritter gem. § 28 Abs. 3 S. 1 Nr. 1 BDSG – unzulässig. Da es hier um eine Speicherung für Zwecke außerhalb der jeweils aktuellen Vertragsbeziehung geht – die etwa im Falle des „Hochretournieres" mit der gegenseitigen Erfüllung bzw. der Rücksendung der Ware beendet ist -, ist § 28 Abs. 1 S. 1 Nr. 1 BDSG nicht einschlägig. Wenn dann aber der Kunde erneut mit dem Unternehmer ein Geschäft tätigen möchte, wird die Auswertung der Daten, also die eigentliche Risikoanalyse – soweit die tatbestandlichen Voraussetzungen für die Annahme eines Vertrags oder eines vertragsähnlichen Vertrauensverhältnisses vorliegen – wieder vom Privileg des § 28 Abs. 1 S. 1 Nr. 1 BDSG erfasst.

Mit Blick auf die Bestimmtheitsanforderungen der Zweckbestimmung der Datenerhebung aus § 28 Abs. 1 S. 2 BDSG und die Vorgabe, dass die Datenerhebung nur zulässig ist, soweit sie tatsächlich erforderlich ist, ist ferner zu verlangen, dass vor der Erhebung genau festgelegt wird, welche Daten für diese Schutzzwecke zu erheben sind; das setzt voraus, dass bei der Erhebung bereits bekannt ist, wie diese Daten ausgewertet werden, um die erforderlichen Informationen zum Risiko der Geschäftsbeziehung zu erhalten. Das wiederum schließt die umfassende Erhebung einer unbestimmten Vielzahl personenbezogener Daten zum Zwecke der Auswertung mit Data Mining-Methoden aus den oben genannten Gründen aus, nicht aber die Verarbeitung mittels OLAP, wo eine Festlegung der einer Auswertung zugrunde zu legenden Daten vorab möglich ist.

---

[744] Weiteres denkbares Interesse des Unternehmers kann auch sein, Dritte vor dem Kunden zu warnen, was dann allerdings mit § 28 Abs. 3 S. 1 Nr. 1 BDSG einen anderen Erlaubnistatbestand berührt.

Auch auf die Notwendigkeit der Erfüllung der Informationspflichten der verantwortlichen Stelle ist hier nochmals hinzuweisen; hier kann auf die Ausführungen zu § 28 Abs. 1 S. 1 Nr. 1 BDSG verwiesen werden[745].

In der Literatur[746] wird in Bezug auf Geschäftsdaten zwischen Positiv- und Negativmerkmalen unterschieden, wobei eine weitere Differenzierung zwischen „harten" und „weichen" Negativmerkmalen vorgenommen wird. Positivmerkmale betreffen die Aufnahme und ordnungsgemäße Abwicklung von Geschäftsverbindungen[747]; da sie keine Warnfunktion entfalten können und kein spezifisch kundenbezogenes Vertragsrisiko beschreiben, ist die Erhebung von Positivmerkmalen aus früheren Geschäftsverbindungen für die künftige Vertragsabwicklung nicht erforderlich, die Erhebung solcher Daten kann also nicht auf den hier beschriebenen Erlaubnistatbestand gestützt werden. Negativmerkmale erlauben dagegen eine Einschätzung der Bonität und spezifischer Vertragsrisiken. Dabei sind als „harte" Negativmerkmale etwa Angaben über Kreditkartenmißbrauch, eine Zwangsvollstreckung gegen den Betroffenen oder eine Insolvenz des Betroffenen zu verstehen[748], vor allem solche Angaben, die durch staatliche Mitwirkung entstanden sind[749] und die unmittelbar auf schwerwiegende finanzielle Probleme des Betroffenen hindeuten, deren Kenntnis bei finanziellen Vertragsrisiken unbedingt bekannt sein müssen; „weiche" Negativmerkmale sind lediglich Indizien für finanzielle Kalamitäten des Betroffenen (z. B. Mahnungen[750], Kreditkündigungen[751], Lohnabzug im Bürgschaftsverfahren[752]). Während also Positivdaten aus vergangenen Geschäftsvorfällen nicht für die Risikoanalyse verarbeitet werden dürfen, weil aus ihnen keine Risikoabschätzung gewonnen werden kann; ist dies bei „weichen" Negativmerkmalen zweifelhaft, bei denen es für die Frage der Erforderlichkeit der Verarbeitung immer auf den Einzelfall ankommen wird. Nur bei „harten" Negativmerkmalen steht die Erforderlichkeit der Verarbeitung außer Frage.

Die – im Sinne der Rechtsprechung – vorgeschlagene „Maßnahme" ist also in Fällen der Datenverarbeitung für solche Zwecke die Erlaubnis der Datenverar-

---

745 Kap. 7 C.III.2.b).

746 Simitis (Simitis), BDSG § 28 Rz. 172; Duhr, Datenschutz in Auskunfteien, in: Roßnagel, Handbuch Datenschutzrecht, Teil 7.5 Rz. 32.

747 Duhr, Datenschutz in Auskunfteien, in: Roßnagel, Handbuch Datenschutzrecht, Teil 7.5 Rz. 32.

748 Simitis (Simitis), BDSG § 28 Rz. 172 m. w. N.; Duhr, Datenschutz in Auskunfteien, in: Roßnagel, Handbuch Datenschutzrecht, Teil 7.5 Rz. 32.

749 Die förmliche Eröffnung eines Insolvenzverfahrens etwa kann schon wegen der damit verbundenen staatlichen Überprüfungen als sicheres, also „hartes" Indiz für eine schlechte Bonität angesehen werden; vgl. Duhr, Datenschutz in Auskunfteien, in: Roßnagel, Handbuch Datenschutzrecht, Teil 7.5 Rz. 32.

750 OLG München BB 1984, 1965.

751 OLG München ZIP 1985, 344.

752 BGH NJW 1984, 436.

beitung. Wie oben dargelegt, bedarf es hier nur der Prüfung, ob ein Verstoß gegen das Untermaßverbot anzunehmen ist, also ob die Erlaubnis für die auf diese Zwecke bezogene Datenverarbeitung für den Betroffenen zumutbar ist.

Soweit die Datenverarbeitung auf solche Daten beschränkt ist, die nachvollziehbar eine kundenbezogene Risikoanalyse zulassen – dabei wird es ausschließlich um Negativmerkmale gehen können – ist aus den oben bereits für die vertragsbezogene Datenverarbeitung solcher risikobezogener Daten genannten Gründen das Verarbeitungsinteresse in der Regel gegenüber dem Ausschlussinteresse vorrangig; für den Betroffenen ist die Verarbeitung seiner personenbezogenen Daten damit jedenfalls dann zumutbar, wenn es sich um „harte" Negativmerkmale handelt. Bei den „weichen" Negativmerkmalen, die lediglich eine Indizwirkung für spezifische Risiken entfalten können, kommt es allerdings auf die Aussagekraft der konkreten Daten im Einzelfall an. Für die „weichen" Negativmerkmale wird bisher offenbar lediglich bei Mahnbescheiden auf Grundlage unbestrittener Forderungen, die nur der Erlangung eines Titels dienen, die Übermittlung an die SCHUFA und damit – bezogen auf den hier betrachteten Erlaubnistatbestand – ein vorrangiges Verarbeitungsinteresse der verantwortlichen Stelle anerkannt[753]. Darüber hinaus wird z. T. gefordert, dass bei der Verarbeitung „weicher" Negativmerkmale den Betroffenen vor der Speicherung Gelegenheit gegeben werden muss, eventuell Widerspruch anzumelden[754]; der Widerspruch soll die verantwortliche Stelle dazu zwingen, den Einzelfall besonders genau zu prüfen und die Verwendung der Daten ggf. besonders zu begründen[755]. In Zweifelsfällen ergibt sich aus der grundsätzlichen Vorgabe des § 4 Abs. 1 BDSG, dass das Ausschlussinteresse vorrangig, die Verarbeitung damit unzulässig ist[756], was wiederum für den Störer schon in Anbetracht der Zweifel an der Erforderlichkeit der Verarbeitung von Merkmalen mit zweifelhafter Aussagekraft ein zumutbarer Eingriff und damit kein Verstoß gegen das Übermaßverbot ist.

bb) Datenverarbeitung für Zwecke der Kundenwert-Bestimmung und für Zwecke des Marketings

Gegenüber der Risikoanalyse erfüllt die Kundenwert-Bestimmung einen anderen Zweck: Aus den kundenbezogenen Daten bisheriger Geschäftsvorfälle und zumeist von Adresshändlern übernommenen Daten potenzieller Kunden, ergänzt durch jede nur irgendwie erhältliche zusätzliche Information über den Kunden, möchte der Unternehmer eine möglichst genaue Aussage darüber ge-

---

[753] Nachw. bei Duhr, Datenschutz in Auskunfteien, in: Roßnagel, Handbuch Datenschutzrecht, Teil 7.5 Rz. 34.

[754] Schapper / Dauer, Die Neugestaltung des SCHUFA-Verfahrens, in: CR 1986, 318; Simitis (Simitis), BDSG § 28 Rz. 172; weitere Nachw. bei Gola / Schomerus, BDSG § 28 Rz. 38.

[755] Simitis (Simitis), BDSG § 28 Rz. 172.

[756] Vgl. Hoeren, Zulässigkeit der Erhebung, Verarbeitung und Nutzung im privaten Bereich, in: Roßnagel, Handbuch Datenschutzrecht, Teil 4.6 Rz. 33.

winnen, ob die betroffene – aktuelle oder potenzielle – Kundenbeziehung ein hohe Profitabilität verspricht oder nicht, und auf welche Produkte sich dies bezieht, damit er sein künftiges Verhalten dem Kunden gegenüber an dieser Erkenntnis ausrichten kann. Damit ist dieses Interesse praktisch die „Kehrseite" des zuvor erörterten Interesses an einer effektiven Risikoabwehr. Die Weiterverwendung der aus einer Kundenbeziehung gewonnenen Daten oder die Erhebung „neuer" personenbezogener Daten für Marketingzwecke erfüllen einen in dieselbe Zielrichtung reichenden Zweck: Die Kundendaten werden einer Verwertung außerhalb konkreter Vertragszwecke zugeführt, die einer Erhöhung der Profitabilität der Kundenbeziehung (oder bei Erhebung der Daten potenzieller Kunden der Begründung einer neuen profitablen Kundenbeziehung) dient. Diese Zwecke werden grundsätzlich durch die Rechtsordnung gebilligt[757] und gehören als Aspekt der Berufsausübungsfreiheit des Unternehmers in den Schutzbereich des Grundrechts aus Art. 12 Abs. 1 GG.

Dass die Rechtmäßigkeit und damit auch das berechtigte Interesse des Unternehmers an der Kundenwert-Bestimmung und der Verwendung personenbezogener Daten für Marketingzwecke durch Data Mining auf Grundlage zweckoffen vorgehaltener Kundendaten aus dem Data Warehouse bereits an der fehlenden Möglichkeit einer hinreichend konkreten Zweckbestimmung und der fehlenden Konkretisierung der erforderlichen Daten[758] bei der Datenerhebung für die künftige Datenspeicherung im Data Warehouse scheitern muss, wurde oben dargelegt. Das bedeutet aber nicht, dass somit keine Kundenwert-Bestimmung oder Verarbeitung für Marketingzwecke im Rahmen des CRM anhand vorher festgelegter Indikatoren möglich wäre; a priori ausgeschlossen ist nur das Data Mining, wo schon systembedingt eine solche vorherige Festlegung nicht möglich ist[759].

Gegenüber dem oben dargestellten Verarbeitungsinteresse ist das Recht des informationellen Selbstbestimmung des Betroffenen abzuwägen. Auch hier ist eine generelle Bestimmung und Gewichtung dieses Interesses nicht möglich, wieder kommt es maßgeblich auf die verarbeiteten Daten und die konkrete Art der beabsichtigten Verarbeitung im Einzelfall an[760].

Es gibt für die hier betrachteten Verarbeitungszwecke weder Rechtsprechung noch eine eindeutige und einheitliche Literaturmeinung, ob tendenziell eher das Verbot oder die Erlaubnis als Maßnahme geboten ist; dem entsprechend kann nur einzelfallbezogen über die Rechtmäßigkeit oder Rechtswidrigkeit einer bestimmten Datenverarbeitung entschieden werden. Allerdings lassen sich für diese Entscheidung einige Kriterien ausmachen.

---

757 Simitis (Simitis), BDSG § 28 Rz. 159.
758 Simitis (Simitis), BDSG § 28 Rz. 137; Gola / Schomerus, BDSG § 28 Rz. 34.
759 Simitis (Simitis), BDSG § 28 Rz. 147.
760 Simitis (Simitis), BDSG § 28 Rz. 162 ff.

Ohne Zweifel überwiegt das Ausschlussinteresse des Betroffenen, wenn er ausdrücklich erklärt hat, dass er mit der Verarbeitung nicht einverstanden ist. Zwar gilt generell, dass bei den gesetzlichen Erlaubnistatbeständen eine Datenverarbeitung nicht vom Einverständnis des Betroffenen abhängt. Mit der geäußerten Verweigerung geben die Betroffenen aber eindeutig zum Ausdruck, „dass jeder Zugriff auf ihre Daten einen aus ihrer Perspektive nicht hinnehmbaren Eingriff in ihre schutzwürdigen Belange bedeutet. Die berechtigten Interessen der verantwortlichen Stelle an einer Verwendung der Angaben können unter diesen Umständen nur dann vorgehen, wenn sie in der Lage ist, überzeugende Gründe dafür anzugeben, dass sich die Betroffenen trotz ihrer Ablehnung mit einer Verwendung abfinden müssen.“[761] Wo das Interesse der verantwortlichen Stelle allerdings vorrangig auf eine Erhöhung der Profitabilität der eigenen Geschäftsbemühungen gerichtet ist, kann dieser Zweck letztlich nur innerhalb der Kundenbeziehung erreicht werden (potenzielle Kunden erwirtschaften als solche keine Umsätze!), in der das Interesse des Kunden schon wegen der rechtsgeschäftlichen Ausgestaltung ein große Rolle spielen muss – dagegen kann sich ein einseitiges, allein auf Profitstreben gestütztes Interesse des Unternehmers in keinem Fall durchsetzen. In diesem Fall ist es für den Kunden nicht zumutbar, die Datenverarbeitung hinzunehmen, während der Verzicht auf die Datenverarbeitung für den Unternehmer, dessen Interesse kaum beeinträchtigt wird, ohne weiteres zumutbar ist.

Wo sich der Betroffene in Kenntnis der Datenverarbeitung, die wegen der Informationspflichten der verantwortlichen Stelle vorauszusetzen ist (und die, wie an anderer Stelle bereits festgestellt wurde, Voraussetzung der Zulässigkeit der Datenverarbeitung sein muss), nicht gegen die Verarbeitung äußert, kommt es wieder auf die Art der Daten und den Verwendungszusammenhang an; im Übrigen hängt die Entscheidung im Einzelfall auch von einer individuellen Wertung der betroffenen Interessen ab, die im rechtlichen Diskurs offensichtlich seht stark rechtspolitisch oder rechtsethisch „beladen“ ist: Hier stehen sich die Lager der Datenschützer (mit Simitis als ihrem prominentesten Vertreter) und der wirtschaftsnäher orientieren Rechtswissenschaftler (in deren Lager sich offenbar in letzter Zeit Bull geschlagen hat) unversöhnlich gegenüber. Bull[762] vertritt die Ansicht, dass ein großer Teil der beim CRM stattfindenden Datenverarbeitung[763], bezogen auf eine Beeinträchtigung des Rechts auf informationelle Selbstbestimmung, so belanglos ist, dass sich das Ausschlussinteresse wegen

---

[761] Simitis (Simitis), BDSG § 28 Rz. 181.

[762] Zweifelsfragen um die informationelle Selbstbestimmung – Datenschutz als Datenaskese? In: NJW 2006, 1617 (1621).

[763] Dies gilt mit Ausnahme des „Scorings“, das Bull aber – fälschlich, zumindest aber ungenau – mit dem Begriff des „Kundenwerts“ in Zusammenhang bringt, den er offenbar in erster Linie als Instrument der Bonitätsprüfung begreift; Zweifelsfragen um die informationelle Selbstbestimmung – Datenschutz als Datenaskese? In: NJW 2006, 1617 (1622).

der geringen Intensität der Beeinträchtigung in der Regel nicht durchsetzen muss. Er ist der Ansicht, dass es keinen besonders schwerwiegenden Eingriff darstellt, wenn im Ergebnis eines auf kaufpsychologischen Kriterien begründeten internen Verarbeitungsvorgangs nichts anderes herauskommen kann als die Erkenntnis, „dass die betreffenden Personen zu einer Gruppe von Personen gehören, bei denen der Datennutzer die Bereitschaft zum Erwerb bestimmter Waren oder zur Inanspruchnahme bestimmter Dienstleistungen (...) vermutet."[764] Denselben Verarbeitungstatbestand beschreibt Simitis[765] ganz anders: „Ebenso gehen die schutzwürdigen Belange des Betroffenen vor, wenn die verantwortliche Stelle die Verarbeitung oder Nutzung auf Daten ausweitet, die möglichst detaillierte Informationen über persönliche Gewohnheiten und Verhaltensweisen vermitteln. Derartige Angaben mögen gerade unter Werbe- oder Kreditaspekten eine wichtige Rolle spielen. Die informationelle Selbstbestimmung der Betroffenen verbietet es, ihr Verhalten auszuforschen und zu registrieren, kurzum den ‚gläsernen' Konsumenten anzustreben. Die Betroffenen sind kein Informationsobjekt, das gleichsam beliebig in ebenso beliebig verwendbare Daten zerlegt werden kann. Der Zugriff auf Angaben, die sich auf ihre Person beziehen, muss jedenfalls dort eine Grenze finden, wo ihr tägliches Verhalten minutiös rekonstruiert wird, nicht zuletzt um es zu kommerziell verwertbaren Profilen zusammenzufügen. Es ist deshalb nicht Aufgabe der Betroffenen, sich dem wie immer definierten Informationsbedarf der verantwortlichen Stelle anzupassen, oder gar ihre Weigerung, dies zu tun, zu rechtfertigen." Simitis und Bull repräsentieren mit den wiedergegebenen Ansichten die Extreme des Meinungsspektrums; es lohnt sich daher, die Unterschiede in den Begründungen der Auffassungen genauer zu betrachten.

Auffällig ist zunächst, dass beide Autoren ein grundsätzlich unterschiedliches Verständnis davon haben, was eigentlich bei der Verarbeitung von Kundendaten, also im analytischen CRM geschieht und wie es sich auf die Beeinträchtigung der Schutzinteressen des Betroffenen auswirkt. Bull meint, der interne Verarbeitungsvorgang (also – wie er ausdrücklich schreibt – auch eine ausgefeilte kaufpsychologische Profilbildung) berühre die geschützten Interessen des Betroffenen überhaupt nicht, weil sie keinerlei Außenwirkung entfalte; es käme nur auf das Ergebnis des Verarbeitungsvorgangs an. Das Ergebnis sei zwar eine neue Erkenntnis über bestimmte Konsumvorlieben des Kunden, die sich der Unternehmer für die gezielte Kundenansprache zunutze machen könnte, die Feststellung von Konsumvorlieben sei aber, für sich betrachtet, kein Persönlichkeitsprofil, sondern nur ein „Kunstprodukt", das dem Betroffenen „nicht gefährlich werden" könne[766], weil ihm ja im schlimmsten Fall nicht mehr passie-

---

[764] Bull, Zweifelsfragen um die informationelle Selbstbestimmung – Datenschutz als Datenaskese? in: NJW 2006, 1617 (1621).

[765] Simitis (Simitis), BDSG § 28 Rz. 173 f.

[766] Bull, Zweifelsfragen um die informationelle Selbstbestimmung – Datenschutz als Datenaskese? in: NJW 2006, 1617 (1621 f.)

ren könne als Adressat gezielter Werbemaßnahmen zu werden. Dem aus der Kundendatenverarbeitung im Massengeschäft gewinnbaren Konsumprofil des Kunden misst er keine besondere Bedeutung bei. Simitis dagegen geht offenbar davon aus, dass die interne Verarbeitung und die damit verbundene Kommerzialisierung der personenbezogenen Daten einen eigenständigen „Unwert" hat, der unabhängig vom Auswertungsergebnis im Einzelfall bestehen soll. Aus dieser Unterscheidung resultiert dann folgerichtig der wesentliche Unterschied in der rechtlichen Einschätzung der Intensität der vom Betroffenen hinzunehmenden Beeinträchtigung: Indem Simitis vor allem den internen Vorgang der Analyse des Kundenverhaltens bewertet und mit seinem Argument, die Betroffenen seien „kein Informationsobjekt", an die „Objektformel"[767] des BVerfG erinnert (und damit wohl einen Verstoß gegen die Menschenwürde als Aspekt des betroffenen allgemeinen Persönlichkeitsrechts begründen möchte), gelangt er zu einer intensiven Schutzrechtsbeeinträchtigung des Betroffenen, gegen die sich das Verarbeitungsinteresse der verantwortlichen Stelle schon deshalb nicht durchsetzen kann, weil die im Kern dieses Interesses liegende Kommerzialisierung der personenbezogenen Daten (als eine Art von „Entpersönlichung") den Verstoß gegen die Menschenwürde erst begründet. Bull dagegen spricht sich unter Berufung auf die fehlende Außenwirkung der Datenanalyse ausdrücklich gegen die Anwendung der Objektformel aus und sieht die Menschenwürde nicht berührt[768]. Da sich seine Betrachtung auf ein einzelfallspezifisches Analyseergebnis beschränkt (z. B. die auf ein bestimmtes Produkt bezogene Konsumbereitschaft des Kunden), das für sich gesehen die informationelle Selbstbestimmung tatsächlich kaum berührt, ist seine Folgerung zugunsten eines generellen Interessenvorrangs der verantwortlichen Stelle in den Verarbeitungsfällen für die hier betrachteten Zwecke konsequent.

Keiner der beiden Ansichten kann für die typischen für die genannten Zwecke vorgenommenen Datenverarbeitungsvorgänge des CRM uneingeschränkt gefolgt werden. Simitis überzeichnet in tatbestandlicher Hinsicht die Gefahren der für reale Kundendatenverarbeitung typischen Konsumentenprofile – es ist kaum zu erwarten, dass für Zwecke des CRM Daten aus der Intimsphäre des Betroffenen erhoben und verarbeitet werden; vor allem die von Simitis heraufbeschworene „minutiöse Rekonstruktion" des „täglichen Verhaltens" des Betroffenen zur Erschaffung von Konsumentenprofilen stellt sich aus der Perspektive des Massengeschäfts, in dem CRM zur Anwendung gelangt, als unrealistisches Schreckensszenarium dar. Mit dem im Volkszählungsurteil[769] beschriebenen „Totalabbild der Persönlichkeit" hat die auf relativ banale Konsum- und Sozialdaten bezogene Profilbildung des CRM nichts gemein – wer da schon die Menschenwürde in Ansatz bringt, schießt mit Kanonen auf Spatzen. Andererseits ist

[767] Vgl. BVerfGE 30, 1 (39 f.); kritischer zuletzt E 109, 279 (312 f.).

[768] Bull, Zweifelsfragen um die informationelle Selbstbestimmung – Datenschutz als Datenaskese? in: NJW 2006, 1617 (1621).

[769] BVerfG 65, 1 (53).

die Beeinträchtigung geschützter Rechte des Betroffenen auch nicht auf das einzelfallbezogene Analyseergebnis beschränkt, wie Bull meint. Bull verkennt dabei, dass die für solche Zwecke vorgehaltenen Daten für eine Vielzahl unterschiedlicher Analysen geeignet sind, die – jede für sich betrachtet – banal sein mögen, in ihrer Summe aber sehr wohl die Eigenschaften eines aussagekräftigen und unter Umständen dem Persönlichkeitskern nahen Gesamtprofils gewinnen können. Damit ist auf jeden Fall des Recht des Betroffenen auf Schutz seiner sozialen Identität, also das Schutzgut der informationellen Selbstbestimmung berührt. Da es der interne Analyse- und Verarbeitungsprozess ist, der die verantwortliche Stelle in letzter Konsequenz zu einer weit reichenden Abbildung verschiedenster Persönlichkeitsmerkmale befähigt, wenn nur aus dem analytischen CRM eine entsprechende Information abgefragt wird, kann dem Betroffenen ein auf die mit dem internen Verarbeitungsprozess verbundene Rechtsbeeinträchtigung bezogenes Interesse am Ausschluss der Datenverarbeitung nicht a priori abgesprochen werden.

Vor diesem Hintergrund kann nicht abschließend festgestellt werden, wessen Interesse der Vorrang gebührt. Die verantwortliche Stelle hat für jeden der – im Massenverfahren für den gesamten Kundenkreis standardisierten – Verarbeitungsschritte des CRM, also insbesondere für die Auswahl der kundenbezogen gespeicherten Datenarten, eine gerichtlich uneingeschränkt überprüfbare Abwägung des Verarbeitungsinteresses gegen die Interessen der Kunden vorzunehmen; eine auf den einzelnen Kunden bezogene Abwägung ist nur erforderlich, wenn es Anhaltspunkte dafür gibt, dass die Interessenlage im Einzelfall anders ist als bei „Durchschnittskunden“[770]. Es wird dann wesentlich von den konkreten Datenarten und den aus deren Verarbeitung zu gewinnenden Erkenntnissen abhängen, ob ein vorrangiges schutzwürdiges Interesse des Betroffenen vorliegt. Je detaillierter die personenbezogenen Daten sind, je sensibler oder intimer die Daten sind, je weiter die Analyse in die Bestimmung unbewusster Verhaltensmuster des Betroffenen geht, je genauer das Persönlichkeitsbild des Betroffenen im Ergebnis der gewonnenen Analysen abgebildet wird, desto gewichtiger ist das Ausschlussinteresse des Betroffenen. Wieder gilt das grundsätzliche Gebot der restriktiven Auslegung der Erlaubnistatbestände[771], so dass aus der Ratio des § 4 Abs. 1 BDSG wieder gefolgt werden muss, dass im Zweifelsfalle die Datenverarbeitung unzulässig ist.

Es liegt angesichts dieser Abgrenzungsprobleme auf der Hand, dass das Risiko einer Fehleinschätzung der verantwortlichen Stelle hoch ist. Für die verantwortliche Stelle ist dies aber zumutbar, weil sie immer die Möglichkeit hat, eine Einwilligung des Betroffenen einzuholen, wenn sie nur die verarbeiteten Daten, Zweck und Art und Weise der Datenverarbeitung konkret genug benennt – was sie aus den oben genannten Gründen auch dann tun muss, wenn sie die Verar-

[770] Vgl. Gola / Schomerus, BDSG § 28 Rz. 37.
[771] Simitis (Simitis), BDSG § 1 Rz. 28 m. w. N.

beitung ohne Einwilligung des Betroffenen vornehmen möchte. Für den Betroffenen reicht das Schutzniveau – wieder unter der zwingenden Voraussetzung ausreichender und zutreffender Information durch die verantwortliche Stelle – schon deshalb aus, weil er mit seiner ablehnenden Äußerung die Unzulässigkeit der Datenverarbeitung selbst herbeiführen kann; dies ist auch im Sinne der Subsidiarität staatlicher Maßnahmen mit der Schutzpflichtlehre konsistent. Er kann sein Ausschlussinteresse dann auch durchsetzen: Einerseits ist die unzulässige Verarbeitung wieder gem. § 43 Abs. 2 Nr. 1 BDSG ordnungsrechtlich sanktioniert, andererseits kann der Betroffene auf zivilrechtlichem Wege (§§ 823, 1004 BGB) Unterlassungsansprüche geltend machen.

c) Zwischenergebnis

Insgesamt bestehen in den betrachteten Fällen trotz der Unmöglichkeit der Klärung der Zulässigkeitsfrage ohne Betrachtung des konkreten Einzelfalls keine Befürchtungen, dass bei dieser rechtlichen Ausgestaltung des datenschutzrechtlichen Schutzkonzepts gegen das Unter- oder Übermaßverbot verstoßen werden könnte. Somit bestehen hier auch keine Bedenken, von der schutzrechtlichen Verhältnismäßigkeit dieses Teils des datenschutzrechtlichen Schutzkonzepts auszugehen.

2. Verhältnismäßigkeit von Maßnahmen bei der Verarbeitung besonderer Arten personenbezogener Daten zur Geltendmachung rechtlicher Ansprüche

Der Fall des § 28 Abs. 6 Nr. 3 BDSG gehört noch in diese Regelungskategorie. Auf der tatbestandlichen Ebene ist dieser Erlaubnistatbestand bereits auf die Geltendmachung, Ausübung oder Verteidigung rechtlicher Ansprüche beschränkt, was in der Regel außerhalb der Funktionalität der Datenverarbeitung des CRM liegen wird; daher rührt die Einschätzung, dass dieser Erlaubnistatbestand für die Datenverarbeitung im Rahmen des CRM wenig Relevanz besitzt. In der Literatur sind keine Beispielsfälle für die Anwendung dieses Erlaubnistatbestandes auffindbar, die irgend einen nahe liegenden Bezug zur Datenverarbeitung für Zwecke des CRM aufweisen[772]. Angesichts der besonderen Sensibilität der hier betroffenen Daten dürfte die Verarbeitung solcher Daten für die beschriebenen Zwecke des CRM spätestens aber am überwiegenden Schutzinteresse des Betroffenen scheitern, was unter Verhältnismäßigkeitsgesichtspunkten keinen Bedenken begegnen kann.

---

[772] Vgl. z. B. Simitis (Simitis), BDSG § 28 Rz. 332 ff.

IV. Die Verhältnismäßigkeit bei Interessenzuweisung auf Grundlage unbestimmter Rechtsbegriffe

Abschließend sind die Fälle zu betrachten, in denen der Gesetzgeber bereits dann zwingend und ohne die Möglichkeit der Interessenabwägung im Einzelfall von der Unzulässigkeit der Datenverarbeitung ausgeht, wenn Grund zu der Annahme besteht, dass der Betroffene ein schutzwürdiges Ausschlussinteresse hat. Die für das CRM relevanten Fälle sind die geschäftsmäßige Datenerhebung zum Zweck der Übermittlung (§ 29 Abs. 1 S. 1 Nr. 1 BDSG) und die daraufhin vorgenommene Übermittlung (§ 29 Abs. 2 S. 1 BDSG), die Übermittlung oder Nutzung von Daten für andere als die Erhebungszwecke zur Wahrung berechtigter Interessen eines Dritten (§ 28 Abs. 3 S. 1 Nr. 1 BDSG) und für Zwecke der Werbung, Markt- oder Meinungsforschung (§ 28 Abs. 3 S. 1 Nr. 3 BDSG) sowie die Veränderung geschäftsmäßig zum Zweck der Übermittlung in anonymisierter Form erhobener Daten (§ 30 Abs. 2 Nr. 1 BDSG). Diese Erlaubnistatbestände lassen sich nach den typischen Verarbeitungszwecken in zwei Gruppen unterscheiden:

- Die erste Gruppe dieser Erlaubnistatbestände stellt sich als gesetzliche Privilegierung der Datenverarbeitung für Marketingzwecke dar; dies betrifft insbesondere das Listenprivileg des § 28 Abs. 3 S. 1 Nr. 3 BDSG, aber auch die Erlaubnis der geschäftlichen Datenverarbeitung zum Zweck der Übermittlung und die daraufhin erfolgte Übermittlung in den in § 29 Abs. 1 S. 1 BDSG genannten Beispielfällen (mit Ausnahme der Tätigkeit der Auskunfteien), die vor allem die Tätigkeit der Adresshändler und der Markt- und Meinungsforschungsinstitute absichern soll. Zu diesen Fällen zählt auch der Erlaubnistatbestand des § 30 Abs. 2 Nr. 1 BDSG. Es sind hier im ersten Schritt die für das CRM relevanten Fälle zu identifizieren, in denen Grund zu der Annahme besteht, dass die Interessen des Betroffenen in einem für die Unzulässigkeit der Verarbeitungsvorgänge ausreichendem Maße vorrangig sind, danach ist der „Grundfall“ der vom Gesetzgeber mit dem Verarbeitungsprivileg vorausgesetzten Erlaubnis der Verarbeitung auf eine Verletzung des Untermaßverbots hin zu betrachten.

- Ein weiterer Teil der hier betrachteten Erlaubnistatbestände weist eine andere Struktur auf. Zu benennen sind hier die Übermittlung oder Nutzung von Daten für andere als die Erhebungszwecke zur Wahrung berechtigter Interessen eines Dritten (§ 28 Abs. 3 S. 1 Nr. 1 BDSG) und – wieder – die geschäftsmäßige Datenerhebung zum Zweck der Übermittlung (§ 29 Abs. 1 S. 1 Nr. 1 BDSG) und die daraufhin vorgenommene Übermittlung (§ 29 Abs. 2 S. 1 BDSG), diesmal allerdings bei der Geschäftstätigkeit der Auskunfteien und außerhalb der gesetzlich konkret benannten marketingbezogenen Regeltatbestände. Diese Gruppe von Erlaubnistatbeständen ist für das CRM von besonderer Bedeutung, weil es dabei vor allem um die Informationsflüsse in das CRM und aus dem CRM heraus im Falle risikobezogener

Kundendaten geht; erfasst wird die Erhebung und Übermittlung von Bonitätsdaten und ähnlichen risikobezogenen Daten hinein in oder heraus aus branchenübergreifenden Warndateien und die Datenerhebung und -übermittlung an und von Auskunfteien (wie etwa die SCHUFA oder Creditreform). Die einzelnen Erlaubnistatbestände unterscheiden sich durch die Richtung des jeweiligen Informationsflusses: Die Erhebung und Speicherung durch die Auskunftei (u.ä.) und die Übermittlung von dort zum Unternehmen wird durch die Erlaubnistatbestände des § 29 BDSG erfasst, die Übermittlung von Daten aus dem Unternehmen hin zu einem Branchenwarndienst oder einer Auskunftei fällt unter § 28 Abs. 3 S. 1 Nr. 1 BDSG. Der Gesetzgeber privilegiert hier keine Seite; angesichts der besonders sensiblen Daten, um die es hier geht, und der erheblichen Auswirkungen der Datenverarbeitung für den Betroffenen liegt die Schwelle zur Unzulässigkeit niedrig. Hier kann für die Auswahl der zu betrachtenden Maßnahme eine ständige Rechtsprechung herangezogen werden, die diese Kommunikation von risikobezogenen Daten in den entschiedenen Fällen als zulässig angesehen hat; die als Regelfall zu betrachtende Maßnahme ist also auch hier die Erlaubnis der Datenverarbeitung, bei der zu prüfen ist, ob ein Verstoß gegen das Untermaßverbot anzunehmen ist.

1. Verhältnismäßigkeit bei der für Marketingzwecke privilegierten Datenverarbeitung

Bei den für Marketingzwecke erhobenen und verarbeiteten Daten handelt es sich in der Praxis zumeist um die in § 28 Abs. 3 S. 1 Nr. 3 BDSG beschriebenen Listendaten, die mit zusätzlichen Klassifizierungsmerkmalen versehen werden. Dabei eröffnen die Listendaten die Möglichkeit der eindeutigen Identifikation und der persönlichen Ansprache des Betroffenen, die zusätzlichen Klassifizierungsmerkmale erlauben dann eine Zuordnung zu bestimmten Gruppen; dabei kann es etwa um produktbezogene Interessen des Betroffenen oder eine Kaufkraftklassifizierung gehen. Der Erlaubnistatbestand des § 28 Abs. 3 S. 1 Nr. 3 BDSG beschränkt die Anzahl der zur Übermittlung vorgesehenen Gruppenmerkmale auf ein einziges zusätzliches Merkmal; die Erlaubnistatbestände des § 29 BDSG sehen dagegen keine Beschränkung des Informationsumfangs vor. Die Tatbestände des § 28 Abs. 3 S. 1 Nr. 3 BDSG und des § 29 BDSG unterscheiden sich darüber hinaus insofern, als der erste Fall die „Sekundärverwertung" von anderweitig zweckbestimmt im Geschäftsgang des Unternehmens entstandenen Daten betrifft, der zweite dagegen eine „Primärverwertung" von ausschließlich für Marketingzwecke erhobenen Daten erfasst.

a) Die „Sekundärverwertung" von Geschäftsdaten für Marketingzwecke

Der vom Gesetzgeber im Falle des § 28 Abs. 3 S. 1 Nr. 3 BDSG gesehene, für das CRM relevante Regelfall sieht für Marketingzwecke die Übermittlung oder

Nutzung von Daten vor, die bei vergangenen Geschäftsvorfällen angefallen und geschäftszweckbezogen verarbeitet wurden; das ist z. B. der Fall, in dem der Kunde ein Produkt aus einer bestimmten Produktgruppe gekauft hat und seine Listendaten mit dem zusätzlichen Gruppenmerkmal „Interessent einer bestimmten Produktgruppe" für die künftige gezielte Werbeansprache genutzt werden soll, oder der Kunde hat ein besonders luxuriöses und teures Produkt erworben, dann mag das Gruppenmerkmal die Eingruppierung in eine hohe Kaufkraftklasse sein.

Der Gesetzgeber geht davon aus, dass für die (hier verkürzt als „Marketing" gekennzeichneten) Zwecke der Nutzung und Übermittlung ein berechtigtes Interesse der verantwortlichen Stelle besteht, das jedenfalls gegenüber dem Interesse des Betroffenen am Ausschluss der Nutzung und Übermittlung der in der Vorschrift konkret genannten Daten vorrangig sein soll[773]; die Möglichkeit, dass ein überwiegendes schutzwürdiges Interesse des Betroffenen am Ausschluss der Nutzung oder Übermittlung besteht, ist damit aus gesetzlicher Sicht allein im Hinblick auf das verwendete Gruppenmerkmal zu beachten, denn bei „gesetztem" Verarbeitungsinteresse der verantwortlichen Stelle und „gesetzten" Datentypen auf der Liste ist das Gruppenmerkmal die einzige „Variable", die den gesetzlich privilegierten Regelfall von den Ausnahmen abgrenzt.

Dem entsprechend wird sich weder aus dem Verarbeitungszweck Marketing noch aus den konkret genannten Listendaten ein Indiz für ein der Verarbeitung entgegenstehendes Interesse des Betroffenen herleiten lassen. Es bleiben die Fälle, in denen durch das Gruppenmerkmal eine mit dem Recht der informationellen Selbstbestimmung nicht mehr vereinbare *negative* Klassifizierung des Betroffenen einhergeht. So ist etwa bei der im Adresshandel üblichen Klassifikation der Betroffenen in so genannte „Kaufkraftklassen" (die aus der Auswertung etwa von Wohnumfelddaten bereits durch den Adresshändler gewonnen wird) davon auszugehen, dass der Empfänger der Daten entsprechende Konsequenzen aus einer solchen Klassifizierung zieht und Betroffenen mit einer ungünstigen Klassifizierung – etwa beim Finanzierungskauf oder der Rabattgewährung – schlechtere Konditionen gewährt. Insbesondere wird dies der Fall sein, wenn der Unternehmer ein CRM betreibt und mit diesem Kundenwerte ermittelt. Die damit verbundene mögliche Diskriminierung wird in der Regel als Grund für die Annahme anzusehen sein, dass der Betroffene jedenfalls dann ein Interesse am Ausschluss der Übermittlung oder Nutzung hat, wenn seine Daten zu einer für ihn ungünstigen Klassifizierung führen, so dass in diesem Fall eine solche Nutzung oder Übermittlung wegen des überwiegenden Interesses des Betroffenen ausgeschlossen ist[774]. Auch im Falle der Übermittlung oder Nutzung ansonsten „harmloser" Gruppenmerkmale wie der Kundeneigenschaft bezüglich eines bestimmten Unternehmens kann ein Grund für die Annahme eines

---

[773] Zur Kritik an dieser Privilegierung vgl. Simitis (Simitis), BDSG § 28 Rz. 232 ff.

[774] Gola / Schomerus, BDSG § 29 Rz. 13.

überwiegenden Interesses des Betroffenen am Ausschluss einer Übermittlung gegeben sein, etwa wenn es um die Eigenschaft als Kunde eines „Spezialversenders" (für Sexartikel o. ä.) als Gruppenmerkmal geht. Selbst die Übermittlung der Adresse des Betroffenen – auch als Gruppenmerkmal, wenn alle Personen mit einer bestimmten Anschrift als Gruppe zusammengefasst werden – kann problematisch sein (etwa wenn es sich um die im regionalen Umfeld bekannte Anschrift einer Suchtklinik handelt[775]). Dass in den genannten Fällen das resultierende Verbot der Nutzung oder Übermittlung aus der Sicht der verantwortlichen Stelle nicht gegen das Übermaßverbot verstößt, bedarf keiner vertieften Erörterung.

Zu klären ist noch, ob angesichts der weit reichenden Erlaubnis der vom Erhebungszweck abweichenden Nutzung oder Übermittlung von Daten in den verbleibenden Fällen aus der Sicht des Betroffenen ein ausreichendes Schutzniveau besteht; anderenfalls wäre ein Verstoß gegen das Untermaßverbot anzunehmen. Hier ist unter anderem der Fall der *positiven* Klassifizierung mit dem Gruppenmerkmal zu betrachten, die zwar für den Betroffenen nicht zu einer Verschlechterung der öffentlichen Wahrnehmung seiner sozialen Identität führen wird, ihn aber für den Unternehmer als besonders lukrativen Kunden erscheinen läßt und damit zum Ziel intensiver Werbebemühungen machen kann.

Ein Grund zur Annahme eines schutzwürdigen Interesses am Ausschluss der Nutzung und Übermittlung der Daten des Betroffenen für Marketingzwecke besteht angesichts der Qualität dieser Nutzungszwecke in Relation zum Recht des Betroffenen auf informationelle Selbstbestimmung jedenfalls dann, wenn der Betroffene diese Form der Datenverarbeitung ablehnt und dies entsprechend zum Ausdruck bringt. In der Rechtsprechung ist anerkannt, dass die unverlangte Zusendung von Werbung – auch per E-Mail[776] – jedenfalls dann als rechtswidriger Eingriff in die Privatsphäre (oder u. U. auch als Besitzstörung[777]) anzusehen ist, wenn für den Versender erkennbar ist, dass sie für den Empfänger unerwünscht ist[778]. Dahinter steht die Wertung, dass das Interesse eines Unternehmens an Marketing-Maßnahmen bzw. die dieses Interesse schützenden grundrechtlichen Rechtspositionen hinter dem grundrechtlich ebenfalls geschützten Interesse des Betroffenen auf Schutz seiner Privatsphäre (hier kann auch mit der negativen Informationsfreiheit argumentiert werden) zurückzutreten hat; an der Verhältnismäßigkeit dieses Abwägungsergebnisses können keine Zweifel bestehen.

Der Gesetzgeber hat folgerichtig mit § 28 Abs. 4 S. 1 BDSG ein uneingeschränktes Widerspruchsrecht des Betroffenen eingeführt, nach dessen Ausü-

---

[775] Gola / Schomerus, BDSG § 28 Rz. 56 m. w. N.
[776] Gilt auch für Wahlwerbung: AG Rostock NJW-RR 2003, 1282
[777] Palandt / Bassenge, BGB § 862 Rz. 3 m. w. N.
[778] Nachw. bei Palandt / Sprau, BGB § 823 Rz. 117.

bung die Nutzung und Übermittlung der Daten unzulässig ist. Aus dem Gedanken der Subsidiarität der staatlichen Schutzpflicht folgt hier, dass jedenfalls dann ein Verstoß gegen das Untermaßverbot nicht angenommen werden kann, wenn der Betroffene mit seinem Widerspruch die Datenverarbeitung letztendlich unterbinden kann. Dies wiederum setzt voraus, dass der Betroffene die Übermittlung oder Nutzung für „sekundäre" Zwecke überhaupt zur Kenntnis nehmen kann, was nicht der Fall ist, wenn er nicht darüber informiert wird. Ein Informationsanspruch des Betroffenen ergibt sich in den Fällen einer Sekundärnutzung von Daten, die für andere Geschäftszwecke erhoben wurden, nicht bereits aus § 28 Abs. 4 S. 2 BDSG, da dort nur die Ansprache zum Zweck der (erstmaligen) Erhebung erfasst wird. Unmittelbar aus § 33 Abs. 1 BDSG ergibt sich für diese Zweckänderung aber nicht in allen Fällen eine Benachrichtigungspflicht der verantwortlichen Stelle, weil in dieser Vorschrift nur auf die „erstmalige" Erhebung oder Speicherung abgestellt wird[779]. Hätte der Betroffene aber keine Möglichkeit, die mit der Verwendung im Sinne des § 28 Abs. 3 S. 1 Nr. 3 BDSG einhergehende, durch die verantwortliche Stelle selbst vorgenommene Zweckänderung zur Kenntnis zu nehmen, bliebe das Widerspruchsrecht wirkungslos, was für den Betroffenen eine unzumutbare Beeinträchtigung seines Rechts auf informationelle Selbstbestimmung bedeuten würde. Richtig ist daher die bei Gola / Schomerus[780] vertretene Ansicht, dass auch mit einer bei der Erhebung nicht erfassten Änderung des Verarbeitungszwecks eine Informationspflicht aus § 33 Abs. 1 BDSG einhergeht, deren Erfüllung Zulässigkeitsvoraussetzung der nach der Zweckänderung betriebenen weiteren Datennutzung sein muss. Das Unterlassen der Datenverarbeitung für Marketingzwecke gegen den Willen des Betroffenen ist für die verantwortliche Stelle ohne Zweifel auch zumutbar, so das hier auch kein Verstoß gegen das Übermaßverbot anzunehmen ist.

b) Die Verwertung von ausschließlich für Marketingzwecke erhobenen Daten

Dem zuvor betrachteten Fall ähnlich ist der Fall, in dem Daten des Betroffenen – in der Regel von Adresshändlern oder Marketingagenturen – für Marketingzwecke erhoben, zumeist bereits nach bestimmten Gruppenmerkmalen klassifiziert und für den Abruf durch interessierte Unternehmen bereitgehalten werden.

Im Hinblick auf die Spezifika der für fremde Zwecke erhobenen und übertragenen Daten und die mit dem CRM verfolgten Zwecke ist auch hier wieder zu berücksichtigen, dass ein beachtlicher Grund zur Annahme eines schutzwürdigen Interesses des Betroffenen am Ausschluss der Übertragung dann besteht, wenn der Betroffene seine ablehnende Haltung zum Ausdruck gebracht hat; dies ergibt sich aus dem Verweis in § 29 Abs. 4 BDSG auf § 28 Abs. 4 BDSG.

[779] Vgl. Gola / Schomerus, BDSG § 33 Rz. 14.
[780] Gola / Schomerus, BDSG § 33 Rz. 16.

Zwar verweist § 29 Abs. 4 BDSG nur hinsichtlich der Verarbeitung und Nutzung bereits übertragener Daten auf § 28 Abs. 4 und 5 BDSG; das bedeutet aber lediglich, dass das Widerspruchsrecht des Betroffenen gem. § 28 Abs. 4 und 5 BDSG erst nach erfolgter Übermittlung greift – regelmäßig erst dann erfährt der Betroffene infolge der Informationspflicht aus § 33 Abs. 1 S. 2 BDSG von der Verarbeitung der Daten für Werbezwecke. Hat der Betroffene jedoch bereits vorher Kenntnis von einer Erhebung und Speicherung der Daten (etwa bei einem Adresshändler), so führt sein dagegen erhobener Widerspruch zur Unzulässigkeit der Datenübertragung[781]. Auch ein genereller, nicht auf die konkrete Übertragung bezogener Widerspruch des Betroffenen gegen die Verarbeitung seiner Daten für Zwecke der Werbung und der Markt- und Meinungsforschung ist als entgegenstehendes schutzbedürftiges Interesse des Betroffenen beachtlich; das betrifft vor allem den Eintrag des Betroffenen in die so genannte „Robinson-Liste" des DDV[782]. Aus den oben bereits dargelegten Gründen ist dies eine für beide Seiten zumutbare Maßnahme, die damit auch in schutzrechtlicher Hinsicht verhältnismäßig ist.

Es darf weiterhin nicht übersehen werden, dass gem. § 4 Abs. 2 S. 1 BDSG der Grundsatz des Vorrangs der Erhebung beim Betroffenen gilt[783] und dass in den hier beschriebenen Fällen keine nicht rechtsgeschäftlich begründete Auskunftspflicht des Betroffenen gegenüber einem anderen Privatrechtssubjekt bestehen kann – die von ihm selbst erteilten Auskünfte des Betroffenen sind daher in den in § 29 Abs. 1 S. 1 BDSG genannten Beispielsfällen grundsätzlich freiwillig erteilt. Dabei ist diese Freiwilligkeit nicht etwa mit der datenschutzrechtlichen Einwilligung in die Datenverarbeitung zu verwechseln. „Freiwillig" bedeutet, dass der Betroffene seine Selbstbestimmung in Bezug auf die Preisgabe seiner personenbezogenen Daten ohne äußere Beschränkung, also frei ausüben kann. Diese Freiheit setzt voraus, dass der Betroffene in der Lage ist, die Folgen seiner Freiheitsausübung abzusehen. Da gem. §§ 33 Abs. 1 bzw. 4 Abs. 3 S. 1 BDSG dem Betroffenen die Identität der verantwortlichen Stelle, die Zweckbestimmungen der Erhebung, Verarbeitung oder Nutzung und „die Kategorien von Empfängern nur, soweit der Betroffene nach den Umständen des Einzelfalles nicht mit der Übermittlung an diese rechnen muss" bekannt zu machen sind, erfolgt die Bekanntgabe der personenbezogenen Daten durch den Betroffenen – zumindest wenn sich die verantwortliche Stelle entsprechend den gesetzlichen Regeln verhält – aufgrund ausreichender Kenntnisse aller Umstände. Bestehen keine Zweifel an der Freiwilligkeit der vom Betroffenen selbst in den genannten Fällen erteilten personenbezogenen Auskünfte, so kann davon ausge-

[781] Gola / Schomerus, BDSG § 29 Rz. 28.

[782] Gola / Schomerus, BDSG § 29 Rz. 33 m. w. N.

[783] Simitis (Ehmann), BDSG § 29 Rz. 147 f.; der Grundsatz der Direkterhebung ist daher neben § 29 Abs. 1 BDSG zu beachten und nicht nur ein Aspekt der schutzwürdigen Interessen i. S. d. § 29 Abs. 1 S. 1 Nr. 1 BDSG (so aber wohl Gola / Schomerus, BDSG § 29 Rz. 12).

gangen werden, dass eine staatliche Schutzpflicht angesichts des eigenverantwortlichen Freiheitsgebrauchs des Betroffenen nicht besteht – vor sich selbst ist der Betroffene nicht zu schützen. In diesen Fällen bestehen auch keine Bedenken gegen die pauschale Privilegierung der Datenerhebung durch den Gesetzgeber für die gesetzlich beschriebenen Zwecke. Andererseits besteht schon im Hinblick auf das Recht des Betroffenen auf informationelle Selbstbestimmung dann ein Grund zur Annahme eines berechtigten Ausschlussinteresses, wenn die Freiwilligkeit der Preisgabe der Daten durch eine ausgebliebene, unzutreffende oder unvollständige Information des Betroffenen gestört wurde.

Anders verhält es sich mit den Fällen, in denen die Datenerhebung nicht direkt beim Betroffenen erfolgt, was aber bei der Datenerhebung für Zwecke des Marketings nur bei der Übernahme von Listendaten aus Unternehmen der Fall sein dürfte (womit die „Empfängerseite" der Datenübermittlung gem. § 28 Abs. 3 S. 1 Nr. 3 BDSG aus dem CRM heraus angesprochen ist). Scheinbar hat der Gesetzgeber mit der in § 4 Abs. 2 S. 2 Nr. 2 BDSG getroffenen Regelung einen zusätzlichen Schutz des Betroffenen für die Fälle geschaffen, in denen die Datenerhebung nicht direkt beim Betroffenen erfolgt. Die Datenerhebung ist dann nur in den gesetzlich vorgesehenen Fällen zulässig. Bei genauerer Betrachtung der in § 4 Abs. 2 S. 2 Nr. 2 BDSG beschriebenen Ausnahmetatbestände wird jedoch deutlich, dass die Datenerhebung für Marketingzwecke praktisch vollständig unter die genannten Ausnahmen fällt: Gem. § 4 Abs. 2 S. 2 Nr. 2 lit.b) BDSG ist die indirekte Erhebung zulässig, wenn „die Erhebung beim Betroffenen einen unverhältnismäßigen Aufwand erfordern würde". Weiteres Erfordernis aus § 4 Abs. 2 S. 2 Nr. 2 (a.E.), BDSG ist, dass keine überwiegenden Interessen des Betroffenen beeinträchtigt werden. Die zuletzt genannte Anforderung findet sich ebenso bereits in § 29 Abs. 1 Nr. 1 BDSG und stellt daher keinen zusätzlichen Schutz für den Betroffenen dar. Die Erhebung von Daten für Marketingzwecke zielt darauf, ohne großen Aufwand im Massenverfahren ein großes Datenvolumen zu erzeugen und für die Auswertung bereit zu halten. In diesem Falle wird in aller Regel die Erhebung beim Betroffenen einen unverhältnismäßigen Aufwand erfordern.

Auch bei indirekter Erhebung wäre damit an sich die zutreffende und vollständige Information des Betroffenen – dann auf Grundlage des § 33 Abs. 1 S. 2 BDSG – zwingende Voraussetzung für die Möglichkeit des Betroffenen, seinen der Verarbeitung entgegenstehenden Willen zum Ausdruck zu bringen. Hat er – mangels Kenntnis – diese Möglichkeit nicht, sollte, weil im Zweifel zugunsten des Betroffenen zu entscheiden ist (wieder arg. ex § 4 Abs. 1 BDSG), an sich von einem Grund zur Annahme eines überwiegenden Ausschlussinteresses auszugehen sein. Vor diesem Hintergrund stellt sich die Ausnahmeregelung in § 33 Abs. 2 S. 1 Nr. 8 lit.b) BDSG als problematisch dar. Dort wird die Übermittlung und Speicherung von Listendaten i. S. d. § 28 Abs. 3 S. 1 Nr. 3 BDSG dadurch privilegiert, dass die Benachrichtigung des Betroffenen als entbehrlich angesehen wird, wenn sie „wegen der Vielzahl der betroffenen Fälle unverhältnismäßig ist“. Hier sieht der Gesetzgeber also bei der Frage nach der Benachrichtigungspflicht eine Verhältnismäßigkeitsabwägung vor, die überhaupt nicht auf die Art der Daten und die konkrete Verwendung abstellt, sondern nur auf den Aufwand des Betroffenen, der bei den Massenerhebungen für Marketingzwecke immer groß sein wird. Dies muss nur deshalb nicht als Verstoß gegen das Untermaßverbot angesehen werden, weil durch die Verweiskette auf § 28 Abs. 3 S. 1 Nr. 3 BDSG bereits sichergestellt ist, dass es nur um solche Listendaten gehen kann, bei denen hinsichtlich ihrer Nutzung und Übermittlung kein schutzwürdiges Ausschlussinteresse des Betroffenen besteht. Das Widerspruchsrecht des Betroffenen wird damit natürlich dennoch geschwächt.

2. Die Verhältnismäßigkeit bei der Verarbeitung und Nutzung für Zwecke der Risikoabwehr

Hier geht es aus der Sicht des Unternehmers einerseits darum, sich selbst gegen Risiken abzusichern; er möchte daher von einem Geschäftsabschluss mit einem Kunden wissen, ob aus der Person des Kunden ein spezifisches Geschäftsrisiko erwächst. Dazu wird er auf seine eigenen Erfahrungen mit den Kunden zurückgreifen – dieser Fall wurde oben erörtert –, wo er aber, etwa bei einem neuen Kunden, noch keine eigenen Geschäftserfahrungen machen konnte, ist er auf Informationen von dritter Seite angewiesen. Da der Betroffene wohl kaum Negativauskünfte über sich selbst geben wird, ist die Abweichung vom Prinzip der direkten Erhebung aus Sicht des Unternehmers notwendig und fällt unter den Ausnahmetatbestand des § 4 Abs. 2 S. 2 Nr. 2 BDSG[784]. Für die Datenerhebung durch den Unternehmer ist in diesen Fällen einer der bereits erörterten Erlaubnistatbestände des § 28 Abs. 1 S. 1 BDSG einschlägig. Noch nicht betrachtet wurde aber die tatbestandlich vorgelagerte Frage nach der Zulässigkeit der Datenerhebung, Speicherung, Veränderung und Übermittlung durch den Dritten, von dem der Unternehmer die Information erhalten möchte. Damit sind die Erlaubnistatbestände des § 29 Abs. 1 S. 1 Nr. 1 und des § 29 Abs. 2 Nr. 1a, Nr. 2 BDSG angesprochen.

Um die Informationsbasis zu verbreitern, möchten Unternehmen auch auf kundenbezogene Erfahrungen anderer Unternehmen zurückgreifen können, was andererseits ihre eigene Bereitschaft voraussetzt, negative Kundenerfahrungen an andere Unternehmen weiterzugeben. Dieser Zweck der Weitergabe von risikobezogenen Kundendaten an Dritte ist ein weiterer Nutzungszweck, der – soweit er nicht bereits bei der Erhebung festgelegt wurde – zu den hier betrachteten Fällen gehört und für den der Erlaubnistatbestand des § 28 Abs. 3 S. 1 Nr. 1 BDSG einschlägig ist.

---

[784] Gola / Schomerus, BDSG § 4 Rz. 27.

Die aus diesen gegenseitigen Informationsinteressen entstehenden Strukturen sind unterschiedlicher Natur: Denkbar ist ein unmittelbarer Informationsaustausch „befreundeter“ Unternehmen, vor allem wenn es um konzerninterne Kommunikation geht (soweit aus datenschutzrechtlicher Sicht der Konzern nicht insgesamt als einheitliche verantwortliche Stelle zu qualifizieren ist – was dann nicht anzunehmen ist, wenn die Konzernunternehmen rechtlich selbständig sind[785]). Daneben gibt es unternehmensunabhängige bracheninterne Warndienste, die Negativdaten bei den Unternehmen erheben und diese zum Zweck der Übermittlung an andere Unternehmen derselben Branche vorhalten; das muss nicht in jedem Fall im kommerziellen Eigeninteresse des Branchenwarndienstes sein, die Leistung kann etwa auch auf der Ebene eines Branchenverbandes für die Verbandsmitglieder vorgehalten werden. Schließlich gibt es branchenunabhängige Auskunfteien und Informationsdienste, die die Information im eigenen kommerziellen Interesse erheben; die Übermittlung an informationsbedürftige Unternehmen ist dann eine entgeltliche Dienstleistung. Regelmäßig erfolgt bereits durch den Warndienst oder die Auskunftei eine risikobezogene Auswertung der erhobenen Daten (z. B. Scoring – also eine Risikoklassifizierung – durch die SCHUFA), die den Tatbestand der Datenveränderung erfüllt.

Trotz der unterschiedlichen Tatbestandsvariationen und der Unterschiede der jeweils zugrundeliegenden Erlaubnistatbestände ist es gerechtfertigt, diese Nutzungs- und Verarbeitungsmodi zusammen abzuhandeln, denn die auf diese Nutzungen bezogenen Interessen der Beteiligten sind in diesen Fällen gleich, und auch die Erlaubnistatbestände sind parallel strukturiert. So ist in allen Fällen neben dem berechtigten Interesse der verantwortlichen Stelle Voraussetzung der jeweiligen Nutzung oder Verarbeitung, dass kein Grund zur Annahme eines schutzwürdigen Ausschlussinteresses des Betroffenen besteht.

Wegen der hier betroffenen Interessen kann auf die Erörterung zur Verarbeitung risikobezogener Kundendaten im Rahmen der Erlaubnistatbestände der § 28 Abs. 1 S. 1 Nr. 1 und Nr. 2 BDSG verwiesen werden[786]. Wie dort ist die zutreffende Information des Betroffenen im gesetzlich gebotenen Umfang nach der hier vertretenen Ansicht schutzrechtlich geboten und damit zwingende Zulässigkeitsvoraussetzung der Datenverarbeitung. Auch hier ist eine Verarbeitung von Positivdaten aus den bereits genannten Gründen unzulässig, die Unterscheidung zwischen „harten“ und „weichen“ Negativmerkmalen ist zu beachten. Da es – anders als bei dem zuvor betrachteten Erlaubnistatbestand des § 28 Abs. 1 S. 1 Nr. 2 BDSG – nicht auf eine Interessenabwägung ankommt, sondern die Datenverarbeitung bereits immer dann unzulässig ist, wenn nur ein Grund zur Annahme eines schutzwürdigen Ausschlussinteresses besteht, wird hier eine Nutzung und Übermittlung von „weichen“ Negativmerkmalen regel-

---

785 Simitis (Dammann), BDSG § 3 Rz. 232.

786 Kap. 7 C. III. 2. b) und Kap. 7 D. III. 1. b). bb).

mäßig schon daran scheitern, dass die Unsicherheit in der Interpretation dieser Merkmale einen erhöhten Schutzbedarf des Betroffenen rechtfertigt; der Verzicht auf eine Verarbeitung solcher Merkmale ist für den Unternehmer auch zumutbar und damit kein Verstoß gegen das Übermaßverbot. Dagegen kann der Betroffene kein schutzwürdiges Interesse an der Verheimlichung „harter" Negativmerkmale haben, so dass deren Erhebung, Verarbeitung und Nutzung in den genannten Fällen für ihn zumutbar und kein Verstoß gegen das Untermaßverbot anzunehmen ist.

E. Ergebnis

Zusammenfassend kann für die Datenverarbeitung für Zwecke des CRM hinsichtlich der Verhältnismäßigkeit des datenschutzrechtlichen Schutzkonzepts festgehalten werden:

- Das Verbot der Erhebung, Verarbeitung und Nutzung personenbezogener Daten, die für den beschriebenen Verarbeitungszweck nicht erforderlich sind, ist verhältnismäßig. Ebenso ist das Verbot einer Verarbeitung oder Nutzung personenbezogener Daten für andere als die bei der Erhebung dokumentierten Zwecke, soweit nicht die einschlägigen Ausnahmen greifen, verhältnismäßig. Da auch auf Grundlage einer Einwilligung keine zweckoffene Datenspeicherung vorgenommen werden kann, ist die für das CRM in seiner vollen Funktionalität erforderliche zweckoffene Vorratsdatenspeicherung und die Möglichkeit einer Auswertung der so im Data Warehouse bevorrateten Kundendaten unzulässig.
- Soweit eine ausreichend konkrete Zweckbestimmung bei der Erhebung möglich ist, erlaubt das datenschutzrechtliche Schutzkonzept unter der zwingenden Voraussetzung, dass die verantwortliche Stelle ihren gesetzlichen Informationspflichten nachkommt, in der Regel die im Rahmen des CRM vorgenommene Datenverarbeitung.
- Dabei ist es unter Verhältnismäßigkeitsgesichtspunkten nicht zu beanstanden, dass die Erhebung und Verarbeitung personenbezogener Daten für Zwecke der Erfüllung von Verträgen und bei vertragsähnlichen Vertrauensverhältnissen uneingeschränkt zugelassen wird. Die Bestimmung der zweckbezogenen Erforderlichkeit der Datenverarbeitung ist restriktiv vorzunehmen.
- Für alle übrigen Verarbeitungsvorgänge des CRM wird auf normativer Ebene keine abschließende Entscheidung zur Zulässigkeit der Datenverarbeitung getroffen, vielmehr sind die Erlaubnistatbestände durch Verwendung unbestimmter Rechtsbegriffe gekennzeichnet, teilweise wird auf der tatbestandlichen Ebene auch von der verantwortlichen Stelle eine (in der Regel pauschale) Interessenabwägung verlangt. In der Regel wird die Datenverarbeitung für die beiden wichtigsten Zwecke des CRM, die Risikoabwehr und das Marketing, grundsätzlich im Rahmen des datenschutzrechtlichen

Schutzkonzepts gebilligt. Die Verarbeitung von „harten" Negativmerkmalen für Zwecke der Risikoabwehr muss der Betroffene auch gegen seinen Willen hinnehmen, bei „weichen" Negativmerkmalen kommt es auf den Einzelfall an. Für praktisch alle anderen Daten und Zwecke ist das datenschutzrechtliche Schutzkonzept nur dann verhältnismäßig, wenn der Betroffene die Unzulässigkeit der Datenverarbeitung durch eine ablehnende Äußerung selbst herbeiführen kann. Um diese Möglichkeit zu haben, muss der Betroffene über alle erforderlichen Informationen verfügen. Auch hier muss also die Einhaltung der Informationspflichten Voraussetzung der Zulässigkeit der Datenverarbeitung sein.

F. Folgerungen für die Praxis

Der Gesetzgeber hat mit der außerordentlich komplexen, weit ausdifferenzierten und dabei zugleich vielfach unbestimmten Regelung zur Zulässigkeit der Verarbeitung personenbezogener Daten weder dem Betroffenen noch der verantwortlichen Stelle einen Gefallen getan. Die zahlreich vorgesehenen Abwägungsvorgänge sind ein Einfallstor für wertungsabhängige (und damit schwer vorhersehbare) Entscheidungen; wie weit diese Wertungen auseinandergehen, kann in der datenschutzrechtlichen Literatur gut nachvollzogen werden. Der vom Gesetzgeber möglicherweise angenommene Vorteil einer Dynamisierung wird mit dem Nachteil mangelnder Bestimmtheit erkauft; ob ein bestimmter Aspekt der Datenverarbeitung als zulässig anzusehen ist, kann aus Sicht des Rechtssuchenden auch davon abhängen, in welchen Kommentar er sieht.

Zwar konnte im Ergebnis dieser Erörterung festgestellt werden, dass die einzelnen Maßnahmen des datenschutzrechtlichen Schutzkonzepts, jeweils für sich betrachtet, verhältnismäßig sind bzw. ihre Verhältnismäßigkeit von der Einzelentscheidung auf der Rechtsanwendungsebene abhängt. Da das Konzept aber die individuelle Betrachtung jeder einzelnen Phase der Datenverarbeitung erfordert, wird die datenschutzrechtliche Bewertung eines global angelegten Systems wie eines CRM zum großen Problem. Zudem ist die Maßgabe von – auf die einzelnen Phasen bezogenen! – Abwägungen im Einzelfall mit dem Massengeschäft, um das es hier geht, nicht mehr vereinbar. Es dürfte für einen Unternehmer außerordentlich schwer sein, ein groß dimensioniertes CRM in jeder Hinsicht datenschutzkonform anzulegen; in der Praxis rettet ihn offenbar die Tatsache, dass sich der Kunde wenig dafür interessiert (solange er keine finanziellen Schäden hinnehmen muss) und eine effektive Kontrolle, die nicht auf Initiativen des Kunden zurückgeht, kaum existiert. Außerdem wird er sich nicht auf die gesetzlichen Erlaubnistatbestände, sondern auf Einwilligungen des Kunden berufen, die in der Regel in AGB enthalten sind (und damit einer strengeren Prüfung im Rahmen einer AGB-Kontolle kaum standhalten würden, was aber der Kunde nicht weiß).

Damit muss das gesamte weit ausdifferenzierte System von gesetzlichen Erlaubnistatbeständen in Frage gestellt werden. Ein dereguliertes Schutzkonzept könnte für die Fälle, in denen eine Datenverarbeitung gegen den Willen des Betroffenen zwingend möglich sein muss – dabei geht es vor allem um die Verarbeitung von Negativmerkmalen für Zwecke der Risikoabwehr – eine konkrete Erlaubnisregelung vorsehen, die auf die Verwendung unbestimmter Rechtsbegriffe so weit wie möglich verzichtet. Auch muss die vertragsbezogene Datenverarbeitung weiter uneingeschränkt möglich sein, wobei die Vertragszwecke restriktiv zu beschreiben sind. In allen anderen Fällen wäre es – vor allem mit Blick auf die Subsidiarität der staatlichen Schutzmaßnahme – verhältnismäßig, der verantwortlichen Stelle nur noch die Pflicht zur umfassenden Information des Betroffenen über die von ihr vorgenommene Datenverarbeitung aufzuerlegen und dem Betroffenen im Gegenzug ein umfassendes Widerspruchsrecht einzuräumen, dessen Ausübung ebenso zur Unzulässigkeit der Datenverarbeitung führen muss wie die Verletzung der Informationspflicht. Das neuerdings in § 9 a BDSG vorgesehene Datenschutz-Audit erhält dann eine besondere Bedeutung als Qualitätsmerkmal der Verfahrensbeschreibung eines Unternehmens.

Für das CRM bleibt aber immer, auch bei der vorgeschlagenen Vereinfachung, das Problem, dass sich die erforderliche zweckoffene Vorratsdatenspeicherung nicht rechtfertigen lässt. Die Rechtmäßigkeit der Datenverarbeitung im CRM lässt sich also auf jeden Fall nur durch eine Einschränkung der möglichen Verarbeitungszwecke und der dafür verarbeiteten Daten erreichen.

Zusammenfassung

1. CRM (= Customer Relationship Management) ist ein EDV-gestütztes Instrument der Kundendatenverwaltung eines Unternehmens. Es besteht aus den Komponenten des analytischen, des operativen und des kommunikativen CRM. Diese Komponenten bilden einen Regelkreis („Closed Loop"), der erst das Wesen des CRM als Gesamtkonzept ausmacht. Aus allen Komponenten des CRM werden Kundendaten in eine zentrale Datenbank („Data Warehouse") gespeist; Daten aus dieser Datenbank stehen für alle Komponenten und Funktionen des CRM zur Verfügung. Auf der Ebene des analytischen CRM erfolgt eine Auswertung der Kundendaten mittels empirischer Methoden (z. B. „OLAP") sowie mittels „Data Mining". Beim „Data Mining", das nicht auf empirischen Methoden beruht, trifft das System ohne menschliches Zutun die Entscheidung, welche Daten verarbeitet werden, für welchen Zweck die Verarbeitung erfolgt und mit welcher Methode die Verarbeitung vorgenommen wird. Wichtigster Zweck des CRM ist die Erhöhung der Profitabilität der einzelnen Kundenbeziehung. Dazu sollen die kundenspezifischen Chancen und Risiken einer Geschäftsverbindung und die Erfolgsaussichten bestimmter Marketingmaßnahmen so gut wie möglich prognostiziert werden; vor allem das auf die Profitabilität oder das spezifische Risiko der Kundenbeziehung bezogene Ergebnis dieser Prognose kann zu einem „Kundenwert" oder „Score" abstrahiert werden.

2. Bei der Erhebung und Verarbeitung kundenbezogener Daten für Zwecke des CRM steht das Interesse des Unternehmers gegen ein mögliches Interesse des Kunden auf Beschränkung oder Unterlassung dieser Datenverarbeitung. Die Entscheidung über die Frage nach der rechtlichen Zulässigkeit der Datenverarbeitung ist zugleich eine Entscheidung über die Frage, wessen Interesse sich aus rechtlicher Sicht gegenüber dem entgegengesetzten Interesse durchzusetzen hat.

3. Unter der Annahme, dass es objektive Grundrechtsgehalte gibt, können die tatsächlichen Interessen der am CRM Beteiligten den Schutzbereichen von Grundrechten zugeordnet werden. Damit stellt sich der Interessenausgleich im Kern als grundrechtliches Problem dar.

4. Da es bei der Verarbeitung personenbezogener Daten durch Privatrechtssubjekte nicht um unmittelbare staatliche Eingriffe in die Schutzbereiche der Grundrechte des Betroffenen geht, kommt es auf die Drittwirkung der Grundrechte an. Hier wird – entsprechend der einschlägigen Rechtsprechung des BVerfG und der h. M. in der Literatur – von einer nur mittelbaren Drittwirkung der Grundrechte ausgegangen.

5. Unter der Annahme einer mittelbaren Drittwirkung der Grundrechte kann der grundrechtliche Schutz des Betroffenen schutzrechtlich oder abwehrrechtlich konstruiert werden. Da hier der Schutzbedarf des Betroffenen im Vordergrund

der Erörterung steht und der Betroffene –anders als die datenverarbeitende Stelle – keinen unmittelbaren staatlichen Eingriffen ausgesetzt ist, wird der grundrechtliche Schutz der Interessen des Betroffenen, also des Kunden gegenüber der Datenverarbeitung des Unternehmers, aus schutzrechtlicher Perspektive betrachtet.

6. Die schutzrechtliche Konstruktion hat eine Ebene des Schutzpflicht-Tatbestandes und eine Rechtsfolgenebene. Auf der Ebene des Schutzpflicht-Tatbestandes ist festzustellen, ob vom Verhalten eines Störers eine Gefahr für das betroffene grundrechtliche Schutzgut ausgeht, die eine staatliche Reaktionspflicht, also eine Schutzpflicht zugunsten des Betroffenen, auslöst. Adressat der Schutzpflicht ist der Staat in allen seinen Erscheinungsformen. In der Regel besteht wegen der Grundrechtsbeeinträchtigung des Störers durch eine staatliche Maßnahme ein Gesetzesvorbehalt, so dass in erster Linie der Staat als Gesetzgeber, in zweiter Linie aber auch als Justiz oder Verwaltung angesprochen ist. Auf der Rechtsfolgenseite ist zu prüfen, ob eine bestimmte staatliche Schutzmaßnahme, die in Erfüllung der Reaktionspflicht ergriffen wird und die sich in der Regel zugleich als unmittelbarer staatlicher Eingriff in grundrechtliche Schutzgüter des Störers darstellt, insgesamt und unter Berücksichtigung aller berührten Interessen verhältnismäßig ist.

7. Im rechtsgeschäftlichen Verkehr zwingt die Privatautonomie den Staat zur Zurückhaltung. Der Schutzpflicht-Tatbestand wird nur da ausgelöst, wo die Freiwilligkeit des Betroffenen in der Ausübung der Privatautonomie gestört wird, etwa durch eine Störung der Vertragsparität.

8. Wo der Betroffene wirksam in die Beeinträchtigung seiner Schutzgüter eingewilligt hat, darf der Staat auch keinen Schutz aufdrängen, wenn sich der Betroffene selbst schädigt. Das setzt allerdings voraus, dass der Betroffene in jeder Hinsicht freiwillig eingewilligt hat. Die Freiwilligkeit ist gestört, wenn der Betroffene keine umfassende Kenntnis über Gegenstand und Reichweite seiner Einwilligung erlangen kann.

9. Auf die Intensität der Grundrechtsbeeinträchtigung kommt es auf der Ebene des Schutzpflicht-Tatbestandes nicht an; auch „Bagatelleingriffe“ erfüllen den Schutzpflicht-Tatbestand. Erst auf der Rechtsfolgenseite kann bei der Güterabwägung im Rahmen der Verhältnismäßigkeitsprüfung die Eingriffsintensität – im Verhältnis zu den im Rahmen einer Maßnahme betroffenen, der Maßnahme entgegenstehenden Interessen – berücksichtigt werden.

10. Durch die Verarbeitung von Kundendaten beim oder für Zwecke des CRM können vor allem die folgenden grundrechtlichen Schutzgüter des Betroffenen beeinträchtigt (und insoweit der Schutzpflicht-Tatbestand erfüllt) werden: das Eigentum, die Berufsfreiheit, das allgemeine Freiheitsrecht in seiner Ausprä-

gung als Vertragsfreiheit, vor allem aber das allgemeine Persönlichkeitsrecht. Im Hinblick auf das Eigentumsrecht können die Kundendaten des CRM im Ergebnis ihrer Kommerzialisierung als vermögensgleiche Rechtspositionen verstanden werden. Das allgemeine Persönlichkeitsrecht schützt einerseits die personale, andererseits die soziale Identität des Betroffenen; letzteres ist als „Recht auf informationelle Selbstbestimmung" zu verstehen.

11. Die Interessen des Unternehmers, der CRM für sein Unternehmen verwendet, und der Dritten, die Daten für das CRM des Unternehmers erheben und verarbeiten, sind durch das Eigentumsrecht, die Berufsfreiheit, die Informations- und Meinungsfreiheit sowie das allgemeine Freiheitsrecht, dies vor allem in seiner Ausprägung als Vertragsfreiheit, grundrechtlich geschützt. Soweit staatliche Maßnahmen zum Schutz des Betroffenen Eingriffe in dieser Grundrechte darstellen, wirken die Grundrechte als Abwehrrechte zugunsten des Unternehmers und des Dritten.

12. Die aus der Erfüllung des Schutzpflicht-Tatbestandes entstandene staatliche Pflicht zum Schutz des allgemeinen Persönlichkeitsrechts des Betroffenen hat als normative Reaktion das datenschutzrechtliche Schutzkonzept des BDSG hervorgebracht, das hier genauer betrachtet wird. Neben dem datenschutzrechtlichen Schutzkonzept werden die Rechte des Betroffenen durch weitere (hier nicht näher betrachtete) Schutzkonzepte geschützt. Insbesondere der Verbraucherschutz und – subsidiär – die Generalklauseln des BGB sorgen für einen lückenlosen Schutz. Wenn – wie es hier vertreten wird – personenbezogene Daten als vermögensgleiche Rechte verstanden werden, sollte das Schutzkonzept zum Schutz des Eigentums noch dahningehend konkretisiert werden.

13. Das BDSG unterstellt die Verarbeitung personenbezogener Daten auf einer ersten Betrachtungsebene einem generellen Verbot mit Erlaubnisvorbehalt und erfasst damit die gesamte Datenverarbeitung für Zwecke des CRM lückenlos. Auf einer zweiten Betrachtungsebene findet sich im dritten Abschnitt des BDSG ein nach unterschiedlichen Verarbeitungsphasen, Verarbeitungszwecken und Datenarten ausdifferenziertes System von Erlaubnistatbeständen; daneben kann sich die Erlaubnis auch aus einer Einwilligung des Betroffenen ergeben. Die Regelung erfordert zur Beantwortung der Frage nach der Rechtmäßigkeit der Datenverarbeitung im Rahmen des CRM, die mit dem CRM verbundene Datenverarbeitung hinsichtlich der einzelnen Verarbeitungsphasen, Verarbeitungszwecke und Datenarten „aufzubrechen" und den einzelnen Erlaubnistatbeständen zuzuordnen.

14. Eine abschließende Entscheidung für oder gegen die Rechtmäßigkeit der Datenverarbeitung findet auf der gesetzlichen Ebene nur für einen kleinen Teil der Datenverarbeitung statt, die für Zwecke des CRM vorgenommen wird: Rechtswidrig ist jede Datenverarbeitung, die nicht von dem bei der Erhebung

festgelegten Zweck erfasst ist (und bei der nicht ausnahmsweise eine spätere Zweckänderung ausdrücklich zugelassen ist), rechtswidrig ist auch jede Datenverarbeitung, die nicht erforderlich ist, um einen bestimmten gebilligten Zweck zu erfüllen. Unter dieser Voraussetzung ist ohne weitere gesetzliche Einschränkung die Datenverarbeitung zulässig, die der Zweckbestimmung eines Vertrags oder eines vertragsähnlichen Vertrauensverhältnisses dient. Daneben ist die auf Grundlage einer wirksamen Einwilligung vorgenommene Datenverarbeitung zulässig. Für alle anderen im Gesetz genannten Verarbeitungsphasen und -zwecke und die Zulässigkeit der Zweckänderung in den gesetzlich vorgesehenen Fällen läßt der Gesetzgeber die Zulässigkeitsfrage offen, indem er bei der Beschreibung des Normtatbestandes unbestimmte Rechtsbegriffe verwendet, Abwägungen im Einzelfall vorsieht oder dem Betroffenen ein Widerspruchsrecht einräumt. Damit kommt es für die Frage nach der Zulässigkeit der Datenverarbeitung in diesen Fällen auf eine Entscheidung auf der Rechtsanwendungsebene an.

15. Aus dem grundsätzlichen Verbot einer Änderung des Verarbeitungszwecks nach der Erhebung für einen bestimmten Zweck folgt ein Verbot der zweckoffenen Vorratsspeicherung von Kundendaten, die im Falle der Datenverarbeitung mittels Data Mining im analytischen CRM erforderlich wäre. Auch auf eine Einwilligung kann diese Art der zweckoffenen Vorratsspeicherung nicht gestützt werden, denn die Wirksamkeit der Einwilligung erfordert die umfassende vorherige Information des Betroffenen über die konkrete Verarbeitung und die dafür verwendeten Daten.

16. Das datenschutzrechtliche Schutzkonzept muss hinsichtlich aller Maßnahmen dem Grundsatz der Verhältnismäßigkeit genügen. Bei schutzrechtlicher Betrachtung ist eine Maßnahme verhältnismäßig, wenn der Staat damit einerseits seine Reaktionspflicht erfüllt, indem er ein angemessenes Schutzniveau zum Schutz der betroffenen Schutzgüter errichtet, andererseits die Rechte des Störers, also der datenverarbeitenden Stelle, nicht unangemessen beeinträchtigt. Diese Bedingungen sind erfüllt, wenn die betrachtete Maßnahme im schutzrechtlichen Sinne geeignet, erforderlich und angemessen ist.

17. Eine Maßnahme ist im schutzrechtlichen Sinne geeignet, wenn sie schutzrechtsfördernd ist, erforderlich, wenn es keine Maßnahme gibt, die bei gleicher Schutzeignung die Rechte des Störers weniger beeinträchtigt, und angemessen, wenn sie sowohl für den Betroffenen wie für den Störer zumutbar ist. Die Zumutbarkeit ist aus der schutzrechtlichen, also auf das Schutzgut bezogenen Perspektive des Betroffenen anzunehmen, wenn die Maßnahme nicht gegen das Untermaßverbot verstößt; aus der abwehrrechtlichen Perspektive des Störers ist die Maßnahme zumutbar, wenn sie nicht gegen das Übermaßverbot verstößt. Dabei ist das Untermaßverbot eine schutzrechtsspezifische Ausprägung der Verhältnismäßigkeit im engeren Sinne; das Untermaß markiert dabei das nied-

rigste, vom Betroffenen noch hinnehmbare Schutzniveau. Dagegen kann das Übermaßverbot mit der Verhältnismäßigkeit im engeren Sinne nach „klassisch" abwehrrechtlichem Verständnis gleichgestellt werden; dabei sind gegenüber den geschützten Interessen des Störers alle staatlichen Regelungszwecke in die Güterabwägung einzubeziehen, nicht nur der auf die Rechtsgüter des Betroffenen bezogene Schutzzweck. Wo keine anderen Regelungszwecke verfolgt werden, erfolgt eine Abwägung gegen die Interessen des Betroffenen.

18. Soweit auf der normativen Ebene eine abschließende Entscheidung in dem Interessenkonflikt zwischen dem Betroffenen und dem Störer, also zwischen dem Kunden und dem Unternehmer oder Dritten hinsichtlich der Datenverarbeitung für Zwecke des CRM, getroffen wird, ist diese als Maßnahme zu verstehen, die eine Verhältnismäßigkeitsprüfung nach dem vorgeschlagenen schutzrechtlich geprägten Muster zugänglich ist.

19. Die Zweckbindung mit der Folge des Verbots der zweckoffenen Vorratsdatenspeicherung kann daher als Maßnahme auf normativer Ebene auf ihre Verhältnismäßigkeit geprüft werden; sie erweist sich im Ergebnis als verhältnismäßig, weil die Möglichkeit des Betroffenen, frei über die Preisgabe seiner Daten zu entscheiden oder gegen eine Datenverarbeitung vorzugehen, von seiner Kenntnis des Verarbeitungszwecks und der dabei verwendeten Daten abhängt. Die willkürliche Zweckänderung wäre gegenüber dem darauf gerichteten Interesse des Unternehmers für den Betroffenen nicht hinnehmbar, eine diese erlaubende Regelung würde also gegen das Untermaßverbot verstoßen.

20. Auch die uneingeschränkte Erlaubnis der Datenverarbeitung im Rahmen der Zweckbestimmung eines Vertrags oder vertragsähnlichen Vertrauensverhältnisses und bei wirksamer Einwilligung ist einer Verhältnismäßigkeitsprüfung zugänglich und stellt sich im Ergebnis als verhältnismäßig heraus. Bei ungestörter Freiwilligkeit im rechtsgeschäftlichen Verkehr wie bei der Einwilligung ergibt sich dies bereits aus der Nichterfüllung des Schutzpflicht-Tatbestandes. Bei Störungen geringer Intensität – etwa bei einem sozialen Gefälle zwischen den Vertragsparteien, das zu einer geringfügigen Störung der Vertragsparität führt – überwiegen die Interessen des Unternehmers an der erforderlichen Verarbeitung von Kundendaten. Bei Störungen hoher Intensität, das sind die Fälle der Verarbeitung von Bonitätsdaten und Daten, die ein spezifisches kundenbezogenes Risiko beschreiben, setzt sich das Interesse des Unternehmers an der Risikoabwehr gegenüber dem Interesse des Kunden durch, aus Gründen der informellen Selbstbestimmung solche risikobezogenen Daten nicht preiszugeben und einer Verarbeitung zugänglich zu machen.

21. Wo der Gesetzgeber keine eindeutige Regelung zugunsten einer der Konfliktparteien getroffen hat, hat er die Schutzpflicht auf die Rechtsanwendungsebene „delegiert"; sie trifft dann den Richter oder staatlichen Rechtsanwender,

der im Einzelfall unter Beachtung des Verhältnismäßigkeitsgrundsatzes über die Rechtmäßigkeit der Datenverarbeitung zu entscheiden hat. Damit ist in den Verarbeitungsfällen, die von solchen offenen Erlaubnistatbeständen erfasst werden, eine Verhältnismäßigkeitsprüfung der datenschutzrechtlichen Schutzkonzeption nicht mehr möglich; nur die im Einzelfall getroffene Entscheidung ist einer solchen Prüfung zugänglich.

22. In dem durch die ergebnisoffene gesetzliche Vorgabe gesetzten Rahmen können für die einzelnen von den jeweiligen Erlaubnistatbeständen erfassten typischen Verarbeitungsvorgänge und -zwecke des CRM Maßnahmen vorgeschlagen und auf ihre Verhältnismäßigkeit hin betrachtet werden. Aus den gesetzlichen Vorgaben ergibt sich, dass keine anderen Maßnahmen zu betrachten sind als das Verbot bzw. die Erlaubnis der Datenverarbeitung im Einzelfall.

23. Das BDSG privilegiert die Verarbeitung von aus allgemein zugänglichen Quellen entnommenen personenbezogenen Daten insofern, als an die Darlegung eines die Verarbeitung ausschließenden Interesses des Betroffenen hohe Anforderungen gestellt werden; die verantwortliche Stelle ist prima facie berechtigt, solche Daten zu erheben und zu verarbeiten. Dies kann, bezogen auf die typischen Verarbeitungsmodi solcher Daten im CRM, als verhältnismäßig angesehen werden, da es in der Regel um wenig sensible Daten geht, der Betroffene in der Regel wenig in seinem Persönlichkeitsrecht beeinträchtigt wird und das geschützte Interesse der verantwortlichen Stelle zusätzlich durch die Informationsfreiheit verstärkt wird.

24. Grundsätzlich wird – unter der Bedingung der Beachtung der strengen Zweckbindung – die typischerweise im CRM vorgenommene Datenverarbeitung für die beiden wichtigsten Zwecke des CRM, die Risikoabwehr und das Marketing, im Rahmen des datenschutzrechtlichen Schutzkonzepts gebilligt; der Gesetzgeber nimmt im Regelfall ein überwiegendes Verarbeitungsinteresse an, wobei eine andere Wertung vorzunehmen ist, wenn es im Einzelfall Anhaltspunkte für ein überwiegendes Ausschlussinteresse gibt.

25. Für Zwecke der Risikoabwehr außerhalb der Zweckbestimmung von Verträgen und vertragsähnlichen Vertrauensverhältnissen muss der Betroffene die Verarbeitung von „harten“ Negativmerkmalen auch gegen seinen Willen hinnehmen, soweit sie erforderlich ist; hier ist generell ein überwiegendes Verarbeitungsinteresse bei geringer Schutzwürdigkeit des Ausschlussinteresses anzunehmen. Bei „weichen“ Negativmerkmalen kommt es auf den Einzelfall an.

26. Für praktisch alle anderen für das CRM relevanten Daten und Zwecke, also insbesondere für Marketingzwecke, kommt es auf die im Einzelfall verarbeiteten Daten, den genauen Verarbeitungszweck, die Art der Verarbeitung und die Bedeutung der Verarbeitung für die verantwortliche Stelle und den Betrof-

fenen an. Insbesondere bei der Verarbeitung für Marketingzwecke ist ein der Verarbeitung entgegenstehender Wille des Betroffenen in der Regel als Merkmal eines überwiegenden Ausschlussinteresses beachtlich; daher verstößt das datenschutzrechtliche Schutzkonzept nur dann nicht gegen das Untermaßverbot, wenn der Betroffene die Unzulässigkeit der Datenverarbeitung durch eine ablehnende Äußerung selbst herbeiführen kann. Um diese Möglichkeit zu haben, muss der Betroffene über alle erforderlichen Informationen verfügen. Die umfassende Information des Betroffenen ist für alle Phasen der Datenverarbeitung durch entsprechende gesetzliche Vorgaben geboten. Die Einhaltung der Informationspflichten ist Voraussetzung der Zulässigkeit der Datenverarbeitung.

27. Während es somit zwar möglich ist, mittels der Schutzpflicht-Lehre für jede Phase der Datenverarbeitung, die für Zwecke des CRM durchgeführt wird, eine aus Verhältnismäßigkeitserwägungen abgeleitete konkrete Feststellung zur Zulässigkeit der jeweiligen Datenverarbeitung zu treffen, stellt sich die gesetzliche Regelung – auch angesichts erkennbarer Defizite in der Durchsetzung (Wirkungslosigkeit der gesetzlichen Sanktionen) – in praktischer Hinsicht als realitätsfern dar. Die nach Phasen, Datenarten und Verarbeitungszwecken ausdifferenzierte und in den Normtatbeständen unbestimmte Regelung erfordert bei fast jedem Erlaubnistatbestand Abwägungen, die im Massengeschäft jedenfalls nicht so individuell erfolgen können, wie es das gesetzliche Schutzkonzept vorsieht. Zu fordern ist daher eine Deregulierung im Bereich der Erlaubnistatbestände, die bei einer Stärkung der Eigenverantwortung des Betroffenen für die Durchsetzung seines Ausschlussinteresses zugleich eine Verstärkung und bessere Durchsetzung der Informationspflichten auf Seiten der verantwortlichen Stelle erfordert. Damit ließe sich ein realitätsnäheres und aus schutzrechtlicher Sicht verhältnismäßiges Schutzkonzept errichten.

Literatur:

Ahlert, Dieter / Hesse, Josef: Relationship Management im Beziehungsnetz, in: Ahlert, Dieter / Becker, Jörg / Knackstedt, Ralf, Wunderlich, Maren (Hrsg.), Customer Relationship Management im Handel, Berlin, Heidelberg, New York 2002

Albers, Marion: Informationelle Selbstbestimmung, Baden-Baden 2005

Alexy, Robert: Theorie der Grundrechte, Baden-Baden 1994 (1985)

Auernhammer, Herbert: Bundesdatenschutzgesetz, Kommentar, 3. Aufl. Köln 1993

Badura, Peter: Persönlichkeitsrechtliche Schutzpflichten des Staates im Arbeitsrecht, in: Gamillscheg, Franz / Rüthers, Bernd / Stahlhacke, Eugen (Hrsg.):Sozialpartnerschaft in der Bewährung, Festschrift für Karl Molitor zum 60. Geburtstag, München 1988, S.9 ff.

Badura, Peter: Arbeit als Beruf; in: Hanau, Peter / Müller, Gerhard / Wiedemann, Herbert / Wlotzke, Otfried (Hrsg.): Festschrift für Wilhelm Herschel zum 85. Geburtstag, München 1982, S. 21 ff.

Balzli, Beat: Teure Träume; in: Der Spiegel Heft 10/2004 vom 01.03.2004 S.86

Bensberg, Frank: CRM und Data Mining, in: Ahlert, Dieter / Becker, Jörg / Knackstedt, Ralf, Wunderlich, Maren (Hrsg.), Customer Relationship Management im Handel, Berlin, Heidelberg, New York 2002, S. 201 ff.

Bettermann, Karl August / Nipperdey, Hans Carl (Hrsg): Die Grundrechte, Handbuch der Theorie und Praxis der Grundrechte, Bd. IV/2, Berlin 1962

Böckenförde, Ernst-Wolfgang: Grundrechtstheorie und Grundrechtsinterpretation, NJW 1974, 1529 ff.

Bull, Hans Peter: Zweifelsfragen um die informationelle Selbstbestimmung – Datenschutz als Datenaskese? In: NJW 2006, 1617 ff..

Calliess, Christian: Rechtsstaat und Umweltstaat. Zugleich ein Beitrag zur Grundrechtsdogmatik im Rahmen mehrpoliger Verfasungsrechtsverhältnisse, Tübingen 2001

Canaris, Claus-Wilhelm: Grundrechte und Privatrecht – eine Zwischenbilanz, Berlin 1979

Canaris, Claus-Wilhelm: Grundrechtswirkungen und Verhältnismäßigkeitsprinzip in der richterlichen Anwendung und Fortbildung des Privatrechts, in: JuS 1989, 161 ff.

Canaris, Claus-Wilhelm: Grundrechte und Privatrecht, in: AcP 184 (1984) S. 201 ff.

Canaris, Claus-Wilhelm: Anm. zu BVerfGE 81, 242, in: AP 1990, Art. 12 GG Nr. 65 Bl. 458

Cremer, Wolfram: Freiheitsgrundrechte, Berlin 2003

Dammann, Ulrich: Internationaler Datenschutz: zur Auslegung des § 1 Abs. 5 BDSG, in: RDV 2002, 70 ff.

Denninger, Erhard: Das Recht auf informationelle Selbstbestimmung und innere Sicherheit; in: KJ 1985, 218 ff.

Dietlein, Johannes: Die Lehre von den grundrechtlichen Schutzpflichten, Berlin 1992

Di Fabio, Udo: Risikoentscheidungen im Rechtsstaat, Tübingen 1994

Dolderer, Michael: Objektive Grundrechtsgehalte, Berlin 2000

Dolzer, Rudolf / Vogel, Klaus / Graßhoff, Karin (Hrsg.): Bonner Kommentar zum Grundgesetz, Loseblattwerk, Stand 109. Lfg. Heidelberg 2003 (zitiert: Bonner Kommentar [Autor])

Dürig, Günter: Grundrechte und Zivilrechtsprechung, in: Theodor Maunz (Hrsg.): Vom Bonner Grundgesetz zur gesamtdeutschen Verfassung, Festschrift zum 75. Geburtstag von Hans Nawiasky, München 1956, S. 157 ff.

Dreier, Horst (Hrsg.): Grundgesetz, 2. Aufl. Tübingen 2004 (zitiert: Dreier [Autor])

Duhr, Elisabeth: Datenschutz in Auskunfteien, in: Roßnagel, Alexander (Hrsg.): Handbuch Datenschutzrecht, München 2003, Kap. 7.5

Epping, Volker: Grundrechte; 2. Aufl. Berlin, Heidelberg 2004

Erichsen, Hans-Uwe: Allgemeine Handlungsfreiheit, in: Isensee, Josef / Kirchhof, Paul (Hrsg.): Handbuch des Staatsrechts, Bd. VI, Heidelberg 1989, § 152 (S. 1185 ff.)

Eul, Harald: Datenschutz im Kreditwesen, in: Roßnagel, Alexander (Hrsg.): Handbuch Datenschutzrecht, München 2003, Kap. 7.2

Floren, Dieter: Grundrechtsdogmatik im Vertragsrecht, Spezifische Mechanismen des Grundrechtsschutzes gegenüber der gerichtlichen Anwendung von Zivilvertragsrecht, Berlin 1999

Flume, Werner: Allgemeiner Teil des Bürgerlichen Rechts, Zweiter Band: Das Rechtsgeschäft, 4. Aufl. Berlin, Heidelberg 1992

Gerth, Norbert: Zur Bedeutung eines neuen Informationsmanagements für den CRM-Erfolg, in: Link, Jörg (Hrsg.): Customer Relationship Management: Erfolgreiche Kundenbeziehungen durch integrierte Informationssysteme, Berlin, Heidelberg, New York 2001

Götz, Volkmar: Innere Sicherheit, in: Isensee, Josef / Kirchhof, Paul (Hrsg.): Handbuch des Staatsrechts, Bd. IV, 3. Aufl. Heidelberg 2006, § 85 (S.671 ff.)

Gola, Peter: Zur Speicherung personenbezogener Daten von Soldaten, Anm. zu BVerwG RDV 1988, 203, in: RDV 1988, 204 ff.

Gola, Peter / Schomerus, Rudolf: Bundesdatenschutzgesetz, 8. Aufl. München 2005.

Hain, Karl-Eberhard: Der Gesetzgeber in der Klemme zwischen Übermaßverbot und Untermaßverbot, in: DVBl. 1993, 982 ff.

Hattenhauer, Hans: „Person" – Zur Geschichte eines Begriffs, in: JuS 1982, 405 ff.

Hermes, Georg: Das Grundrecht auf Schutz von Leben und Gesundheit, Heidelberg 1987

Hermes, Georg: Grundrechtsschutz durch Privatrecht auf neuer Grundlage? Das Bundesverfassungsgericht zu Schutzpflicht und mittelbarer Drittwirkung der Berufsfreiheit, in: NJW 1990, 1764 ff.

Hippner, Hajo / Wilde, Klaus D.: CRM – Ein Überblick, in: Helmke, Stefan / Uebel, Matthias / Dangelmaier, Wilhelm: Effektives Customer Relationship Management, 2. Aufl. Wiesbaden 2002, S. 3 ff.

Hippner, Hajo / Wilde, Klaus D.: Data Mining im CRM, in: Helmke, Stefan / Uebel, Matthias / Dangelmaier, Wilhelm: Effektives Customer Relationship Management, 2. Aufl. Wiesbaden 2002, S. 211 ff.

Hirte, Heribert: Mitteilung und Publikation von Gerichtsentscheidungen: Zum Spannungsverhältnis von Persönlichkeitsschutz und Interessen der Öffentlichkeit; in: NJW 1988, 1698 ff.

Höfling, Wolfram: Vertragsfreiheit, Heidelberg 1991

Höfling, Wolfram: Menschenwürde und gute Sitten, in: NJW 1983, 1582 ff.

Hoeren, Thomas: Zulässigkeit der Erhebung, Verarbeitung und Nutzung im privaten Bereich, in: Roßnagel, Alexander (Hrsg.): Handbuch Datenschutzrecht, München 2003, Kap. 4.6

Hoffmann-Riem, Wolfgang: Reform des Allgemeinen Verwaltungsrechts: Vorüberlegungen, in: DVBl. 1994, 1381 ff.

Holoubek, Michael: Grundrechtliche Gewährleistungspflichten, Wien, New York 1997

Holznagel, Bernd / Sonntag, Matthias: Einwilligung des Betroffenen, in: Roßnagel, Alexander (Hrsg.): Handbuch Datenschutzrecht, München 2003, Kap. 4.8

Horn, Norbert: Einführung in die Rechtswissenschaft und die Rechtsphilosophie, 2. Aufl. Heidelberg 2001

Hubmann, Heinrich: Das Persönlichkeitsrecht, Münster 1953

Isensee, Josef: Das Grundrecht als Abwehrrecht und staatliche Schutzpflicht, in: Isensee, Josef / Kirchhof, Paul (Hrsg.): Handbuch des Staatsrechts, Bd. V, Heidelberg 1992, § 111 (S. 143 ff.)

Isensee, Josef: Grundrechtsvoraussetzungen und Verfassungserwartungen, in: Isensee, Josef / Kirchhof, Paul (Hrsg.): Handbuch des Staatsrechts, Bd. V, Heidelberg 1992, § 115 (S. 353 ff.)

Jarass, Hans D.,/ Pieroth, Bodo: Grundgesetz für die Bundesrepublik Deutschland, 8. Auflage München 2006

Jarass, Hans D.: Das allgemeine Persönlichkeitsrecht im Grundgesetz; in: NJW 1989, 857 ff.

Kamlah, Wulf: Das Scoring-Verfahren der SCHUFA, in: MMR 2003 Heft 2 S. V

Kamlah, Wulf: Das Schufa-Verfahren und seine datenschutzrechtliche Zulässigkeit, in: MMR 1999, 395 ff.

Kamp, Meike / Weichert, Thilo: Scoringsysteme zur Beurteilung der Kreditwürdigkeit – Chancen und Risiken für Verbraucher, 2005

Kimms, Frank: Das Grundrecht der Berufsfreiheit in der Fallbearbeitung, in: JuS 2001, 664 ff.

Klein, Eckart: Grundrechtliche Schutzpflicht des Staates, NJW 1989, 1633 ff.

Kloepfer, Michael: Datenschutz als Grundrecht, Königstein 1980

Koch, Christian: Scoring-Systeme in der Kreditwirtschaft, in: MMR 1998, 458 ff.

Koch, Thorsten: Der Grundrechtsschutz des Drittbetroffenen, Tübingen 2000

Leibholz, Gerhard / Rinck, Hans-Justus / Hesselberger, Dieter: Grundgesetz für die Bundesrepublik Deutschland: Kommentar an Hand der Rechtsprechung des Bundesverfassungsgerichts, Loseblattwerk Stand 40. Lfg. Köln 2002 (zitiert: Leibholz/Rinck/Hesselberger)

Leisner, Walter: Grundrechte und Privatrecht, München 1960

Lindner, Josef Franz: Theorie der Grundrechtsdogmatik, Tübingen 2005

Link, Jörg: Grundlagen und Perspektiven des Customer Relationship Management, in: Link, Jörg (Hrsg.): Customer Relationship Management: Erfolgreiche Kundenbeziehungen durch integrierte Informationssysteme, Berlin, Heidelberg, New York 2001

Maunz, Theodor / Dürig, Günter u.a. (Hrsg.): Grundgesetz, Kommentar, Loseblattwerk Stand 42. Lfg. München 2003 (zitiert: Maunz / Dürig [Autor])

Möstl, Markus: Die staatliche Garantie für die öffentliche Sicherheit und Ordnung, Tübingen 2002

Müller, Friedrich: Die Positivität der Grundrechte, Fragen einer praktischen Grundrechtsdogmatik, 2. Aufl. Berlin 1990

Murswiek, Dietrich: Die staatliche Verantwortung für die Risiken der Technik, Berlin 1985

Nipperdey, Hans Carl: Grundrechte und Privatrecht, Krefeld 1961

Nitsche, Martin: Einsatz des Customer Relationship Management in einer Bank, in: Holland, Heinrich (Hrsg): CRM im Direktmarketing, Wiesbaden 2001, S. 113 ff.

Ossenbühl, Fritz: Der Vorbehalt des Gesetzes und seine Grenzen, in: Götz, Volkmar / Klein, Hans Hugo / Starck, Christian (Hrsg.): Die öffentliche Verwaltung zwischen Gesetzgebung und richterlicher Kontrolle, 1985, S. 27 ff.

Palandt, Otto (Hrsg.): Bürgerliches Gesetzbuch, 66. Aufl. München 2007 (zitiert Palandt / [Autor])

Pepels, Werner: Grundzüge des Beschwerdemanagement, in: Helmke, Stefan / Uebel, Matthias / Dangelmaier, Wilhelm: Effektives Customer Relationship Management, 2. Aufl. Wiesbaden 2002, S. 117 ff.

Petri, Thomas Bernhard: Sind Scorewerte rechtswidrig? In: DuD 2003, 631 ff.

Pieroth, Bodo / Schlink, Bernhard / Kniesel, Michael: Polizei- und Ordnungsrecht, 3. Aufl. München 2005

Podlech, Adalbert / Pfeiffer, Michael: Die informationelle Selbstbestimmung im Spannungsverhältnis zu modernen Werbestrategien, in: RDV 1998, 139 ff.

Poscher, Ralf: Grundrechte als Abwehrrechte, Tübingen 2003

Reif, Yvette: Warnsysteme der Wirtschaft und Kundendatenschutz, in: RDV 2007, 4 ff.

Robbers, Gerhard: Sicherheit als Menschenrecht, Baden-Baden 1987

Rössler, Beate: Der Wert des Privaten, Frankfurt am Main 2001

Rohlf, Dietwald: Der grundrechtliche Schutz der Privatsphäre: zugleich ein Beitrag zur Dogmatik des Art.2 Abs. 1 GG, Berlin 1980

Ruffert, Matthias: Vorrang der Verfassung und Eigenständigkeit des Privatrechts: eine verfassungsrechtliche Untersuchung zur Privatrechtswirkung des Grundgesetzes, Tübingen 2001

Rüfner, Wolfgang: Grundrechtsadressaten, in: Isensee, Josef / Kirchhof, Paul (Hrsg.): Handbuch des Staatsrechts, Bd. V, Heidelberg 1992, § 117 (S. 525 ff.)

Sachs, Michael: Verfassungsrecht II – Grundrechte. 2. Aufl., Berlin, Heidelberg, New York 2003

Schaffland, Hans Jürgen / Wiltfang, Noeme: Bundesdatenschutzgesetz, Kommentar, Berlin (Loseblatt)

Schapper, Claus Henning / Dauer, Peter: Die Neugestaltung des SCHUFA-Verfahrens, in: CR 1986, 319 ff.

Schiemann, Gottfried: Das allgemeine Schädigungsverbot „alterum non laedere", in: JuS 1989, S. 345 ff.

Schmidt-Bleibtreu, Bruno / Klein, Franz: Kommentar zum Grundgesetz, 9. Aufl. Neuwied, Kriftel 1999

Schmidt-Jorzig, Edzart: Meinungs- und Informationsfreiheit; in: Isensee, Josef / Kirchhof, Paul (Hrsg.): Handbuch des Staatsrechts, Bd. VI, Heidelberg 1989, § 141 (S.635 ff.)

Schmitt Glaeser, Walter: Das Grundrecht auf Informationsfreiheit, in: Jura 1987, 567 ff.

Schmitt Glaeser, Walter: Schutz der Privatsphäre, in: Isensee, Josef / Kirchhof, Paul (Hrsg.): Handbuch des Staatsrechts, Bd. VI, Heidelberg 1989, § 129 (S. 42 ff.)

Schnapp, Friedrich E. / Kaltenborn, Markus: Grundrechtsbindung nichtstaatlicher Institutionen, in: JuS 2000, 937 ff.

Schnapp, Friedrich E.: Die Verhältnismäßigkeit des Grundrechtseingriffs, in: JuS 1983, 850 ff.

Schneider-Danwitz, Klaus: Datenschutz gegen private Branchenwarndienste: zur Auslegung des Bundesdatenschutzgesetzes und zur Drittwirkung der Grundrechte im Konflikt zwischen Informations- und Geheimhaltungsinteressen, Berlin 1994

Scholz, Philip: Datenschutz bei Data Warehousing und Data Mining, in: Roßnagel, Alexander (Hrsg.): Handbuch Datenschutzrecht, München 2003, Kap. 9.2

Scholz, Rupert: Koalitionsfreiheit; in: Isensee, Josef / Kirchhof, Paul (Hrsg.): Handbuch des Staatsrechts, Bd. VI, Heidelberg 1989, § 151 (S. 1115 ff.)

Schröder, Hendrik / Feller, Marc / Schuck, Anja: Wie erfolgreich ist CRM tatsächlich? Ergebnisse einer empirischen Untersuchung, in: Ahlert, Dieter / Becker, Jörg / Knackstedt, Ralf, Wunderlich, Maren (Hrsg.), Customer Relationship Management im Handel, Berlin, Heidelberg, New York 2002, S. 397 ff.

Schwabe, Jürgen: Probleme der Grundrechtsdogmatik, Darmstadt 1977

Schwabe, Jürgen: Der „Lügendetektor“ vor dem Bundesverfassungsgericht, in: NJW 1982, 367 ff.

Simon, Jürgen: SCHUFA-Verfahren und neue SCHUFA-Klausel: eine rechtliche und ökonomische Analyse, in: CR 1988, 637 ff.

Simitis, Spiros (Hrsg.): Bundesdatenschutzgesetz, 6. Aufl. Baden-Baden 2006 (zitiert: Simitis [Autor], BDSG)

Simitis, Spiros: Datenschutz, Rückschritt oder Neubeginn?; in: NJW 1998, 2473 ff.

Simitis, Spiros: Die informationelle Selbstbestimmung – Grundbedingung einer verfassungskonformen Informationsordnung, in: NJW 1984, 398 ff.

Steinberg, Rudolf: Verfassungsrechtlicher Umweltschutz durch Grundrechte und Staatszielbestimmungen, in: NJW 1996, 1985 ff.

Stern, Klaus: Das Staatsrecht der Bundesrepublik Deutschland, Band III/1, Allgemeine Lehren der Grundrechte, München 1988

Stern, Klaus: Idee und Elemente eines Systems der Grundrechte, in: Isensee, Josef / Kirchhof, Paul (Hrsg.): Handbuch des Staatsrechts, Bd. V, Heidelberg 1992, § 109 (S. 45 ff.)

Unruh, Peter: Zur Dogmatik der grundrechtlichen Schutzpflichten, Berlin 1996

v. Lewinski, Kai: Kaufleute im Schutzbereich des BDSG, in: DuD 2000, 39 ff.

v. Mangoldt, Hermann / Klein, Friedrich / Starck, Christian: Das Bonner Grundgesetz, Bd.1: Präambel, Artikel 1 bis 19; 5. Aufl. München 2005

v. Münch, Ingo: Grundrechtsschutz gegen sich selbst? in: Stödter, Rolf / Thieme, Werner: Hamburg, Deutschland, Europa: Beiträge zum deutschen und europäischen Verfassungs-, Verwaltungs- und Wirtschaftsrecht; Festschrift für Hans Peter Ipsen zum 70. Geburtstag, Tübingen 1977 (S. 113 ff.)

v. Olshausen, Henning: Menschenwürde im Grundgesetz: Wertabsolutismus oder Selbstbestimmung, in: NJW 1982, 2221 ff.

Wahl, Rainer: Die objektiv-rechtliche Dimension der Grundrechte im internationalen Vergleich, in: Merten, Detlef / Papier, Hans-Jürgen (Hrsg.): Handbuch der Grundrechte, Heidelberg 2004, § 19

Waniorek, Gabriele: Datenschutzrechtliche Anmerkungen zu den zentralen Warn- und Hinweissystemen der Versicherungswirtschaft, in: RDV 1990, 228 ff.

Weichert, Thilo: Data Warehouse-Anwendungen bei Finanzdienstleistern, in: RDV 2003, 113 ff.

Weichert, Thilo: Die Ökonomisierung des Rechts auf informationelle Selbstbestimmung; NJW 2001, 1463 ff.

Weichert, Thilo: Personenbezogene Daten auf CD-ROM, in: RDV 1995, 202 ff.

Weichert, Thilo: Kundenbindungssysteme – Verbraucherschutz oder der gläsernde Konsument, in: DuD 2003, 161 ff.

Weichert, Thilo: Verbraucher-Scoring meets Datenschutz, in: DuD 2006, 399 ff.

Wente, Jürgen K.: Informationelles Selbstbestimmungsrecht und absolute Drittwirkung der Grundrechte, in: NJW 1984, 1446

Wittkötter, Meike / Steffen, Marion: Customer Value als Basis des CRM, in: Ahlert, Dieter / Becker, Jörg / Knackstedt, Ralf, Wunderlich, Maren (Hrsg.), Customer Relationship Management im Handel, Berlin ,Heidelberg, New York 2002, S. 73 ff.

Wuermeling, Ulrich: Scoring von Kreditrisiken, in: NJW 2002, 3508 ff.

Zipser, Andreas: Business Intelligence im Customer Relation Management, in: Link, Jörg (Hrsg.): Customer Relationship Management: Erfolgreiche Kundenbeziehungen durch integrierte Informationssysteme. Berlin, Heidelberg, New York 2001, S. 35 ff.

Aus unserem Verlagsprogramm:

Michael Ronellenfitsch / Bastian Denfeld
Die Vereinbarkeit von Zugangskontrollen für gewerbliche Spielstätten mit dem Grundrecht auf informationelle Selbstbestimmung
Hamburg 2009 / 106 Seiten / ISBN 978-3-8300-4161-0

Ruth Welsing
Das Recht auf informationelle Selbstbestimmung im Rahmen der Terrorabwehr
Darstellung anhand einer Untersuchung der präventiven Rasterfahndung
Hamburg 2009 / 552 Seiten / ISBN 978-3-8300-4559-5

Claudia Loch
Der Adressbuch- und Anzeigenschwindel
Eine Erscheinungsform wirtschaftskrimineller Kundenwerbung
Hamburg 2008 / 448 Seiten / ISBN 978-3-8300-3833-7

Tina Mattl
Die Kontrolle der Internet- und E-Mail-Nutzung am Arbeitsplatz
unter besonderer Berücksichtigung der Vorgaben des Telekommunikationsgesetzes
Hamburg 2008 / 288 Seiten / ISBN 978-3-8300-3256-4

Markus Lang
Private Videoüberwachung im öffentlichen Raum
Eine Untersuchung der Zulässigkeit des privaten Einsatzes von Videotechnik und der Notwendigkeit von § 6 b BDSG als spezielle rechtliche Regelung
Hamburg 2008 / 536 Seiten / ISBN 978-3-8300-3495-7

Chi-Chun Chiu
Die Polizeiaufgaben und -befugnisse bezüglich des personenbezogenen Datenschutzes im Vorfeld der Gefahr
Eine rechtsvergleichende Untersuchung zum Polizeirecht in Deutschland und Taiwan
Hamburg 2007 / 262 Seiten / ISBN 978-3-8300-3134-5

Ina Becker
Datenschutzrechtliche Fragen des SCHUFA-Auskunftsverfahrens
Unter besonderer Berücksichtigung des sogenannten „Scorings"
Hamburg 2006 / 568 Seiten / ISBN 978-3-8300-2378-4